城市轨道交通职业教育系列教材——城市轨道交通车辆

城市轨道交通车辆构造与检修

主　编○史富强　车　畅
副主编○李　健　李　飞　王东阳

西南交通大学出版社
·成都·

图书在版编目（CIP）数据

城市轨道交通车辆构造与检修 / 史富强，车畅主编.
成都：西南交通大学出版社，2024. 8. -- ISBN 978-7
-5774-0044-0

Ⅰ．U239.5

中国国家版本馆CIP数据核字第20245DK504号

Chengshi Guidao Jiaotong Cheliang Gouzao yu Jianxiu
城市轨道交通车辆构造与检修

主　编／史富强　车　畅	策划编辑／黄庆斌　李芳芳
	责任编辑／何明飞
	封面设计／何东琳设计工作室

西南交通大学出版社出版发行
（四川省成都市金牛区二环路北一段111号西南交通大学创新大厦21楼　610031）
营销部电话：028-87600564　028-87600533
网址　http://www.xnjdcbs.com
印刷：四川森林印务有限责任公司

成品尺寸　185 mm×260 mm
印张　17　字数　425千
版次　2024年8月第1版　印次　2024年8月第1次

书号　ISBN 978-7-5774-0044-0
定价　49.80元

课件咨询电话：028-81435775
图书如有印装质量问题　本社负责退换
版权所有　盗版必究　举报电话：028-87600562

前　言

随着城市轨道交通的快速发展，城轨车辆作为城市轨道交通系统的重要组成部分，其安全性、可靠性和舒适性等方面的要求越来越高，这就需要大量的城市轨道交通专业技能型人才掌握车辆运用与维护。为了满足相关从业人员的培训和教育需求，我们结合多年的教学与实践经验，编写了这本《城市轨道交通车辆构造与检修》教材。本书按项目式教学方式编写，参考了西安、北京、广州等城市最新车型及全自动运行线路，以项目驱动、任务驱动教学方法编写，深入浅出地介绍了城市轨道交通车辆各部分构造原理与检修工艺。

本书基础理论适度、强化基础及共性的知识，专业针对性强、以培养技能为主，反映本学科技术科学领域的现状及发展。编写时采用了大量形象生动的工作原理图，主要内容包括城市轨道交通车辆基础知识和发展、车体、转向架、车辆连接装置、车门、制动系统、牵引辅助供电系统和全自动驾驶车辆等内容。

本书由陕西交通职业技术学院史富强、车畅担任主编；西安地铁运营分公司李健、李飞，陕西交通职业技术学院王东阳担任副主编。全书共分10个项目，项目1由史富强编写，项目2、7由李健编写，项目3、5、8由车畅编写，项目4、9由王东阳编写，项目6、10由李飞编写，最后由史富强对全书进行了审阅、修改和校对。

本书是城市轨道交通车辆应用技术专业重要的核心教材之一，既可作为职业院校城市轨道交通专业的教学用书，还可供从事城市轨道交通车辆专业工作的广大科技人员学习参考。

由于编者的水平有限，书中难免会有不妥之处，敬请广大读者提出宝贵意见。

编　者

2024 年 6 月

课程介绍

数字资源目录

序号	项目	二维码名称	资源类型	页码
1	项目1 城轨交通车辆基础知识	地铁车辆介绍	视频	2
2		城轨交通车辆外观和内部设备	图片	6
3		标识标记	视频	10
4	项目2 车体	城轨交通车辆车体	图片	26
5		西安地铁2号线车体介绍	视频	29
6	项目3 转向架	转向架	图片	42
7		转向架的构造与区别	视频	42
8		转向架的组成	图片	43
9		地铁车辆轮对及轴箱介绍	视频	51
10		油压减振器	视频	68
11		转向架中央牵引连接装置	图片	71
12		直线电机动车转向架	视频	81
13		轮径尺的使用	视频	93
14		轮对内侧距测量	视频	93
15	项目4 连接装置	全自动车钩及缓冲器	视频	103
16		贯通道	图片	103
17		车钩对中装置	图片	107
18		半永久性牵引杆及缓冲器	视频	108
19		可压溃变形管	图片	112

续表

序号	项目	二维码名称	资源类型	页码
20	项目5 车门	城轨交通车辆车门	图片	124
21		塞拉门	视频	126
22		外摆式车门	视频	126
23		客室车门控制机构	图片	134
24		紧急操作手柄	视频	141
25		手动开门装置	视频	141
26		开关门按钮	视频	145
27		各室门试验	视频	148
28	项目7 制动系统	风源系统单元	图片	179
29		踏面制动	视频	181
30		制动系统常见故障	视频	192
31	项目8 空调系统	车辆空调系统	图片	196
32		车顶空调机组	图片	204
33		空调器实用维修技术	视频	216
34	项目9 牵引传动及辅助供电系统	牵引电机及驱动装置	视频	224
35		辅助回路接地	视频	231
36		受电弓	视频	232
37	附录	其他资源	视频	262
38		本书题库	视频	262

目 录

项目1 城轨交通车辆基础知识 ·· 1
- 任务1.1 城轨交通的类型与发展 ·· 1
- 任务1.2 城轨车辆的类型、结构和特点 ···································· 6
- 任务1.3 城轨车辆的技术参数及编组、标识、编号 ························ 10
- 任务1.4 车辆系统分类 ··· 16
- 任务1.5 车辆检修制度与修程 ··· 19
- 思政课堂 ··· 25
- 思考与练习 ··· 25

项目2 车 体 ··· 26
- 任务2.1 车体的基础知识 ··· 26
- 任务2.2 铝合金车体和不锈钢车体 ······································· 30
- 任务2.3 车体的模块化研究及车体材料应用 ······························· 34
- 任务2.4 车体的检查与维护 ··· 38
- 思政课堂 ··· 40
- 能力拓展 ··· 40
- 思考与练习 ··· 41

项目3 转向架 ··· 42
- 任务3.1 转向架基础知识 ··· 42
- 任务3.2 构架和轮对、轴箱装置 ··· 49
- 任务3.3 弹簧减振装置 ··· 61
- 任务3.4 牵引和驱动装置 ··· 71
- 任务3.5 典型转向架 ··· 81
- 任务3.6 转向架检查与维护 ··· 92
- 思政课堂 ··· 99
- 能力拓展 ··· 100
- 思考与练习 ··· 102

项目4 连接装置 ··· 103
- 任务4.1 车 钩 ··· 104
- 任务4.2 缓冲装置和附属装置 ··· 109
- 任务4.3 车辆连接装置检查与维护 ······································· 115
- 思政课堂 ··· 120
- 能力拓展 ··· 120
- 思考与练习 ··· 123

项目5 车 门 ··· 124
- 任务5.1 车门基础知识 ··· 124
- 任务5.2 客室侧门的工作原理及操作 ····································· 133
- 任务5.3 车门检查与维护 ··· 148
- 思政课堂 ··· 149
- 思考与练习 ··· 150

项目 6　乘客信息系统 151
任务 6.1　乘客信息系统认知 151
任务 6.2　城轨车辆列车广播系统认知 153
任务 6.3　媒体播放系统认知 159
任务 6.4　CCTV 监控系统认知 161
任务 6.5　乘客信息系统检查与维护 163
思政课堂 170
能力拓展 171
思考与练习 172

项目 7　制动系统 173
任务 7.1　制动系统基础知识 173
任务 7.2　电制动与空气制动 176
任务 7.3　典型制动系统介绍 183
任务 7.4　制动系统检修工艺与常见故障 187
课堂思政 193
能力拓展 195
思考与练习 195

项目 8　空调系统 196
任务 8.1　车辆空调系统概述 196
任务 8.2　城轨车辆空调机组 203
任务 8.3　空调机组检修与维护 209
思政课堂 218
能力拓展 220
思考与练习 223

项目 9　牵引传动及辅助供电系统 224
任务 9.1　牵引传动系统 224
任务 9.2　辅助供电系统 228
任务 9.3　牵引传动、辅助供电系统检查与维护 231
思政课堂 242
思考与练习 244

项目 10　全自动驾驶车辆 245
任务 10.1　全自动驾驶车辆概述 245
任务 10.2　全自动驾驶车辆检修设施与作业流程 254
思政课堂 261
思考与练习 261

附　录 262

参考文献 263

项目 1　城轨交通车辆基础知识

【项目导入】

自 1863 年伦敦建成世界上第一条地下铁道以来，城市轨道交通（以下简称"城轨交通"）车辆伴随着城轨交通系统的发展已有 160 多年的历史。城轨交通车辆从原始的蒸汽牵引的旧时代发展到现代电气化牵引的新时代，电动车辆已成为当代城轨交通车辆的主流。城轨交通车辆与我国现有的铁道机车车辆和动车组列车车辆有许多相似之处，如果限界符合并具备供电条件，完全可以实现接轨联运，最大限度地方便乘客出行，发挥轨道交通的优势。

【学习目标】

（1）掌握城轨交通的类型，了解其发展概况。
（2）掌握城轨交通车辆的类型、结构、编组、方位等基础知识。
（3）掌握城轨交通车辆的技术参数。
（4）能说出城轨交通车辆的基本检修制度与修程。

任务 1.1　城轨交通的类型与发展

城轨交通系统（urban rail transit mass system 或 transit system），包括地铁、轻轨交通、独轨交通、磁悬浮交通、新交通系统和城市铁路等。城轨交通可定义为，建设在城市内，在固定轨道上运行并主要用于城市客运的交通系统。

城轨交通具有线路固定、编组运行、运量大、速度快、电力牵引、环保、全隔离路权等特点。广义的城轨交通是指以轨道运输方式为主要技术特征，在城市公共客运交通系统中具有中等以上运量的轨道交通系统，是主要为城市内公共客运服务的一种现代化立体交通系统。城轨交通系统是近代高科技的产物，目前的城轨交通多数采用性能优良的电动车组，无污染、低噪声，被誉为"绿色交通"。

1.1.1　城轨交通系统的主要类型

1. 地　铁

"地铁"是"地下铁道交通"的简称，以电力牵引，是单向高峰小时客运量在 30 000～

70 000人次的大容量轨道交通系统。其线路通常设在地下，在城市中心以外的地区也可从地下转到地面或高架桥上。广义的地铁车辆不仅指在地下隧道内运行的车辆，还包括在地面封闭线路或高架桥上运行的规格类似的电动车辆。地铁在英语中的表示为 metro、subway、underground railway。经过160多年的发展，全球范围内已经有40多个国家和地区的大城市建有地下铁道，总里程为5 000多千米。

地铁列车的主要特点：

（1）大部分线路建于地面以下。在市中心区时，车站和区间线路均设于地下；当线路延伸到近郊时，常采用高架或路堤形式，以节约线路建设的投资。

（2）建设费用高，耗时周期长，成本回收慢。新建地铁线路投资一般在3.5亿元/km以上；建造一条新地铁线路需5~10年，成本回收需20~30年。

（3）地铁列车的编组一般为2~8辆，站台长度一般为100~200 m，站间距一般为0.5~1.5 km。地铁列车编组按地铁车辆有无动力可分为动车与拖车，通常采用动车与拖车混合方式编组。

（4）地铁列车的受电制式有直流750 V第三轨受电和直流1 500 V架空线受电弓受电。现代化的地铁列车一般采用1 500 V，以减少线路电压降和电能损失，以提高列车再生制动的电能回收率。

（5）行车密度大、速度高。线路全隔离、全封闭，可以实现行车调度、信号控制的自动化，行车间隔最短达1.5 min，车辆最高速度达80 km/人，旅行速度一般不低于35 km/h。

（6）客运量大。单向最大客运量可达3万~8万人次/h。

（7）地铁列车对消声、减振和防火有严格的要求，对节能也有一定的要求。

2. 轻轨交通

轻轨交通（Light Railway Transit，LRT）是在信号自动控制和集中调度配合下，能快速而安全地完成中等运量的轨道系统，客运量介于地铁和公共汽车之间。轻轨交通是在20世纪70年代有轨电车的基础上，主要采用线路隔离、自动化调度系统和高新技术车辆改造措施发展起来的。轻轨交通的轨道和车辆都是轻型的，运输系统相对简单，适宜于中等运量的城市客运交通。

德国是轻轨交通发展较早并且使用较普遍的国家，已投入运营的线路有1 000 km以上，国外轻轨车辆的生产企业有德国的Duewag车辆公司、LHB车辆公司和法国的Alsthom公司等。

城市轻轨交通具有以下特征：

（1）使用转向架承载，轴重为10~12 t，使用直流或交流提供牵引动力。

（2）建设费用低，为地铁造价的1/5~1/2。

（3）单向运能20 000~40 000人次/h，属于中等运能的公共交通。

（4）轻轨线路可采用地面、地下和高架混合型，一般与地面道路隔离，采用半封闭或全封闭专用车道。在通过交叉路口处，采用立体交叉形式，保证车辆以较高的速度运行。

（5）轻轨车辆有单节4轴车、双节单铰6轴车和3节双铰8轴车等，每组车可以单节运行，也可以连挂编列。车辆能够通过小半径曲线（$R=50$ m）和大坡度（60‰~70‰）地段。

（6）轻轨交通对环境影响小，尤其对车辆和线路的消声和减振方面有较高要求。车辆一一般采用弹性车轮、空气弹簧、自导向和迫导向径向转向架等措施,以减轻列车运行和通过曲线轨道时的噪声。线路一般采用无缝长钢轨线路、弹性钢轨扣件、路基弹性层和弹簧路基,从而减少噪声和振动的传递。

（7）轻轨供电的电压制式以直流 750 V、架空线（或第三轨）供电为主,有部分采用直流 1 500 V 或直流 600 V 供电。

（8）轻轨车站分为地面、高架和地下三种形式,与地面道路可以部分混行,也可以完全隔离。

轻轨交通投资少、建设周期短、灵活性强、运行成本低,在市中心区可以采用高架或地下线路,能适应运量大、速度快、安全、准点的要求。近几年来,轻轨交通在世界各国得到迅速发展,有百余座城市正在规划或建造轻轨交通。

3. 独轨交通

独轨交通是在特制轨道梁上运行的中运量轨道运输系统,是车辆与其专用轨道组成一体的交通系统。轨道梁不仅承受车辆的质量,同时还是车辆的导向轨。独轨交通有跨座式和悬挂式两种类型。

1）独轨交通的优点

（1）适应城市环境、复杂地形的要求,能够实现大坡度（60‰）和小曲线半径（50 m）运行,可绕行城市的建筑物。

（2）占地面积小。独轨交通结构窄,可架设在道路上方,在市区不需要占用昂贵的土地,可设在道路中间绿化带上方,通过支柱铺设轨道梁,线路支柱占地宽度仅 1~1.5 m,可减少建设线路所必需的拆迁。其适宜于在大城市的繁华中心区建线,对城市的景观及日照影响极小。

（3）建设工期短、施工简便、造价低。由于独轨线路构造较简单,标准轨道梁可在工厂预制,现场拼装,建造容易,建设费用较低,仅为地铁造价的 1/3 左右,且工期短。

（4）独轨车辆编组一般为 4 辆,最高行驶速度为 80 km/h,旅行速度为 35 km/h（悬挂式的独轨为 25 km/h）。单向客流量为 10 000~30 000 人次/h,属于低、中运量,介于轻轨交通和公共汽车之间。

（5）运行噪声低,独轨车辆的走行装置采用空气弹簧和橡胶轮,电力驱动,无废气,乘坐舒适。

（6）独轨架设于空中,视野宽广,具有交通和旅游观光的双重作用。

（7）运输安全,无脱轨事故。独轨车辆转向架起稳定作用的导向轮作用在特殊结构轨道梁两侧,能保证车辆的运行安全,无脱轨危险。

2）独轨交通的主要缺点

（1）走行装置采用橡胶轮,其与混凝土轨面的滚动摩擦阻力比钢轮与钢轨的大,能耗比一般轨道交通增加 40%,有轻度的橡胶粉尘污染。

（2）道岔结构复杂、笨重,转换时间较长,从而延长了列车折返时间。

（3）列车运行至区间时发生事故,疏散和救援工作比较困难,不能与地铁、轻轨等接轨。

4. 磁悬浮交通

磁悬浮列车是一种靠磁悬浮力（吸力或排斥力）来推动的列车。它依靠轨道磁力悬浮在空中，行走时不需接触地面，运行时只有空气阻力。磁悬浮列车的最高速度可以达 550 km/h，比轮轨高速列车还要快。磁悬浮技术的研究源于德国，1922 年德国工程师赫尔曼·肯佩尔提出了电磁悬浮原理，1934 年申请了磁悬浮列车专利。为了提高交通运输能力，德国、日本等发达国家相继开始筹划进行磁悬浮运输系统的开发。

磁悬浮交通一般分为高速超导型，最高速度为 550 km/h；中速超导型，最高速度为 250 km/h；低速超导型，最高速度为 100~120 km/h。磁悬浮交通的最大特点是运行中完全脱离传统的轮轨关系，噪声极低，仅为空气摩擦声和电器噪声等，且无黏着限制，可实现最大的起动加速度和制动减速度，可在大坡度线路运行，机械振动小，舒适性和平稳性高，维修费用低。磁悬浮交通系统采用电力驱动，牵引、制动采用交流直线电机进行调频调压控制；同时采用电磁铁调压控制，依靠磁力自导向，列车编组与地下铁道相近。其最大的缺点是开展救援工作较困难。

5. 新交通系统

新交通系统是指车辆采用橡胶轮承载、电力牵引，在有特殊导向的专用轨道上运行的系统。在系统中，可在线路上实现车辆无人驾驶，无人管理，完全由中央控制室计算机集中控制自动运行。新交通系统与独轨交通系统有许多相同之处，采用高架线路，列车编组 2~6 辆，单向运能在 10 000 人次/h 左右。新交通系统与独轨交通最大的区别在于除走行轨外，还设有导向轨。另外，新交通系统的自动化程度也比较高。新交通系统的导向系统可分为中央导向方向和侧面导向方向。

新交通系统是适应多样化的交通运输需求，使线路和车辆提供最高的运输效率和良好的服务质量的公共运输系统和设备系统。这种轨道运输系统多数设置在道路和公共建筑物上部，具有中等运量，能自动驾驶，也称为导轨式交通系统。

1.1.2 我国城轨交通发展简介

我国的城轨交通工作自 20 世纪 50 年代开始筹划。1965 年 7 月，北京市开始兴建新中国第一条地下铁道。经过近 60 年，特别是近 10 年的发展，城轨交通项目规模迅速扩大。根据国外城市交通发展的经验以及我国城市经济与社会发展的客观需求，在我国大中城市发展大、中客运量的轨道交通系统已刻不容缓。我国城轨交通的发展过程大致经历以下几个阶段：

1. 起步阶段

20 世纪 50 年代，我国开始筹备地铁建设，规划了北京地铁网络。1965—1976 年建设了北京地铁一期工程，随后建设了天津地铁。上海从 20 世纪 60 年代进行了地铁的研究和试验，并建成一段试验段，后来终止。这一时期修建地铁的主要目的是用于备战，费用完全靠政府补贴。

2. 开始建设阶段

20 世纪 80 年代末至 20 世纪 90 年代初，由于城市规模限制及道路等基础设施比较薄弱，北京、上海、广州等特大城市的交通问题非常突出。以上海轨道交通 1 号线（21 km）、北京地铁 1 号线东段（13.6 km）和地铁一期工程改造、广州地铁 1 号线（18.5 km）等建设项目为标志，我国内地真正以城市交通为目的的地铁项目开始建设。

3. 建设高潮开始阶段

20 世纪 90 年代，随着上海、广州地铁项目的建设，一批城市包括沈阳、天津、南京、重庆、武汉、深圳、成都、青岛等开始计划建设轨道交通项目，并进行了大量的前期工作。

4. 调整阶段

由于各大城市要求建设的地铁项目较多，且建设地铁项目的工程造价较高，1995 年 12 月，国务院发文暂停了地铁项目的审批，并要求做好发展规划和国产化工作。同时，原国家计划委员会开始研究制定城轨交通设备国产化政策。至 1997 年年底，提出以深圳地铁 1 号线（19.5 km）、上海轨道交通 3 号线（24.5 km）和广州地铁 2 号线（23 km）作为国产化依托项目，并于 1998 年批复了上述三个项目的立项，从此城轨交通建设项目重新开始启动。

5. 建设高潮阶段

随着实施积极的财政政策以进一步扩大内需，国家于 1999 年开始陆续批准一批城轨交通项目开工建设。1999 年以后，国家先后审批了深圳、上海、广州、重庆、武汉等 10 个城市的轨道交通项目开工建设，并投入 40 亿元国债资金予以支持。随着实施积极的财政政策以进一步扩大内需，国家于 1999 年开始陆续批准一批城轨交通项目开工建设。1999 年以后，国家先后审批了深圳、上海、广州、重庆、武汉等 10 个城市的轨道交通项目开工建设，并投入 40 亿元国债资金予以支持。据《中国城轨交通年度报告 2023》统计，截至 2023 年 12 月 31 日，我国（不含港澳台地区）累计有 59 个城市建成投入运营城轨线路已超过 10 000 km，达到 11 232.65 km。2023 年新增城轨交通运营城市 3 个，新增城轨交通运营线路 884.55 km。此外，北京、上海、天津、重庆、广州、深圳、武汉、南京、沈阳、长春、大连、成都、西安、哈尔滨、苏州、郑州、长沙、兰州、青岛、福州、合肥、贵阳、温州、绍兴、金华、南通、宜宾等 27 个城市也均有城轨交通新线、新段或延长线开通运营。从全自动运行情况来看，2023 年武汉、苏州、长沙、西安、绍兴、福州、郑州、南京、北京等 9 个市新投运全自动运行城轨交通线路 8 条，既有线新段开通 4 段，另有广州地铁既有线路 18 号线于 1 月份实现全自动运行功能正式投用。2023 年共计新开通全自动运行线路长度 185.66 km，占 2023 年新开通城轨交通运营线路总里程的 20.99%。根据有关机构测算，"十四五"期间中国城市轨道交通运营里程有望新增 5 000 km，年均新增 1 000 km 左右，总里程达 13 000 km。未来，中国大中城市轨道交通建设仍将大规模展开，对机车、动车组、地铁等车辆的需求将持续扩大。轨道交通运输装备需求的增长，势必也将拉动车辆用电力电子、智能控制等相关产品市场规模的进一步扩大，因此也有利于轨道交通相关产业的持续快速发展。

任务 1.2　城轨车辆的类型、结构和特点

1.2.1　城轨车辆的类型

如图 1.1 所示，城轨中的地铁列车采用动力分散的编组形式，即动车 M+拖车 T。为方便管理和维护，各地铁制造商和运营公司对车辆按自己城市的特点进行分类。例如，上海地铁车辆 1、2 号线的车辆分为 A、B、C 三类车。A 类车：拖车，一端设有驾驶室。B 类车：动车，车顶上装有受电弓。C 类车：动车，车下装有一套空气压缩机组。

图 1.1　典型城轨列车（广州地铁车辆）

城轨交通车辆外观和内部设备

城轨交通车辆外观

轻轨列车有 3 种编组方式：4 轴动车、6 轴单铰接式车和 8 轴双铰接式车。德国是世界上轻轨交通发展较早、技术较先进的国家。20 世纪 60 年代初修建的科隆到法兰克福轻轨，采用 U2 型 6 轴单铰双向运行的动车；随后德国又研制出 8 轴轻轨车，运行在汉诺威市；在莱茵—西格—鲁尔地区城市采用 B100/80 型标准轻轨车辆，其属于 6 轴单铰动车。

城轨车辆的一般分类方法如下：

（1）按车体宽度和驱动方式分为两类六种车型。

① 黏着牵引系统：A、B 型车，车体宽度分别为 3.0 m、2.8 m 的四轴系列车型；C、D 型车，车体宽度为 2.6 m，车底板高度不同的铰接车系列车型；单轨胶轮车，车体宽度为 3.0 m 的跨座式单轨胶轮系列车型。

② 非黏着牵引系统：L 形直线电机车辆系列。

（2）按车辆的牵引控制系统分为交流变压和变频车。

（3）按车体材料分为不锈钢车、铝合金车和耐候钢车。

（4）按受电方式分为受电弓车、受流器车、受电弓和受流器混合车。

（5）按电压等级分为 DC 1 500 V、DC 750 V、DC 5 600 V 三种车型。

1.2.2 城轨车辆的结构组成

1. 车 体

车体分为有司机室车体和无司机室车体两种。车体的主要作用是容纳乘客、提供司机驾驶空间，安装其他设备、部件。城轨车辆车体一般采用整体承载铝合金或不锈钢等金属结构，以便在满足强度、刚度要求的同时最大限度地减轻自重。

车体由车顶、底架、端墙、侧墙、车窗、车门等组成。城轨车辆的车体服务于市内公共交通，因此车内座位少，提供站立的空间相对大一些。

2. 转向架

转向架是城轨车辆的走行装置，安装在车体与轨道之间，用来牵引和引导车辆沿轨道行驶，承受并传递车体与轨道之间的各种载荷以及缓和其动力作用，它是保证车辆运行品质的关键部件。转向架一般由构架、轮对轴箱装置、弹簧悬挂装置和制动装置等组成。城轨交通车辆转向架有动力转向架和非动力（拖车）转向架之分，动力转向架装有牵引电机及传动装置。

3. 牵引缓冲连接装置

城轨列车的牵引缓冲连接装置包括车钩和贯通道。其中，车钩是连接车辆、传递纵向力的装置。车钩上安装有缓冲器，可缓和纵向冲击力，并连接车辆之间的电路和空气管路。贯通道是列车中车辆与车辆之间客室的连接通道。城轨列车一般采用密接式车钩和宽体式贯通道。

4. 制动装置

制动装置是保证列车运行安全必不可少的装置。不管是动车还是拖车，都设有制动装置，它可以保证运行中的列车按需要减速或在规定的距离内停车。城轨车辆制动装置除常规的空气制动装置外，还有再生制动、电阻制动和磁轨制动等先进的装置。

5. 车辆设备

车辆设备包括服务于乘客的设备和服务于车辆运行的设备。服务于乘客的主要设备有车内照明、广播、通风、取暖、空调、座椅、吊环、扶手等。服务于车辆运行的设备一般不占车内空间，吊挂于车底的有蓄电池箱、斩波器、逆变器、继电器箱、主控制箱、接触器箱、空气压缩机组和储风缸等，安装于车顶的有空调单元和受电弓等。车辆电气包括车辆上的各种电气设备及其控制电路，按其作用和功能可分为主电路系统、辅助电路系统和电子与控制电路系统三个部分。

1.2.3 城轨车辆的技术特点

（1）城轨属于绿色环保的新型轨道交通系统，对车辆运行时的噪声、振动和防火等有严格要求。

（2）城轨系统采用全封闭线路，双向单线运行，行车密度大，对车辆运行的可靠性有很高的要求，重要的系统部件如低压直流控制电源、空气压缩机组、蓄电池、列车控制单元都有冗余设置等。

（3）城轨列车车辆在运营时如果发生故障，要能使列车凭自身动力到就近存车线以及时疏通线路。如果列车确实无法启动，一般安排就近的列车进行救援。对于地铁车辆，必须保证断电情况下的事故照明、广播和通风。车辆上必须安装乘客紧急疏散通道。

（4）城轨列车的车辆发展方向是轻量化，一般采用大断面铝合金型材或不锈钢焊接车体的整体承载结构，最大限度地减少车辆自重。

（5）车辆上的电气系统的设备开关除一些必须安装在司机室和客室的电气设备柜内外，其他设备均分散安装在车底或不占用客室空间。

（6）车辆间采用封闭式全贯通通道，便于乘客走动及均匀分布，同时采用密接式车钩进行机械、电气、气路的贯通连接。

（7）为了在列车停站时尽可能短的时间内完成大量的上下客流交换，车门数量也比较多，每节车厢单侧门数量有3~5扇。

（8）调频调压交流传动，采用电气和空气的混合制动，节省能耗。列车控制和主要子系统的运行控制实现计算机和网络化，信息传播实现多样化、实时化和分层集中化。

（9）车辆系统部件的设计、材料的选用都以列车运行和乘客安全为首要原则，设备正常功能失效时，其响应以安全为导向目标。

（10）列车行车实现信号控制和控制自动化，在车辆正常运行的情况下，采用自动列车控制、列车自动驾驶和自动列车保护，车辆上也配备了相应的车载设备，一些先进列车可实现无人驾驶。

【典型案例】

1. 地铁列车的编组和车辆特点

图1.2所示为某地铁列车的编组形式，由图可知某地铁列车采用6辆B型车，3动3拖，两端头车为带司机室拖车Tc，编组在中间的拖车T不带司机室，动车分为带受电弓动车Mp和不带受电弓动车M。

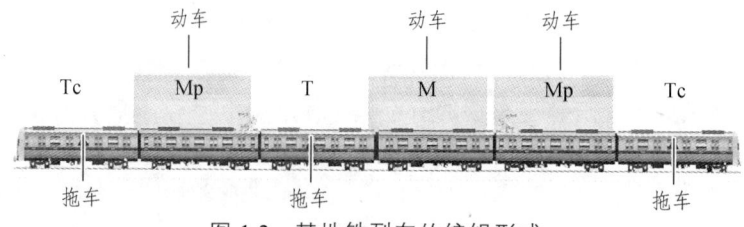

图1.2 某地铁列车的编组形式

图1.3所示为某地铁列车的客室内装，这种地铁列车采用VVVF（Variable Voltage and Variable Frequency，可变电压、可变频率，即变频调速系统）交流牵引系统，DC 1 500 V供电；车体采用高强度不锈钢材料，模块化设计，结构轻；客室车厢内有空气调节系统、乘客信息系统等先进服务设施。

图 1.3 某地铁列车的客室内装

2. 某地铁车辆的结构组成

（1）车体结构。图 1.4 所示为某地铁车辆的车体钢结构，由图可知其侧墙有 4 扇车门、5 扇车窗。车体采用不锈钢材料制造，板与梁柱、部件与部件之间采用点焊连接。客室侧门采用双扇电控电动内藏门。

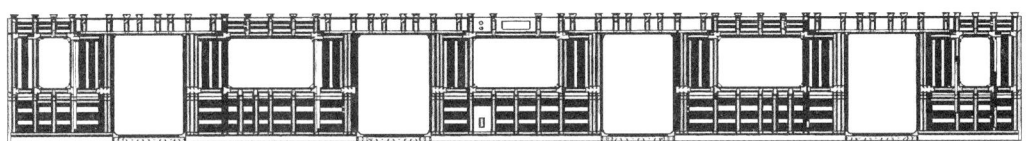

图 1.4 某地铁车辆的不锈钢车体钢结构

（2）转向架系统。图 1.5 所示为某地铁车辆的动车转向架和拖车转向架结构。

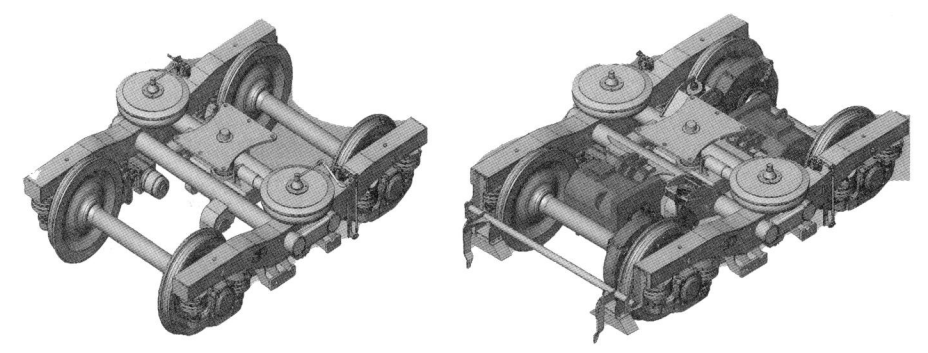

图 1.5 某地铁车辆的动车转向架和拖车转向架的结构

（3）车钩缓冲装置。图 1.6 所示为某地铁车辆带缓冲装置的半自动车钩结构。

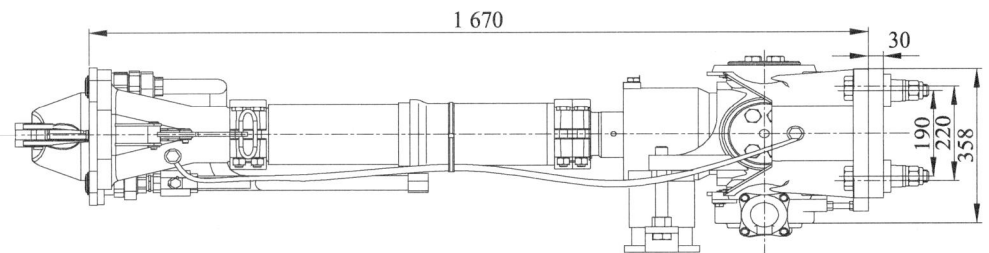

图 1.6 某地铁车辆带缓冲装置的半自动车钩结构

任务 1.3　城轨车辆的技术参数及编组、标识、编号

标识标记

车辆技术参数是概括介绍车辆技术规格的某些指标，是从总体上表征车辆性能及结构的一些参数，一般可分为性能参数与主要尺寸两大类。城轨车辆需进行编组、标识、编号，并在行车组织部门的指挥下有序运行。

1.3.1　车辆的性能参数

1. 自重、载重及容积

（1）自重指车辆整备（空车）状态下的车辆自身结构、设备组成的全部质量。
（2）载重指正常情况下车辆允许的最大装载质量，以 t 为单位。
（3）容积指车辆内部的有效立体空间，以 m^3 为单位。

2. 速　度

车辆的速度参数包括最高试验速度、运行速度、起动平均加速度和制动平均减速度。
（1）最高试验速度指车辆设计时按照安全及结构强度等条件所决定的车辆最高行驶速度。
（2）运行速度指车辆设计时按照安全及结构强度等条件所决定的车辆行驶速度，并要求以该速度连续运行时车辆具有足够良好的运行性能。
（3）起动平均加速度指在平直线路上，列车载荷为额定定员，自牵引电动机取得电流开始，至起动过程结束时该速度值被全过程经历的时间所除得到的商（单位：m/s^2）。
（4）制动平均减速度指在平直线路上，列车载荷为额定定员，自制动指令发出至列车完全停止的全过程，相应的制动初始速度被全过程经历的时间所除得到的商（单位：m/s^2）。

3. 轴　重

轴重指按车轴类型及在某个运行速度范围内，车轴允许负担（包括轮对自身的质量）的最大质量。轴重的选择与线路、桥梁及车辆走行部的设计有关。

4. 轴配置或轴列式

用数字或字母表示车辆走行部结构特点的方式。例如，4 轴动车有两台动力转向架，则轴配置记为 B-B；6 轴单铰轻轨车辆的两端为动力转向架，中间为非动力铰接转向架，其轴配置记为 B-2-B。

5. 每延米轨道载重

每延米轨道载重是车辆设计中与桥梁、线路强度密切相关的一个指标，同时又是能充分利用站线长度提高运输能力的一个指标，其数值是车辆总质量与车辆全长之比。

6. 通过最小曲线半径

通过最小曲线半径指配用某种形式转向架的车辆在站场或厂、段内调车时所能安全通过的最小曲线半径。当车辆在此曲线区段上行驶时，不得出现脱轨、倾覆等危及行车安全的事故，也不允许转向架与车体底架或车下其他悬挂物相碰撞。

7. 制动形式

制动形式指车辆获得制动力的方式，有摩擦制动、再生制动、电阻制动以及磁轨制动等多种形式。

8. 座席数及每平方米地板面积站立人数

地铁车辆由于其短途高流动性的运载特点，座席数较少，一般为 55~56 座/辆，站立数一般为 250 人/辆，超载时乘客总数按 7~9 人/m^2 计算。

9. 冲击率

冲击率指由于工况改变引起的列车中各车辆所受到的纵向冲击，用加速度变化率来衡量，以 m/s^3 为单位。在城轨车辆中，其主要用于说明车辆本身电气及制动控制系统所应达到的冲动限制。如地铁车辆正常运行（包括起动加速和电制动，但紧急制动情况除外）时，纵向冲击率不得超过 1 m/s^3。

10. 列车平稳性指标

列车平稳性是评定旅客舒适程度的主要依据，反映了车辆振动对人体感受的影响。因此，评定平稳性的方法主要以人的感觉疲劳程度为依据，通常以平稳性指标表示。

1.3.2　车辆的主要尺寸

（1）车辆长度指车辆处于自由状态，车钩呈锁闭状态时，两端车钩连接面之间的距离。它区别于车体长度的概念，车体长度指不包含牵引缓冲装置或折棚的车体结构的长度。

（2）车辆最大宽度指车体横断面上最宽部分的尺寸。

（3）车辆最大高度指车辆顶部最高点与钢轨顶面之间的距离。通常须说明与最高点相关的结构，如有无空调、受电弓的状态等。

（4）车辆定距指同一车辆的两转向架回转中心之间的距离。

（5）固定轴距指同一转向架的两车轴中心线之间的距离。

（6）车钩中心线距离钢轨面的高度简称车钩高，是指车钩连接面中点（钩舌外侧面的中心线）至轨面的高度，取新造或修竣后空车的数值。列车中各车辆的车钩高基本一致，它是车辆正确连挂、列车运行中正常传递牵引力及不会发生脱钩事故的保证。广州、上海地铁车辆的车钩高为 720 mm，天津滨海轻轨车辆、北京地铁车辆的车钩高为 660 mm。

（7）地板面高度指车辆地板面与钢轨顶面之间的距离。地板面高度与车钩高一样，指新造或修竣后空车的数值。它受到两方面的制约，一方面是车辆本身某些结构高度的限制，如车钩高及转向架下心盘面的高度；另一方面又与站台高度的标准有关，规定车辆地板面应与站台高度相协调，如上海地铁车辆地板面高为 1.13 m，北京地铁车辆地板面高为 1.053 m。

1.3.3 车辆的编组

在城轨交通车辆中,动车 M 和拖车 T 通过车钩连接而成的一个相对固定的编组称为一个(动力)单元,一列列车可以由一个或几个(动力)单元编组而成。目前,我国城轨交通车辆列车编组比较普遍是 6 辆编组或 4 辆编组,还有一些城市的大运量地铁的车辆采用 8 辆编组。6 辆编组的主要有"3 动 3 拖"和"4 动 2 拖",4 辆编组的主要有"2 动 2 拖"。

(1)西安地铁 1、2 号线列车均采用"3 动 3 拖"的编组形式,编组形式为

$$= Tc*Mp*M*T*Mp*Tc =$$

而西安地铁 3 号线为增加运力,则采用"4 动 2 拖"的编组形式,编组形式为

$$= Tc*Mp*M*M*Mp*Tc =$$

式中,Tc 表示有司机室的拖车;Mp 表示带受电弓的动车,空气压缩机安装在 Mp 车上;M 表示不带受电弓的动车;T 表示不带司机室的拖车;"="表示半自动车钩;"*"表示半永久车钩。

(2)广州地铁 1 号线列车采用"4 动 2 拖"的形式,编组形式为

$$-A*B*C=C*B*A-$$

式中,"−"表示全自动车钩;A 表示拖车,并且一端设有驾驶室,车顶上装有受电弓,车下装有一套空气压缩机组;B 车和 C 车均为动车,两者结构基本相同。

广州地铁 2 号线与 1 号线基本一样,只是受电弓装于 B 车车顶,而空气压缩机组装于 C 车车底。

(3)上海地铁 1、2 号线列车在开通初期为 6 辆编组,采用"4 动 2 拖"的编组形式,即

$$-A=B*C=C*B=A-$$

而远期为 8 辆编组,采用"6 动 2 拖"的编组形式,即

$$-A*B*C=B*C=B*C=A-$$

式中,A 表示拖车,一端设有驾驶室;B 表示动车,车顶上装有受电弓;C 表示动车,车下装有一套空气压缩机组。

(4)天津滨海轻轨车辆在开通初期为 4 辆编组,采用"2 动 2 拖"的编组形式,编组形式为

$$= Mcp*T=T*Mcp =$$

而远期为 6 辆编组,采用"3 动 3 拖"的形式,编组形式为

$$= Mcp*T=T*M=T*Mcp =$$

式中,Mcp 表示带司机室、受电弓的动车;M 表示动车;T 表示拖车。

1.3.4 车辆车端、车侧标识

以广州地铁2号线车辆为例说明车辆车端、车侧标识。

(1)车端。如图1.7(a)所示,每辆车的1位端定义如下:A车1位端是带有全自动车钩的一端,B车1位端是与A车连接的一端,C车1位端是连接半永久牵引杆的一端,另一端就是2位端。

(2)车侧。当车辆检修人员位于车辆的2位端、面向1位端时,则其右侧就称为该车辆的右侧,左侧即为该车辆的左侧。

1.3.5 列车车侧

如图1.7(b)所示,列车车侧的定义与车辆车侧的定义是不同的。它是以司机为主体,司机坐于列车驾驶端座位上,司机的右侧即为列车的右侧,左侧即为列车的左侧。换句话说,列车车侧是按列车的行驶方向来定义的,这与公路上汽车按行驶方向定义左右侧是相同的。

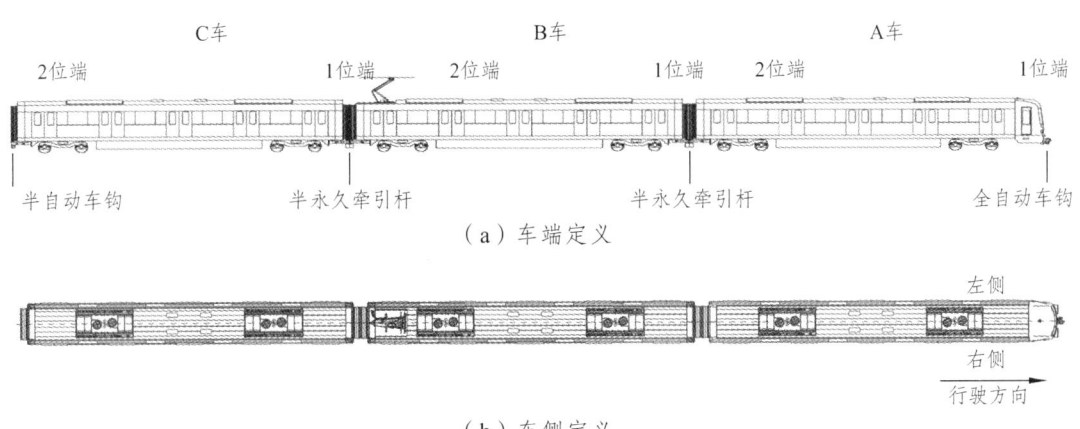

图1.7 车辆车端和车侧的标识及列车车侧定义

1.3.6 车厢的编号

城轨车辆的每一节车厢均有固定的编号,编号在使用期间不会发生改变,直至此车报废。城轨车辆由于制造商、运营商不同,编号方式也有一定的差别,但大同小异。

以上海地铁的车厢编号为例,其先按线路对车辆进行车型编号,2004年前后的编号方式有一定的区别。

1. 车型编号

DC01型电动客车——1号线西门子直流车;AC01型电动客车——1号线西门子交流车;AC02型电动客车——2号线西门子交流车;AC03型电动客车——3号线阿尔斯通交流车;AC04型电动客车——1号线庞巴迪交流车;AC05型电动客车——4号线西门子交流车;AC06型电动客车——1号线的新的8辆编组的阿尔斯通交流车。

上海地铁 5 号线属于现代轨道而没有类似编号。

2. 车厢车体编号

车厢的号码有两种：一种是车厢号，一般位于车厢内部两端贯通道路上方；另一种是车厢编号，位于车厢外侧，具体位置随车型的不同而不同。

2004 年是上海地铁车辆编号的时间节点，2004 年以前上海地铁 1、2、3 号线的 DC01/AC01/AC02/AC03 与 5 号线电客列车车厢编号为 5 位数，采用 YYCCT 形式。其中，YY 为车辆出厂的年份，CC 为出厂时这一年的同类型车辆的生产顺序号，T 为车辆类型代号。T 为 1 时代表 A 车，表示带司机室的拖车（Tc），T 为 2 时代表 B 车，表示带受电弓的动车（Mp），T 为 3 时代表 C 车，表示不带受电弓的动车（M）。如图 1.8 所示，00342 表示 2000 年出厂的第 34 辆 B 车，即带受电弓的动车。上海地铁 1 号线车辆标识 92082 表示 1992 年出厂的第 8 辆车，其车辆类型为 B 车，即车顶带受电弓的动车。

图 1.8　上海地铁车厢编号（2004 年以前）

2004 年以后，上海地铁所有的车辆标识均改为 6 位数字，前两位数表示车辆的所属线路，中间三位数表示该车厢在该线路的车厢总编数，最后一位只能是 1、2 或 3，1 表示带司机室的拖车（Tc），2 表示带受电弓的动车（Mp），3 表示不带受电弓的动车（M）。在图 1.9 所示的 040011 中，04 表示该车属于 4 号线，001 表示 4 号线中的第 1 辆车，最后一位 1 则表示该车为带司机室的拖车。

图 1.9　上海地铁车辆的编号（2004 年以后）

另外，在紧急情况下为方便乘客逃生时找到逃生通道，上海地铁在每节车厢的端墙上部编制应急车厢号，可方便乘客准确掌握自己在车厢里的位置。编号由 4 位数组成。其中对于 1~9 号线来说，第 1 位表示所属线路情况（10 号线往后线路情况用第 1、2 两位数字表示），第 2、3 位表示的是该车为该线路的列车编号；最后一位从 1~6，表示车辆的编组数，以后如果编组加长，会出现 1~8 或 1~10，顺序是从列车的 1 位端往 2 位端数。如图 1.10 所示，车厢号 4186 的具体含义为 4 号线第 18 列列车中的第 6 节车厢（从 1 位端向 2 位端数）。

图 1.10 上海地铁车辆车厢号

【典型案例】

1. 某地铁 2 号线车辆的主要技术指标

1）主要性能参数

（1）速度。最高运行速度为 80 km/h。

（2）列车平稳性指标。初步运行时，不大于 2.5；运行 150 000 km 后，列车平稳性指标应在 2.5~2.75。

（3）列车牵引功率。$2\times 6\times 180$ kW=2 160 kW。

（4）轴重。轴重不大于 14 t。

2）车辆主要尺寸

某地铁 1、2 号线车辆主要尺寸见表 1.1。

表 1.1 某地铁 2 号线车辆主要尺寸　　　　　　　　单位：mm

项　　目	尺　寸	项　　目	尺　寸
Tc 车长度	19 500	车钩中心线距轨面高度	660+10
Mp、M、T 车长度	19 000	新轮直径	840
车辆最大宽度	2 800	半磨耗轮直径	805
车辆高度	3 800	磨耗轮直径	770
车辆内中心高度	2 120	客室侧门开宽度	1 300
转向架中心距	12 600	司机室侧门净开度	725
转向架固定轴距	2 200		

2. 某地铁 2 号线的编组

图 1.11 所示是某地铁的编组情况，该地铁 2 号线列车车辆均采用 6 辆编组形式，即"=Tc*Mp*M*T*Mp*Tc="。

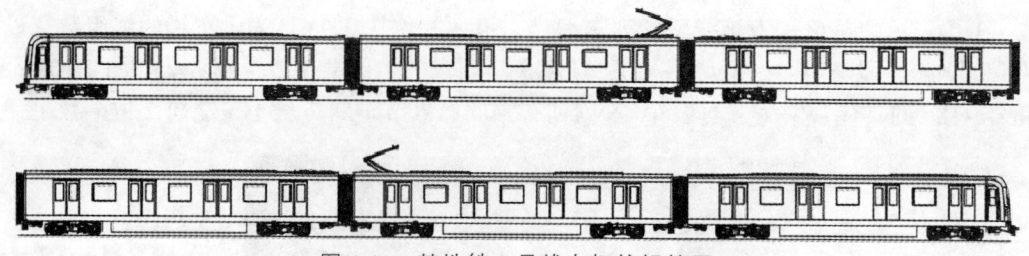

图 1.11 某地铁 2 号线车辆编组简图

3. 某地铁的车辆编号

某地铁的车辆编号为 5 位数。第 1、2 位表示线号（如 1 号线 01，2 号线 02，3 号线 03，以此类推）。第 3、4 位表示车列号（如 01 表示第一列车，02 表示第二列车，以此类推）。第 5 位表示车辆号，用数字 1、2、3、4、5、6 分别表示车辆 1~6 位的编组，分别表示 Tc、Mp、M、T、Mp、Tc 车。

4. 某地铁 2 号线的车辆方位

某地铁 2 号线车辆以两头 Tc 车为基准，以前三节车为一组，后三节为另一组，在每一组中，靠近司机室的为 1 位端，远离司机室的为 2 位端。

任务 1.4　车辆系统分类

城市轨道交通车辆是技术含量高且集中的机电一体化设备，是整个城市轨道交通系统中最关键，也是最复杂的设备，涉及机械、电气、控制、材料等多个领域，是按功能分类的多个子系统组成的紧密联系的综合系统，总体构成见表 1.2。

表 1.2　系统组成表

机械部分	车体	电气部分	牵引及电制动
	车钩及缓冲器		辅助电源系统
	车门系统		列车控制和诊断系统
	转向架		广播及乘客信息系统
	空气制动		照明系统
	空调和通风		列车自动控制（ATC）

机械系统主要由车体、车钩及缓冲器、车门系统、转向架、空调系统和制动装置等组成；电气部分由电气设备和电气线路组成。电气设备包括牵引电动机、空压机组、逆变器、蓄电池和列车自动控制系统等。电气线路主要由主电路、控制电路、辅助电路和辅助控制电路组成。空气管路为制动系统和二系悬架系统输送压缩空气。

1.4.1 车辆机械系统简介

1. 车　体

（1）车体采用整体承载结构，在使用期限内能承受正常载荷的作用而不产生永久变形和疲劳损伤，有足够的刚度；在最大垂直载荷作用下车体静挠度不超过两转向架支撑点之间距离的 1‰。

（2）车辆结构设计寿命为 30 年。

（3）车体以及安装在车体外部的各种设备的外壳和所有的开孔、门窗、孔盖均能防止雨雪侵入；封闭式的箱、柜须做到密闭良好，机械清洗时不渗水、漏水。

（4）车辆设有架车支座、车体吊装座，并标注允许架车、起吊的位置，以便拆装起吊和救援。

（5）列车两端宜设置可调整的排障器。

（6）列车两端的车辆设置防止意外冲撞的撞击能量吸收区，保护司机与乘客安全。列车两端一般设置防爬装置。

2. 司机室

（1）司机室视野宽广，能使司机在运行中清楚方便地瞭望到前方信号、线路接触网（接触轨）、隧道和站台。

（2）司机室前窗采用不会崩散的安全玻璃，前窗设置刮雨器和遮阳装置，寒冷地区还应采用电加热玻璃。

（3）司机室侧面设置侧门；在未设置安全通道的线路上运行的列车两端设有紧急疏散门；司机室与客室之间设有通道门，净开宽度不小于 550 mm，高度不低于 1 800 mm。

（4）司机室设有司机操纵台，并设有司机室座椅，座椅为软式或半软式，其高度、前后位置可以调节，满足可让司机在必要时能迅速离开的要求。

3. 客　室

（1）客室两侧合理布置数量充足的车门，车门净开宽度不小于 1 300 mm，高度不低于 1 800 mm。

（2）客室侧门的开闭由司机统一控制，也可以由 ATC 控制，车门还具有非零速自动关门、车门锁闭装置；单个车门具有系统隔离功能；具有客室内解锁、客室外使用钥匙开启、关闭车门功能；具有缓冲及防夹人/夹物功能。

（3）客室两侧设置车窗，布置客室座椅及牢固的立柱、扶手杆和吊环。

（4）客室内灯光照度在距地面 800 mm 处平均照度值不低于 200 lx，最低值不低于 150 lx，紧急照明照度不低于 10 lx。

（5）两节车之间设置贯通道，每节车中须设置一处轮椅专用位置。

4. 转向架

（1）车轮采用整体碾钢或弹性车轮，踏面形状符合《机车车辆车轮轮缘踏面外形》（TB/T 449—2016）的要求。

（2）轴箱密封良好，轴箱温升不超过 30 ℃。

（3）动车转向架牵引电机采用架悬式安装。

（4）一系悬挂为金属橡胶弹簧或金属圆弹簧，可配置垂向减振器；二系悬挂为空气弹簧，设有高度自动调整装置；构架和车体之间安装横向减振器和横向止挡。

5. 制动系统

（1）制动系统具有电制动和空气制动两种制动方式，空气制动具有独立的制动能力。

（2）制动系统具有常用制动、紧急制动功能，具有根据空重车调整制动力大小的功能。

（3）电制动和空气制动协调配合，常用制动充分利用电制动功能并具有冲动限制功能；电制动时优先采用再生制动，电制动不足时空气制动按总制动力要求补充不足的制动力。

（4）基础制动采用踏面制动或盘形制动装置。

（5）制动系统具有防滑功能。

（6）列车具有停放制动功能，保证在线路最大坡度、最大载荷时施加停放制动列车不溜车，停放制动力仅通过机械方式产生并传递。

（7）列车有两台或两台以上独立的电动空气压缩机组，当一台机组失效时，其余压缩机组能满足整列车的供气要求。压缩机设有干燥器和自动排水装置。储风缸的容积满足压缩机停止后列车三次紧急制动的用风量。

（8）压缩空气管路须采用不锈钢或铜材料。

6. 车钩及缓冲器

（1）车钩形式：列车中固定编组的各车辆间设半永久牵引杆或密接式半自动车钩，司机室前端设密接式自动车钩或密接式半自动车钩。

（2）缓冲装置：能有效吸收撞击能量、缓和冲击，能完全复原的可承受的最大冲击速度为 5 km/h。

（3）车钩水平中心线距轨面高可采用 720 mm 或 660 mm，一般情况下同一城市地铁车辆采用统一尺寸。

7. 空调及采暖装置

（1）空调制冷能力满足在环境温度为 33 °C 时，车内温度不高于（28±1）°C，相对湿度不超过 65%。

（2）空调采用集中控制方式，同步指令控制，分时顺序启动。

（3）空调机组有可靠的排水结构，确保在运用中凝结水及雨水不渗漏或吹入客室内。

（4）在额定载客时，空调系统能保证人均新风量不少于 10 m^3/h。

（5）用于冬季寒冷地区的车辆设有采暖设备，采暖设备能根据需要按不同工作挡位调节温度，运行时维持司机室温度不低于 14 °C。

1.4.2 车辆电气系统简介

车辆电气系统是用于城轨车辆运行、保障行车安全、提高运营效率的一套完整的控制系统。其具有高可靠性、高安全性、高稳定性等特点，能满足城市轨道交通快速、安全、高效的要求。

城轨车辆电气控制系统的发展经历了从传统继电器控制到微机控制的演变过程，技术水平不断提高。随着科技的不断进步，城轨车辆电气控制系统将朝着更加智能化、自动化的方向发展，进一步提高城市轨道交通的安全性、可靠性和高效性。

城轨车辆电气系统主要由以下几个系统组成：

（1）电源系统。提供稳定的直流电源，确保车辆正常运行。

（2）牵引系统。控制车辆的起动、加速和制动，实现安全、平稳地牵引。

（3）辅助系统。提供照明、空调、通风等功能，提高乘客的舒适度。

（4）信号系统。控制车辆的信号灯、警示灯等，确保行车安全。

城轨车辆电气控制系统的基本功能：

（1）有起动、停止控制，可根据需要起动或停止城轨车辆。

（2）实现速度调节，根据需要调节城轨车辆的运行速度，确保列车按照预定计划运行。

（3）实现城轨车辆故障诊断与处理，对城轨车辆电气控制系统中的设备进行故障诊断，及时处理故障，确保列车安全运行。

同时，还可根据实际运行情况，自动调节城轨车辆的能耗，降低能源消耗；通过远程监控系统，实时监测和控制城轨车辆的运行状态；根据列车运行位置自动报站，为乘客提供准确的信息。

城轨车辆电气控制系统的高级功能：

（1）自动驾驶。实现城轨车辆的自动驾驶，提高列车运行的自动化水平。

（2）智能调度。根据客流情况、列车运行状态等因素，智能调度列车，优化列车运行计划。

（3）安全防护。实时监测城轨车辆的运行环境，采取必要的安全防护措施，确保乘客安全。

任务 1.5 车辆检修制度与修程

城市轨道交通车辆购置费及车辆段设施投资在城市轨道交通建设项目中占有较大的比重。在实际工程设计中，城市轨道交通车辆的检修制度用于计算确定配属车辆数、各修程的车辆年检修工作量等，并用于确定车辆段的建设规模。在线路投入运营后，车辆检修制度用于车辆段编制年度车辆检修计划、材料备品订购计划、劳动力组织和设备使用计划等，是地铁公司生产经营管理的重要依据。因此，车辆检修体系是地铁建设和运营的重要技术数据和依据。

1.5.1 城市轨道交通车辆检修部门管理工作要求

1. 城市轨道交通车辆检修部门的主要工作范围

（1）根据电客车的运用计划，制订相应的电客车检修计划。应考虑电客车的修程和车辆检修条件，在保证电客车运输需求和运行质量的前提下制订检修计划。电客车检修计划出台后,车辆检修部门应认真组织实施。车辆检修部门按车辆检修规程和检修工艺,将电客车修竣并经检验合格后与车辆运用部门进行电客车交接。

(2)在每日电客车运营结束后,车辆检修部门对回库电客车进行日常检查、维护。经检查、维护和修理恢复良好技术状态的电客车,检修部门交电客车运用调度,并作为次日运用电客车。

(3)运营电客车在途中发生故障时,若在电客车驾驶员处理范围之内,并经驾驶员处理恢复良好运用状态的电客车,可继续运行或维持运行,尽量避免救援。电客车驾驶员若不能处理时,应尽快组织救援,以保证运营线路的畅通。

2. 城市轨道交通车辆检修部门的职责

(1)负责电客车的维护、维修、抢修工作。
(2)负责电客车维修设备的操作、维护和维修工作。
(3)负责组织落实检修基地所辖范围内的救援、抢修工作。
(4)负责检修基地、停车场的行车组织工作,以及与行车有关的生产作业组织工作。

3. 城市轨道交通车辆检修组织流程

(1)各项设备检修调研:调查运营服务部门对设备检修的要求,调查使用部门对设备的要求。
(2)设备检修实现过程策划:根据对设备检修的要求,对设备检修模式进行策划,形成检修计划。
(3)资源提供(人力、设施设备):为车辆检修提供必要的设施设备及人员。
(4)组织设备检修:按照检修计划进行检修。
(5)检修过程的监视与测量:对检修过程进行监视,并进行记录。
(6)检修质量验收:对检修质量进行验收,并进行记录。
(7)不合格检修控制:对不合格的检修作业进行分析,找到原因,及时进行处置。
(8)纠正、预防措施:根据分析结果提出纠正措施,督促改进,并制定预防措施。同时,修改有关设备检修模式、检修规程等。

1.5.2 城市轨道交通车辆检修管理模式

城市轨道交通车辆检修、运用工作的管理模式有两种:一种是车辆的检修和运用工作由车辆部门统一管理;另一种是车辆的检修工作由车辆部门进行管理,车辆的运用工作由客运部门管理。

1. 统一管理的特点

(1)对电客车的运用和检修进行统一管理、集中安排,管理程序简化、管理效率较高。
(2)便于出台与车辆技术有关的电客车运用规章制度、驾驶员操作规程及电客车故障操作办法等。
(3)电客车运行情况能及时反馈并妥善处理。

（4）能积极进行车辆运用与车辆检修后的调试工作。
（5）便于进行电客车驾驶员岗位的各种适应性、资格性培训。

2. 分散管理的特点

（1）可以实行统一管理、全面负责，便于协调运营时发生的特殊情况，处理突发事件的效率高。
（2）运用部门除保证车辆的正常运行外，还必须配合做好车辆检修所需调车工作，以及电客车检修后的各种机能调试工作。
（3）车辆段负责及时完成车辆检修任务，保证向运营线路提供良好运用状态的电客车。
（4）车辆段负责制定各种与车辆技术有关的电客车运行规章制度。
（5）车辆段协助开展电客车驾驶员岗位的各种适应性、资格性培训工作。

1.5.3　城市轨道交通车辆检修模式

1. 车辆整修

车辆整修是在车辆充足用车不紧张的情况下，采用扣车形式检修的一种模式。其车辆检修流程根据检修修程低到高制定，如车辆架大修高级修程检修流程一般为，电客车解编、车体与转向架分离、车体及部件维修、车辆部件组装、转向架与车体组装、单车称重、车辆连挂编组、车辆静态调试、动态调试。

2. 车辆部件检修

运营初期或车辆配属量不高、车辆检修量较低时，检修车辆基本采用部件维修的工艺方式。这种方式除少量待修和报废的零、部件从备品库领取备件外，其他零、部件均待修竣后再安装到车辆上。这种检修方式不需要储备过多的零、部件备品。

3. 部件互换修

该方式是将车辆定期检修时从待修车辆上分解下来的设备及零、部件或从临修车辆上拆卸下来的设备及零、部件修竣后作为配件，即作为同型车辆设备及零件、部件的备品。这种方式目前应用比较广泛，其优点如下：

（1）可以大幅缩短车辆的检修停运时间，提高车辆的使用率。
（2）合理组织生产，有效提高劳动生产率。
（3）能提高车辆的检修质量，增强车辆运行的可靠性。
（4）形成车辆设备及零、部件检修的专业化。
（5）电客车运用投入率提高，减少城市轨道交通工程建设投资，降低运营成本。

1.5.4　城市轨道交通车辆检修制度

1. 车辆检修原则

城市轨道交通车辆检修按预防性维修的原则，从车辆的技术水平出发，综合考虑车辆各部件的维修周期、寿命周期,确定车辆检修修程,并针对车辆的各级修程制订车辆的检修技术管理规程及车辆部件的检修工艺文件。

2. 车辆检修制度

车辆检修制度是城市轨道交通车辆可靠运行的保障,也是确定车辆检修体制,保证车辆检修工作顺利进行的基础。车辆检修制度对车辆运营里程(时间)、车辆修程、检修等级、车辆检修时间、修竣车辆、车辆的验收做出具体规定。当车辆运营里程(时间)达到规定范围,符合检修要求时,根据车辆检修规程、按照车辆部件检修工艺标准,对车辆及部件进行检查、维护或修理。

3. 车辆检修制度划分

城市轨道交通车辆检修制度一般分为预防性计划检修和状态修两种。由于城市轨道交通对车辆的安全性和可靠性要求非常高,考虑到目前我国车辆的总体运用检修水平,车辆检修采用按车辆运行周期进行计划检修的预防性检修制度。但在整体采用预防性计划检修的前提下,应对部分有条件的系统和部件(如电气和控制系统等)实行状态修复。

1)预防性计划检修

预防性计划检修是指在尚未发生故障之前就对车辆进行修理,消除车辆零部件的缺陷和隐患,预防车辆故障的发生。这种修理制度的修理作业是定期的,修理范围一旦确定也是固定的;其修理所需设备和工装也相对较固定,无须做大的变更或增减;全年的任务可以计算出来,以提前准备检修所需的材料、零件、设备及人力。

2)状态修

状态修是指借助先进的检测与技术诊断设备,在车辆或部件不解体的情况下,检查和测量各主要零部件的技术参数,从而掌握车辆的技术状态;同时根据事先掌握的车辆的实际状态,有计划地适时安排适度维修。即在应该进行修理的时机修理,在应该进行修理的部位进行恰到好处的修理,从而快速、经济、有效地达到消除隐患与故障,确保车辆良好技术状态的目的。

1.5.5 城市轨道交通车辆检修周期

车辆的检修周期是依据车辆各零部件设计的使用寿命和磨耗情况,再结合车辆的实际运营的里程(时间)确定的。某轨道交通 2 号线车辆的检修周期见表 1.3。

表 1.3 某轨道交通 2 号线车辆检修周期

检修级别	时间间隔	走行里程	检修停时	主要检修内容和要求
日检	1 日	400~500 km	40 min	系统功能检查,保证车辆运行安全
双周检	2 周	6 000~8 000 km	1D	系统功能检查,易损件检查更换,保持车辆状态
月检	1 月	$(1.2~1.6) \times 10^4$ km	1D	系统功能检查,主要部件状态检查测试

续表

检修级别	时间间隔	走行里程	检修停时	主要检修内容和要求
年 检	1年	$(14\sim18)\times10^4$ km	11D	大型部件细致检查、测试、修理、镟轮，保持车辆整体主要性能
架 修	5~6年	$(70\sim90)\times10^4$ km	23D	大型部件细致检查、测试、修理、换件、镟轮，保持车辆整体主要性能
大 修	10~12年	$(140\sim180)\times10^4$ km	35D	对车辆包括车体在内进行全面的分解、检查及整顿，结合技术改造对部分系统进行全面的更换

1.5.6 城市轨道交通车辆检修工艺

检修工艺是保证车辆设备及零部件质量，提高检修效率的根本途径。检修工艺要根据检修技术管理规程要求，结合检修技术标准与要求，参照检修设备及检测设备技术特点，制定作业者的岗位标准，合理地安排生产工艺过程。检修工艺尽量使生产工序保持连续性，生产时间紧密衔接，设备使用保持均衡，人力资源的工作量与工作节奏保持均匀。检修工艺的内容应包括：

（1）从检修准备、分解、检查、修理、组装到检查、试验的工作程序。
（2）每道工序的具体作业方法，操作者必须遵循的操作标准。
（3）使用的工具、量具、设备及材料的型号、规格。
（4）每道工序的质量标准及其检验方法。

1.5.7 城市轨道交通车辆检修过程

城市轨道交通车辆的检修过程是一项系统工程，主要分为以下几项过程。

1. 生产计划调度过程

以满足城市轨道交通运营的需求为目标，根据车辆修程的规定、检修的资源情况、运营车辆的技术状况，制订车辆检修计划；根据车辆检修计划确定人力资源、检修设备、配件、材料等使用计划。在检修过程中，根据检修具体情况对以上生产要素进行有序调整、合理调度，以保证车辆检修计划的实施。

2. 生产技术准备过程

在车辆检修动工前进行生产技术准备工作，主要有：检修技术管理规程、检修工艺、检修工艺装备、材料消耗定额及工时消耗定额的设计与制定；出台与车辆运用技术要求相关的电客车操作标准、电客车故障处理办法等规章制度。

3. 基本生产过程

基本生产过程是车辆检修生产的直接活动，是车辆检修生产过程中最主要的组成部分。

4. 辅助生产过程

辅助生产过程是为保证车辆检修的基本生产过程正常开展所进行的各种辅助性生产活动，如车辆设备及零部件的检修，车辆检修设备、设施的维护、保养等。

5. 生产服务过程

生产服务过程是为车辆检修的基本生产和辅助生产活动提供保障的各种生产服务活动，如材料、工具、配件的保管，设备及零部件的运输、供应、理化检验等。

1.5.8 城市轨道交通车辆检修修程

国内城市轨道交通车辆检修制度基本沿用了传统的城市轨道交通车辆的检修经验。符合车辆检修要求时，根据车辆检修技术管理规程，采用预防性"计划检修"方式和发生电客车故障后的"状态维修"方式。通常车辆的检修修程分日常检修和定期检修，日检、双周检、月（三月）定修（年修）属于日常检修范畴，大修、架修属于定期检修范畴。

1. 日 检

日检于每日运营电客车入库后在整备线上进行，主要进行车辆外部检查，以保证次日电客车的正常运营。检查项目：车体、车辆走行装置、车辆制动系统、车门传动装置、受电弓、照明等装置。

2. 双周检

双周检对主要部件运用状态进行技术标准检查，如轮对运用尺寸、蓄电池电解液浓度、牵引电动机电刷长度、制动闸瓦厚度等。

3. 月（三月）检

月（三月）检对电客车进行全面、细致检查；更换接近使用限度的易损、易耗件；对主要部件的技术状态进行检查、测试和保养。

4. 定修（年修）

定修（年修）对主要设备及零部件运用状态进行检查；对不良的设备及零部件进行更换或维修，保证技术标准符合运用要求；对电气部分技术整定值进行检测及调整。

5. 架 修

架修是将车辆予以解体，进行设备及零部件的检查、测定、修复及更换等检修。对重要部件如转向架、车钩、车门传动装置、制动装置、牵引电动机、受电弓等进行测试、检查、修复，恢复车辆设备及零部件的运用性能。

6. 大 修

大修对车辆进行全面分解，整体修复，修竣后性能、标准应达到新造车的技术水平。

【思政课堂】

以城轨车辆发展新形势、绘智慧地铁人才新蓝图

"十四五"是我国在全面建成小康社会、实现第一个百年奋斗目标之后,乘势而上开启全面建设社会主义现代化国家新征程、向第二个百年奋斗目标进军的第一个五年,城轨交通将迎来高质量发展新阶段。

据统计,"十四五"期间,全国已有 67 个城市的城轨交通线网规划获批,规划线路总长 7 086 km。其中,57 个城市在建线路总长 6 800 km,城轨交通迈入了规模化、智能化发展的新时代。大力发展智慧交通,推动大数据、互联网、人工智能、区块链、超级计算等新技术与轨道交通深度融合,人才培养将更加重视高素质人才、专业化人才的培养和广大员工信息化知识的普及教育。

一是转型发展呈现新趋势。城轨交通从"以建设为主"向"建设与运营并重"转变,从建设轨道交通向经营轨道交通转型;从关注"规模扩张"向关注"效益和可持续发展"转变;需合理规划建设时机、网络规模、系统制式、融资和建运管模式。从"相对独立"向"一网多模"转变,不断加快干线铁路、城际铁路、市域(郊)铁路、城市轨道交通"四网融合";从"装备多样化"向"装备自主化、行业标准化"转变,努力将城轨交通设计、生产、维修与运用成本控制在合理区间。

二是融合发展成为新要求。融合发展不仅体现在城轨交通系统与其他轨道交通系统的融合,还体现在与城市发展的融合。通过"轨道系统+多种运输系统"的融合,构建统一的、多层次网络化发展综合交通运输体系;通过"城市发展+轨道建设"的融合,形成以城轨交通站场(车站周边物业+上盖物业开发的 TOD)为核心的城市出行、居住、工作、生活、消费和娱乐于一体的都市新生态。

三是智慧城轨成为新方向。"互联网+城轨交通"不断衍生城轨新技术、新模式、新业态。5G、大数据、人工智能、区块链、云计算等技术使城轨行业大放光彩,城轨交通从自动化向智能化迈进。城轨交通将在智慧建设、智慧运维、智慧服务持续发力。

【思考与练习】

(1)城轨车辆有哪些基本种类?试述其基本结构。

(2)什么是车辆的技术参数?主要有哪些参数?举例说明重要参数的作用。

(3)城轨车辆是如何编组的?请举例说明某种编组方式的优缺点。

(4)为什么要对车辆进行标识?如何对车辆进行标识?

项目 2 车 体

【项目导入】

车体作为容纳旅客和司乘人员的地方,是车辆的主体结构,是城轨交通车辆的基本组成部分之一,也是安装其他车辆部件和系统的基础。车体的作用、分类、结构形式是学生必须掌握的内容。车辆车体的材料使用、结构选择都关系到地铁列车运行的安全性、可靠性、乘车舒适性。铝合金和不锈钢是目前城市轨道交通车辆车体材料的主流。

【学习目标】

(1)掌握车体的作用与分类,熟悉车体的结构形式,能分析车体的基本结构及主要特点。
(2)掌握铝合金车体、不锈钢车体的结构和特点并能进行车体材料的选型分析。
(3)了解模块化车体结构的基本知识。
(4)掌握车体检查与维护工艺流程及常用工器具使用方法。

车体是城轨车辆的基础框架,其主要作用是运载乘客、承受车辆垂直载荷,并安装传动机构、电气设备和服务设施。车体材料具有耐腐蚀、防火、隔声及隔热等性能。

任务 2.1 车体的基础知识

城轨车辆由车体、转向架、制动装置、车钩和车内设备五部分组成。其中,车体是城轨车辆的基础框架和主体。

2.1.1 车体的作用与种类

城轨交通
车辆车体

1. 车体的作用

车体主要作用是运载旅客、承受车辆垂直载荷,安装传动机构、电气设备和服务设施。

2. 车体的种类

车体按不同的分类方式分为不同的类型。

（1）按使用的材料分为碳素钢车体、铝合金车体和不锈钢车体三种。早期多使用碳素钢制造车体，目前主要使用铝合金和不锈钢材料制造车体。

（2）按有无司机室可分为带司机室车体和不带司机室车体。

（3）按尺寸分为 3 m 宽的 A 型车车体，2.8 m 宽的 B 型车车体和 2.6 m 宽的 C 型车车体。

（4）按车体结构工艺可分为一体化结构和模块化结构。

2.1.2　车体的基本特征、结构形式与要求

1. 车体的基本特征

（1）城轨列车基本上是电动车组，有单节、双节、三节式等多种编组形式。

（2）城轨车辆是城市内的公共交通系统，乘客的数量多，旅行时间短，上下车频繁，城轨车辆的座位数量少，车门数量多且开度大，车内服务设施简单。

（3）城轨车辆采用轻量化设计，质量轻、轴重小。

（4）城轨防火要求严格，采用防火设计，材料必须经过阻燃处理。

（5）车辆的隔声和降噪要求高，对沿线居民的影响小。

（7）车辆外观造型、色彩与城市文化、环境和景观协调。

2. 车体的结构形式

按照车体结构承受载荷方式，车体可分为底架承载结构、侧墙和底架共同承载结构和整体承载结构三类。

（1）车体的全部载荷由底架承担的车体结构称为底架承载结构。

（2）载荷由侧、端墙与底架共同承担载荷的车体结构称为侧墙和底架共同承载结构或侧墙承载结构，其侧墙、端墙与底架等通过固接形成一个整体。

（3）图 2.1 所示为钢制车体整体承载结构。车体结构是在板梁式侧、端墙上，固接由金属板、梁组焊而成的车顶，使车体的底架、侧墙、端墙、车顶连接成一个整体，成为开口或闭口箱形结构，这种车体结构的各部分结构均承受载荷。

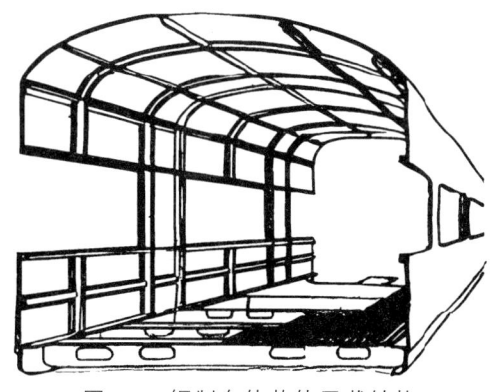

图 2.1　钢制车体整体承载结构

3. 车体结构分析与基本要求

图 2.2 所示为城轨车辆车体的一般结构形式。城轨车辆车体底架是车体结构和设施的安

装基础，承受城轨交通车辆的主要动、静载荷，因此要求其必须具有足够的强度和刚度，它也是城轨车辆生产制造和检修作业的重点。底架中部断面较大并沿其纵向中心线贯通全车的梁称为中梁，是底架的骨干。底架两侧边沿的纵向梁称为侧梁，侧墙固定于其上。底架两端部的横向梁称缓冲梁（或称为端梁），端墙固定于其上。在转向架的支撑处设有枕梁，是横向断面最大的梁。在两枕梁之间设有两根以上的大横梁。为了吊挂设备，铺设地板，底架上还设有若干小横梁和纵向辅助梁，中梁和枕梁承担载荷最大。

　　城轨车辆整体承载结构车体是由若干纵向、横向梁和立柱组成的钢骨架（也称钢结构），再安装内饰板、外蒙皮、地板、顶板及隔热/隔声材料、车窗、车门及采光设施等组成。车体一般包括底架、端墙、侧墙、车顶、车窗、车门、贯通道和车内设施等部分。侧墙由杆件、墙板和门窗组成。杆件包括立柱、上弦梁、横梁和其他辅助杆件，它们与底架的侧梁构成一体。墙板有蒙皮和内饰板，蒙皮是用钢板、不锈钢板或铝合金板制成的，内饰板具有车内装饰的功能，经过阻燃处理。端墙结构与侧墙基本相同，除端梁外，还设有角柱、端立柱、上端梁和墙板等。车顶结构包括车顶弯梁、车顶横梁、车顶端弯梁及车顶板等，如图2.2所示。

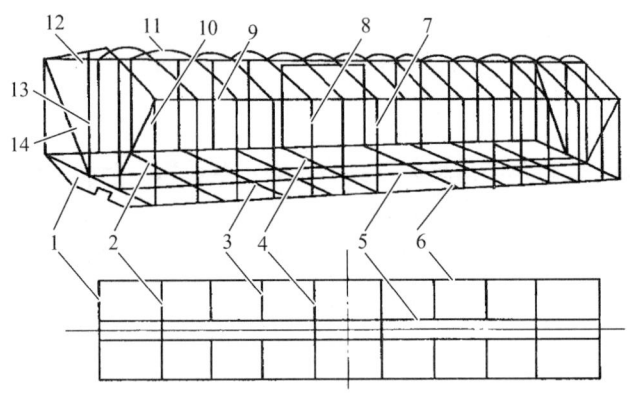

1—缓冲梁（端梁）；2—枕梁；3—小横梁；4—大横梁；5—中梁；6—侧梁；7—门柱；8—侧立柱；
9—上侧梁；10—角柱；11—车顶弯梁；12—顶端弯梁；13—端立柱；14—端斜撑。

图 2.2　车体的一般结构形式

　　为满足安全运载乘客的需要，车体钢结构必须有足够的强度；为提高乘坐舒适度，车体必须具有足够的刚度，保证车体的自振频率与转向架的自振频率不一致，避免产生共振现象。试验结果表明，转向架采用空气弹簧时，车体钢结构的自振频率应达到 8 Hz 以上。

　　车体是城轨车辆结构的主体与基础。车体的强度、刚度关系着城轨车辆运行安全的可靠性和舒适性；车体的质量则关系到能耗、加减速度、载客能力以及列车编组形式。车体结构形式、性能和技术经济指标主要取决于车体材料。对于车辆设计和制造而言，减轻车体自重和降低能耗是必须解决的问题，其中的主要方法是车辆的轻量化。

2.1.3　车体结构的发展

　　城轨车辆车体结构由全木结构逐渐演变为钢制底架与木制车体的组合结构，再到铆接全钢结构；车体材料由钢制发展为轻量、耐腐蚀的不锈钢和铝合金；车体结构由骨架与外板构成的单壳结构，演变为以不锈钢双薄板和铝合金大型中空挤压型材为主的全双壳结构。目前，城轨车辆车体均采用整体承载的钢结构或轻金属结构，以达到满足强度和刚度要求的同时降低车辆自重的目的。我国地铁车辆的车体结构从 20 世纪 80 年代就开始采用耐候钢无中梁整体承载结构，车体侧墙、车顶的梁柱与蒙皮结合后与底架构成封闭断面，以增强车体的强度和刚度。到 20 世纪 90 年代又生产了断面为鼓形的地铁车辆，使其能更好地利用限界。《地铁车辆通用技术条件》(GB/T 7928—2003) 规定了我国地铁车辆车体采用整体承载结构。

【典型案例】

西安地铁 2 号线车辆车体的结构、特点与要求。

西安地铁 2 号线车体介绍

1. 西安地铁 2 号线车体概述

西安地铁 2 号线车辆为 B2 型车，车体断面呈鼓形，可适度增加车体内部的有效空间，车体两侧采用内藏式双开电动拉门结构。车辆的车体不但能够承受自重、载重及列车在牵引、制动产生的纵向载荷和运行检修中产生的斜对称载荷，而且还能承受一列 6 辆编组的电动列车以 3～5 km/h 的速度进行车辆连挂时产生的纵向冲击力。车体的纵向静载荷为 800 kN，配置安装合理的缓冲吸能结构系统，进而提高车辆的安全性，确保发生事故时对司乘人员具有更高的保护能力。

2. 西安地铁 2 号线车辆车体的钢结构

西安地铁 2 号线地铁车辆的车体采用薄壁、筒形整体承载结构，选用高强度不锈钢 SUS301L 系列为主要承载结构的材料。车体外表面不涂漆。车体为轻量化不锈钢结构，整车除端底架采用碳钢材料外，其余各部位均采用高强度不锈钢材料。各零部件间及车体总组成采用点焊连接。

车顶由波纹顶板、车顶弯梁、车顶边梁、侧顶板、空调机组平台、受电弓平台等几部分组成。车顶采用波纹顶板无纵向梁结构，与车顶弯梁点焊在一起，机组平台由纵梁、弯梁、顶板点焊组成部件，再与车顶通过点焊与弧焊组成一体。

侧墙主要由侧立柱，窗上、下横梁，门扣铁，侧墙上、中、下墙板（其中上墙板为冷弯型钢），门上横梁，侧墙下边梁等主要零部件组成。端墙为板梁点焊结构，端角柱向车体外端翻边，使之与车顶、侧墙的点焊工艺性更好，提高了点焊效率和质量。

底架采用碳钢端底架与不锈钢底架塞焊连接，主横梁与边梁利用过渡连接板实现点焊连接，底架边梁采用 4 mm 的 SUS301L-HT 材料，以提高底架的整体强度和刚度。地板材料为厚 0.6 mm 的 US301L-MT 波纹板。整体冷弯成型，滚焊搭接，以保证密封性。波纹板与主横梁、枕梁、地板梁间采用电铆焊连接，从而提高车辆承受纵向载荷的能力。在 Tc 车前端设计中有一撞击能量吸收区，设计和制造该撞击能量吸收区的目标为：一列 AW_0 列车以 25 km/h 的速度与另一列停止状态的 AW_0 列车相撞时，吸收列车的撞击能量，客室无损坏，并确保司机的安全。

任务 2.2　铝合金车体和不锈钢车体

铝合金和不锈钢是目前使用最多的两种新型车体材料。铝合金和不锈钢车体均属于轻型整体承载结构，主体材料分别是铝合金型材和不锈钢板材等，通常采用模块化结构或焊接组装。铝合金和不锈钢车体都有材料密度小、比强（结构的最大承载力与所耗材料质量之比）大的优点，在满足车体强度和刚度的条件下因自重轻而备受青睐。

2.2.1　铝合金车体

1. 铝合金材料的特性

（1）质量轻且柔软，能轻量化制造。铝密度为 2.7 g/cm^3，约为钢密度（7.8 g/cm^3）的 1/3。

（2）强度好。纯铝的抗拉强度约为 80 MPa，是低碳钢的 1/5，经过热处理强化及合金化强化后，其强度会大幅增加。铝合金车体常用的材质为 6005A-T6，它的最低抗拉强度为 360 MPa，能达到低碳钢相应的强度值。

（3）耐蚀性能好。铝合金的特性之一是接触空气时表面会形成一层致密的氧化膜，这层膜能防止腐蚀，若再实施"氧化铝膜处理法"，就可以全面防止腐蚀。

（4）加工性能好。车辆用型材挤压性能好，二次机加工、弯曲加工也较容易。

（5）易于再生。铝的熔点低（660 ℃），再生简单。在废弃处理时公害小，有利于环保。

根据铝合金车体结构及制造、运用情况，选择材料时应遵循以下原则：从轻量化方面考虑，要求强度、刚度好，而质量轻；从寿命方面考虑，要求耐蚀性、表面处理性、维护保养性好；从制造工艺方面考虑，要求焊接性、挤压加工性、成型加工性高。根据以上原则，铝合金车体主要使用 5000 系列、6000 系列、7000 系列的铝合金。

2. 铝合金车体的特点

（1）能大幅度降低车辆自重，与碳素钢车体相比，铝合金车体自重减轻 30%~35%，比强约为碳素钢车体的 2 倍。

（2）有较小的密度，铝合金对冲击载荷有较高能量吸收能力。

（3）运用大型中空挤压型材，提高车辆密封性能，提高乘坐舒适性。

（4）采用大型中空挤压型材制造的板块式结构，减少连接件的数量和质量。

（5）减少维修费用，延长使用寿命。

3. 铝合金车体的形式

铝合金车体的结构有纯铝合金和混合铝合金车体两种形式。

（1）纯铝合金车体可分为四种形式。

① 车体由铝板和实心型材制成，铝板和型材通过铝制铆钉、连续焊接和金属惰性气体点焊等进行连接。

② 车体为板条骨架结构，用气体保护的熔焊作为连接方法。

③ 在车体结构中应用整体结构，板皮和纵向加固件构成高强度大型开口型材。

④ 车体采用空心截面的大型整体型材，结构简单。

（2）城轨车辆除纯铝合金车体外，还有钢底架的混合结构铝合金车体。车体侧墙与底架基本采用铆接或螺栓连接的方式，其作用有两点：一是可避免热胀冷缩带来的问题，二是取消了成本很高的车体校正工序。

4. 铝合金车体的结构

图 2.3 所示为铝合金车体鼓形结构的断面简图，这种结构有质量轻、承载量大、外形美观等优点。

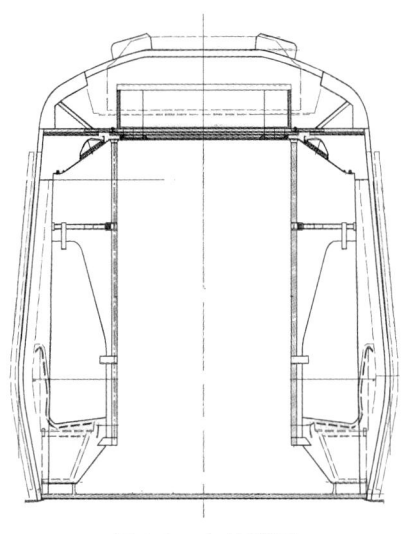

图 2.3　车体断面

铝合金车体主要由以下几部分组成：

（1）底架。底架是车体的基础结构，底架结构模块包括地板、边梁、枕梁、牵引梁组件。边梁、枕梁、牵引梁采用连续焊接组合在一起，将地板、隔热隔声材料、底架下管路和电线槽预先与底架组成一体，然后与侧墙和端部模块连接，底架边梁在整个长度上与侧墙模块进行机械连接，在底架的架车位置进行局部加强。

（2）侧墙。侧墙由上墙板、下墙板、窗间墙板三部分组成。侧墙由普通铝型材和中空铝型材焊接而成，在侧墙内侧预装有隔热隔声材料、车窗和内墙板。侧墙模块与底架和车顶模块之间用拉铆钉紧固连接。除了第一个客室门和司机室模块之间的小侧墙模块外，所有侧墙模块由 6 个焊接挤压型材组成，纵向布置，并加上采光设计。C 形槽与车内装饰安装件安装在一起，门和窗户支柱均有加强筋（由挤压型材制成），为了减少扭曲变形，用铆钉把这些支柱安装在 6 个焊接的挤压型材上。8 个带窗户的大侧墙模块安装在车辆相应的位置，2 个小模块安装于所有车辆的端墙模块和末端客室门之间。

（3）车顶。车顶结构由车顶侧梁、车顶板和空调机组安装槽组成，B 车车顶结构还包括受电弓安装槽。车顶侧梁由 3 个部分组成，下部挤压型材件有侧墙模块的接口，并包括门口，其特点与底架上边梁相同。中间挤压型材件具有侧墙和车顶的弯曲形状。上部挤压型材件包括车顶板插槽和内部安装卡槽的接口。车顶板与车顶侧梁和风道一起形成封闭的车顶，它包括 6 个纵向布置的小型挤压型材件。安装槽有一些纵向的小挤压型材件和安装空调机组及受电弓的支架，空调机组安装槽也包括与内部空调机组安装槽连接的接口槽。

（4）端墙（中间端）。端墙安装在客室的两端头，其作用是作为连接客室车体与贯通道（或司机室）的连接体，其结构包括地板、贯通道框架、侧墙部件。端墙上有许多结构部件和孔，它们用于内部和外部设备的安装连接。

5. 铝合金材料使用中应注意的问题

铝合金车体有许多优点，但在设计、制造中尚需注意许多问题，如铝合金选材、大型铝合金材料成型技术和铝合金结构焊接工艺的研究、铝合金材料疲劳特性和寿命的试验、结构优化设计、刚度、防腐等。使用铝合金材料的车体多为焊接结构，且在大气条件下工作，因此要求铝合金材料不仅应具有适当的强度和刚度，还要求有良好的焊接性能，特别是焊缝性能要接近母材。铝合金的密度只相当于钢的 1/3，弹性模量也只有钢的 1/3。材料的刚度与弹性模量有关，因此，铝合金车体的设计不能采用钢质车体的结构形式，而应该充分利用新型铝合金的性能特点，采用大型真空挤压型材。

2.2.2 不锈钢车体

目前，我国城轨车辆制造企业引进国外先进技术生产了一系列不锈钢车体，在数量上占有绝对多的优势，新生产的城轨车辆基本上都采用不锈钢材料制造。

1. 不锈钢车体的结构

典型不锈钢车体由底架、侧墙、车顶、端墙等组成六面体整体承载结构，底架端部采用耐候结构钢材料，其余部分均采用高强度不锈钢材料。梁、柱间通过连接板相连接，模块构件结合及整体组成主要采用电阻焊接（点焊），形成不锈钢骨架结构，整个结构不涂漆。

（1）底架。底架为无中梁结构，主要由侧梁、牵引梁、枕梁、横梁及波纹地板组成，枕梁和牵引梁部位采用耐候钢材料。波纹地板选用标准的型材断面，底架前后部与枕梁和端梁碳钢梁用塞焊焊接为一体。

（2）侧墙。侧墙的结构全部由不锈钢构成，由侧板、立柱、顶部横梁和门框等焊接成为整体。侧墙结构设计时由门开口隔开，各部分模块化设计。

（3）车顶。车顶棚骨架结构由两个上弦梁和纵向梁、横梁一起焊接组成，骨架上面铺设不锈钢波纹板。空调安装梁及受电弓安装梁采用模块化设计，结构强度满足支撑空调机组、管道、照明系统托架、顶板、立柱和其他设备的要求。

（4）端墙。非司机室的端墙由不锈钢蒙皮、横梁和贯通道加强梁组成。

2. 不锈钢车体的特征

（1）外板。不锈钢材料导热率较小，发生热应变较大，为使其热应变不致太明显，将侧墙外板做成波纹结构。波纹结构板在纵向和横向虽有刚性，但在剪切方向则较弱，因此在需要传递剪切力的地方必须另设剪切板。

（2）骨架结构。根据车体的部位不同，使用不同高度的乙型材或帽型材，骨架的接头接合很复杂。制造轻型不锈钢车辆时，最困难的就是骨架构成。考虑箱形截面与外板组合，箱形截面对于横向载荷非常有效，组装以点焊为基础，结构难以处理的地方采用环形焊或塞焊。

（3）车辆用不锈钢材料的物理性能。不锈钢材料具有较低的热传导率和较高的热膨胀系数，焊接产生的热量不能很快地分散，大量的热量聚集在焊缝区域，不锈钢材料的热膨胀系数约为钢的 1.15 倍，使得同样的热量其变形比普通钢材变形要大很多。因此，不锈钢车体制造避免采用电弧满焊，应采用电阻点焊工艺。

【典型案例】

1. 南京地铁 2 号线车辆铝合金车体

南京地铁 2 号线车辆的车体采用铝合金材料制造，只有车体底架上的枕梁和端梁采用高弹性极限钢材制造，车体外壳由铝型材和机械焊接金属板制成的预装组件构成。

车体的主要特点：车体的两端采用端板金属板封闭，头车在端部被驾驶室封闭，由铝型材和铝板制成的机械焊接组件构成；端部的另一个作用是支撑贯通道；车顶由大型中空挤压铝型材组焊而成，包括 7 块顶板和 2 种支撑件。

2. 西安地铁不锈钢车体

西安地铁车辆都采用不锈钢车体，结构均为薄壁筒形整体承载焊接结构，由顶棚、侧墙、端墙、底架等部分组成。

（1）车辆顶棚。图 2.4 所示为西安地铁车辆的顶棚结构，其由波纹顶板、侧顶板、顶棚弯梁、上弦梁、空调机组平台等组成。

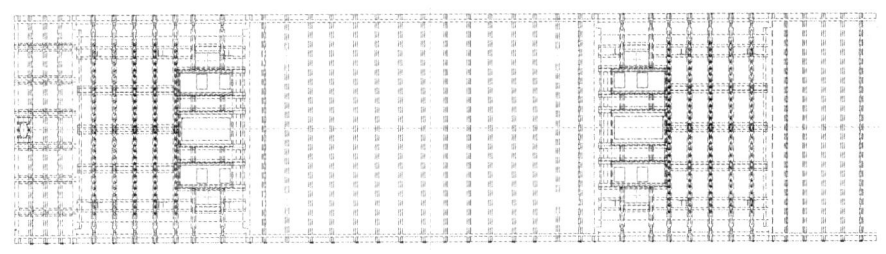

图 2.4 车辆顶棚结构示意

图 2.5 所示为空调机组平台示意。空调机组平台采用模块化设计，组焊后的空调机组平台整体与顶棚弯梁、波纹顶板及车顶上弦梁组焊为一体；设计时充分考虑整个平台的强度和刚度。整个平台由横梁、纵梁等几部分组成，装配各梁之间使用点焊形成框架结构。

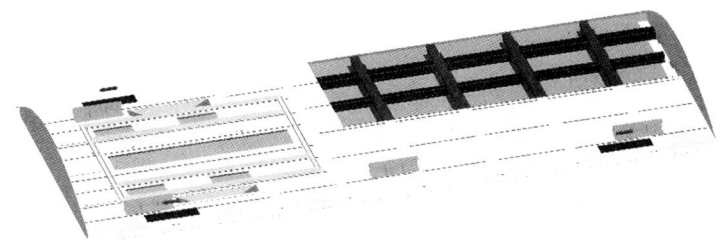

图 2.5 空调机组平台示意

（2）侧墙装配。图 2.6 所示为西安地铁车辆 Tc 车侧墙装配。侧墙主要由连接板、分块侧墙、客室（司机室）门上梁装配、窗上板、客室（司机室）门框装配等组成。分块侧墙组成由门立柱装配、窗立柱装配、窗上梁装配、窗下梁装配、底部横梁等组成，部件之间均采用点焊连接。

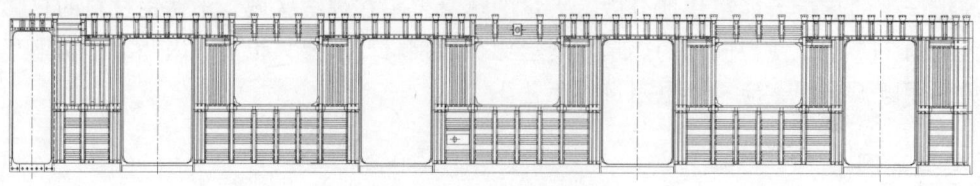

图 2.6　Tc 车侧墙装配

（3）底架装配。如图 2.7 所示，底架装配主要由端底架、不锈钢横梁、波纹地板、不锈钢底架边梁等组成。Tc 车 1 位端底架主要由吸能结构、牵缓结构、枕梁等组成。防爬装置防止列车相撞时，由于惯性过大，一辆列车攀爬至另一辆列车之上。

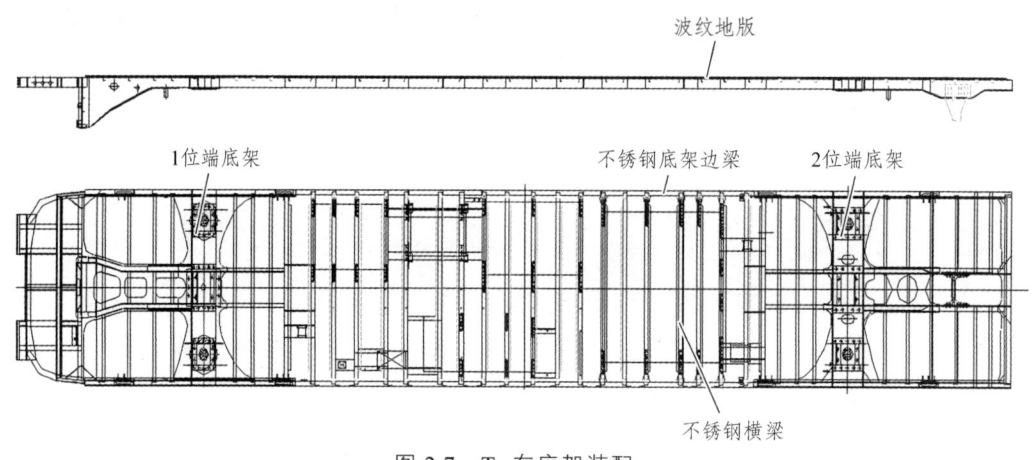

图 2.7　Tc 车底架装配

任务 2.3　车体的模块化研究及车体材料应用

2.3.1　模块化结构车体的概念

1. 模块化车体结构概述

城轨车辆的车体由底架、侧墙、车顶和端墙组装焊接而成，因此称为整体焊接结构或一体化结构。目前，模块化车体制造概念已经逐步化并开始实施，深圳地铁，广州地铁 2 号线，南京地铁 1、2 号线车辆均采用模块化结构设计制造。图 2.8 和图 2.9 所示分别是车顶模块和模块化结构车体的示意。模块化车体结构与整体焊接结构车体相比，最显著的特点就在于将模块化的概念引入到车体设计、制造与生产管理的各个环节之中。整体焊接结构车体是先制造车体结构的车顶、侧墙、底架、端墙、司机室等部件,然后进行整个车体总成焊接,车体总成后再进行内装、布管、布线。模块化结构车体设计是将整个车体分为若干个模块,并解决相互之间的接口问题,各模块完成后即可进行整车组装。每一模块的结构部分本身采用焊接,而各模块之间的总成采用机械连接。

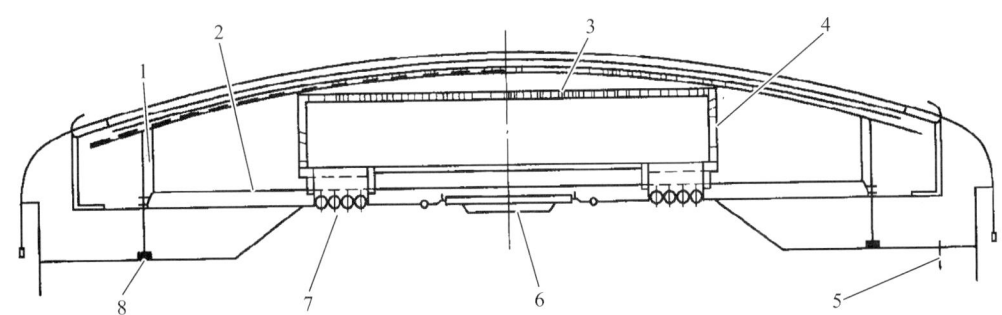

1—顶板吊梁;2—顶板横梁;3—空调风道;4—隔声、隔热材料;
5—内部装饰;6—灯带;7—出风口;8—顶板悬挂。

图 2.8　车顶模块

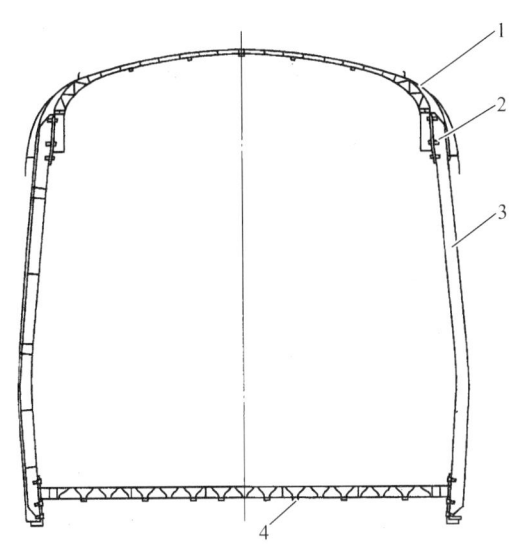

1—车顶模块;2—螺栓;3—侧墙模块;4—底架模块。

图 2.9　模块化结构车体

2. 模块化结构车体的优缺点

(1) 模块化结构车体具有以下优点:

① 在每个模块的制造过程中均注意验证质量。模块制成后均需进行试验,从而保证整车总装后实验比较简单,整车质量也容易保证。

② 每个模块的制造可以独立进行,并解决了模块之间的接口问题,各模块和部件可以由不同的工厂同时生产。而且,模块化生产对总装生产线要求不高。

③ 可以改善劳动条件、降低施工难度、提高劳动效率、保证整车质量。

④ 可以减少工装设备、简化施工程序、降低生产成本。在车辆检修中,可采用更换模块

的方式进行，方便维修。目前，国内地铁车辆生产企业在模块化车体的设计、制造、试验与生产管理过程中已形成了整套的经验，从而保证了批量生产的质量。

（2）从车体结构局部来分析，模块化结构车体存在以下缺点：

① 模块化结构的个别部件（如驾驶室框架）有的采用了部分钢材制造，各部件之间又采用了钢制螺栓连接，所以车体自重要比全焊结构稍重。

② 由于车体是容纳旅客的场所，就车辆结构而言，其强度是保证旅客安全的关键特性，因此在设计过程必须进行详细的强度、刚度计算，在此理论的指导下进行设计。试制完成后，必须进行相应的试验，证实确实满足要求，才能投入批量生产。

③ 为保证隔热、隔声性能，在车体组装后，在内部需喷涂隔声阻尼浆和安装玻璃棉或其他隔热、隔声材料。

④ 车体结构在使用中一般仅对表面涂装进行必要的维修，就结构自身而言，在正常工况下可以满足使用寿命30年的要求。如果由于事故和大修中需对车体某部件进行检修时，可以采用更换模块的方式进行，以减少维修工作量。

2.3.2　城轨车体材料

1. 基本情况概述

目前，城市地铁车辆车体材料有耐候钢、不锈钢和铝合金3种。自1863年英国伦敦建成世界上第一条地铁线以来，地铁车辆长期采用普通钢车体。因为普通钢车体强度低、质量大、能耗高、腐蚀重、维修量大、使用寿命短，自20世纪50年代开始，人们开始采用不锈钢和铝合金取代普通钢车体。

不锈钢是一种含镍铬的高强度合金钢，其强度高于普通钢，特别是轻量化不锈钢的强度可达到普通钢的3倍，可使车体轻量化。不锈钢车体的耐腐蚀性优越，不但减少了维修工作量和维修费用，而且延长了车辆的使用寿命。因此，美国巴德公司最早于20世纪50年代生产了不锈钢车。日本东急车辆公司于1959年末从美国引进不锈钢车体技术，1962年生产了日本最早的7000系全不锈钢车，到2000年累计生产不锈钢车约12 000辆。在加拿大庞巴迪拉柏卡尔夫工厂于1982—1992年累计生产的1 546辆客车中，不锈钢车占89%。韩国韩进重工业公司1995年生产了250辆客车，不锈钢车占80%。韩国首尔地铁5号线和釜山地铁也采用了不锈钢车体。莫斯科地铁也采用了不锈钢车辆。我国长客厂于1987年生产2辆RW2型不锈钢客车，1998年又与韩国合作生产了30辆不锈钢客车，2002年长客厂又中标承接了天津滨海快速轨道116辆不锈钢车的生产任务。

铝合金的密度只相当于普通钢的1/3，弹性模量也只有钢的1/3，在保证车体同等强度下，车体自重最大可减轻50%；而且铝合金的耐腐蚀性好，可以延长车辆的使用寿命。因此，许多国家都在积极开发和生产铝合金车。1896年，法国将铝合金用于铁道客车车窗上。1905年，英国铁路电动车的外墙板采用了铝合金。美国在1923—1932年有700辆电动车和客车的侧墙和车顶采用铝合金。1952年伦敦地铁、1954年加拿大多伦多地铁车辆均采用了铝合金车体。20世纪60年代以来，德国科隆、波恩铁路的市郊电动车组也相继实现了车体铝合金化。日本从1962年的山阳地铁2000系开始采用铝合金车体，至1999年累计生产约1万辆。法国、德国、英国和俄罗斯等国在高速铁路车辆上都采用了铝合金车体。20世纪90年代以来，意大利米兰地铁、奥地利维也纳地铁以及新加坡地铁都采用了铝合金车辆。近年来，我国地铁车辆车体也采用了铝合金材料，上海地铁1号、2号线及明珠线，广州地铁1号、2号及3号线，深圳地铁1号、4号线，南京地铁1号线等都采购了铝合金车体车辆。

2. 不锈钢车体和铝合金车体的技术性能

不锈钢车体和铝合金车体各有优点和缺点，应在确保安全可靠的前提下，结合地铁的特点和实际情况进行比较分析，决定是采用不锈钢车体还是铝合金车体。

（1）安全性。不锈钢的熔点为1 500 °C，铝合金的熔点是660 °C，铝合金的耐热性仅是不锈钢的44%。在发生严重火灾情况下，铝合金车体将会很快熔化，带来灾难性后果。相比较而言，不锈钢车体骨架难以熔化。在2003年9月莫斯科地铁发生的火灾事故中，车体钢骨架虽变形，但没有熔化。因此，从乘客和设备安全性出发，为减少人员的伤亡和火灾事故的损失，应选用不锈钢车体。

（2）轻量化。从理论上讲，铝合金材料更能使车体轻量化。但是，铝合金的抗拉强度不如不锈钢，铝合金抗拉强度为274~352 MPa，而一般不锈钢抗拉强度为520~685 MPa，采用超低碳（碳的质量分数小于0.03%）轻量化不锈钢的抗拉强度达到960~1 200 MPa，是铝合金的2~5倍。而且，铝合金刚度低，其弹性模量为0.71×10^5 MPa，是不锈钢（2.06×10^5 MPa）的1/3。因此，为保证地铁车辆有足够的承载强度和刚度，铝合金车辆必须采用大型中空型材及其组合件。为了提高铝合金车体断面系数，增大抗弯刚度，防止板材产生失稳，必须加大板厚，一般取钢板的1.4倍，最小为2 mm，最大壁厚达6.5 mm。而不锈钢车体可采用板梁组合整体承载全焊结构，车体的梁柱板厚为0.8~3 mm，车体外板厚为0.4~1.2 mm，能有效地减轻车体自重，达到实现车体轻量化的目的。为充分保证地铁车辆不锈钢和铝合金车体的强度和刚度，根据国内外地铁车辆车体采用不锈钢和铝合金的实践经验，地铁车辆耐候钢车体自重9~10 t，不锈钢车体自重6~7 t，铝合金车体自重4~5 t。如果以耐候钢车体自重为基准，则不锈钢车体可减轻自重30%左右，铝合金车体可减轻自重50%左右。因此，铝合金车体轻量化效果比不锈钢车体更明显些。

（3）耐腐蚀性。不锈钢和铝合金车体都具有较好的耐腐蚀性，但不锈钢车体比铝合金车体更优越，由于不锈钢含铬量大于12%，使铁的电极电位由-0.56 V突升至+0.2 V，使原电池腐蚀不易发生，这就显著提高了不锈钢车体的耐腐蚀性。不锈钢车体在制造过程中不用进行防腐保护，完工后也不需涂漆，为提高车辆装饰性，可用彩色胶膜装修。铝合金车体由于在空气中铝合金表面形成一层致密的三氧化二铝保护膜而具有很好的防腐蚀能力。但铝合金车体在长期运用中，特别是在潮湿的环境下，遇到空气介质中的阴离子（如Cl^-）就会产生局部原电池，发生点蚀、面蚀和变色，影响车体强度和美观，所以大部分铝合金车体都要涂漆。

（4）工艺性。地铁车辆用的是铬镍型奥氏体不锈钢，强度高，冷加工性能好，但不能用热处理强化。奥氏体不锈钢热膨胀系数是钢的1.5倍，热传导率仅为钢的1/3，电阻率大。这就决定了不锈钢车体从设计到制造比钢结构车更复杂，多采用搭接方式，使用过渡件。不锈钢车体的焊接不能用电弧焊，为减少热量的输入避免晶界腐蚀及热变形，需用水冷却在2 min内降至室温，这就需要特殊的点焊机。由于不锈钢车体使用点焊工艺，车体的气密性较差，因而在高速车辆上使用受到限制，但适用于低速的地铁、轻轨车辆。铝合金的焊接工艺复杂，手工操作难，容易产生较大的热应力变形、裂纹和气孔，焊缝区域机械强度低于母材。但铝合金具有良好的塑性，采用现代铝挤压成型技术，大型中空铝合金型材组成的铝合金车体得到了很快发展。目前，大型中空铝合金型材的铝合金车体可以是整体焊接结构，利用自动焊机连续焊接；也可用模块化结构采用特殊螺栓连接方式组合成铝合金车体。因此，铝合金车体和不锈钢车体虽具有不同的工艺性能，但通过采用不同的工艺手段，都能实现批量化生产。

城轨交通车辆车体选用何种材料不但影响车体的强度和刚度，直接关系车辆运行的安全性和乘客的舒适性，还关系到车辆的载客能力和能耗大小，也关系到车辆检修工作量和使用寿命，并且影响到车辆采购费和运营维修费的高低。因此，选择地铁车辆车体材料时，不但要考虑车辆采购价格，还要考虑车辆长期运行时的运营和维修费用。

【典型案例】

广州地铁2号线车体采用模块化结构制造，广州地铁2号线车辆的车体结构设计是整体承载的轻量化结构，采用大断面铝合金挤压型材、模块化设计制造而成。挤压型材由两块铝板通过中间夹层连接，且中间没有基板，因此也被称作"中空型材"。底架、侧墙、端墙、车顶被焊接成车辆壳体，形成一个整体承载结构，各模块化部件之间通过螺栓、垫圈、螺母连接成一体构成车体合件，充分发挥了车体各个构件的强度，并大大提高了车体的整体刚度。此外，由于是由强度质量比较大的大型铝合金挤压型材焊接而成，车辆自重大大降低，这不仅提高了车体的承载能力，对于降低能量消耗、节约运营成本和延长线路钢轨的使用寿命等也具有重要的意义。

广州地铁2号线电动客车的车体主要由以下几部分组成：

（1）底架。底架的主要作用是承受车体上部载荷并将其传递给整个车体，承受因各种原因而引起的横向力和走行部传来的各种振动和冲击。底架由侧梁、底架、挤压板、底架端部附属部件构成。底架设备包括转向架、轮对、驱动装置、空气压缩机、空气干燥器、空气控制屏（包括制动控制单元）、供风缸、辅助逆变器、DC/AC逆变器。

（2）侧墙。侧墙由中空截面的铝合金挤压型材焊接而成。侧墙内安装有窗玻璃、照明灯、5对内藏式对开门、乘务员锁开关。此外，A车侧墙还装有2扇单开的司机室侧门。

（3）端墙。车辆端部为简单的焊接结构，过渡设备用框架固定。

（4）车顶。车顶由几个空腔部分按照纵向排列组成。每节车顶主要装有8个静通风口、2个空调设备及其换气连接、电力供应、排水装置。此外，A车车顶装有受电弓及其连接装置、车辆无线电天线等。

任务 2.4　车体的检查与维护

2.4.1　车体结构检修的主要内容

车体结构的检修主要在大修、架修时进行，主要包括车体结构变形、车体有裂纹和开焊，以及车体外部涂装的检修。

1. 车体结构变形的检修

（1）无碍车体外形或设备功能的车体永久性变形。无碍车体外形的车体永久性变形是指对车辆的动态限界无影响。无碍设备功能的车体永久性变形是指对车辆的正常运营无影响。针对这种损坏，只需先对车体采用挖补、截换等方法进行焊修，修后车体表面平整，外观恢复原状，然后再补涂同色油漆即可。

（2）妨碍车体外形或设备功能的车体永久性变形。妨碍车体外形的车体永久性变形是指对车辆的动态限界有影响。妨碍设备功能的车体永久性变形是指对车辆的正常运营产生影响。

针对这种损坏，应和车体供货商联系，由厂商负责处理。

2. 车体有裂纹和开焊的检修

车体有裂纹和开焊的检查方法是检查车体结构，特别是焊缝处；对于关键受力处，如中心销孔，应进行探伤检查，检查其是否有损伤和疲劳裂纹。

车体结构部件不允许出现裂纹、开焊和影响使用的变形、腐蚀，对于磨耗超过 $0.2H$（H 为板厚）的部位要进行修补。

3. 车体外部涂装的检修

车体外部涂装的检修主要是检修车体油漆是否剥离、脱落。

（1）检查车底阻尼浆，对于剥离、脱落部分进行修补。

（2）检查车体外部涂装及内部涂装有无龟裂、剥离、污损，对局部油漆脱落、龟裂剥离要补漆，对大面积脱落要重新油漆。

2.4.2 车体的定期维护

车体在正常情况下应定期进行维护保养，如发生意外故障应随时检修更换。

（1）关键焊缝根据其分布图进行定期检修维护，及时发现焊缝是否出现裂纹，如果存在，应及时补焊。

（2）定期检查空调安装框架各个排水口是否排水通畅，若有堵塞现象，应立即疏通；定期检查空调安装框架过滤网的安装螺钉是否松动，如果螺钉松动，应立即补涂螺纹锁固胶并紧固，重新涂防松标记。

（3）定期检查车钩安装座与底架牵引梁间的安装铆钉是否松动、变形或破损，如果存在上述情况，应及时更换。

（4）定期检查司机室玻璃钢罩，若表面油漆破损、玻璃钢破损，应及时补涂或修复；如果玻璃钢破损严重，应及时更换。

（5）定期检查司机室玻璃钢罩、裙板、司机室脚蹬等与车体间的安装螺栓是否松动，如果松动，应及时紧固。

（6）空调安装框的密封胶条在正常运行条件下的使用寿命为5年，到期后应及时更换。

（7）定期检查车顶铝滑槽与弯梁间的安装螺栓是否松动，如果松动，应及时补涂螺纹锁固胶并紧固（按规定紧固力矩要求拧紧），重新涂防松标记。

【思政课堂】

动车组机械装置检修——久久为功，厚积薄发，攻坚克难

基于空气动力学性能设计的动车组车体，兼具美丽的外形与科技的内涵。从和谐号到复兴号，我国高速动车组外形不断变化的过程，也正是列车速度不断提高和高速列车技术研究不断提升的过程。在这一过程中，中国高铁人用实际行动践行着"工匠精神"，他们的久久为功、厚积薄发、攻坚克难为中国标准奠定了坚实的基础。

中车首席技术专家，中车四方股份公司副总工程师、车体总设计师丁叁叁和他的团队在空气动力学方面一直做深入研究。他说"速度一起来，就会冒出来一些跟速度相关的问题，解决这些问题原来没有经验，也没有人告诉我们答案。""搞机车车辆时，要重点解决重量机械阻力问题，那时觉得气动是个子虚乌有的东西，但到高铁这个速度以后，发现影响很明显"。在武广线做车体交会实验时，进出隧道时都能感受到车体微微晃动。测算发现速度在350 km/h，一面墙上的吸力有近20吨，相当于十几辆小汽车压在上面。"我们吓了一跳"，他说，后期团队花了很大力气去研究对比，再优化车体。"当时是300 km/h的车，在现场跑了大概近一年的时间，然后再回到厂里分析修改"。丁叁叁解释，这样空跑一年不算多，和谐号和复兴号在研发过程中，花的时间更长。"现在一种新车在已经研制完成的情况下，运营考核就要跑60万千米，改造车也要跑30万千米"。

正是有了像丁叁叁和他的团队这样的铁路人不懈地努力奋斗，不断地攻坚克难，中国高铁才能喜提多个世界之最：世界上运营列车试验速度最高的高铁，世界上第一条穿越高寒季节性冻土地区的高铁，世界上运营里程最长、跨越温带亚热带、多种地形地质和众多水系的高铁，世界上第一条热带环岛高铁……而这些铁路人的成长轨迹，也正是中国高铁不断发展、从跟跑者变成"领跑者"的轨迹缩影。

【能力拓展】

电客车地板面高度测量工艺

1　范　围

本文本规定了电客车地板面高度测量的要求，适用于**市地铁2号线电客车。

2　规范性引用文件

《**市地铁2号线列车维护手册》。

3　安全注意事项

有电作业，需注意安全。司机室放置禁动牌，车头挂警示灯。

按检修中心相关安全规定佩戴劳动防护用品进行作业。

4　需要的工具材料

找平尺2支、卷尺2把、记录笔、纸。

5　地板面高度测量

1）准备工作

（1）列车设备齐全、无缺件。

（2）列车必须停放在平直的轨道（24股）上，两侧车门打开。

（3）车辆充满压缩空气，压力在840~950 kPa，并且列车主压缩机持续工作。

2）地板面高度测量

（1）在一节车的一个转向架上方，将一支找平尺紧贴放在门开启处的地板面上，将找平尺左右两端均匀露出至车体外。

（2）将另一支找平尺紧贴放在两端铁轨面上，找平尺左右两端均匀露出至轨面外，上下两支找平尺尽量保持在同一垂直面。

（3）两人左右同时将卷尺顶端固定于地板面找平尺处，使卷尺自然重力下垂至轨面找平尺处，读出的数值（注意减去找平尺厚度），即为该转向架上方左右两端地板面高度

（4）用同样的方法在该节车另一个转向架上方测量出左右两端地板面高度。

（5）地板面至轨面高度应为（1 130±10）mm，上述四个点均应符合此标准值。

（6）测量后，要注意补偿量。车轮曾经镟轮的，必须考虑轮对补偿，即在测量所得数据基础上加上镟轮削减量。空簧曾经加垫的，要在测量基础上减去加垫高度。

3）收尾工作

（1）测量结束后，工器具整理放回工具柜。

（2）关闭车门，休眠列车。

【思考与练习】

（1）简述车体的作用、种类和基本结构。

（2）按车体承载特点，车体结构形式可分为哪几类？各有什么特点？

（3）简述铝合金和不锈钢车体的结构组成和各组成部分的结构特点。

（4）什么是模块化结构车体？有何优缺点？

（5）简述电客车地板面高度测量工艺流程及使用的工器具。

项目 3　转向架

【项目导入】

转向架是支撑车体、承受载荷、引导车辆运行的走行装置，转向架性能的好坏决定着列车的运行安全性和使用经济性。转向架上的弹簧减振器装置可有效缓解车辆与线路的冲击，提高城轨车辆的运行品质，满足安全运行要求。动车转向架上有牵引传动装置，产生足够的牵引力，以驱动车辆运行。

【学习目标】

（1）掌握转向架的作用、组成及分类。
（2）正确分析转向架的基本结构、作用原理。
（3）掌握典型转向架的结构特点。

任务 3.1　转向架基础知识

转向架

转向架位于车体和钢轨之间，承受垂向载荷，引导车辆沿轨道运行；为使车辆能顺利通过曲线，在车辆车体和转向架之间配有心盘回转装置。城轨车辆两端各安装一台两轴转向架，其性能直接影响城轨车辆的运行品质和行车安全。

3.1.1　转向架的作用和组成

转向架的构造与区别

1. 转向架的基本作用

（1）增加车辆的载重、长度和容积，提高列车的运行速度。
（2）保证在正常运行条件下，车体可靠坐落在转向架上，通过轴承装置使车轮沿着钢轨的滚动转化为车体沿线路的平动运行。
（3）支撑车体，承受、传递车体与轮对、钢轨与车体之间的载荷及作用力，使轴重均匀分配。
（4）适应轮轨接触状态的变化，充分利用轮轨之间的黏着传递牵引力和制动力。

（5）保证车辆安全运行，能灵活地沿钢轨运行，并顺利通过曲线。

（6）空气弹簧悬挂装置可根据客流的变化调整刚度，保证车辆客室地板面与站台高度一致，方便乘客上下车。

（7）弹簧减振装置使转向架具有良好的减振，以缓和车辆与线路之间的作用，减小振动和冲击，提高城轨车辆运行的平稳性和安全性。

（8）动力转向架上还有便于安装牵引电机、传动装置的结构。

（9）转向架是车辆的一个独立部件。在转向架与车体之间的连接件要少，结构简单，装拆方便，便于转向架独立制造和维修。

转向架的组成

2. 转向架的组成

城轨车辆普遍适用二轴构架式转向架，采用无摇枕结构。一般均具有以下主要特点：一系悬挂主要有金属螺旋弹簧、"人"字形（或称"八"字形）和锥形金属橡胶弹簧三种结构；二系悬挂主要由空气囊加橡胶金属叠层弹簧构成。转向架的基本组成如下：

（1）轮对轴箱装置。轮对直接向钢轨传递重量，通过轮轨之间的黏着产生牵引力和制动力，并通过车轮的回转实现车辆在钢轨上的运行（平移）。轴箱与轴承装置是连接构架和轮对的活动关节，它除了保证轮对进行回转外，还能通过轮对适应线路不平顺条件，相对于构架实现上下、左右和前后运动。轮对除传递车辆的重量外，还传递轮轨之间的各种作用力。

（2）弹性悬挂装置。为减少线路不平顺和轮对运动对车体产生的各种动态的影响，转向架在轮对与架构或构架与车体（摇枕）之间，设有弹性悬挂装置。前者称轴箱悬挂装置，后者称摇枕（或中央）悬挂装置，即一系悬挂装置和二系悬挂装置。一系悬挂装置用来保证一定的轴重分配，缓和线路不平顺对车辆的冲击，并保证车辆运行的平稳性，主要包括轴箱弹簧、垂向减振器和轴箱定位装置等。二系悬挂装置用以传递车体与转向架间的垂向力和水平力，使转向架在车辆通过曲线时能相对于车体回转，并进一步减缓车体与转向架间的冲击与振动。同时，弹性悬挂装置还必须保证转向架安全平稳，主要包括二系弹簧、各方向减振器、抗侧滚装置和牵引装置。

（3）构架。构架是转向架的基础，主要包括侧梁、横梁和端梁及其他零部件的安装或悬挂座。构架将转向架的各个零部件组成统一整体，不但其要承受、传递各种载荷和作用力，而且其结构、形状和尺寸都应满足基础制动、弹性减振、轴箱定位等零部件组装的要求。

（4）制动装置。转向架制动装置指的是基础制动装置，主要包括制动缸、放大系统、闸瓦或制动闸片和制动盘，其作用是传递并放大制动缸的制动力，并将其传递给闸瓦或闸片，利用闸瓦与车轮踏面或闸片与制动盘的摩擦而产生制动力。

（5）驱动装置。驱动装置安装在动车转向架上，包括牵引电机、车轴齿轮箱、联轴节或万向轮和各种悬吊机构等，其作用是让牵引电机的扭矩转化为轮对或车轮上的转矩，利用轮轨间的黏着作用驱动车辆沿钢轨运行，牵引电机在列车运行中还起着产生牵引力和电制动力的作用。

（6）转向架中心牵引装置。转向架中心牵引装置由中心销系统和牵引拉杆组成，包括中心销、牵引拉杆系统；其主要作用是传递牵引力和制动力，完成转向架相对于车体的回转运动，架车时悬吊转向架。

3.1.2 转向架的主要技术要求和设计原则

1. 转向架的主要技术要求

（1）保证最佳的黏着条件，轴重转移应尽量少，轮轨间不产生黏滑振动。
（2）保证良好的力学性能，减少轮轨间的动作用力，减少轮轨间的应力和磨耗。
（3）质量轻且工艺简单，以减轻自重，且制造和修理工艺应简单容易。
（4）具备良好的可接近性，便于检修。
（5）零部件标准化和统一化。

2. 转向架的设计原则

（1）应采用高柔性空气弹簧悬挂系统，以获得良好的振动性能。
（2）采用高强度、轻量化的转向架结构，以降低轮轨间的动力作用。
（3）采用有效抑制蛇行运动的措施，提高转向架的动力学性能。
（4）采用复合制动模式，除采用空气制动装置外，还可考虑采用黏着和非黏着制动方式。

3.1.3 转向架的种类

由于性能、结构、参数、材料、工艺等的不同，转向架有各种不同的类型。各类转向架的主要区别表现在轴数和类型、轴箱定位方式、弹性减振装置形式、载荷传递方式等方面。

1. 按轴数和类型分类

按车辆的轴数，有 2 轴、3 轴和多轴转向架。城轨车辆一般是 2 轴转向架，也有采用单轮对的转向架。轨道交通车辆按轴重有 B、C、D、E、F 轴，城轨车辆一般选用 B、C、D 轴。

2. 按轴箱的定位方式分类

（1）拉板式轴箱定位的转向架。图 3.1（a）所示为用特种弹簧钢材制成的薄片形式定位拉板，其一端与轴箱连接，另一端通过橡胶节点与构架相连。利用拉板在纵、横向的不同刚度来约束构架与轴箱的相对运动，以实现弹性定位。拉板上下弯曲刚度小，对轴箱构架上下方向的相对位移的约束也很小。

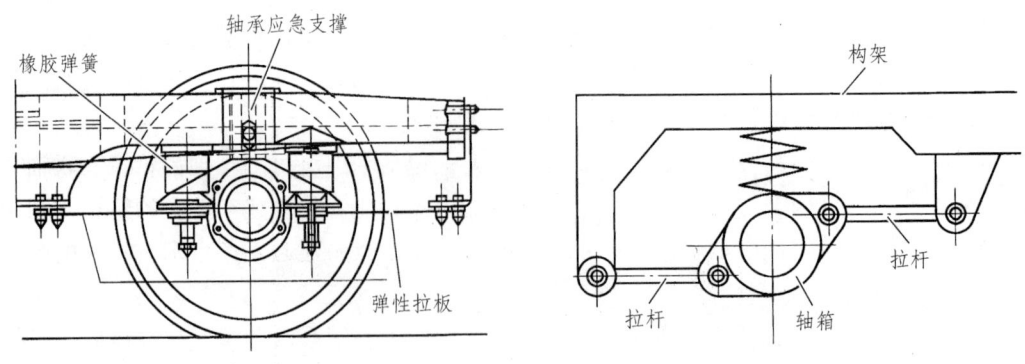

图 3.1 拉板式轴箱定位和拉杆式定位转向架

（2）拉杆式定位的转向架。如图3.1（b）所示，拉杆的两端分别与构架轴箱销接，拉杆两端的橡胶垫、套分别限制轴箱与构架之间的横向与纵向的相对位移，实现弹性定位。拉杆允许轴箱与构架在上下方向有较大的相对位移。

（3）转臂式定位的转向架。如图3.2（a）所示，转臂式定位又称弹性铰定位，定位转臂的一端与圆筒形轴箱体固接，另一端以橡胶弹性节点与构架上的安装座相连接。弹性节点允许轴箱与构架在上下方向有较大的位移，弹性节点内的橡胶件设计应满足使轴箱在纵向和横向具有适宜的、不同的定位刚度的要求。

（4）层叠式橡胶弹簧定位的转向架。如图3.2（b）所示，在构架与轴箱之间装设压剪型层叠式橡胶，其垂向刚度较小，使轴箱相对构架有较大的上下方向位移，而它的纵、横向有适宜的刚度，以实现良好的弹性定位。城轨车辆的定位方式主要有三种：转臂式定位、八字形橡胶轴箱定位和层叠圆锥橡胶轴箱定位。

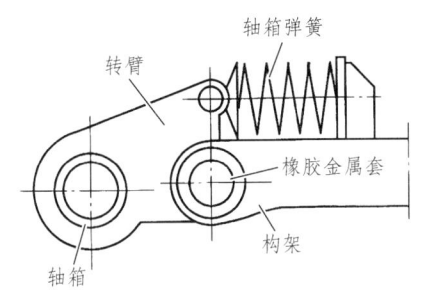 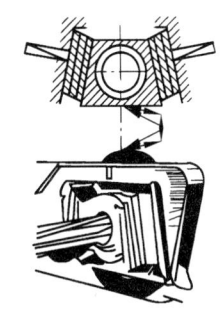

（a）转臂式定位转向架　　（b）层叠式橡胶弹簧定位转向架

图3.2　转臂式定位和层叠式橡胶弹簧定位转向架

（5）干摩擦导柱式定位的转向架。干摩擦导柱式定位是利用安装在构架上的导柱及坐落在轴箱弹簧托盘上的支持环之间的磨耗套产生摩擦而定位。

3. 按弹簧装置的形式悬挂方式分类

（1）一系弹簧悬挂的转向架。如图3.3（a）所示，在车体与轮对之间设有一系弹簧减振装置，它可以设在车体与构架之间，也可以设在构架与轮对之间。

（2）二系弹簧悬挂的转向架。如图3.3（b）所示，在车体与轮对之间设有二系弹簧减振装置，即在车体与构架之间设有弹簧减振装置，在构架与轮对之间设有轴箱弹簧减振装置，两者相互串联，使车体的振动经历两次弹簧减振的衰减。

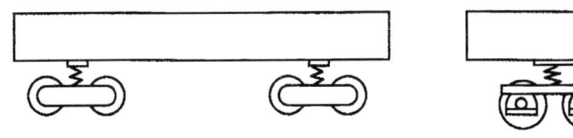 

（a）一系弹簧悬挂转向架　　　　（b）二系弹簧悬挂转向架

图3.3　一系弹簧悬挂和二系弹簧悬挂转向架

4. 按摇枕弹簧的横向跨距分类

（1）内侧悬挂的转向架。如图3.4（a）所示，摇枕弹簧向跨距小于构架两侧梁纵向中心线距离。

（2）外侧悬挂的转向架。如图3.4（b）所示，摇枕弹簧向跨距大于构架两侧梁纵向中心线距离。

（3）中央悬挂的转向架。如图3.4（c）所示，摇枕弹簧向跨距与构架两侧梁纵向中心线距离相等。

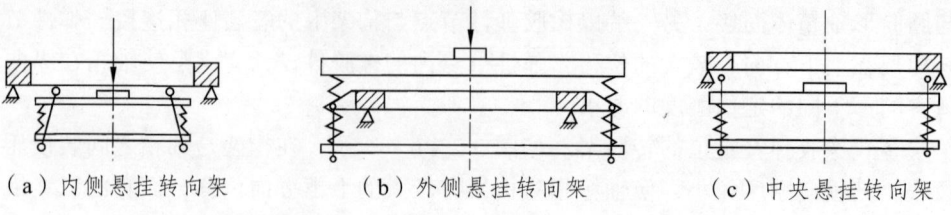

（a）内侧悬挂转向架　　（b）外侧悬挂转向架　　（c）中央悬挂转向架

图3.4 摇枕弹簧横向跨距不同的转向架

5. 按与车体之间的载荷传递方式分类

（1）心盘集中承载的转向架。如图3.5（a）所示，车体的全部重量通过前后两个心盘分别传递给转向架的两个下心盘。

（2）非心盘承载的转向架。如图3.5（b）所示，车体的全部重量通过弹簧减振装置直接传递给转向架的构架，或者通过弹簧悬挂装置与构架之间设有的旁承装置传递，这种转向架虽还设有心盘回转装置，但其作用是牵引和转动。

（3）心盘部分承载的转向架。如图3.5（c）所示，车体重量按比例分别传递给心盘和旁承，使其共同承载。

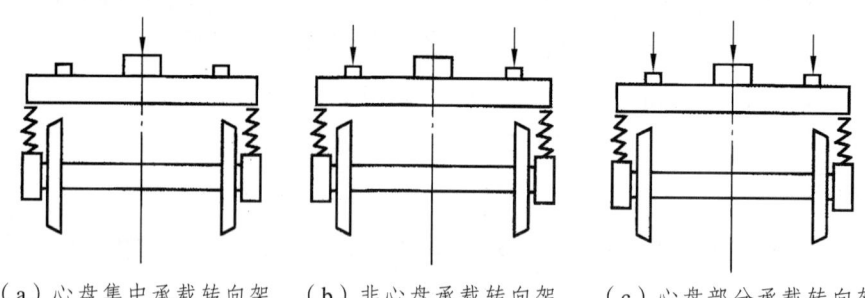

（a）心盘集中承载转向架　　（b）非心盘承载转向架　　（c）心盘部分承载转向架

图3.5 采用不同载荷传递方式的转向架

6. 按车辆车体与转向架之间的连接方式分类

按车辆车体与转向架之间连接方式的不同，可将转向架分为有心盘（或有牵引销）转向架、无心盘（或无牵引销）转向架和铰接式转向架（雅可比转向架）。城轨车辆转向架通常采用有心盘（或有牵引销）转向架，而轻轨车辆常常采用铰接式转向架。铰接式转向架与车体的连接，既要保证相邻两车体端部彼此连接传递垂直、纵向和横向载荷，又要保证车体两端在通过曲线时能彼此相对转动（垂向和横向）。

【典型案例】

1. 上海地铁第一类转向架

图3.6所示为上海地铁第一类转向架。

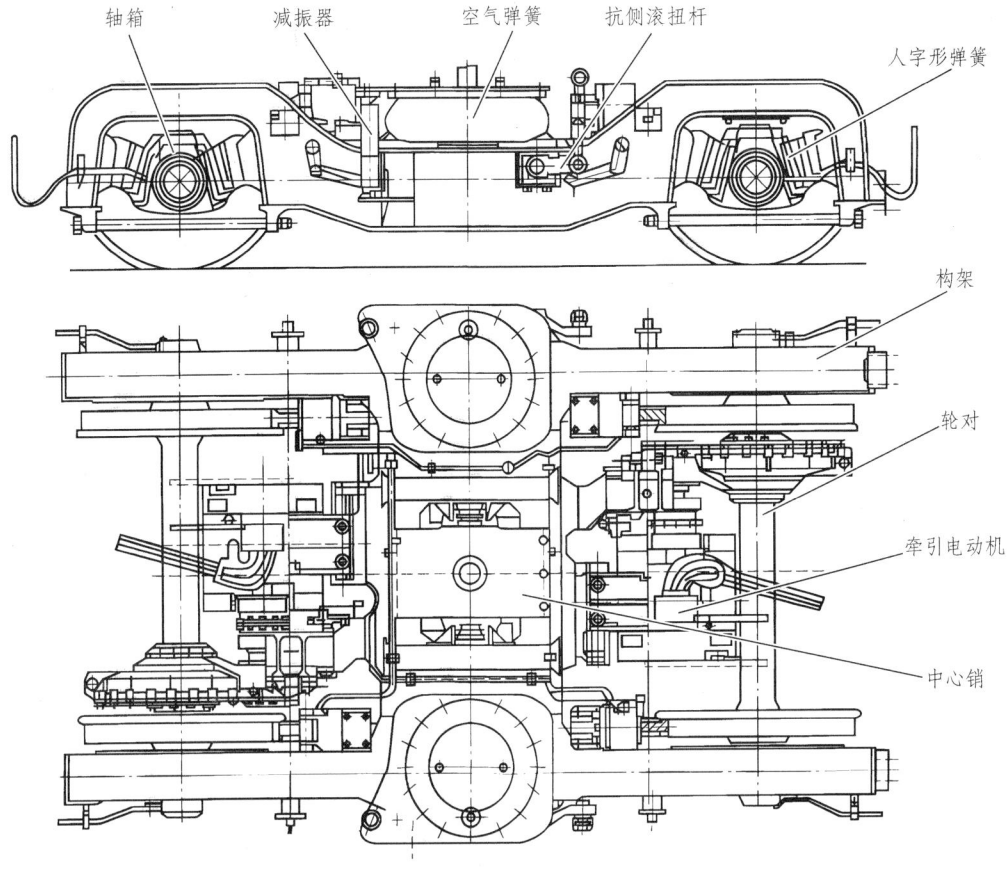

图 3.6 上海地铁第一类转向架

其主要特点如下：

（1）上海地铁少数车采用直流电动机牵引，多数采用交流电动机牵引。

（2）一系采用"人"字弹簧定位，二系采用空气弹簧，设有两个垂向减振器、一个横向减振器和一套抗侧滚扭杆。

（3）抗侧滚扭杆的扭臂、连杆置于构架外侧，扭杆工作长度大，对车体侧滚运动反应灵敏且有效。

（4）轴箱部位呈拱形以适应"人"字弹簧定位要求。

（5）横梁两侧设有悬臂式电动机座和齿轮箱吊座。

（6）中央牵引装置采用中心销、复合弹簧、心盘座，使用"Z"形牵引拉杆结构。

（7）直流车齿轮箱箱体为卧式水平分型面，易于检修；交流车为横向垂直分型面，不便于检修。

（8）直流车采用橡胶联轴节，电动机中心与小齿轮轴中心的同轴度要求高，齿轮箱吊杆长度可调；交流车采用机械联轴节，齿轮箱吊杆长度不可调，只需转向架进行台架试验时加垫片调整。

（9）直流车每辆车的两个转向架分别设有一个和两个高度阀，即车体三点定位，易调整地板面高度，能满足转向架均衡性要求；交流车每辆车的两个转向架均只有一个高度阀，易满足转向架均衡性要求，但调整地板面高度的难度大。

2. 上海地铁第二类转向架

图 3.7 所示为上海地铁第二类转向架,它主要使用在上海地铁 3 号线车辆上。其主要特点如下:

(1) 一系采用转臂式轴箱定位,二系采用空气弹簧。每个转向架设有两个垂向减振器、一个横向减振器和一套抗侧滚扭杆。其中,横向减振器设在构架上方,不便于检修。

(2) 抗侧滚扭杆的扭臂、连杆置于构架内侧,扭杆工作长度小,对车体侧滚运动反应不够灵敏,效果较差。

(3) 动车、拖车转向架构架不能互换。

(4) 中央牵引装置采用中心销和橡胶堆结构,结构简单,易于检修,中心销两侧设有横向止挡。

(5) 牵引电动机为交流驱动电动机,齿轮箱为两级减速,结构较复杂。

(6) 采用机械联轴节,齿轮箱吊杆长度不可调,台架试验时加垫片调整。

(7) 转向架设有两个高度阀,即车体四点定位,易调整地板面高度,不易满足转向架均衡性要求。

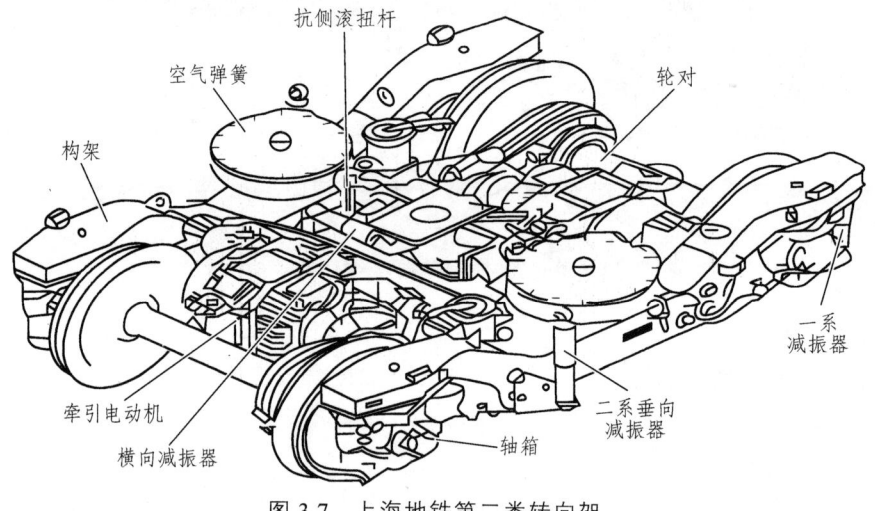

图 3.7 上海地铁第二类转向架

3. 上海地铁第三类转向架

图 3.8 所示为上海地铁第三类转向架,它主要使用在上海地铁 1 号线地铁车辆上。其主要特点如下:

(1) 采用锥形橡胶套定位,一系为锥形橡胶套。

(2) 二系采用空气弹簧。每个转向架设有两个垂向减振器、一个横向减振器、一套抗侧滚扭杆。横向减振器设在构架上方。抗侧滚扭杆的扭臂、连杆置于构架外侧,扭杆工作长度大,对车体侧滚运动反应灵敏且有效。

(3) 中央牵引装置采用中心销和单牵引杆结构,结构简单,易于检修,中心销两侧设有横向止挡。

(4) 牵引电动机为交流驱动电动机,齿轮箱为一级减速,齿轮箱箱体为卧式水平分型面。

(5) 采用机械联轴节,齿轮箱吊杆长度不可调,台架试验时加垫片调整。

（6）每辆车的两个转向架分别设两个高度阀，即车体四点定位。此种方式易调整地板面高度，但不易满足转向架均衡要求。

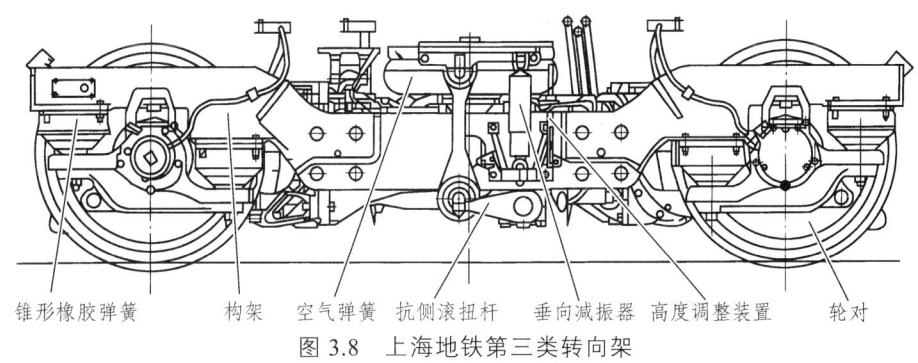

锥形橡胶弹簧　构架　空气弹簧　抗侧滚扭杆　垂向减振器　高度调整装置　轮对

图 3.8　上海地铁第三类转向架

任务 3.2　构架和轮对、轴箱装置

3.2.1　构　架

1. 构架基础知识

构架是转向架的骨架，用于安装转向架上的各类部件并传递各种作用力。图 3.9 所示为构架的组成。其主要由左、右侧梁，一根或几根横梁及前后端梁组焊而成。侧梁是构架的承载梁，是传递垂向力、纵向力和横向力的主要构件，侧梁确定轮对位置。横梁和端梁用来保证构架在水平面内的刚度，使两轴平行并承托牵引电机等。构架上还设有空气弹簧座、中心座安装座、轴箱吊框、电机安装座、齿轮箱吊座、制动吊座、牵引拉杆安装座、高度控制阀座、抗侧滚扭杆座、减振器座和止挡等，用于安装相关设备。

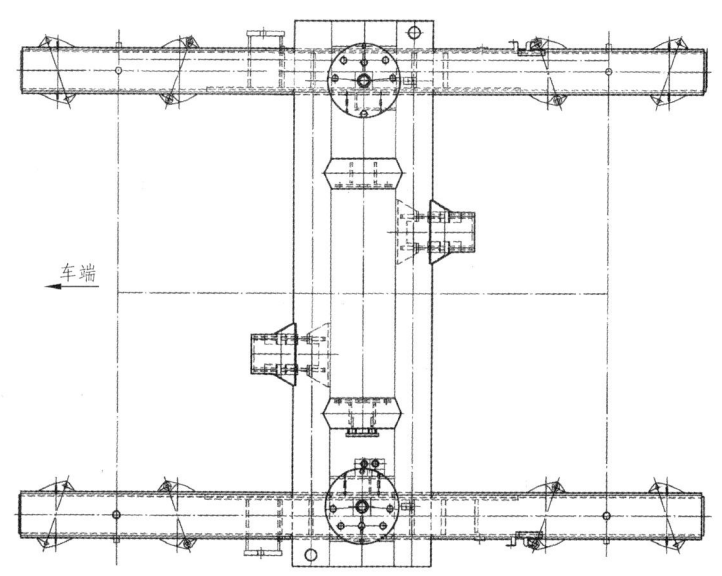

图 3.9　构架的组成

构架（见图3.10）按结构形式有开口式、封闭式，或H形、"日"字形、"目"字形等，主要根据横梁的数目与位置而定。其中，开口式，H形、"日"字形形式最常见。

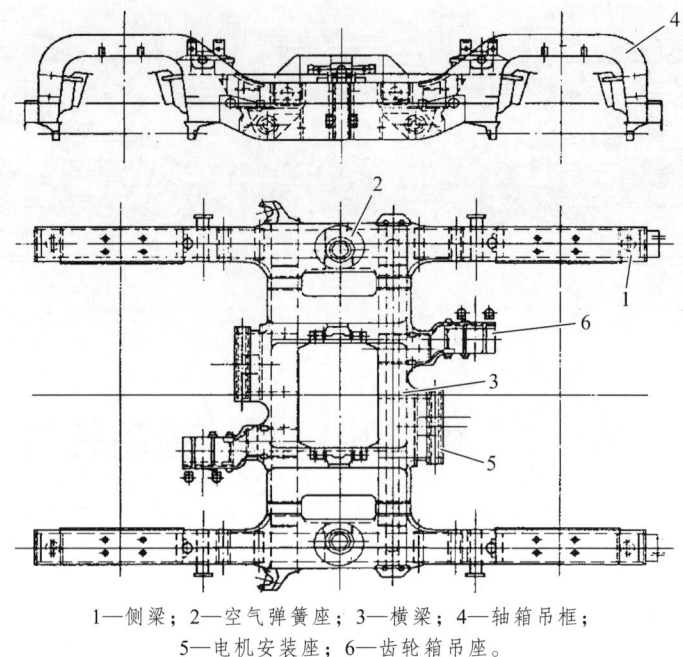

1—侧梁；2—空气弹簧座；3—横梁；4—轴箱吊框；
5—电机安装座；6—齿轮箱吊座。

图3.10 构架

2. 构架的分类

按制造工艺，构架分为铸钢和焊接构架两种形式，城轨车辆一般采用焊接构架。一般焊接构架的梁为中空箱形，质量轻，节省材料，又能满足强度和刚度的要求，应用比较广泛。特别是压型钢板焊接构架，其梁可以按等强度设计，箱形截面尺寸可依据各部位受力情况而异，各截面的应力接近，并可合理地分布焊缝，减少焊缝数量，具有强度大、质量轻、材料利用率高的特点，但对制造设备要求较高，成本也较高。上海、广州地铁均采用了压型钢板焊接构架。

3.2.2 轮对与轴箱装置

1. 轮 对

轮对由一根车轴和两个同型号车轮通过过盈配合组装而成，采用冷压（或热套）工艺进行组装，车轮与车轴牢固地结合在一起，不允许有松脱现象，如图3.11所示。轮对的作用是引导车辆沿钢轨运动，同时还承受着车辆与钢轨之间的载荷。因此，轮对应具有足够的强度，以保证车辆安全运行。

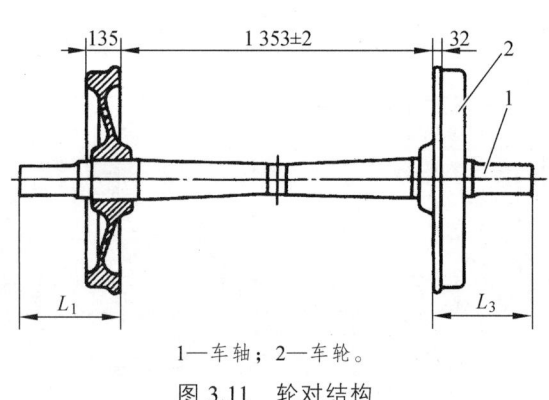

1—车轴；2—车轮。

图3.11 轮对结构

在保证强度和使用寿命的前提下,轮对的重量应尽量轻,并且轮对应具有一定的弹性,以减少车轮与钢轨之间的动作用力和磨耗。轮对的内侧距是保证车辆运行安全的一个重要参数。轮对内侧距有严格的规定,我国地铁车辆轮对内侧距为(1 353±2)mm。轮对的结构还应有利于车辆顺利通过曲线和安全通过道岔。

1)车 轴

图 3.12 和图 3.13 所示分别为城轨车辆拖车车轴和动车车轴的结构,它们的主要区别是动车车轴配有齿轮箱与齿轮座。拖车车轴由轴身、防尘板座、轴颈和轮座 4 个部分组成。其中,轴颈是安装滚动轴承和承载的部件;防尘板座是安装防尘板的部位;轮座是车轴与车轮配合的部件,也是受力最大的部件,它的直径最大,与轮箍孔之间有一定的过盈量;轴身是两轮座的连接部分。动车车轴与拖车车轴的结构基本一致,只增加了安装齿轮的齿轮座。

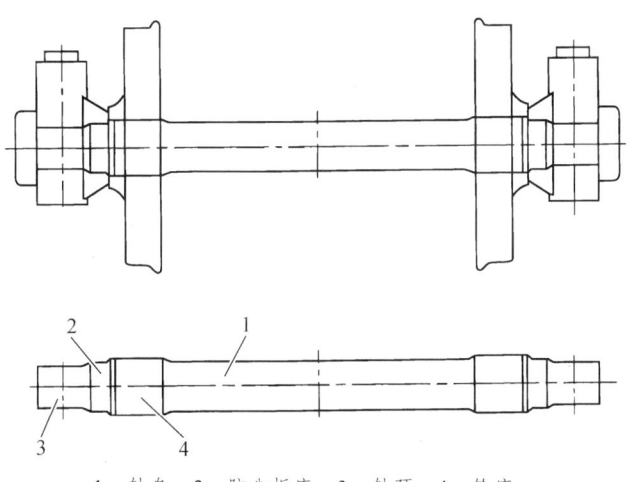

1—轴身;2—防尘板座;3—轴颈;4—轮座。

图 3.12 拖车车轴

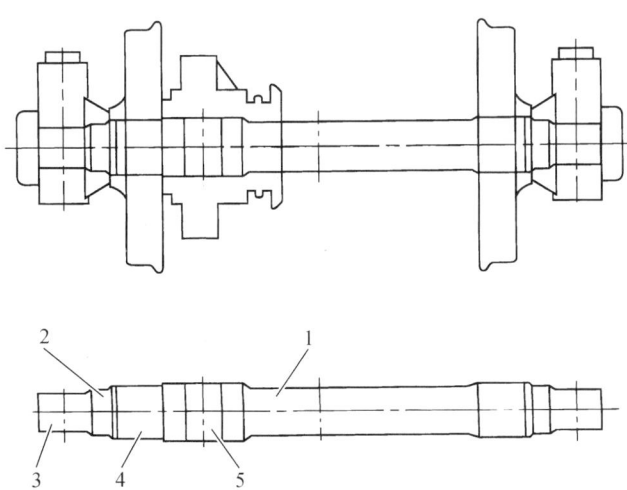

1—轴身;2—防尘板座;3—轴颈;4—轮座;5—齿轮箱座。

图 3.13 动车车轴

车轴采用优质碳素钢加热锻压成型，经过正火或正火后退火等热处理和机械加工后制成。车轴是转向架的簧下部分，降低簧下部分的质量对提高城轨交通车辆的运行品质和减少对轮轨动力作用有很大的影响。采用空心车轴可减轻轮对质量，从而降低簧下质量，目前动车组和城轨车辆已经开始使用。

2）车　轮

车轮按结构、材质、踏面形状、车辆制造工艺等的不同有多种分类方法。

（1）车轮按结构的不同分为整体轮和轮箍轮两种，如图 3.14（a）和图 3.14（b）所示。整体轮按其材质可分为辗钢轮和铸钢轮等。轮箍轮又可分铸钢辐板轮心、辗钢辐板轮心以及铸钢辐条轮心的车轮。为降低噪声，减小簧下质量，还有橡胶弹性车轮、消声轮等。城轨车辆主要使用整体轮，也有部分城轨车辆使用新型减振车轮的，西安地铁车轮加装了阻尼减振块，以达到降噪的目的。

（2）车轮按材质的不同分为弹性车轮和非弹性车轮。其中，弹性车轮如图 3.14（c）所示。地铁、轻轨车辆及高速列车车辆也有使用弹性车轮的。这种车轮在轮心轮毂与轮箍之间装有橡胶弹性元件，使车轮在空间三维方向上具有一定的弹性。弹性车轮簧下质量减小，从而减小了轮轨之间的作用力，缓和了冲击，减小了轮轨磨耗，降低了噪声，改善了车轮与车轴的运用条件，提高了列车的运行平稳性。

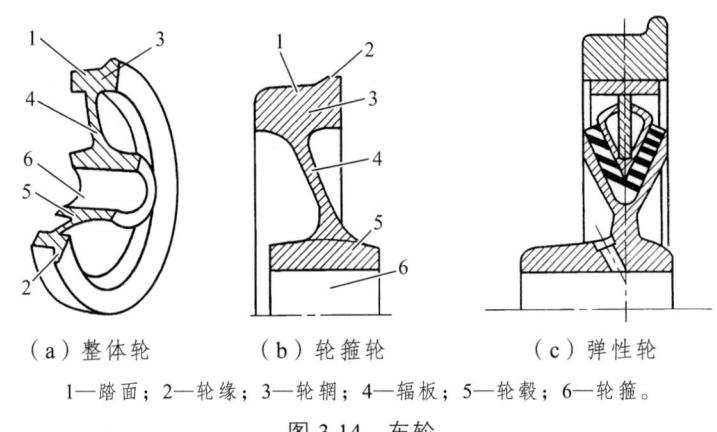

（a）整体轮　　　（b）轮箍轮　　　（c）弹性轮

1—踏面；2—轮缘；3—轮辋；4—辐板；5—轮毂；6—轮箍。

图 3.14　车轮

（3）车轮按踏面形状的不同可分为锥形踏面、磨耗型踏面和高磨耗型踏面。目前，城轨车辆普遍采用磨耗型踏面。

车轮踏面的形状是轮对中一项重要的内容。车轮与钢轨的接触面称为踏面。如图 3.15（a）所示，早期的车轮踏面是锥形的，车轮踏面由两段不同坡度的直线组成，标准锥形踏面有两个斜度，即 1∶20 和 1∶10。斜度 1∶20 的部分位于轮缘内侧 48~100 mm，是轮轨主要接触部分；斜度 1∶10 的部分为离内侧距离大于 100 mm 的部分，各组成面均以圆弧面平滑过渡。实践证明，锥形踏面车轮的初始形状在运行中将被很快磨耗。当磨耗成一定形状后，车轮与钢轨的磨耗都变得缓慢，踏面形状处于相对稳定状态。如果新造轮踏面制成类似磨耗后相对稳定的形状，即形成磨耗型踏面，如图 3.15（b）所示。在相同的走行里程下，这种形式可明显地减少踏面的磨耗量，延长轮对的使用寿命，减少换轮、镟轮的工作量，其经济效益是十分明显的。磨耗型踏面可减小轮轨接触应力，提高车辆运行的横向稳定性和抗脱轨安全性。

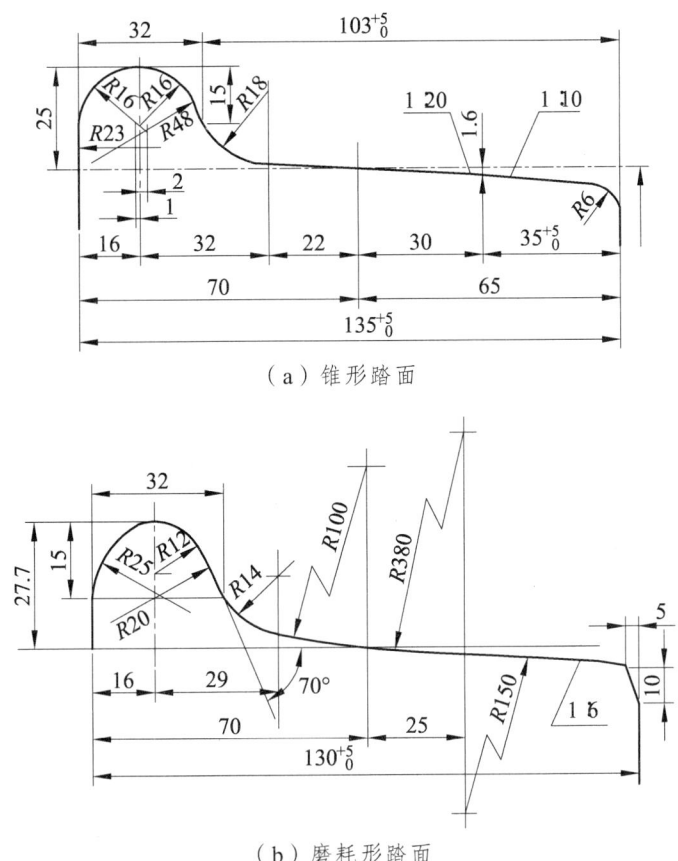

(a) 锥形踏面

(b) 磨耗形踏面

图 3.15 车轮轮缘踏面外形

车轮轮缘踏面采取磨耗型轮廓的原因如下：

① 便于通过曲线。车辆在曲线上运行时，由于离心力的作用，轮对偏向外轨。于是，在外轨上滚动的车轮与钢轨接触的部分直径较大，而沿内轨滚动的车轮与钢轨接触的部分直径较小。这样就造成了在相同的转角内，外轮行走的路程长而内轮行走的路程短，正好和曲线区间线路的外轨长内轨短的情况相适应，使轮对较顺利地通过曲线，减少车轮在钢轨上的滑行。

② 自动调中。车轮踏面做成一定磨耗型形状，使车轮踏面的中部有一定弧度。一般钢轨在铺设时也有指向线路中心的斜度，因此钢轨对车轮作用力的方向是指向线路中心的。车辆在直线线路上运行，当轮对受到横向力的作用使车辆中心线与轨道中心不一致时，则轮对在滚动过程中能自动纠正偏离方向。

③ 能顺利通过道岔，防止车轮脱轨。如图 3.16 所示，轨道交通线路上的道岔对车辆运行的平稳性和安全性影响极大，因此踏面的几何形状也应适应通过道岔的需求。由于尖轨前端顶面低于基本顶面，当轮对由道岔的尖轨过渡到基本轨时，为了防止撞到基本轨，要求踏面具有一定的斜度。并且把踏面的最外侧做成 C5 的倒角，以增大踏面轨顶的间隔，保证车轮顺利通过道岔。

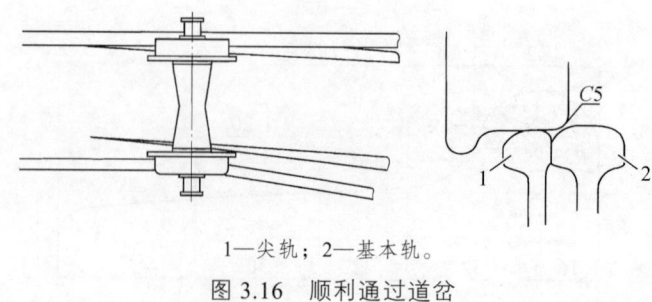

1—尖轨；2—基本轨。

图 3.16 顺利通过道岔

④ 踏面磨耗比较均匀。由于车轮踏面具有一定斜度，当车轮在轨道上运行时，回转圆直径也在不停地变化，致使车轮在钢轨上的接触点也不停地变换位置，结果使踏面磨耗比较均匀。

（3）车轮按制造工艺的不同分为整体辗钢轮、铸钢轮和新型铸钢轮。

目前，我国城轨车辆普遍采用整体辗钢轮。整体辗钢轮由踏面、轮缘、辐板和轮毂组成。测量车轮直径时规定，在离轮缘内侧 70 mm 处测得的直径称为名义直径，以它作为车轮滚动圆的直径。轮径一般是 840 mm，轮径小，可降低车辆的重心，增大车体的容积，减小簧下质量，缩小转向架固定轴距，但同时也会使车辆运行的阻力增大，使轮轨接触应力增大，加快踏面磨耗。

新型铸钢轮采用电弧炉炼钢、石墨铸钢、雨淋式浇铸工艺。采用电弧熔炼钢水，钢水纯度高。采用石墨铸钢，使铸件表面光洁，尺寸精度高。由于石墨导热性能优良，铸件凝固速度快、晶粒细化，可提高材质的力学性能和车轮的内在质量。采用雨淋式浇铸工艺，冒口和浇口设在同一位置，浇铸时钢水由轮辋、辐板至轮毂顺序凝固，补缩用的钢水自冒口沿补缩通道不断补充，达到最佳的补缩效果。铸成后的车轮，进行缓冷处理，使铸件各个部位均匀冷却，以消除内应力。随后进行热轮抛丸，用以清除表面余砂及氧化铁皮，再进行加热、淬火以及回火等热处理工艺。对辐板要求进行抛丸处理，提高车轮的使用寿命。

与整体辗钢轮比较明显的区别在于：新型铸钢轮直接由钢水铸造成型，工序减少，节约劳动力，生产能耗低；采用石墨型浇铸工艺，提高了车轮尺寸精度，几何形状好，内部组织均匀，质量分布均匀，轮轨间动力作用相对小；新型铸钢轮的辐板为深盆形结构（流线型结构），较整体辗钢轮耐疲劳，抗热裂性能更优。

2. 轴箱装置

轴箱装置是实现轮对与构架相互连接、相互运动的关键部件，起着承上启下的作用，是连接轮对与构架的活动关节，可传递牵引力、横向力和垂向力，实现轮对与构架间的垂向运动和横向运动。

1）轴箱装置的基础知识

（1）轴承轴箱装置的组成。城轨车辆的轴箱装置由轴箱和轮对轴承组成，轴箱由轴箱体、防尘挡板、轴箱盖以及轴端压板、防尘挡圈和密封等轴端附属装置等部件组成。

（2）轴承轴箱的分类。我国轨道交通车辆转向架的轴承主要有滑动轴承和滚动轴承两种，滑动轴承已被淘汰，目前采用滚动轴承。滚动轴承的轴箱根据安装设备的不同而命名。例如，安装列车自动保护（Automatic Train Protection，ATP）测速电机的轴箱称为测速轴端安装,如图3.17所示;安装防滑测速装置的轴箱称为防滑轴端安装(拖车的每根轴都安装防滑装置)。

图3.17 安装ATP测速电机的轴箱

(3)轴箱装置的作用。轴箱装置将轮对和构架联系在一起,使轮对沿钢轨的滚动转化为车体沿轨道的直线运动,并把车辆的重量以及各种载荷传递给轮对。其具体作用如下:

① 连接轮对与转向架构架,支撑"人"字弹簧的底部,支撑转向架构架。

② 承受和传递轮对与转向架之间的各种载荷,承受车体重力,传递牵引力、制动力。

③ 给轴承内外圈定位,保持轴颈和轴承的正常位置,从而保证车轴的正常安装位置。

④ 使轮对沿钢轨的滚动转化为车体沿线路的平动。

⑤ 轴箱采用滚柱轴承,在提高承载能力的同时,降低了轴箱摩擦系数,减少了车辆起动和运行的阻力,以适应城轨车辆高速运行、起动频繁、行车密度大的要求。

⑥ 保持轴承油脂润滑,保证轴承良好的润滑性能,并具有良好的密封性,防止尘土、雨水等物侵入或油脂甩出,从而防止油脂润滑作用被破坏,避免烧轴事故。

2)城轨车辆滚动轴承的形式

城轨车辆允许轴重较大,一般为10~25 t,在运行中也要承受变化的动静载荷的作用,因此要求轴承的承载能力高、强度高、耐冲击、寿命长。滚动轴承按滚动体形状分类主要有圆柱滚动轴承、圆锥滚动轴承、球面滚动轴承等多种形式,一般城轨车辆都采用圆柱滚动轴承或圆锥滚动轴承。

图3.18所示为我国深圳地铁采用的双列圆锥滚子轴承和圆柱滚子轴承轴箱装置。

(1)圆柱滚子轴承。圆柱滚子轴承的滚子是圆柱形的,一般属于双列分体式轴承,采用聚合物保持架,采用迷宫环对润滑脂进行非接触式密封。轴承滚子既能承受径向力,又能承受轴向力。但圆柱滚子轴承的轴向力主要靠滚子端面和挡边承受,滚子端面与挡边之间产生摩擦式滑动摩擦,摩擦力较大,容易导致轴温升高,降低润滑脂的使用寿命,轴承的使用寿命也会受到影响。

(2)圆锥滚子轴承。圆锥滚子轴承目前运行比较广泛。TBU采用圆锥滚子,一般为整体式轴承,也采用聚合物保持架,其主要轴向载荷由滚道承受(20%~30%的载荷由挡边承受)。一般采用传统的接触式橡胶即卡紧式密封件密封,因而提高了润滑脂对污染的防护能力,延长了油脂寿命,并使轴承具有更好的性能和更长的寿命。

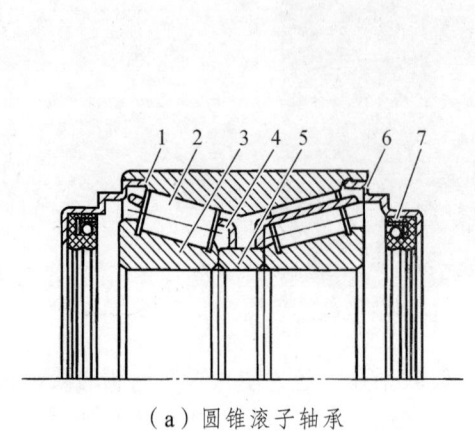
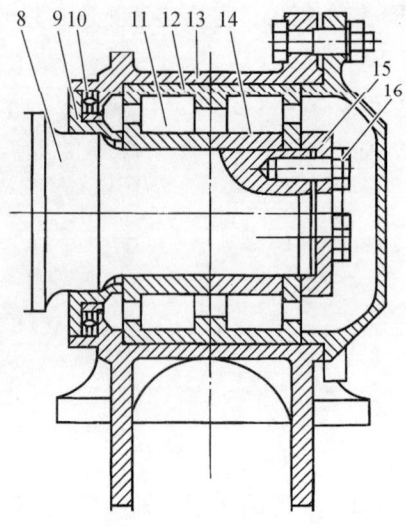

(a)圆锥滚子轴承　　　　　　　(b)圆柱滚子轴承

1,12—外圈；2,11—滚子；3,14—内圈；4—保持架；5—中隔圈；6,7—密封；8—车轴；
9—防尘板座；10—迷宫；13—轴箱；15—内圈压板；16—轴箱盖。

图 3.18　滚动轴承轴箱装置

3）滚动轴承轴箱的密封形式

我国城轨车辆上采用的滚动轴承装置按密封形式的不同可分为橡胶油封式和金属迷宫式轴箱装置。

（1）橡胶油封式轴箱装置。如图 3.19（a）所示，橡胶油封式轴箱装置主要由轴箱体、前盖、后盖、油封、防尘挡圈和压板等组成。图 3.19（b）所示为轴箱体，它为铸钢筒形结构，两侧铸有弹簧托盘，用来安装轴箱弹簧等配件。

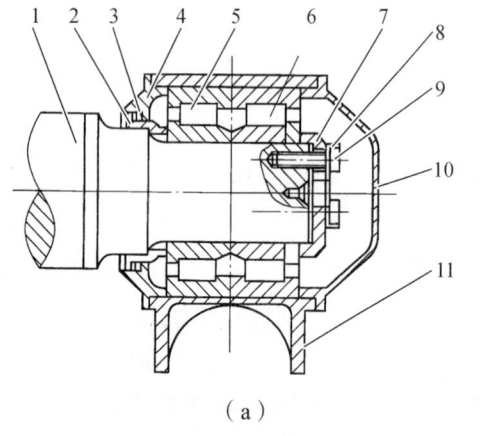
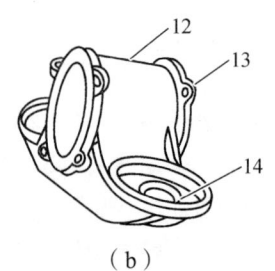

(a)　　　　　　　　　　　　　(b)

1—车轴；2—防尘挡圈；3—油封；4—前盖；5,6—轴承滚子；7—压板；
8—防松片；9—螺栓；10—后盖；11—轴箱体；12—轴箱筒；
13—轴箱耳；14—弹簧托盘。

图 3.19　橡胶油封和轴箱体

（2）金属迷宫式轴箱装置。图 3.20 所示为金属迷宫式轴箱装置，这种密封方式不带轴箱后盖，在轴箱体后端设有迷宫槽，迷宫槽的底部设有排水孔。

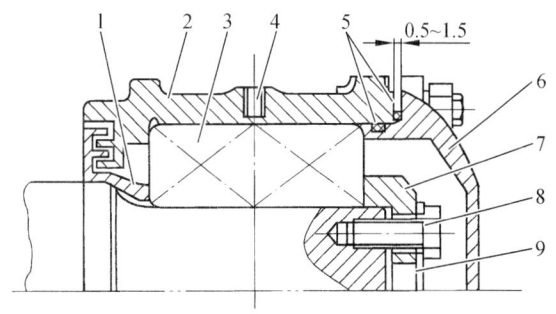

1—防尘挡圈；2—轴箱体；3—圆柱滚子轴承；4—轴温报警器安装孔；5—密封圈；
6—轴箱前盖；7—压板；8—压板螺栓；9—防松片。

图 3.20　金属迷宫式轴箱装置

4）轴箱的定位方式

城轨车辆转向架轴箱定位方式主要有以下 3 种：

（1）转臂式定位。转臂式轴箱定位结构如图 3.21 所示。定位转臂一端通过弹性节点与构架上的定位转臂座相连，另一端则用螺栓固定在轴箱体的承载座上。而弹性节点主要由弹性橡胶套、定位轴（锥形销套）和金属外套组成，其中弹性橡胶套的形状和参数对转向架走行性能影响较大。其优点是：轴箱与构架间无自由间隙和滑动部件，无摩擦损耗；构成的零件很少，分解、组装容易，且维修方便；轴箱的上下、左右及前后定位刚度可以各自独立设定，比较容易满足转向架悬挂系统的最佳设计要求，即在确保良好乘坐舒适度的情况下，能够同时确保稳定的高速行驶性能和良好的曲线通过性能。

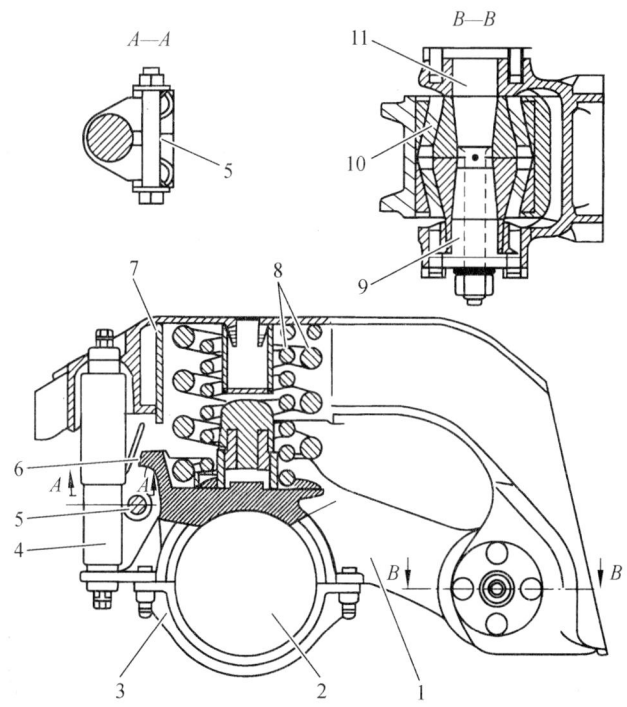

1—定位转臂（包括弹簧座）；2—轴箱；3—底部压板；4—垂向减振器；5—止挡管；6—转臂凸台；
7—弹簧套；8—螺旋弹簧；9—锥形套；10—柱形橡胶套；11—锥形销轴。

图 3.21　转臂式轴箱定位结构

（2）"八"字形橡胶堆轴箱定位。图 3.22 所示为上海地铁车辆和广州地铁车辆采用的"八"字形（也称"人"字形）橡胶堆轴箱定位装置。

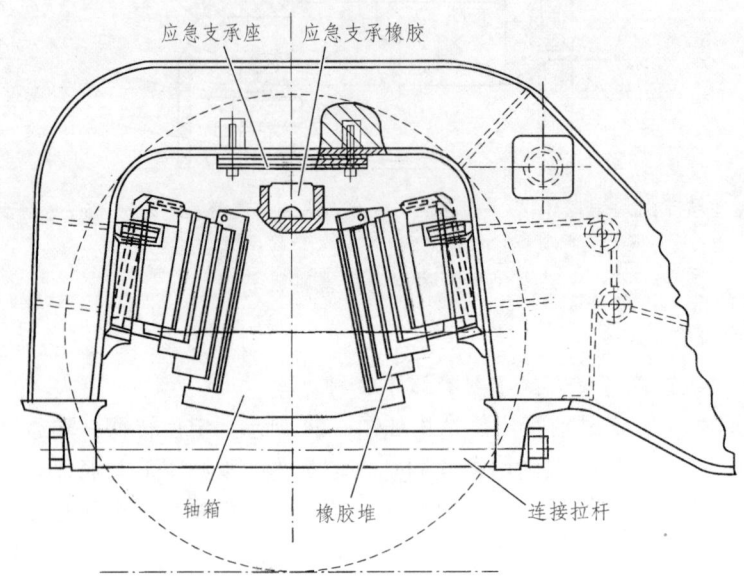

图 3.22 "八"字形橡胶堆轴箱定位装置

如图 3.23 所示，在垂向载荷作用下，橡胶同时受剪切和压缩变形，改变其安装角度可得到不同的垂向和纵向刚度，此安装装置一般取 10°~11°。该定位装置的优点是无摩擦磨损，质量轻，结构简单，吸收高频振动和减少噪声等，寿命可达 150 万千米以上。

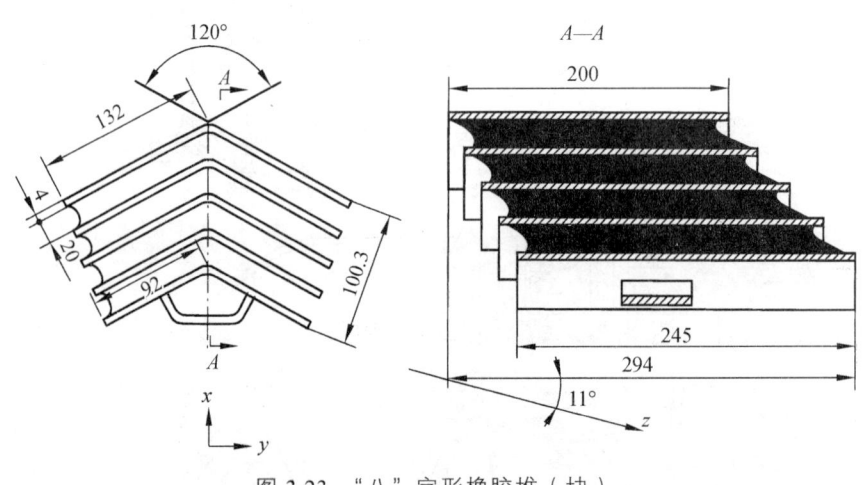

图 3.23 "八"字形橡胶堆（块）

（3）层叠圆锥橡胶轴箱定位。层叠圆锥橡胶具有三向轴向特性，且其横向弹性可通过在圆周上开切口来调整。在垂向载荷作用下，橡胶主要受剪切变形，其结构如图 3.24 所示。层叠圆锥橡胶轴箱定位装置具有无摩擦磨损、质量轻、结构简单、吸收高频振动和有利于减少噪声等优点。

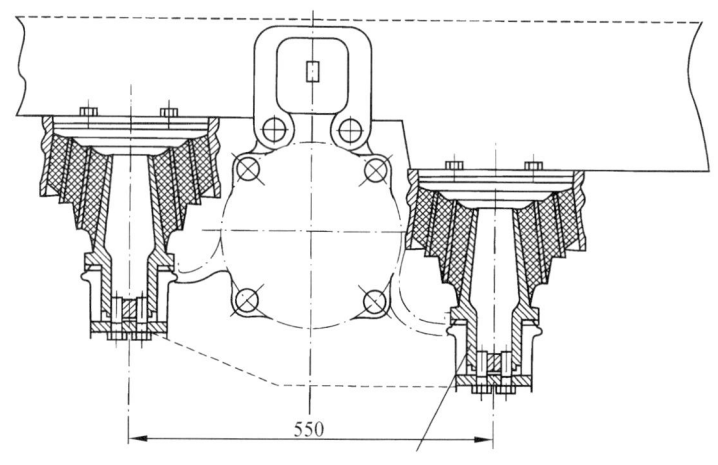

图 3.24 层叠圆锥橡胶轴箱定位结构

【典型案例】

1. 构 架

图 3.25 所示为北京地铁 10 号线车辆转向架动车构架。动车和拖车结构的主干部分完全相同,如侧梁和横梁无缝钢管的尺寸是相同的,主要区别是各自所安装的设备不同。如动车构架带有电机吊座、齿轮箱吊台等。它们都属于 H 形构架,采用钢板焊接结构的箱形侧梁,并用与侧梁相贯通的无缝钢管作为横梁。为降低重量,简化结构,其在设计上具有以下特点:横梁用无缝钢管制成,并用无缝钢管作为附加空气室,替代以前用摇枕做附加空气室的方法。侧梁和无缝钢管的焊接是用圆环形板进行加强的,横梁两端有辅助附加空气室,其用来增加附加空气室的容积。

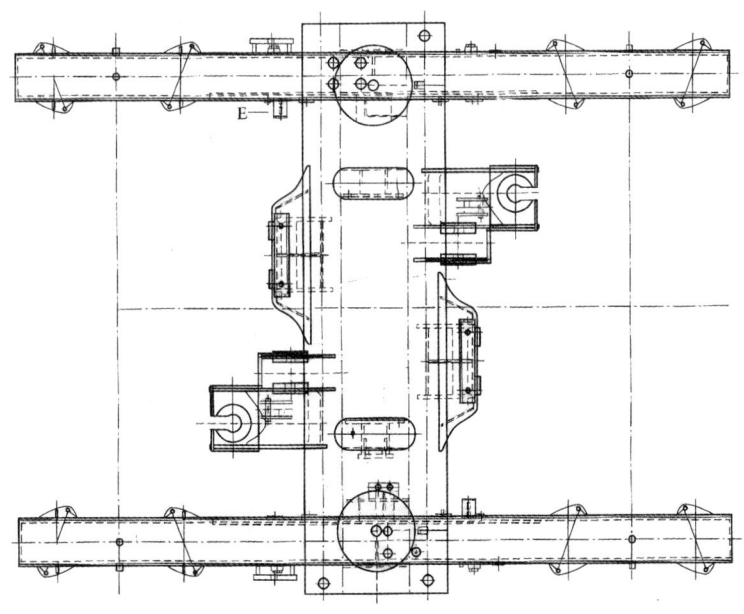

图 3.25 北京地铁 10 号线地铁车辆转向架动车构架

2. 车轴和车轮

图 3.26 所示为某地铁车辆转向架车轮和车轴实物。车轴采用优质碳素钢加热锻压成型，再经热处理（正火或正火后再回火）和机械加工制成。

图 3.26　某地铁车辆转向架车轮和车轴实物

3. 轴箱定位装置

图 3.27 所示为某地铁车辆转向架的轴箱定位装置。其采用圆锥橡胶堆定位，这种定位方式具有作用可靠、耗材省、摩擦件少等特点。

图 3.27　某地铁车辆转向架的轴箱定位装置

任务 3.3　弹簧减振装置

车辆在线路上运行时，线路的不平顺、轨隙、道岔、轨面的缺陷和磨耗及车轮踏面的斜度、擦伤及轮轴的偏心等原因将会产生复杂的振动和冲击。为了提高运行平稳性，提高乘客舒适度，需设置弹簧减振装置。

3.3.1　弹簧减振装置概述

1. 弹簧减振装置的作用

弹簧减振装置也称弹性悬挂装置，包括弹性元件和减振器。弹簧减振装置的作用：一是使载荷比较均衡地传递给轮对，并使车辆在静载状况下，两端车钩距离轨面高度满足规定的要求，以保证车辆的正常连挂；二是缓和、减少因线路的不平顺、轨缝、道岔、钢轨的磨耗和不均匀下沉，或因车轮擦伤、车轮不圆、轴径偏心等原因引起车辆的振动和冲击。

弹簧减振装置在转向架上分为簧上和簧下两部分，簧上、簧下的运动状态不完全相同。车辆的动力性能与弹簧减振装置的结构形式及参数选择密切相关。良好的弹簧减振装置能使车辆运行平稳、振动小、噪声低、乘坐舒适性好；使车辆结构及设备的松动及损坏少；同时对线路的冲击破坏少，对行车安全有积极意义。

2. 弹簧减振装置的种类

（1）转向架的弹簧减振装置按其悬挂数量的多少和方式可分为一系弹簧悬挂和二系弹簧悬挂两种形式。城轨车辆均采用二系弹簧悬挂形式。二系弹簧悬挂装置由轴箱悬挂装置和中央悬挂装置组成，轴箱悬挂装置设置在转向架构架与轴箱之间，中央悬挂装置设置在车体底架与转向架构架之间。采用二系弹簧悬挂可以减小整个车辆悬挂装置的总刚度，增大静挠度，改善车辆垂向运动平稳性，减小车辆与线路之间的动作用力。

① 一系弹簧悬挂的主要作用。

a. 支撑轮对以上的车辆质量，使车辆载荷均匀地分配给各个轮对，防止车轮脱轨。

b. 缓和来自轨道的各种冲击和振动，减少构架受力，减少车辆运行噪声。

c. 给轴箱定位提供合适的横向、纵向定位刚度，既保证转向架具有良好的曲线通过能力，又能保证转向架运行的横向稳定性。

d. 传递牵引力和制动力。

e. 保证动车转向架轮对与构架定位，使"电机—联轴节—齿轮箱—轮对"这个动力传递关系在各部件允许偏移范围内正常牵引、传动。

② 二系弹簧悬挂的主要作用。二系弹簧悬挂装置中的二系弹簧直接支撑车体，或者通过摇枕支撑车体。为了提高乘坐舒适性，应采用大柔度弹簧。此外，二系弹簧还应具有良好的横向性能，以便转向架通过曲线时，保证车辆的横向稳定性。目前，城轨车辆普遍采用空气弹簧作为二系弹簧。

（2）城轨的弹簧减振装置按其作用的不同可分为三类。第一类是主要起缓冲作用的弹簧装置，如中央弹簧、轴箱弹簧和橡胶垫等；第二类是主要起衰减振动（消耗振动能量）作用的减振装置，如垂向、横向减振器等；第三类是主要起弹性约束作用的定位装置，如轴箱定位装置，心盘与构架之间的纵、横向缓冲止挡等。

3.3.2 弹簧的特性与分类

1. 弹簧的特性

弹簧的主要特性参数有挠度、刚度或柔度。挠度是指弹簧在外力作用之下产生的弹性变形的大小或弹性位移量，而使弹簧产生单位挠度所需的力的大小称为该弹簧的刚度，反之在单位载荷作用下产生的挠度称为该弹簧的柔度。

弹簧的特性可用弹簧的挠力图表示。如图3.28所示，纵坐标用弹簧承受的载荷表示其挠度，图3.28（a）表示力（D）与挠度（f）呈线性关系，即弹簧刚度为常量。一般常见的螺旋圆弹簧就属此例。图3.28（b）表示力与挠度呈曲线关系，即刚度随载荷的变化而转为非线性。图3.28（b）中的曲线1的刚度随载荷增加而逐渐增大，如车辆上采用的一些橡胶弹簧、横向缓冲器就属于这种特性。显而易见，在车辆悬挂系统中，为了减小振动，控制振动位移在一定范围内，不能使用曲线2的特性，即不选用随载荷增加，刚度逐渐变小的弹簧。

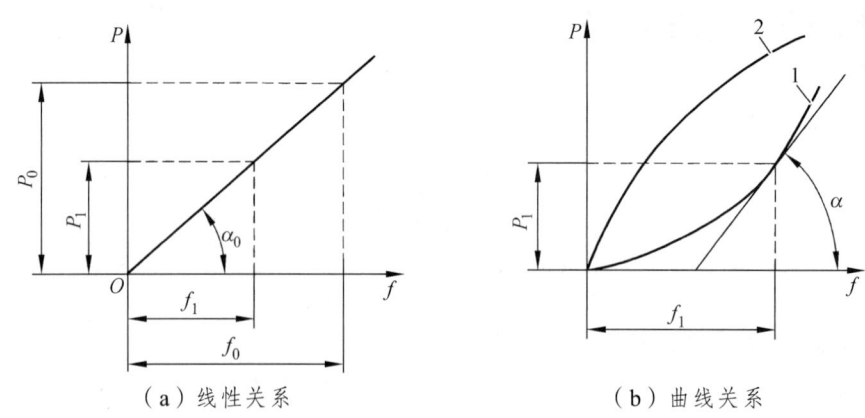

图3.28 弹簧的挠力图

为了改善弹簧的特性，适应安装位置及空间大小的需要，在轨道车辆上时常采用组合弹簧，这些弹簧有串联、并联和串并联三种组合。组合弹簧的总刚度、挠度（或称当量刚度、挠度）的特点：并联布置的弹簧系统的当量刚度等于各个弹簧刚度的代数和，串联布置的弹簧系统的当量挠度等于各个弹簧挠度的代数和。

2. 弹簧的分类

1）扭杆弹簧和环弹簧

（1）扭杆弹簧。如图3.29（a）所示，扭杆弹簧为一根直棍，它的两端支承在轴承支座上，端部固定两个曲柄，支座固定在构架上，当两个曲柄朝相反方向转动时，扭杆则产生抵抗扭矩。扭杆弹簧不同于螺旋弹簧，它只承受扭转变形。在载荷相同的情况下，扭杆弹簧比螺旋弹簧质量轻。

（2）环弹簧。如图 3.29（b）所示，环弹簧由多组内、外环簧组成，彼此以锥面相互接触，当受到轴向载荷后，内环受压缩小，外环受拉伸长，从而使内环与外环的锥面产生轴向变形，同时内外摩擦面做功吸收能量。环弹簧常用于缓冲器中。

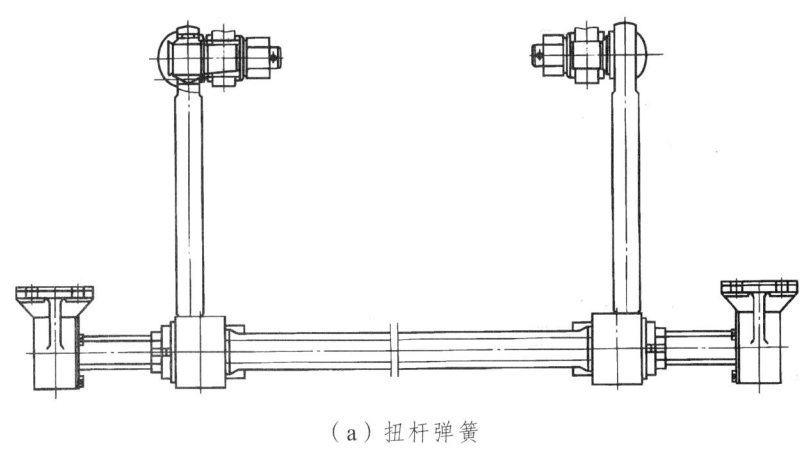

（a）扭杆弹簧

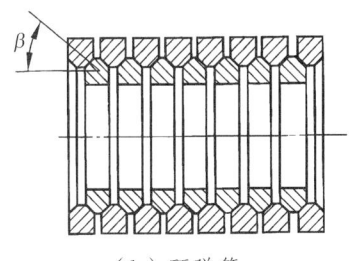

（b）环弹簧

图 3.29 扭杆弹簧与环弹簧

2）橡胶弹性元件

橡胶弹性元件的力学性能不同于一般的金属元件，橡胶的弹性模量比金属小得多，可以获得较大的弹性变形，容易实现预想的非线性特性；可以自由确定其形状，也可以根据设计要求达到在各个方向上不同刚度的要求；橡胶具有较高的内阻，对衰减高频振动和隔声有良好效果；橡胶密度小，自重轻。由于这些特性，橡胶弹性元件在车辆上获得越来越广泛的应用，常常用于转向架弹簧减振装置和轴箱定位装置、钢弹簧支承面上的橡胶缓冲垫以及各种衬套、止挡等。使用橡胶弹性元件时应注意：橡胶元件的性能（弹性、强度）受温度影响较大，随温度升高，刚度和强度有明显的降低。橡胶具有蠕变的特性，当载荷加到一定值后，不增载，但变形仍在继续，而当卸去载荷后，橡胶也不能立即完全恢复原状。橡胶弹簧的动刚度比静刚度大。橡胶还有体积基本不变的特性；橡胶的耐高温、耐低温和耐油性能普遍较差，使用时间较长后容易老化。

3.3.3 空气弹簧装置系统

空气弹簧装置系统可以显著提高车辆系统的运行平稳性,大大简化转向架的结构,使转向架实现轻量化和易于维护,因此使用广泛。

1. 空气弹簧装置系统的优缺点

1)空气弹簧装置系统的优点

(1)空气弹簧能够大幅度提高车辆悬挂系统静挠度,以降低车体的振动频率。

(2)与钢弹簧相比,空气弹簧具有非线性特性,可以根据车辆振动性能的需要,将钢弹簧设计成具有比较理想的弹性特性曲线。

(3)空气弹簧的刚度随载荷而改变,保持空、重车时车体的振动频率几乎相等,使空车和重车状态的运行平稳性一致。

(4)空气弹簧用高度控制阀控制时,使车体在不同静载荷下,保持车辆地板面距钢轨面的高度基本不变。

(5)空气弹簧可以同时承受三维方向的载荷,可代替摇动台装置,简化结构,减轻自重。

(6)在空气弹簧本体和附加空气室之间装设有适宜的节流孔,可代替垂直安装的液压减振器。

(7)空气弹簧具有良好的吸收高频振动和隔声性能。

2)空气弹簧装置系统的缺点

空气弹簧的缺点是配件多、成本较高、维护与检修工作量大。

2. 空气弹簧悬挂系统的组成与结构

1)空气弹簧悬挂系统的组成

空气弹簧悬挂系统装置如图 3.30 所示,其主要由空气弹簧、附加空气室、高度控制阀、差压阀及滤尘器等组成。空气弹簧所需的压缩空气由列车制动主风管经 T 形支管接头、截断塞门、滤尘止回阀进入空气弹簧储风缸,再经纵贯车底的空气弹簧主管向两端转向架供气。转向架上的空气弹簧管路与其主要连接软管接通,压缩空气经高度控制阀进入附加空气室和空气弹簧。

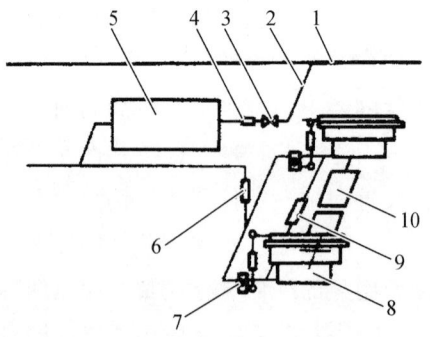

1—列车制动主风管;2—支管;3—截断塞门;4—止回阀;5—储风缸;6—连接软管;
7—高度控制阀;8—空气弹簧;9—差压阀;10—附加空气室。

图 3.30 空气弹簧悬挂系统装置

2）空气弹簧的结构

空气弹簧分为膜式和囊式两类。应用普遍的是膜式空气弹簧，其还可分为约束膜式空气弹簧和自由膜式空气弹簧两种。

（1）约束膜式空气弹簧。约束膜式空气弹簧的结构如图 3.31 所示。它由内筒、外筒和将两者连接在一起的橡胶囊等组成。这种形式的空气弹簧刚度小，振动频率低，其弹性特性曲线容易通过约束裙（内、外筒）的形状来控制，但橡胶囊工作状况复杂，耐久性较差。

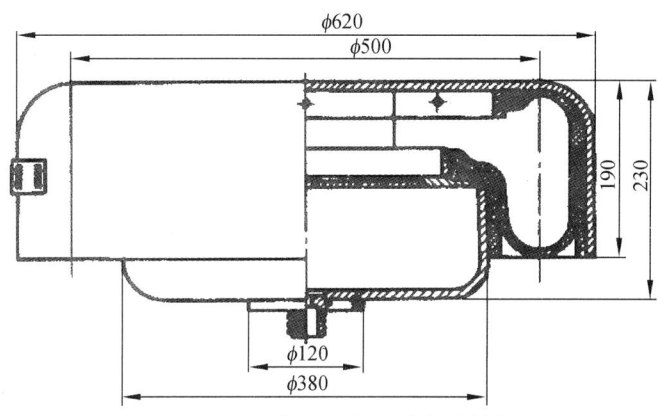

图 3.31　约束膜式空气弹簧的结构

（2）自由膜式空气弹簧。自由膜式空气弹簧的结构如图 3.32 所示。由于它没有约束橡胶囊的内、外筒，可以减轻橡胶囊的磨耗，提高了使用寿命。它本身安装高度比较低，可以明显地减少车辆地板面距轨面的高度；质量轻，并且其弹性特性可以通过改变上盖边缘的包角并加以适当调整，使弹簧具有良好的负载特性。所以，这种形式在无摇动台装置的空气弹簧转向架上应用较多。

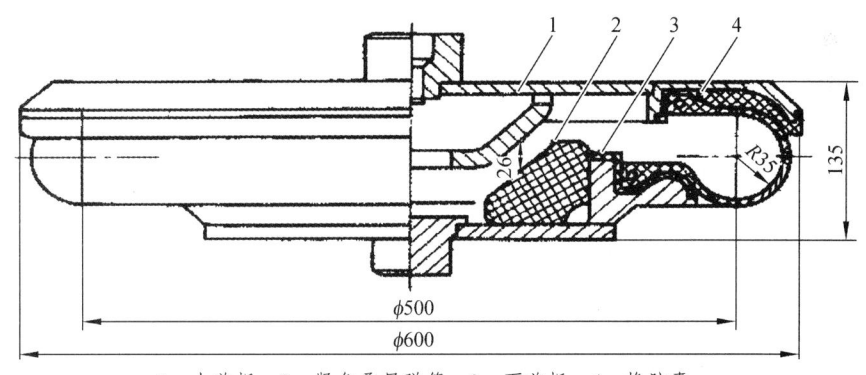

1—上盖板；2—紧急叠层弹簧；3—下盖板；4—橡胶囊。

图 3.32　自由膜式空气弹簧的结构

3）空气弹簧的密封

空气弹簧的密封要求高，以保证弹簧性能稳定和节省压缩空气。一般采用压力自封式和螺钉紧封式两种密封形式。压力自封式，是利用空气囊内部空气压力将橡胶囊的端面与盖板（或内、外筒）卡紧进行密封的方式；螺钉紧封式，是利用金属卡板与螺钉夹紧进行密封的方式。压力自封式的结构简单，组装检修方便，应用较多。

空气弹簧橡胶囊由内、外橡胶层、帘线层和成型钢丝圈组成。内层橡胶主要是用以密封，需采用气密性和耐油性较好的橡胶材质，外层橡胶除用于密封外，还起保护作用。因此，外层橡胶应采用能抗太阳辐射和臭氧侵蚀并耐老化的橡胶材质，还应满足环境温度的要求，一般为氯丁橡胶。帘线的层数为偶数，一般为两层或四层，每层帘线相交叉，并与空气囊的经线方向成一角度布置。由于空气弹簧上的载荷主要由帘线承受，而帘线的材质对空气弹簧的耐压性和耐久性起着决定性的作用，故采用高强度的人造丝、维尼龙或卡普隆作为帘线。

4）空气弹簧的附件

（1）高度控制阀。如图3.33所示，高度控制阀是空气弹簧悬挂系统中的一个重要组成部件。可以在每个转向架与车体连接处安装一个高度控制阀，位于转向架中间；也可以安装两个高度控制阀，分别置于构架两侧。

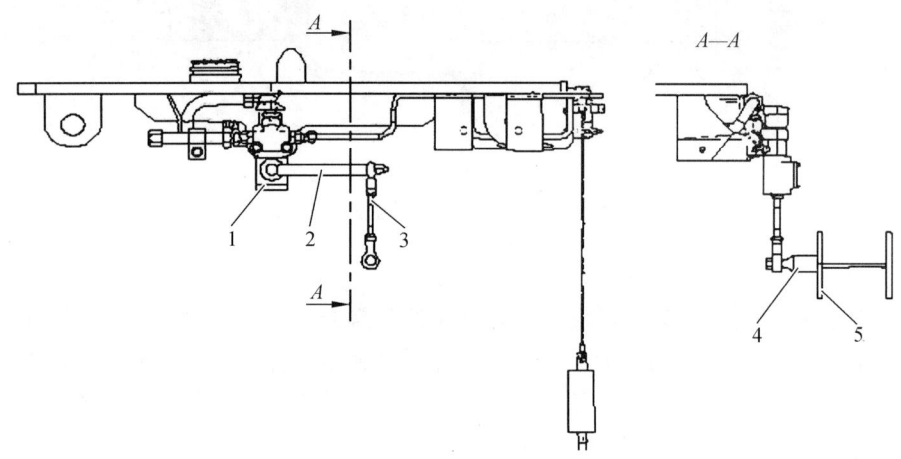

1—高度调节阀；2—操纵杆；3—杆；4—支座；5—构架。

图3.33 高度控制阀系统

高度控制阀的主要作用及要求：根据载荷的变化自动调整空气弹簧内部压力，使车体保持一定高度；车辆在直线上运动时，正常的振动和轨道冲击作用不会使高度控制阀发生进、排气作用；当车辆（装有两个高度控制阀）通过曲线时，由于车体的倾斜使得转向架左右两侧的高度控制阀分别产生进气和排气，从而减少车辆的倾斜。高度控制阀通过驱动杆来带动阀内的转盘及其偏心小销，拨动高度控制阀的心阀。心阀通过上下运动即可控制各相关阀口的开启，连通主风管与空气弹簧的气路或连通空气弹簧与大气的气路，控制空气弹簧充气或排气。一般要求车辆载荷变化时，地板面高度调整的时间不超过车站停车时间，地板面高度的变化范围为±10 mm。高度控制阀只能用来补偿乘客重量的变化，而不能用于补偿车轮和转向架零件的磨损。

高度控制阀的工作原理。如图3.34所示，车辆静载荷增加时，空气弹簧被压缩使其工作高度降低，这样高度控制阀随车体下降。由于高度调整连杆的长度固定，此时高度调整杠杆发生转动打开高度控制阀的进气机构，压缩空气由供风管通过高度控制阀的进气机构进入空气弹簧和附加空气室，直到高度调整杠杆回到水平位置，即空气弹簧恢复其原来的工作高度；

车辆静载荷减小时,空气弹簧伸长使空气弹簧的工作高度增大,高度控制阀随车体上升,同样由于高度调整连杆的长度固定,高度调整杠杆发生反向转动打开高度控制阀的排气机构,压缩空气由空气弹簧和附加空气室通过高度控制阀的排气机构经排气口排入大气,直到高度调整杠杆回到水平位置。

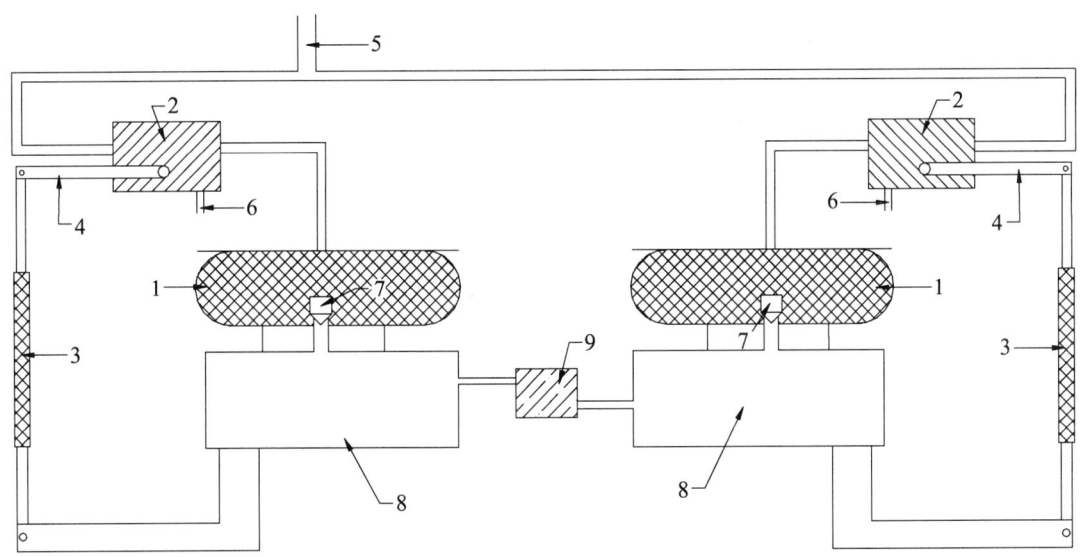

1—空气弹簧;2—高度控制阀;3—高度调整连杆;4—高度调整杠杆;5—供风管;6—排气口;
7—节流孔(阀);8—附加空气室;9—差压阀。

图 3.34 空气弹簧悬挂系统原理

(2)差压阀。差压阀是在左右空气弹簧出现超过规定的压力差时,压力高的一端空气流向较低的一端,以防止车体异常倾斜的装置。在转向架一侧空气囊破裂时,另一侧空气囊中的空气也能泄出,保证车辆仍能在低速下继续安全运行。差压阀的动作压力一般有 1 kgf/cm^2、1.2 kgf/cm^2、1.5 kgf/cm^2(1 kgf/cm^2 = 98 kPa)三种。压差阀动作压力的选择应综合考虑多方面的因素,在条件允许的情况下尽可能选择较小值,以减小车辆在过渡曲线上的对角压差,提高车辆的抗脱轨安全性。

(3)排放阀。排放阀系统(见图 3.35)作为一个空气弹簧配套安全装置,一般与高度控制阀连接在一起。其功能是在高度控制阀排放能力超限时,能加速气囊排放。例如,当车辆突然充气而高度调节阀出现故障时,可以尽快重新建立车体的正常高度,排放阀也会防止车辆因充气而出现过度升高的现象,因此避免了在气囊上的过度牵引。排放阀连接在空气弹簧上盖板的支座上,通过一根管与高度控制阀连接。操纵杆控制阀排气(排到大气中)。操纵杆通过钢索连接到蛇形减振器支撑的安全装置上,该减振器连接在构架上。当车体(旁承板)相对于构架的运动时,对缆索施加牵引力,从而引起排放阀转动(转动角度为 β)。

当相对于操纵杆中心线位置的行程 C = 40 mm 时,排放阀开始排放;当行程 $C<C_m$(C_m = 30 mm)时,就不再排放;如果 30 mm ≤ C < 40 mm 时,则有较轻的排放。

不过大多数城轨交通车辆上没有安装排放阀,而是采用空气弹簧异常上升止挡等结构来保证车辆的正常高度。

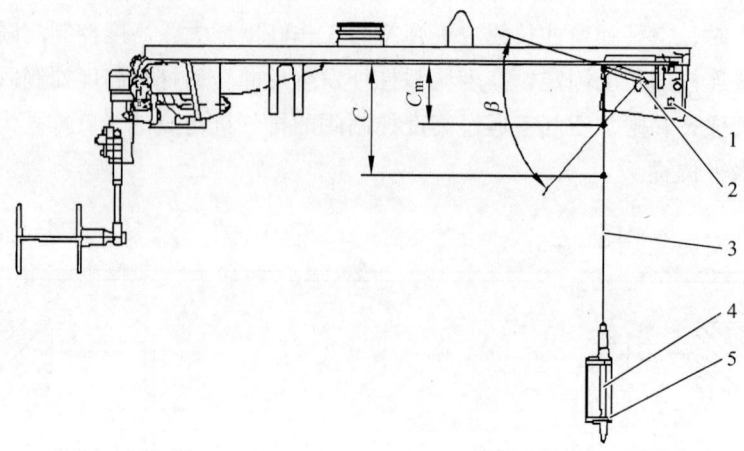

1—排放阀；2—操纵杆；3—钢索；4—弹簧；5—安全装置。

图 3.35 排放阀

3.3.4 减振元件

1. 减振元件的分类及作用

减振器按阻力特性可分为常阻力和变阻力两种，按安装位置可分为轴箱和中央减振器，按减振方向可分为垂向减振器、横向减振器和纵向减振器，按结构特点又可分为摩擦减振器和液压（又称油压）减振器。图 3.36 所示是一种广泛使用的液压减振器的结构。液压减振器主要是利用液体黏滞阻力所做的负功来吸收振动能量。它的优点在于它的阻力是振动速度的函数，其特点是振幅的衰减与幅值大小有关，振幅大时衰减量也大，反之亦然。这种"自动调节"减振的性能，正符合车辆的需求。

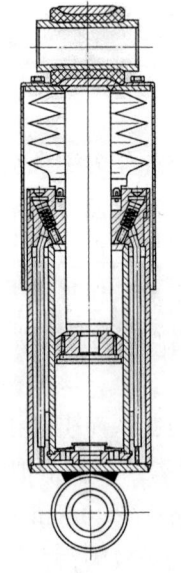

油压减振器

图 3.36 液压减振器的结构

2. 液压减振器的结构及工作原理

液压减振器由活塞、进油阀、缸端密封、上下连接环、油缸、储油筒及防尘罩等部分组成，减振器内部还充有专用油液。液压减振器的工作原理如图3.37所示。

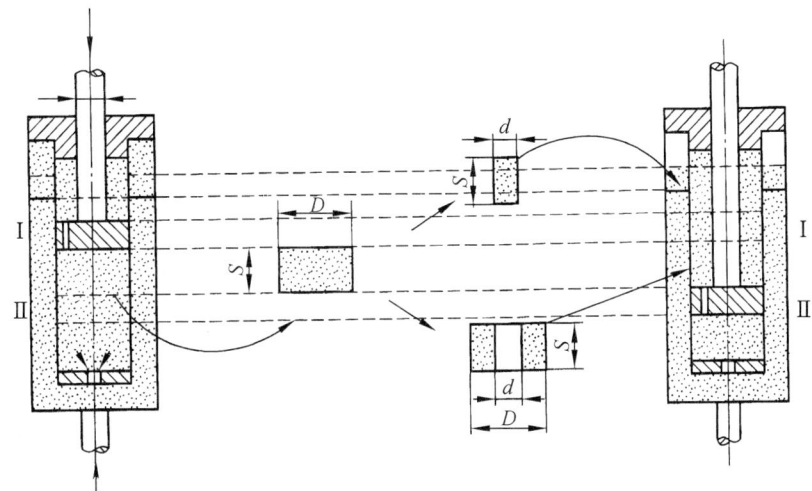

图 3.37 液压减振器的工作原理

活塞把油缸分成上下两个部分，当车体振动时，活塞杆随车体运动，与油缸之间产生上下方向的相对位移。当活塞杆向上运动时（减振器为拉伸状态），油缸上部油液的压力增大，这样上下两部分油液的压差就会迫使上部油液经过心阀的节流孔流入缸下部。油液通过节流孔时产生阻力，该阻力的大小与油液的流速、节流孔的形状和孔径的大小有关。当活塞杆向下运动（减振器为压缩状态）时，受到活塞压力的下部油液通过心阀的节流孔流入油缸上部，也产生阻力。因此，在车辆振动时液压减振器起了减振作用。以上讨论的情况只有在活塞杆不占据油缸体积的条件下才是合适的，但实际上活塞杆具有一定的体积，当活塞上下运动时，油缸上部体积和下部体积的变化是不相等的。

设油缸直径为 D，活塞杆直径为 d，若活塞杆从初始位置 Ⅰ 向下移动距离 S 后达到位置 Ⅱ。这样，油缸下部体积缩小 $\frac{1}{4}\pi D^2 s$，而上部体积增大 $\frac{1}{4}(D^2-d^2)\pi s$，上下两部分的体积之差为 $\frac{1}{4}\pi d^2 s$，下部排出的油液多于上部所需补充的量。为保证减振器正常工作，在油缸外增加一个储油筒，在油缸底部设有进油阀。当活塞杆由 Ⅰ 位置向 Ⅱ 位置运动时，油缸下部油液压力增大，迫使阀瓣紧紧扣在进油阀体上，同时，多余的油液通过阀瓣中间的节流孔流入储油筒，使减振器正常工作。反之，活塞杆向上运动，则上部因体积缩小而排出的油液量将不足以填充下部因体积增大而需要的油量，所欠油量从储油筒经进油阀（阀瓣处于抬起状态）进入油缸下部，使减振器正常工作。

（1）油液单向循环流动：在拉伸和压缩行程中，油液都是从工作缸经阻尼调整阀和导油管向蓄油缸进行单向流动的。导油管可使缸中偶尔出现的气泡消失，也能避免油缸中油液和空气混合而生成的乳化现象，从而保证减振器工作时具有稳定的液压特性。减振器中设有几个具有不同参数的阻尼调整阀，通过阀的组合使用，可形成各种不同的阻力特性并表现出不同的示功图。

（2）减振阻力可调性：减振器在生产组装后检验其阻力数值时，如阻力不符合要求，可通过调整阻尼调整阀使其阻力符合规定值，减振器在长期使用后，如发现减振阻力由于零件磨损而有所下降，也可进行打开防尘盖进行调节。

横向减振器和垂向减振器的工作原理相似，不同的是横向减振器蓄油缸下部有个空气包，当减振器被水平安置时，该空气包要朝上。空气包内蓄的空气体积在减振器工作时改变，由此来补偿减振器内腔容积的变化。液压减振器由于压缩和拉伸时都是在一组节流阀上的同一个方向上进行节流的，因此，只要活塞杆截面面积和压力缸腔体截面面积相等，让活塞拉伸时流过节流阀的油量和压缩时流过节流阀的油量相等，就可以使减振器在拉伸和压缩时的阻尼对称。有不少种类液压减振器的节流阀分别在活塞体和液压缸底部，活塞节流阀在油液向上或向下流时都进行节流，液压缸底部阀单向节流。

【典型案例】

1. 液压减振器

图 3.38 所示为某地铁车辆的横向液压减振器，其作用是阻止车辆横向振动，以保证车辆运行的平稳性。

图 3.38　横向液压减振器

2. 空气弹簧和高度控制杆

图 3.39 所示为空气弹簧和高度控制杆，其主要作用是保证车辆地板与站台高度保持一致。

图 3.39　空气弹簧和高度控制杆

任务 3.4 牵引和驱动装置

车体和转向架之间纵向（驱动方向）作用力的传递是通过牵引装置来实现的，牵引装置由连杆组装、牵引座、中心销等组成。车体与转向架间的悬挂系统，包括旁承、弹性侧挡和各种减振器等。

3.4.1 牵引装置概述

转向架中央
牵引连接装置

1. 牵引装置的结构、作用及形式

1）牵引装置的结构

牵引装置主要由中心销、牵引拉杆等部件组成。如图 3.40 所示，构架通过一套牵引装置向车体传递牵引力和制动力，并绕车体特定中心回转。

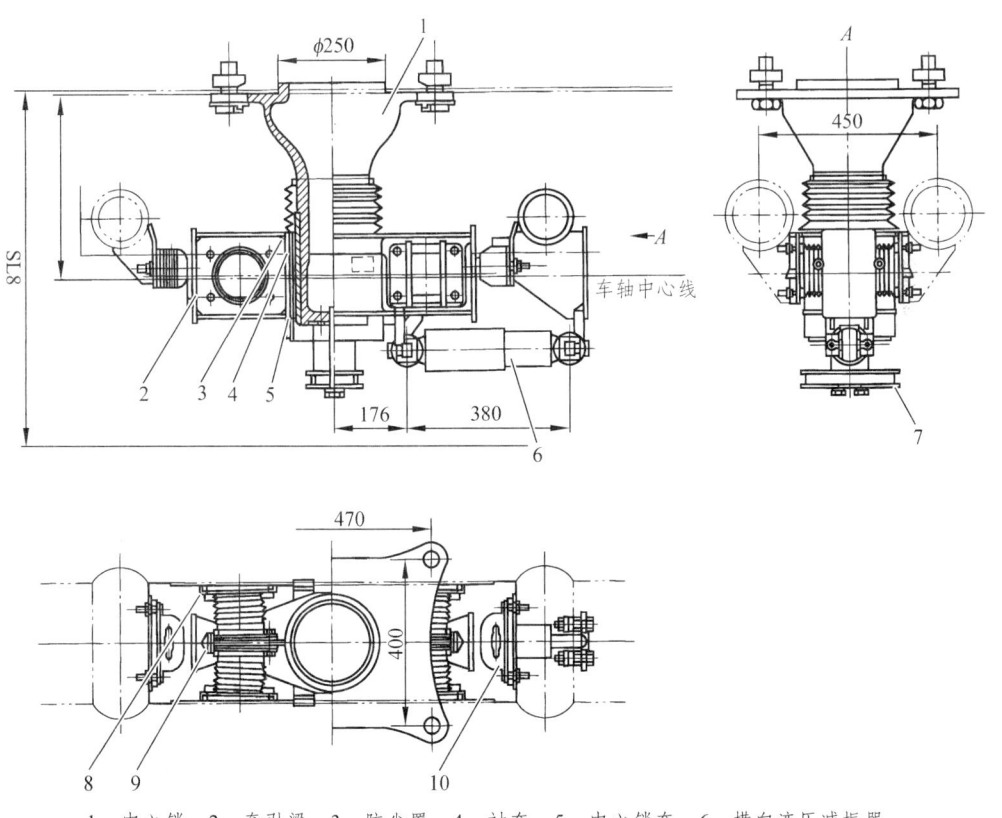

1—中心销；2—牵引梁；3—防尘罩；4—衬套；5—中心销套；6—横向液压减振器；
7—空气异常上升止挡；8—安装板；9—牵引叠层橡胶；10—横向缓冲橡胶。

图 3.40 牵引装置的结构

2）牵引装置的作用

（1）传力。传递车体与转向架间的垂向力、纵向力和横向力。

（2）轴重均匀分配。通过弹簧配置，使分配到每个车轴上的载荷基本均匀一致。

（3）保持转向架安定。通过合理配置二系旁承的数量，使转向架静态和动态时均能保持安定。

（4）运行横动（横向弹性）。通过在车体和转向架之间设置合理的弹性装置，保证转向架能相对于车体在一定范围内弹性横动。

（5）容许相互回转。在通过曲线的时候，运行转向架相对于车体在合理范围内灵活转动。通常情况下，垂直力主要由各种形式的旁承来传递，而纵向力和横向力则由牵引装置传递。

3）牵引装置的形式

如图 3.41 所示，车体与转向架间的牵引装置有多种形式，可简单概括为"有牵引销（或心盘）+旁承"和"无牵引销（或心盘）+旁承"两种。但根据不同的牵引装置结构，无牵引销（或心盘）又有单牵引拉杆式和四连杆机构式（平行四边形机构）等多种不同形式。另外，铰接式转向架采用的铰接装置属于一种特殊的车体与转向架间的连接装置。

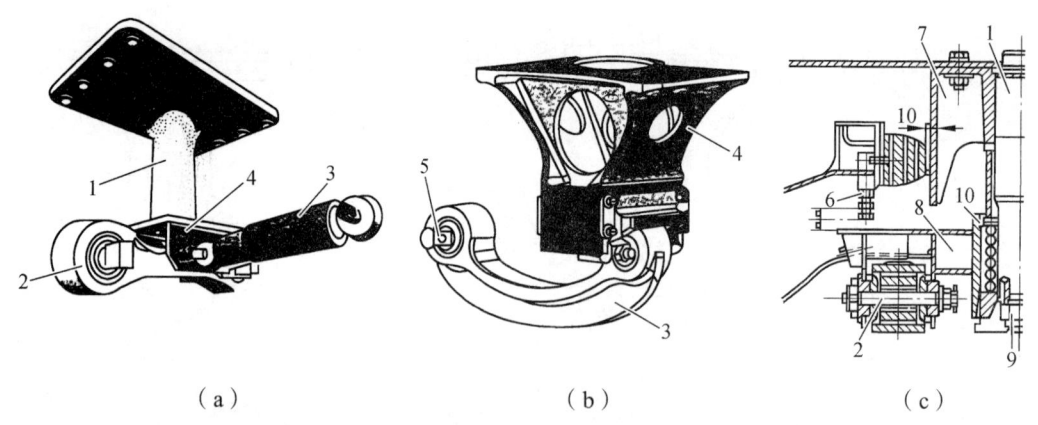

1—中心销；2—牵引杆；3—减振器；4—牵引座；5—轴；6—起吊保护螺栓；
7—中心销导架；8—中心架；9—复合橡胶衬套；10—定位螺母。

图 3.41 牵引装置的形式

2. 有牵引销（或心盘）和旁承的牵引装置

有牵引销（或心盘）和旁承的牵引装置在传统车辆上采用比较广泛。上海地铁车辆转向架采用空气弹簧传递车体与转向架间的垂向力，采用中央牵引销装置（见图 3.42）传递纵向力，采用弹性侧挡传递横向力。该装置通过 Z 形布置的双牵引拉杆将构架横梁与中心架（中间浮动梁）在纵向连接起来，同时中间架上的中心孔与安装在车底架下面的中心销（中央牵引销）配合传递转向架与车体间的纵向力。而横向力除了依靠空气弹簧的横向刚度传递外，主要是通过弹性侧挡与中心销导架侧面接触来传递。

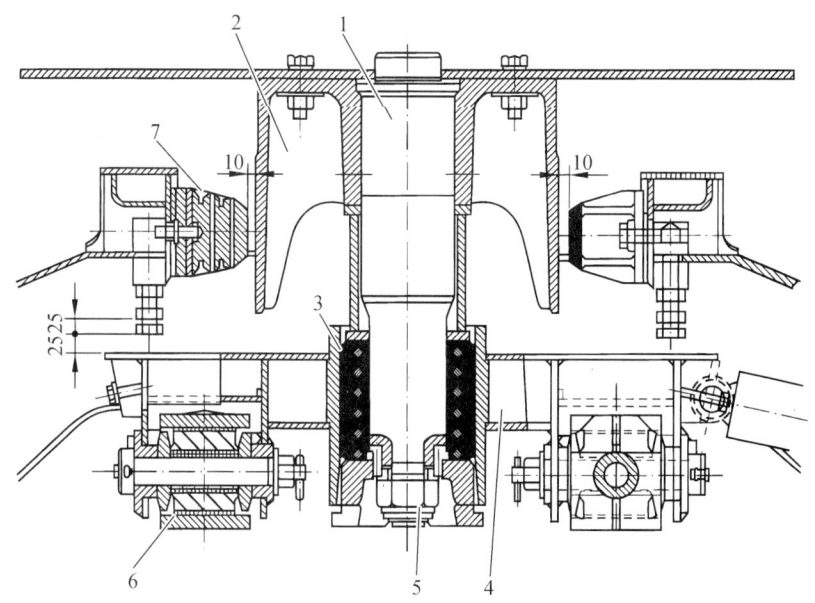

1—中心销；2—中心销导架；3—复合弹簧；4—中心架；5—定位螺母；
6—牵引杆；7—橡胶横向止挡。

图 3.42 中央牵引销装置

图 3.43 所示为 Z 形中央牵引装置的结构。

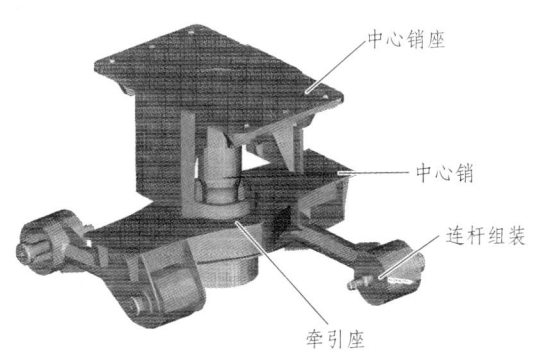

图 3.43 Z 形中央牵引装置的结构

Z 形中央牵引装置的特点如下：

（1）对于中心销呈中心对称布置（Z 形布置）的两个牵引杆，其一端与中心架（浮动梁）相连，另一端与构架相连。该牵引杆传递纵向力（牵引力或制动力）。

（2）为了限制车体与转向架之间的横向位移，在中心销导架与构架之间装有橡胶横向止挡，且每侧自由间隙为 10 mm。该横向弹性止挡可传递横向力，橡胶空气弹簧传递垂向载荷（左右各一个）。

（3）采用自由膜式橡胶空气弹簧，下部有层叠式橡胶块（在空气弹簧失效时起应急支承作用，以满足维持最低限度运行要求）。

（4）在构架横梁中横穿有一根抗侧滚扭杆，该扭杆的抗扭弹性对车体的侧滚振动期起抑制和衰减作用。

3. 抗侧滚扭杆装置

图 3.44 所示为转向架牵引装置抗侧滚扭杆装置的结构。抗侧滚扭杆属于二系悬挂，用于抑制车体侧滚运动，由一个扭杆（轴）、两个扭臂和两个连接杆共同组成。扭杆安装在橡胶卡环的构架横梁下方，在连接杆与车底架的连接点处均设有橡胶衬套，可克服扭轴转动时的摩擦力，有缓冲作用。

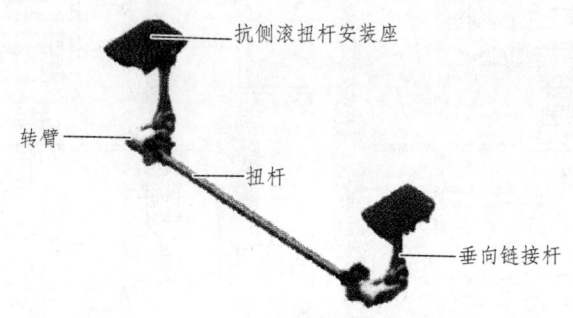

图 3.44 抗侧滚扭杆装置的结构

图 3.45 所示是抗侧滚扭杆的作用原理。当车体发生侧滚时，水平放置的两个扭臂对扭杆（扭臂与扭杆之间近似为刚性节点）分别有一个相互反向的力和力矩的作用，使弹性扭杆承受扭矩而产生扭转弹性变形，起到扭转弹簧的作用。扭转弹簧的反扭矩总是与车体产生侧滚的角位移的方向相反，以约束车体的侧滚运动。但当车体正常垂直振动时（左右车体同向位移但不存在侧滚时），由于扭杆支座内安装有轴承（或橡胶卡环），所以左右两个扭臂只是使扭杆产生同向转动，而不起扭转弹簧作用，故对车体不产生抗侧滚作用。由上述作用原理可知，抗侧滚扭杆装置巧妙地实现了既增强二系悬挂系统的抗侧滚性能，又不影响（或基本不影响）二系悬挂系统中原弹簧的柔软特性。

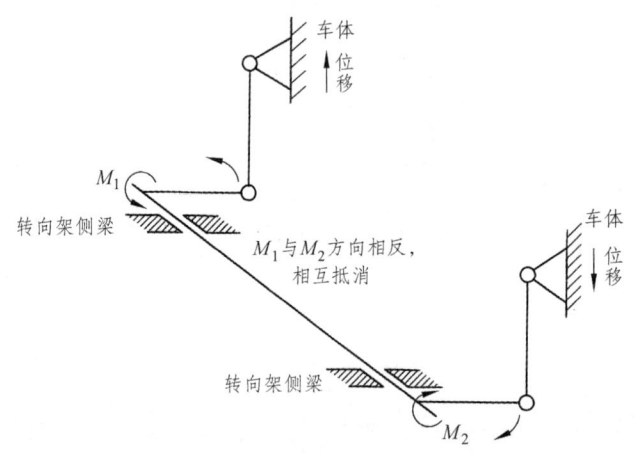

图 3.45 抗侧滚扭杆的作用原理

3.4.2 驱动装置

1. 驱动装置的作用与要求

驱动装置包括牵引电动机和齿轮减速箱装置，将牵引电动机的扭矩有效地转化为转向架轮对转矩。它利用轮轨的黏着机理，驱使车辆沿着钢轨运行；它同时也是减速装置，使高转速、小扭矩的牵引电动机驱动转变为具有大力矩的动轴。

对驱动装置的要求如下：

（1）驱动装置应保证能使牵引电动机功率得到有效发挥。

（2）电动机电枢轴应尽量与车轴布置在同一高度上，以减少线路的不平顺对齿轮的动作用力。

（3）电动机在安装上应有减振措施。

（4）驱动装置应不妨碍小直径动轮的使用。

（5）驱动装置本身应该简单可靠，具有最少量的磨耗件。

（6）当牵引电动机或驱动机构发生损坏时，应易于拆卸。

2. 驱动装置的结构形式

（1）按电动机和减速齿轮箱安装悬挂方式，分为轴悬式、架悬式、体悬式三类。

（2）按牵引电动机横向布置形式，分为轴悬式驱动、电机空心轴架悬式驱动、轮对空心轴架悬式驱动和挠性浮动齿式联轴节式架悬式驱动。

（3）按牵引电动机纵向布置，分为单电机弹性轴悬式驱动、单电机架悬式驱动（全弹性驱动）和对角配置的万向轴驱动（架悬式）。

（4）按牵引电动机体悬式驱动，分为牵引电机有半体悬和全体悬两种。

3.4.3 牵引电机横向布置-刚性轴悬式驱动装置

轴悬式，指将牵引电机一端与车轴相连，另一端与构架相连，其全部质量的大约一半由车轴承担，另一半由转向架构架承担。由安装在电机输出轴上的小齿轮，直接驱动固定在车轴上的大齿轮来实现扭矩传递。图 3.46 所示为牵引电机横向布置-刚性轴悬式转向架牵引装置的布置原理结构。这种形式是城轨车辆最古老的传动形式，直接利用牵引电动机驱动轴上的齿轮带动轮对轴传动扭矩，电动机驱动轴与轮对轴呈平行配置，牵引电动机的一部分重量通过两个爪形轴承支承于轮对轴上，另一部分重量则通过弹簧置于构架梁上，也称抱轴式。

刚性轴悬式转向架牵引装置的特点如下：

（1）结构简单，检修方便。

（2）簧下质量大。这种传动装置的很大一部分质量非弹性直接置于轮对轴上，增加簧下质量，对转向架的运行品质有不利影响，而且可导致轴承、齿轮和集电器等的强烈振动和磨耗。

（3）牵引电机、轴承和牵引齿轮等工作条件恶劣。

（4）传动的扭转弹性很低，可使集电器过载，甚至损坏。这种传动结构简单、固定，只适用于运行速度较低的轻轨车辆或有轨电车。

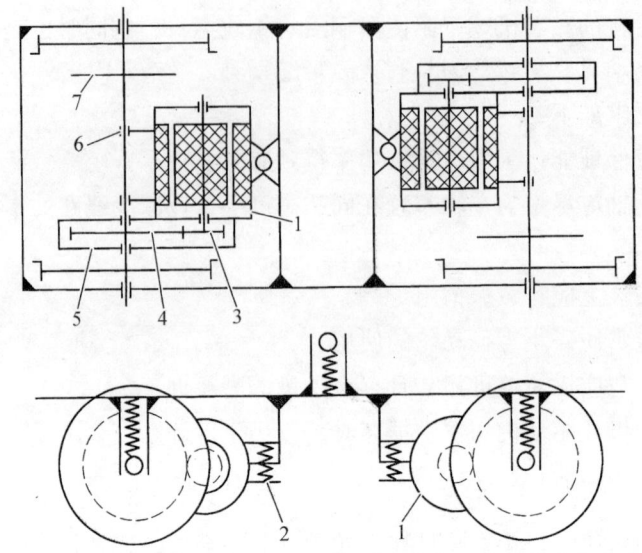

1—牵引电机；2—电机弹性悬挂；3—驱动小齿轮；4—车轴上的大齿轮；
5—减速齿轮箱；6—爪形轴承；7—制动盘。

图 3.46 刚性轴悬式转向架牵引装置

3.4.4 牵引电机横向布置-架悬式驱动装置

架悬式，是指将牵引电机整个悬挂在构架上，其全部质量是由转向架构架承担。图 3.47 所示为牵引电机横向布置-架悬式驱动装置结构原理。使用空心轴电机和高弹性的联轴器，可减轻转向架簧下质量，解决电机扭矩过大而引发的集电器过载。减速箱一端置于轮对轴上，另一端通过一个可动的纵向可调节的支撑铰接于构架上，由于其质量轻、作用可靠和耐久性，故应用广泛。

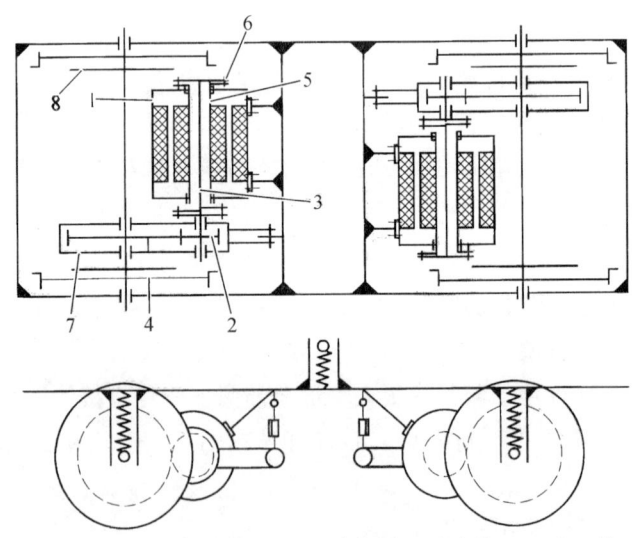

1—牵引电机；2—小齿轮；3—驱动轴；4—大齿轮；5—空心轴；
6—联轴器；7—减速齿轮箱；8—制动盘。

图 3.47 架悬式驱动装置结构原理

图 3.48 所示为典型、常用的横向牵引电机空心轴式驱动结构装配。

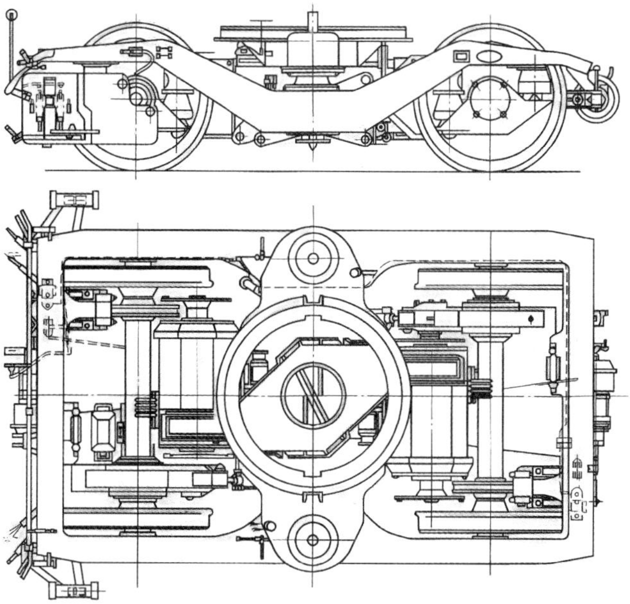

图 3.48 横向牵引电动机空心轴式驱动结构装配

3.4.5 两轴-纵向驱动、骑马式传动装置

图 3.49 所示为两轴-纵向驱动、骑马式传动装置。这种结构沿转向架运动方向配置的牵引电机连同齿轮减速箱组成一组合体，跨骑在转向架的两轮对上。牵引电机的两侧与带有法兰的减速箱组成一个自承载的组合体，牵引电机驱动轴经齿轮减速后，借助于空心轴和橡胶联轴器与轮对轴弹性连接。

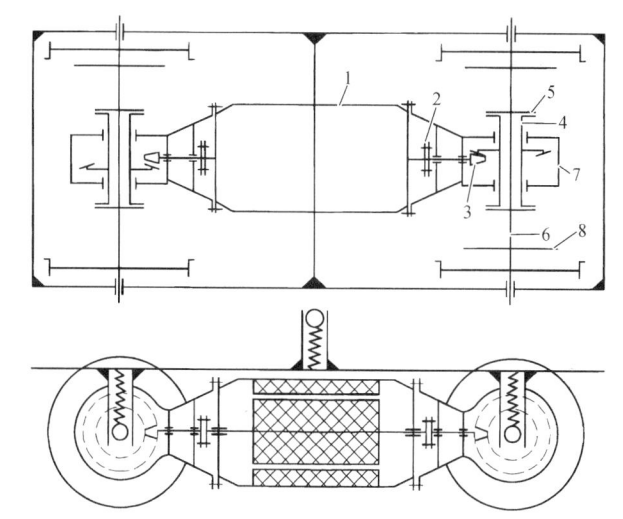

1—牵引电机；2—联轴器；3—驱动锥齿轮；4—空心轴；5—橡胶联轴器；
6—轮轴；7—减速箱；8—制动盘。

图 3.49 两轴-纵向驱动、骑马式传动装置

两轴-纵向驱动、骑马式传动装置的优点为，转向架的轴距比以上两种形式可有较大的减小（有可能到 2 m 以内）。另外，当一个轮对的黏着摩擦由于局部的蠕滑效应而遭到破坏时，另一具有摩擦条件的轮对担当起后备保险的作用。同样，在加速和减速时所出现的轮对卸载将不起作用，因为一根轴卸载，另一根轴上就要承担附加的载荷，整个转向架所传动的摩擦力矩总和仍不变。而在单轴分离配置牵引电机时，轮对的摩擦极限有被超过的危险，卸载的轮对就有可能打滑空转。

这种结构通过机械连接强制驱动转向架的两个轮对具有相同的角速度，若两轮对的车轮直径存在差异，也会造成轮对阻力上升和磨耗的增加。另外，它的整个装置均由转向架的两轮对直接支承，增加了簧下质量，增强了转向架运行的动力作用。

3.4.6　全弹性结构的两轴-纵向传动装置

图 3.50 所示为全弹性结构的两轴-纵向传动装置。这种装置的牵引电机完全弹性地固定于转向架构架的横梁上，电机驱动轴经减速齿轮驱动万向接头空心轴，再经橡胶连杆联轴器将扭矩传递给轮对。由于电机的质量由构架全部承担，所以该结构也称为架悬式结构；又由于轮对采用了空心轴，所以该结构还可称为轮对空心轴式结构。

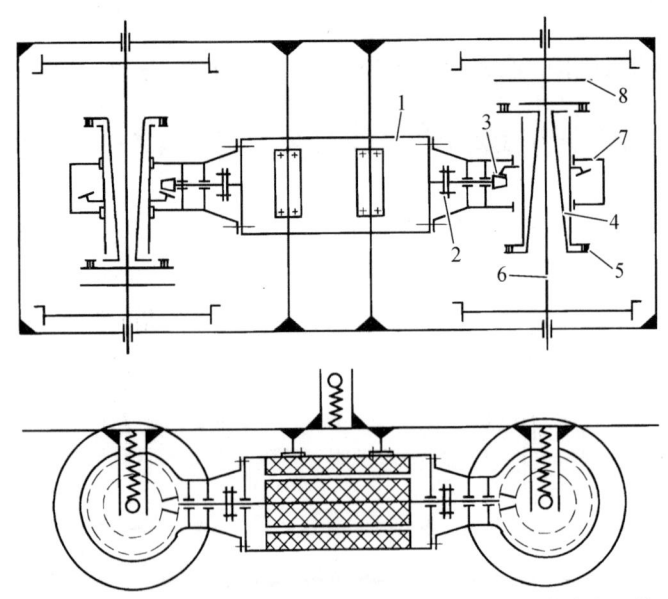

1—牵引电机；2，5—联轴器；3—驱动锥齿轮；4—万向接头空心轴；
6—轮轴；7—减速箱；8—制动盘。

图 3.50　全弹性结构的两轴-纵向传动装置

3.4.7　牵引电机对角配置的单独轴-纵向传动装置

在牵引电机对角配置的单独轴-纵向传动装置中，两牵引电机对角悬挂于转向架构架的两横梁上，电机与齿轮传动装置之间扭矩的传递经由连杆轴实现，如图 3.51 所示。

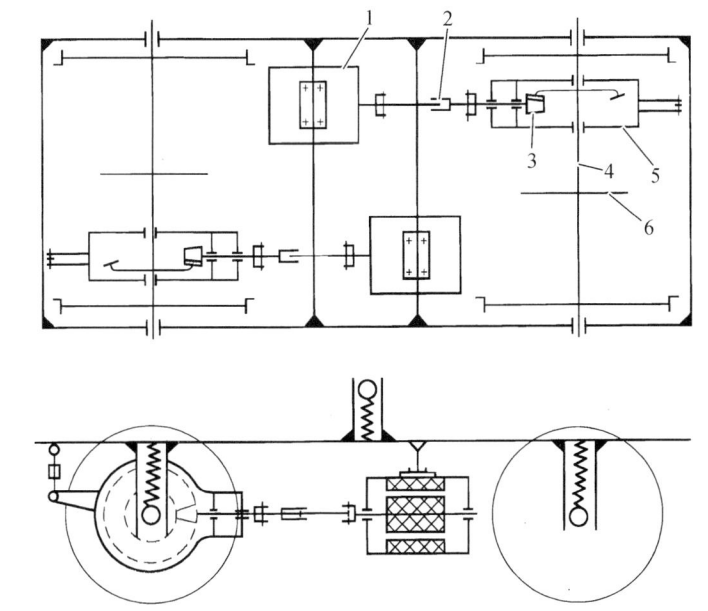

1—牵引电机；2—连杆轴；3—驱动锥齿轮；4—轮轴；5—减速箱；6—制动盘。

图 3.51 牵引电机对角配置的单独轴纵向传动装置

齿轮减速箱一端弹性悬挂于构架的端梁，另一端抱在轮对车轴上。转向架上两套电机及其传动装置独立配置，各自驱动一轮对。

3.4.8 牵引电机置于车体上的传动装置

在牵引电机置于车体上的传动装置中，牵引电机装于车体上，电机驱动轴经万向联轴器将扭矩传递给置于转向架上的减速装置，从而使轮对转动。其驱动装置原理如图 3.52 所示。由于牵引电动机质量由车体全部承担，所以该装置也称为体悬式装置。该传动方式广泛用于城轨交通车辆独立旋转车轮车辆的驱动。

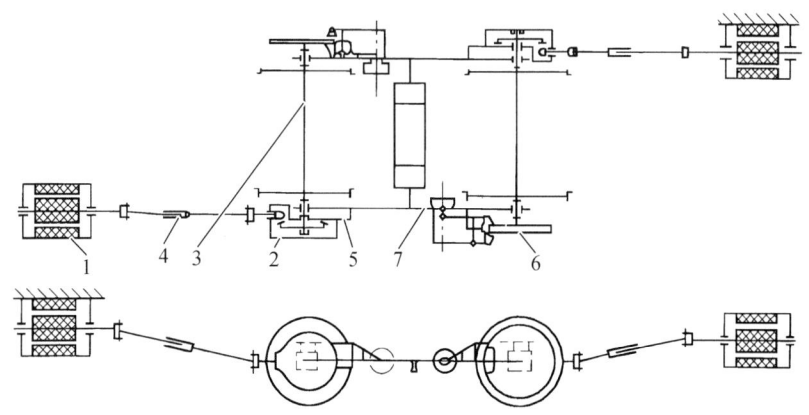

1—牵引电机；2—齿轮传动装置；3—轮轴；4—连杆轴；
5—传动支承；6—制动盘；7—制动装置。

图 3.52 牵引电机置于车体上的传动装置

【典型案例】

1. 牵引中心销

图 3.53 所示为某地铁 2 号线车辆中央牵引装置的中心销。其上端通过定位脐和螺栓固定在车体的枕梁中心，下端插入牵引梁内，通过牵引销套将中心销与牵引梁固定在一起。牵引梁是传递牵引力和制动力的中间载体，一方面通过牵引销套与中心销连接，另一方面通过两根牵引拉杆与构架相连。

图 3.53 中央牵引装置的中心销

2. 牵引电机驱动装置

图 3.54 所示为某地铁 2 号线车辆转向架驱动装置结构，其包括齿轮箱、齿式联轴节和牵引电机。齿轮箱采用分体式球墨铸铁箱体，齿轮为斜齿轮、一级减速，传动比为 7.69，飞溅润滑。齿轮箱大齿轮安装在车轴上，另一端通过吊杆与构架上的齿轮箱吊座相连。齿式联轴节可适应电机侧和小齿轮侧的偏角，满足电机轴和小齿轮轴的相对位移要求，同时可完成传递扭矩的作用。牵引电机完全悬挂在构架上。

图 3.54 转向架驱动装置结构

3. 牵引电机驱动装置的联轴节和减速箱

图 3.55 和图 3.56 所示分别为某地铁 2 号线车辆动车牵引电机驱动装置的联轴节和齿轮减速箱。联轴节使齿轮减速箱与牵引电机相连。它由两个半联轴节组成，分别位于牵引电机输出端和齿轮箱输入轴。联轴节采用弹性连接，具有自动复位（定位）对中功能。

图 3.55 牵引电机驱动装置的联轴节

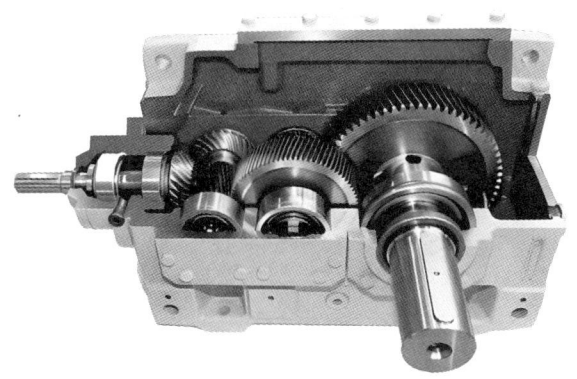

图 3.56 齿轮减速箱

任务 3.5 典型转向架

直线电机动车转向架

3.5.1 北京地铁转向架

1. 北京地铁 DK3 型地铁车辆转向架

DK 型转向架是我国设计制造的用于北京地铁车辆的转向架，属于该系列的有 DK1、DK2、DK3、DK6 及 DK7 等多种型号。图 3.57 所示为北京地铁 DK3 型地铁车辆转向架，它主要由轮对轴箱、轴箱定位装置（一系悬挂）、构架、摇枕弹簧装置（二系悬挂）、驱动装置、基础制动装置等组成。

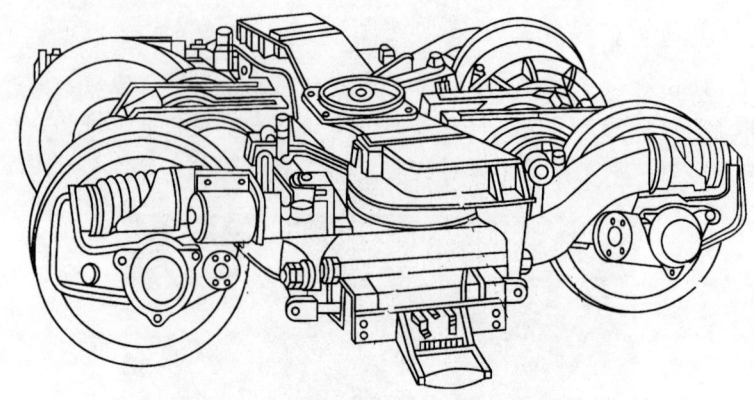

图 3.57 北京地铁 DK3 型地铁车辆转向架

1）轴箱定位装置

北京地铁 DK3 型转向架的轴箱弹簧水平放置，其金属橡胶弹性铰销定位属于转臂式轴箱定位，如图 3.58 所示。

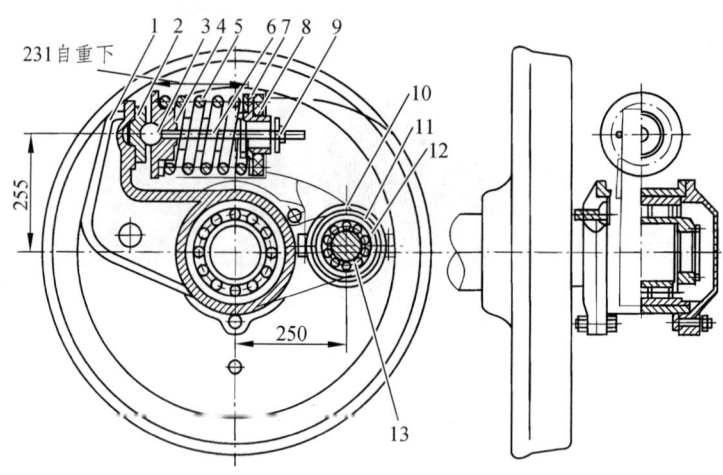

1—轴箱体；2—滚道座；3—钢球；4—弹簧前盖；5—轴箱弹簧；6—螺栓；7—弹簧定位座；
8—橡胶缓冲垫；9—螺母；10—外套；11—硫化橡胶；12—内套；13—心轴。

图 3.58 北京地铁 DK3 型转向架轮对轴箱定位装置

2）摇枕弹簧装置

转向架的上部通过心盘与车体相连——心盘承载，即心盘传递全部载荷（包括垂向力、横向力、纵向力）。下部通过空气弹簧和纵向拉杆与构架相连——空气弹簧传递垂向力和横向力，而纵向拉杆传递纵向力（牵引力或制动力）。具体结构如图 3.59 所示。

3）驱动装置

每台转向架配置两台牵引电机。牵引电机一端通过爪形轴承支于轮轴上，另一端悬于构架横梁上。牵引电机通过齿轮传动装置将扭矩传递给轮对，齿轮传动装置由齿轮减速箱、齿式联轴节和减速箱悬吊装置三部分组成，如图 3.60 所示。

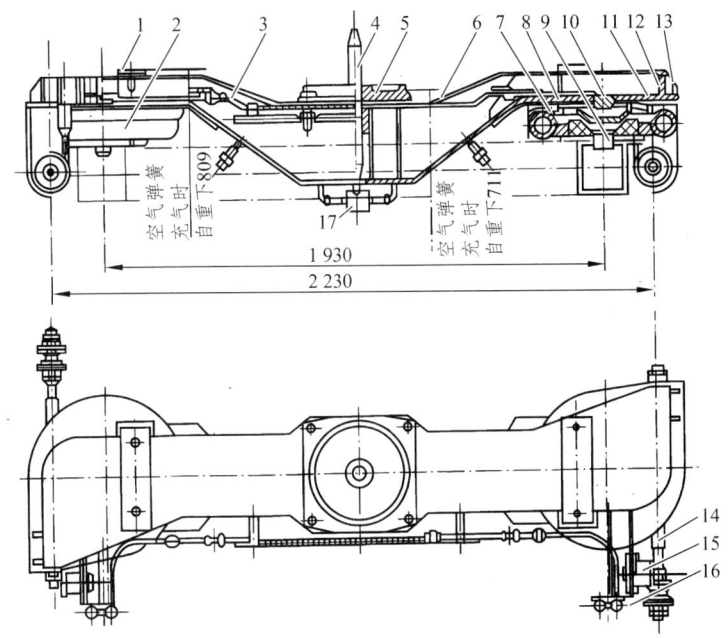

1—下旁承及垫板；2—空气弹簧；3—空气管路；4—中心销；5—下心盘及垫板；6—摇枕；
7—空气弹簧下座；8—碗形橡胶垫；9—定位堵；10—节流孔；11—橡胶囊；
12—橡胶垫；13—弹簧上盖；14—纵向拉杆；15—高度控制阀；
16—电磁阀及止回阀；17—压差阀。

图 3.59　北京地铁 DK3 型转向架摇枕弹簧装置

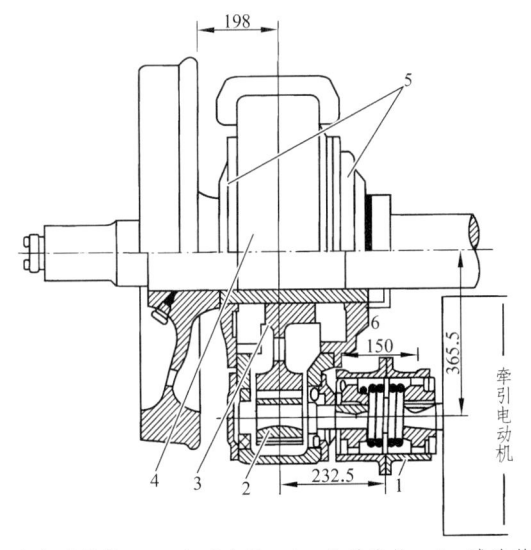

1—齿式联轴节；2—主动齿轮；3—从动齿轮；4—减速箱；
5—半联轴节；6—定位隔板。

图 3.60　传动齿轮和联轴节

2. 北京首都机场 ART 车辆转向架

北京首都机场 ART 车辆转向架（Advanced Rapid Transit，ART）是一种先进快速运输车辆转向架。ART 转向架分 A 车转向架和 B 车转向架，具体结构组成分别如图 3.61 和图 3.62 所示。

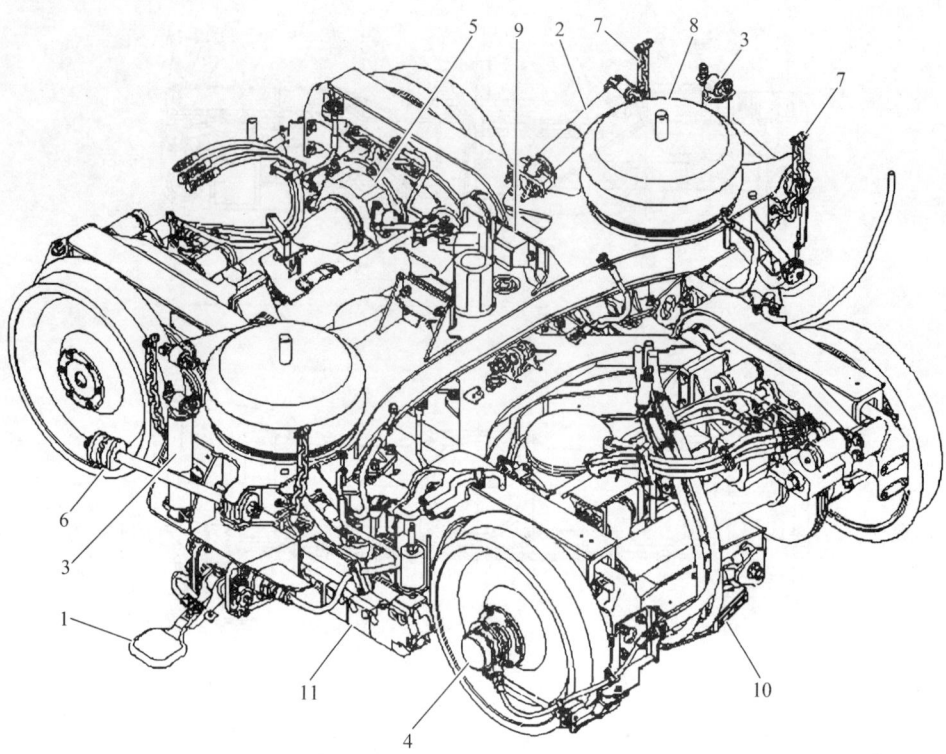

1—电流集电器；2—横向减振器；3—垂直减振器；4—转速计；5—接地电刷；6—牵引杆；
7—安全吊索；8—气囊；9—横向缓冲器；10—线性感应发动机；11—轨制动器。

图 3.61　A 车转向架结构组成

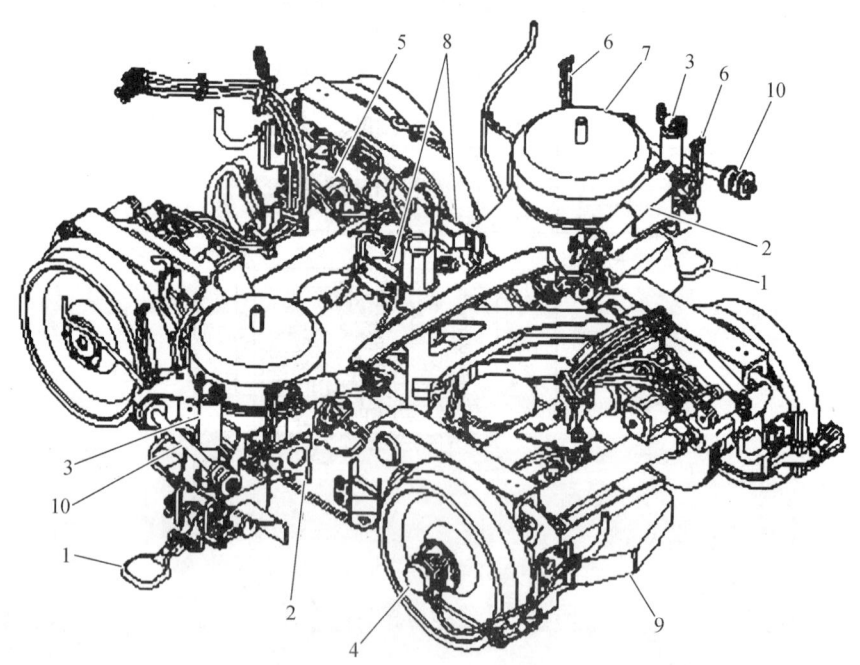

1—电流集电器；2—横向减振器；3—垂直减振器；4—转速计；5—接地电刷；6—安全吊索；
7—气囊；8—横向缓冲器；9—线性感应发动机；10—轨制动器。

图 3.62　B 车转向架结构组成

ART 转向架包括预制钢构架和可转向的车轴、叉臂、第二级空气弹簧悬挂和摇枕，最大设计速度为 120 km/h，最大运行速度为 110 km/h，承载质量为 1.7 t。此转向架采用空气弹簧悬挂，垂向负载从车身摇枕传输到转向架摇枕，通过低摩擦旁承传输到转向构架上；允许车轴在曲线段时转向；转向架配备有牵引装置、制动设备、集电装置，通过叉臂、转向机构、构架、摇枕等使纵向力传输到车体；转向构架和摇枕可以旋转；牵引和制动力通过弹性安装牵引杆从转向架摇枕传输到车体。

3.5.2 南京地铁转向架

1. 结构组成及标识

南京地铁车辆的转向架属于无摇枕转向架，主要由构架、轮对和轴箱、驱动装置、减振装置、中央牵引装置和其他辅助装置组成。每列地铁列车安装 12 套转向架，包括 8 个动力转向架和 4 个拖车转向架。转向架上有以下标识：PBW——动力转向架，配备 WSP（车轮轮缘润滑器）；PB——动力转向架，如图 3.63 所示；TBEX——先行拖车转向架，如图 3.64 所示；TBIN——中间拖车转向架，如图 3.65 所示。

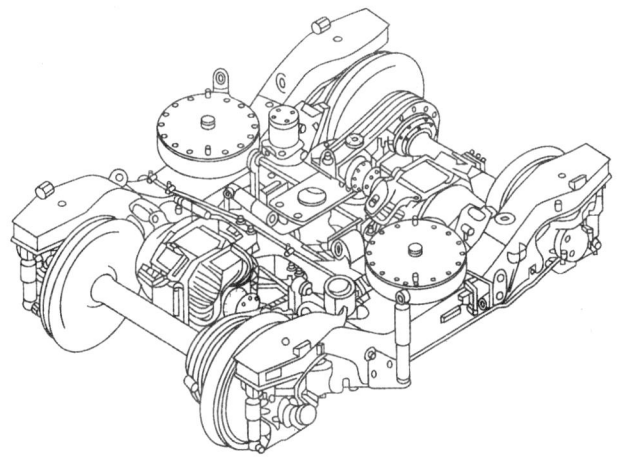

图 3.63　动车转向架（PB）

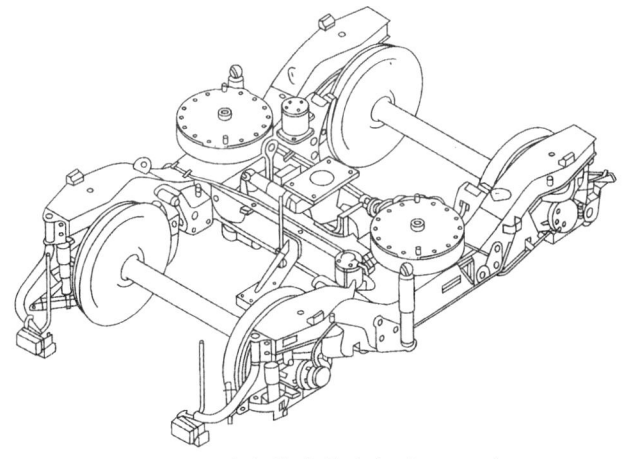

图 3.64　先行拖车转向架（TBEX）

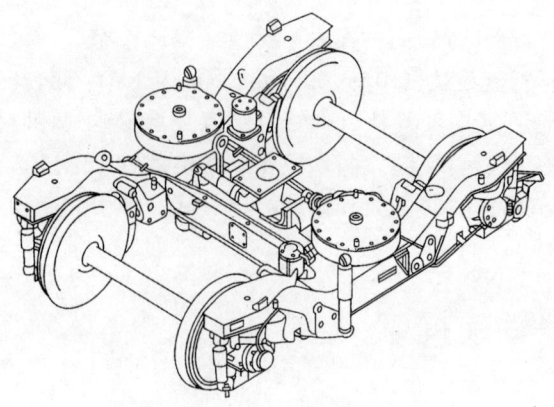

图 3.65 中间拖车转向架（TBIN）

2. 构 架

构架是转向架的主体，它是由压制成型的钢板 P275NL1（NF EN 10028-3）焊接成的 H 形全封闭的箱形结构，包括两个对称的 S 形弯管侧构架，两侧构架通过横向构件在中央连接，如图 3.66 和图 3.67 所示。

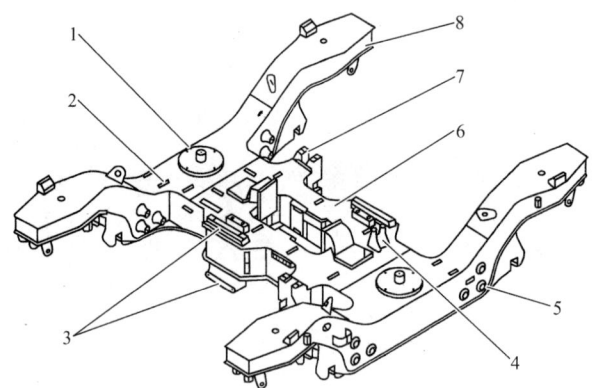

1—空气弹簧接口；2—管道支架；3—电机连接件；4—横向缓冲器托架；5—制动装置连接件；
6—横向构架；7—扭接连杆托架；8—侧构架。

图 3.66 动力转向架构架

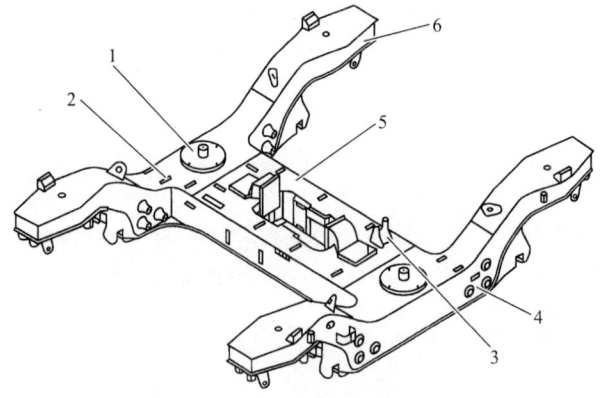

1—空气弹簧接口；2—管道支架；3—横向缓冲器托架；4—制动装置连接件；
5—扭接连杆托架；6—侧构架。

图 3.67 拖车转向架构架

3. 轮对和轴箱

（1）轮对。南京地铁的车轮采用 R9T 优质钢的整体辗钢轮，新轮的直径为 840 mm，磨损后的车轮直径限值为 770 mm，车轮的磨损极限通过轮缘外表面的槽示出。车轮采用压力配合装配在车轴上。每个车轮都配备有注油口，可利用油压从车轴上拆卸车轮。

（2）轴箱。南京地铁车辆的车轴采用锻造后机加工的整体车轴，材料为 AIN 钢。车轴两端伸进轴箱的部分称为轴颈，用以安装轴承和承受车辆载荷；压装车轮的部分称为轮座；车轴中部是轴身。动车转向架的轴身上安装有齿轮箱，传递电机产生的转矩驱动轮对，再通过构架和中央牵引装置带动车辆前后运行。

南京地铁的轴箱是迷宫式轴箱，采用的是滑脂润滑的滚柱轴承，不需要加满轴承滑脂，轴箱的主要作用是连接轮对与转向架构架，承受垂向和侧向载荷，保持轴颈与轴承的正常位置。采用滚柱轴承降低了轴箱摩擦系数，减少了车辆起动和运行的阻力，可以适应地铁车辆高速运行、停车频繁、行车密度大的要求。轴箱外侧是轴箱盖，可使轴承免受灰尘、雨水的侵害，还用于安装传感器和接地回流装置。

4. 驱动装置

（1）电机。每个动车转向架配备有两台 4LCA 2138 型牵引电机，横向安装在转向架构架横向构件上。电机配备了传感器将电机速度数据传输到车身内的控制和监视系统。

（2）联轴器。动力通过 Esco FTRN 70 挠性联轴器从电机传输给齿轮箱。联轴器包括两个半联轴器，每个半联轴器都通过压力安装在电动机或齿轮箱的锥轴上。联轴器的设计允许电动机和齿轮箱在所有方向都可以进行相对移动。两个半联轴器用环螺栓连接，可以轻易地分开。

（3）齿轮箱。图 3.68 所示中的 3 是 Watteeuw SHA 910 两级减速齿轮箱，一个输入轴装有一级小齿轮（27 个齿），一个中间轴装有一级齿轮（78 个齿）、二级小齿轮（27 个齿），输出轴装有一、二级齿轮（65 个齿）。传动比为（65×78）/（27×27）=6.954 7。齿轮由调质钢制成，并采用圆柱形螺旋齿形结构以减少齿轮箱的噪声。齿轮箱安装在车轴上，它通过配备两个弹性末端轴承的扭接连杆连接转向架横向构件。齿轮和轴承由齿轮箱中的油进行喷溅润滑，齿轮箱中的油通过油井和油槽系统输送给轴承。齿轮箱配备了磁性放油塞、有油位表的加油塞和通气器。如果扭接连杆发生故障，齿轮箱则接触固定在转向架构架的安全凸缘，从而防止了绕车轴旋转。

5. 减振装置

1）一系悬挂

一系悬挂位（见图 3.69）于轴箱和转向架构架之间，由带橡胶止挡的螺旋弹簧组成，橡胶止挡在高载荷下起作用，还包括一个垂向减振器。一系悬挂在轮组与转向架之间传输驱动和牵引力，使轨道上转向架稳定并允许将直线运行转换成曲线运行。该悬挂是个转臂型悬挂。轮对的导向由径向臂来完成，转臂通过弹性衬套与构架连接。在车轴中心线上方的两个同轴螺旋弹簧提供了垂直方向的刚性，横向和纵向刚性则由安装在转臂端部并连接转向架构架中扼架的弹性衬套提供。转臂在车轴轴承顶部，轴承箱用支撑板固定在悬挂中。安装在支撑板尖端和转向架构架端部的液压缓冲器提供缓冲功能。位于螺旋弹簧内部的弹簧动弯曲限制器限制转向架向下移动。接触转臂尖端的止动销限制转向架向上移动，所以当转向架提起时，悬挂使轮组与轮架保持相对位置。

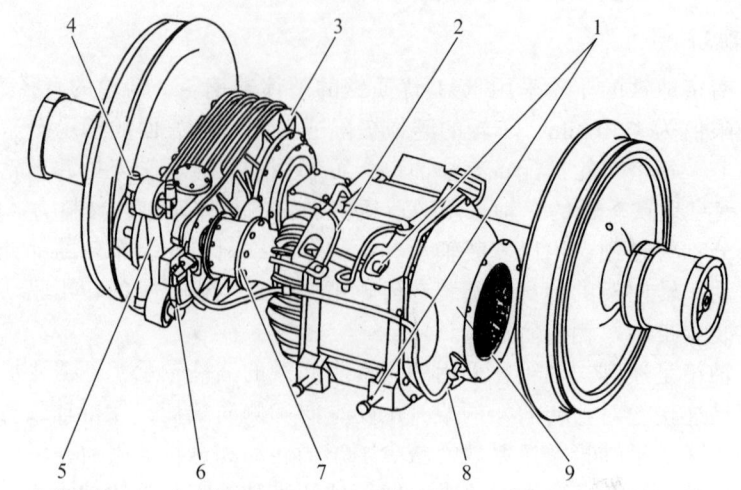

1—连接构架；2—安全锁；3—Watteeuw 齿轮箱；4—连接构架；5—扭接连杆；
6—安全凸缘（安装在构架）；7—Esco 联轴器；
8—电机速度传感器；9—牵引电机。

图 3.68　驱动装置

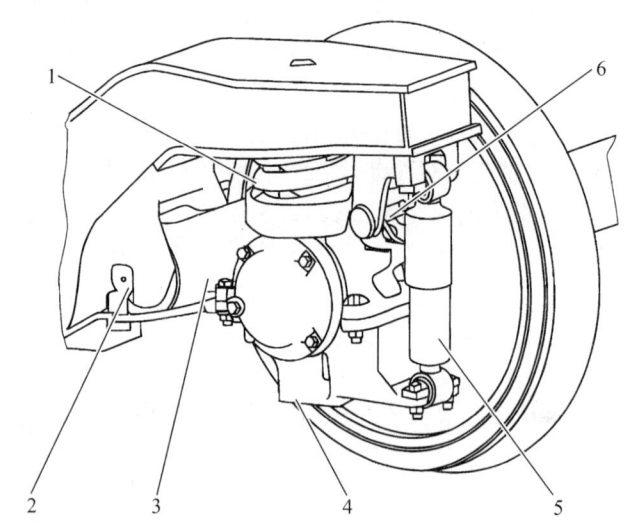

1—同轴螺旋弹簧；2—弹性衬套；3—转臂；4—支撑板；5—一系垂向减振器；6—止动销。

图 3.69　一系悬挂

2）二系悬挂

转向架的二系悬挂（见图 3.70）的主要功能是使乘客乘坐舒适。该悬挂对车身进行挠性支撑，使得车身相对于转向架移动并且与此同时提供横向重新定心功能。

（1）空气弹簧。二系悬挂装置包括两个空气弹簧，位于转向架与车身之间，用于支承列车的质量。使弹簧膨胀的空气直接从车身通过空气弹簧顶板中的孔板提供。每个空气弹簧都有一个整体式弹性材料（金属弹簧），从而保证在没有膨胀的情况下紧急悬挂。

（2）减振器。两个对角的垂直减振器，它们安装在转向架构架与车身之间，对车体上的垂向运动起阻尼作用；横向减振器安装在转向架与中心销之间，横向减振器和两个弹性止挡用于缓冲及控制车体的横向运动。

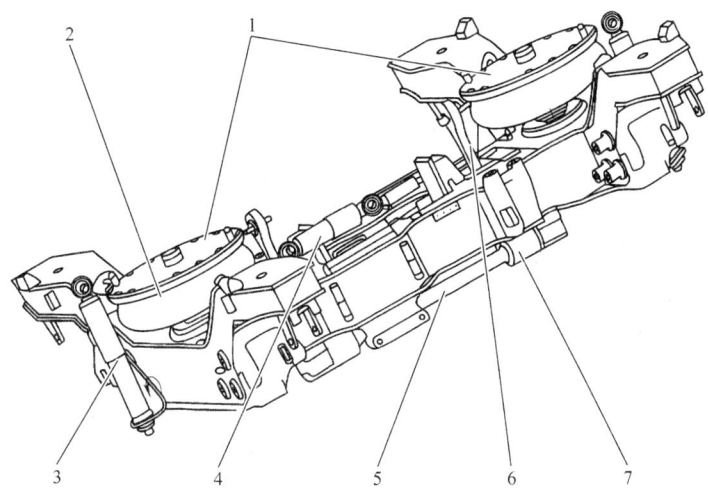

1—车身接口；2—空气弹簧；3—二系垂直缓冲器；4—纵向缓冲器；
5—抗侧滚扭杆；6—抗侧滚扭杆力臂；7—抗侧滚扭杆轴承。

图 3.70 二系悬挂

（3）抗侧滚扭杆。抗侧滚扭杆安装在转向架下面，通过抗侧滚扭杆力臂连接车身，目的是当车体发生侧向振动倾斜时，在抗侧滚扭杆力臂端部作用一力偶，使抗侧滚扭杆产生扭转变形，利用抗侧滚扭杆轴承来减少和缓和车体的侧滚运动。

为了补偿车轮的磨损，当车轮半径磨损达到 12 mm 时，在空气弹簧与转向架构架之间安装填充间隙片。

6. 中央牵引装置

转向架与车身之间的接头传输转向架与车身之间的牵引力与制动力。该接头由在车身下面用螺栓连接的中心销构成，该中心销与位于转向架横向构件中央的弹性牵引中心咬合。转向架纵向和横向载荷通过中心销传到车体上。车体和转向架接触处（在中心销处）与运行轨道顶面之间平均高度大约为 432 mm。中央牵引装置包括一套预加应力的弹性材料块，该弹性材料块安装在平衡器上，如图 3.71 所示。中心销安装进平衡器中央的弹性轴承中。中央牵引装置在转向架与车身之间传输纵向力。弹性块在纵向预加了应力，它们的行程受到了硬限制器的限制。中央牵引装置有足够的弹性使得车身可以相对于转向架旋转、滚动和垂直及横向移动。横向移动受到固定于中心销的两个弹性限制器限制。南京地铁转向架中央牵引装置的牵引中心允许车身提起转向架。为了补偿车轮的磨损，当车轮半径磨损量达到 12 mm 时，在提吊止动螺钉与牵引中心之间安装了填隙片。

7. 基础制动装置

南京地铁的每个转向架的制动是由 4 个踏面制动单元（每个车轮有一个）来提供的，如图 3.72 所示。4 种转向架，其制动器设备都相同。两个对角的单元制动器装置配备了停车制动器，也可通过拉出紧急缓解锁闭销人工松开停车制动器。制动装置自动补偿制动闸瓦的磨损并将制动闸瓦与车轮之间的间隙保持在稳定值。空气从车身到达转向架侧基础制动装置并用固定于导轨的刚性不锈钢管输送给制动装置，该导轨焊接在转向架构架上。不同的管通过螺旋形接头连接。每个转向架都配备了双向制动阀，该制动阀按照轮组 WSP 探头提供的速度信号调节单个轮组的制动负荷。

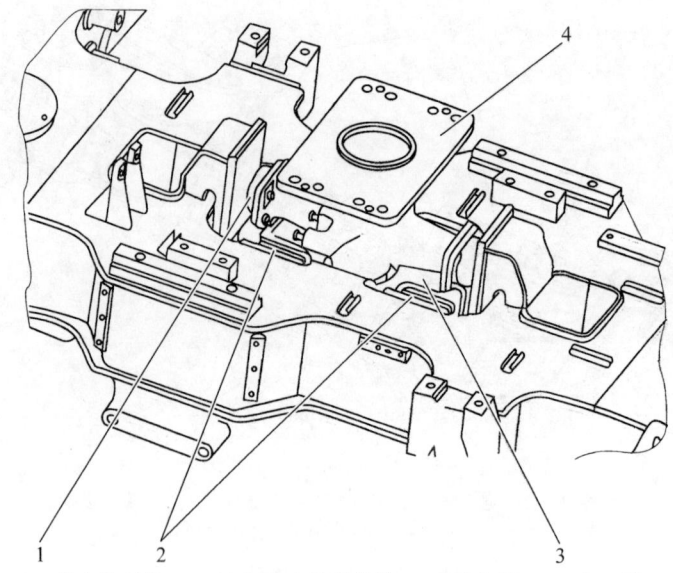

1—横向限制器；2—预加应力的弹性块；3—平衡器；4—中心销。

图 3.71 中央牵引装置

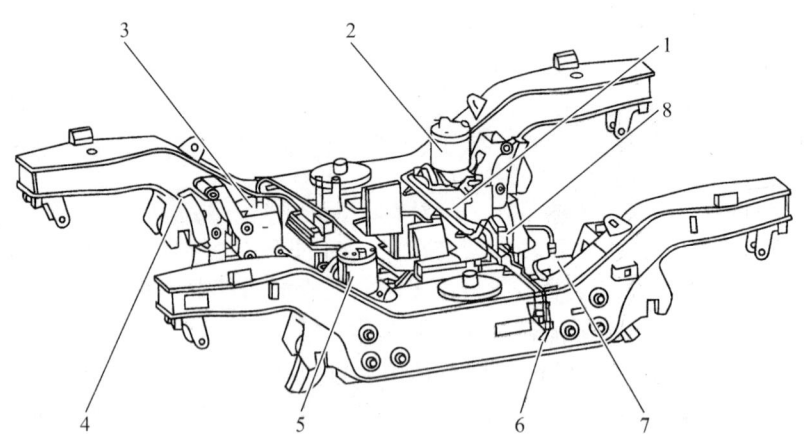

1—刚性管道；2，5—工作/停车制动器装置；3，7—工作制动器装置；
4—双制动闸瓦；6—车身空气接头；8—双向排风阀。

图 3.72 基础制动装置

8. 其他辅助装置

1）WSP 系统

转向架车轴的一端都配备了 WSP（车轮防滑传感器）系统，该系统防止制动期间车轮打滑。该系统包括固定于车轴端部并在探头前面旋转的齿轮。每次轮齿通过探头前面时，系统就发出信号，其频率与车轮速度成正比。探头与齿轮之间没有任何接触。

2）接地回线装置

车轴的另一端配备接地回线装置（除去各个拖车转向架车轴中配备车速表的车轴）。接地回线装置保证了固定元件（转向架构架）与旋转元件（车轴、车轮）之间的电气连续性。通过将回流直接传输给车轴，接地回线装置对车轴箱轴承进行简单而又有效的保护。接地回线装置通过接地线连接转向架或直接连接车身。拖车转向架接地回线装置有单独的电刷,动车转向架装置则有两个电刷,如图3.73所示。

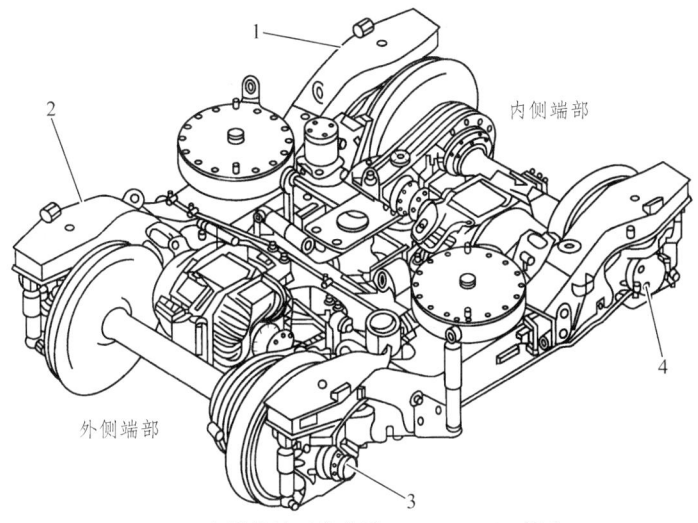

1,3—双电刷接地回线装置;2,4—WSP探头。

图3.73 动车转向架

3)车速表

如图3.74所示,各个拖车转向架车轴中都有一个车轴配备车速表。车速表由与固定在车轴端部驱动板咬合的销驱动,该车速表提供ATC系统列车速度信息。

4)PTI天线

如图3.74所示,PTI天线安装在各个先行拖车转向架(TBEX)的横向构件外侧,它为列车外侧控制和监视系统提供车站停车的列车位置信息。

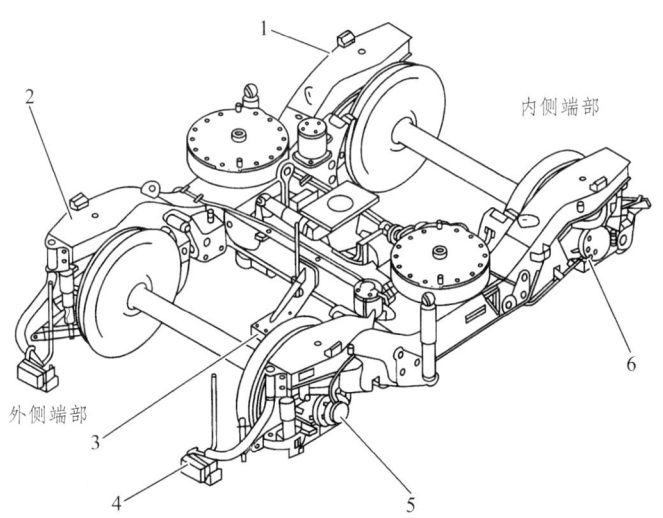

1—车速表;2,6—WSP探头;3—PTI天线(仅TBEX);
4—ATC天线(仅TBEX);5—双电刷接地回线装置。

图3.74 拖车转向架

5）ATC 天线

如图 3.74 所示，先行拖车转向架（TBEX）的外侧端有 ATC 天线。该天线固定在臂部，而臂部固定在侧构架的前面。ATC 天线向列车内侧控制和监视系统提供列车在轨道上的位置信息。

6）车轮轮缘润滑器

如图 3.75 所示，车轮轮缘润滑器是指在车轮上涂一层薄薄的润滑材料，然后该材料沉积到轨道上可以减少车轮的磨损。A 车的先行拖车转向架的外侧轮对、B 车的 PBW 转向架的内侧轮对和 C 车的 PBW 转向架的内侧轮对配备了车轮法兰润滑器。固定在杆夹的润滑杆元件靠压在车轮上从而进行润滑。杆夹固定在栓接于一系悬挂前面的托架上。

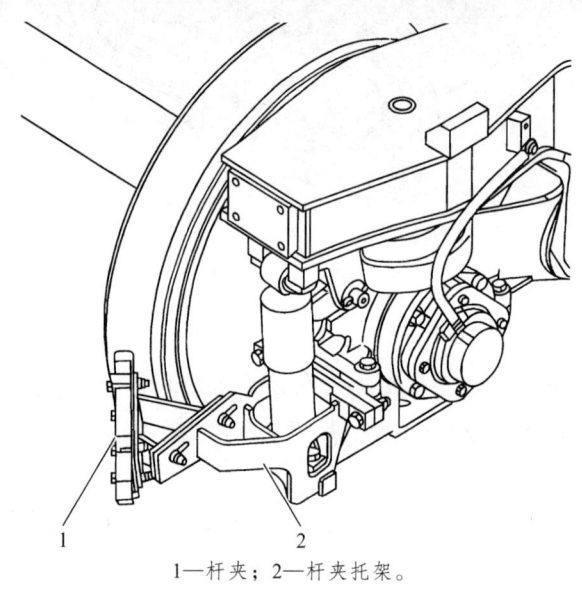

1—杆夹；2—杆夹托架。

图 3.75　车轮轮缘润滑器 WSP

任务 3.6　转向架检查与维护

3.6.1　检查和修理标准

转向架修理周期见表 3.1。

表 3.1　转向架修理周期　　　　　　　单位：万千米

检修制度	日检	月检	年检	定修	架修	架修	厂修
周期 符号	G	F	E	D	C	B	A
运行距离	—	0.8	12	30	60	120	150

3.6.2 检查内容

转向架检查内容见表 3.2。

 轮径尺的使用    轮对内侧距测量

表 3.2 转向架检查内容

检 查 内 容	检查形式							备注
	G	F	E	D	C	B	A	
1. 转向架构架组成 1）外观检查。 2）尺寸标准。 （1）轴距： （2 200±1）mm （2）左右轴距的差： ≤0.2 mm （3）两轴颈中心距： （1 930±1）mm （4）两轴颈中心距前后之差： ≤1.0 mm （5）一系弹簧座之间对角线差： ≤1.0 mm （6）一系弹簧座之间左右差： ≤0.2 mm （7）一系弹簧座之间距离： （550±0.2）mm （8）横梁中心与转向架横向中心之间的距离： （240±0.5）mm （9）牵引拉杆中心与转向架纵向中心之间的距离： （200±0.3）mm （10）牵引电机吊座安装孔中心与车轴中心之间的距离： （701±0.3）mm （11）牵引电机吊座中心与转向架纵向中心之间的距离： （206±0.25）mm （12）齿轮箱吊座安装孔中心与车轴中心之间的距离： （550±0.3）mm （13）齿轮箱吊座中心与转向架纵向中心之间的距离： （485±0.25）mm （15）基础制动座安装平面与转向架纵向中心之间的距离： $862.5_{-0.5}^{0}$ mm	○	○	○	○ ○	○ ○	○ ○	○ ○	
3）如果发现转向架构架在任何处有焊接缺陷则必须焊接修理，但不能对原部位进行重复焊修。				○	○	○	○	
4）在定修以上的修程，转向架构架的主要焊接部件应用电磁探伤来检查。				○	○	○	○	
5）用焊接工艺修理转向架构架的零部件时，焊后必须回火。				○	○	○	○	
6）附加空气室漏泄试验： （1）试验压力：800 kPa； （2）加压时间：保压 10 min； （3）标准：不得有任何泄漏。				○	○	○	○	
7）在运输及整个生产工艺过程中应确保空气弹簧上、下进气口处的防护罩安装完好，以免灰尘、杂物等进入空气弹簧内部。				○	○	○	○	

续表

检查内容	G	F	E	D	C	B	A	备注
2. 轮对								
1）更换标准。								
（1）轮对内侧距：　　　　　　　　　（1 353±2）mm					○	○	○	
（2）车轮直径差：								
① 同一轮对：　　　　　　　1.0 mm								
② 同一转向架：　　　　　　3.0 mm								
③ 同一辆车：　　　　　　　6.0 mm								
（3）同一轮对沿轮缘内侧距离测量允差：　1.0 mm								
（4）车轮直径：　　　　　　　　$\phi 840^{+1}_{+3}$ mm								
2）轮对组装。								
（1）轮对压装要求应按《机车轮对组装技术条件》(TB/T 1463—2015) 和相关图纸执行。						○		
（2）压力组装部位，表面粗糙度车轴在 Ra1.6 以下，轮毂孔在 Ra3.2 以下。								
（3）按照图纸加工车轮、车轴的压装部位。								
（4）压装时在组装面应当涂纯植物油（禁用桐油）。								
（5）操作者必须记录压力和压力曲线及其他要求内容。								
（6）车轮直径差：								
① 同一轮对：　　　　　　　0.5 mm								
② 同一转向架：　　　　　　1.0 mm								
③ 同一辆车：　　　　　　　2.0 mm								
3. 车轮								
1）外观检查。								
2）应当测量车轮踏面的擦伤长度，如果擦伤达到以下程度，应当加工：	○	○	○	○	○	○	○	
（1）一处以上的大于 75 mm；								
（2）两处以上的在 50～75 mm 以下；		○						
（3）四处以上的在 25～50 mm 以下。								
3）轮踏面擦伤有严重槽沟则必须加工。								
4）轮缘高 27～36 mm。			○	○	○	○	○	
5）轮缘厚 23～32 mm。			○	○	○	○	○	
6）车轮外圆直径：运营限度：ϕ770 mm。			○	○	○	○	○	
7）车轮踏面形状必须按图纸正常形状加工。								
8）车轮宽度 135^{+1}_{+3} mm。			○					
4. 车轴								
1）外观检查。			○	○	○	○	○	
2）车轴不能进行焊接，任何可能对车轴产生热损伤的工作都不能进行（包括机械加工）。	○	○	○	○	○	○	○	
3）车轴使用超声波探伤也难以确定缺陷时，必须使用电磁探伤确定其缺陷。					○	○	○	

续表

检 查 内 容	检查形式							备注
	G	F	E	D	C	B	A	
4）更换标准： （1）轴颈的直径：$\phi 130^{+0.043}_{+0.068}$ mm （2）轮座直径：$\phi 186$ mm（符合 TB/T 1463—2015 的要求）。 5. 轴箱组成 1）外观检查。					○	○	○	
2）轴承。	○		○	○	○	○	○	
（1）轴箱在组装和拆卸过程中，轴承不应当受到碰撞。		○						
（2）轴承转动体及内外圈的滚动面有剥离、变色、缺陷时更换。				○	○	○	○	
（3）防尘挡圈必须在加热至相对温度 100 ℃ 时压装，绝对温度不许高于 120 ℃。					○	○	○	
					○	○	○	
（4）车轴与轴承的配合面应涂抹润滑剂，以每轴箱 50 g 为标准。								
（5）安装轴承的压装力为 100～200 kN，最大不能超过 300 kN。轴承与防尘挡圈贴靠压力要达到（350±20）kN，保证轴承内圈端部与防尘挡圈密贴。					○	○	○	
					○	○	○	
（6）压装轴承进入车轴的过盈量，必须按照图纸上规定的公差。 轴承内圈尺寸公差：$\phi 130^{0}_{-0.025}$ mm					○	○	○	
（7）轴箱的内筒直径之差限定在 0.05 mm。					○	○	○	
（8）在轴箱清洗之后，轴箱体装轴承的内表面涂抹适当润滑脂。					○	○	○	
（9）轴承温度的上升应限制在"外部温度 + 50 ℃"以下。				○	○	○	○	
（10）在定修以上的修程，均应清洗和检查轴前盖。					○	○	○	
（11）轴箱前盖的固定螺栓，拆卸后应当用电磁探伤检查。					○			
（12）轴承由于润滑脂污染导致缺陷，用手转动能够觉察到时，不能再使用。					○	○	○	
					○	○	○	
（13）电蚀 ① 必须更换由于电流通过轴承造成缺陷的轴承。 ② 必须更换由于电流通过轴承造成环形波纹的轴承。 6. 一系悬挂装置 1）外观检查。					○	○	○	
2）尺寸检查。	○			○	○	○	○	
检查轴箱体上面和构架底面定位块的垂向间距：36～43 mm（落车两天后）。		○			○	○	○	
3）橡胶弹簧的检查。								
（1）检查金属零件的裂纹。	○		○	○	○	○	○	
（2）检查橡胶零件的黏接裂缝。		○						
（3）检查橡胶零件的臭氧裂纹。								
（4）检查油的污染，万一沾上油脂、润滑脂之类须迅速擦除。								
4）橡胶弹簧的更换标准。								
（1）由于橡胶部位的损伤而致的更换标准： ① 橡胶裂纹深度超过 10 mm； ② 橡胶和金属之间的剥离部分的深度超过 10 mm。					○	○	○	

续表

检查内容	检查形式							备注
	G	F	E	D	C	B	A	
（2）由于蠕变更换（空车时）： 橡胶弹簧的高度小于 215 mm。 5）更换橡胶弹簧时的注意事项： （1）在同一转向架上使用同样颜色标记的橡胶弹簧。 （2）在一个转向架上不允许同时使用新的和旧的橡胶弹簧。 6）每次拆卸压板紧固螺栓时，须作电磁探伤检查。 7）新橡胶弹簧的组装： （1）空车状态，轴箱与构架定位块间距 100～105 mm。 （2）在组装后 2～3 天，检查轴箱与构架止挡间距 96～103 mm，若超出此规定，用调整垫调整，然后旋紧紧固螺栓，用铁丝锁紧。 （3）在一个转向架上，4 个轴簧的高度差在 2 mm 之内。如果在保证联轴节两轴高度差和轮重的前提条件下，4 个轴簧的高度差可以放宽到 4 mm 之内。 （4）插入调整垫的总厚度不大于 15 mm，轴箱槽 9 mm 内调整垫可为开口垫，开口向外，多于 9 mm 的调整垫必须是封口垫，而且在上方。 （5）弹簧根据高度不同分成四类，颜色区分见下表：								

弹簧高度偏差/mm	标记代号	颜色
+1.26～+2.50	A	白
+0.01～+1.25	B	蓝
−1.25～+0.00	C	黄
−2.50～−1.26	D	红

检查内容	G	F	E	D	C	B	A	备注
（续上）（1）（2）标记相关					○	○	○	
6）电磁探伤					○	○	○	
7）（1）					○	○	○	
（6）组装轴箱弹簧时，轴箱座孔上应涂底漆。 （7）在构架弹簧座上组装橡胶弹簧时，座上应涂中性润滑脂。 （8）轴箱橡胶弹簧用螺栓紧固，扭矩为 150 N·m。 7. 二系悬挂装置 1）空气弹簧 （1）外观检查。 （2）检查：	○		○		○	○	○	
①检查空气弹簧上面板和车体的空气弹簧座之间是否密贴。		○						
②检查橡胶气囊的表面是否有划伤、龟裂和磨耗。	○		○	○	○	○	○	
③检查每个零件的变形。	○	○	○	○	○	○	○	
④检查橡胶气囊上的化学物品和油。		○		○	○	○	○	
⑤清除各部位尤其是气囊与上面板、橡胶座之间的尘垢。				○	○	○	○	
⑥检查橡胶堆金属零件的弯曲或裂纹，橡胶和金属零件的黏接状态。				○	○	○	○	
⑦油或润滑脂的污染。					○	○	○	
（3）更换标准：					○	○	○	

续表

检 查 内 容	检查形式							备注
	G	F	E	D	C	B	A	
① 胶囊磨耗：磨耗达到帘线或者帘线暴露不得使用。	○		○	○	○	○	○	
② 胶囊外伤：外伤达到帘线或者帘线暴露不得使用。		○						
③ 底座锈蚀：锈蚀超过 2 mm 不得使用。								
④ 橡胶堆：橡胶堆的橡胶和金属件的黏接部分离深度超过 10 mm；橡胶的裂纹圆周超过 30%、深度超过 6 mm。								
（4）车体高度的调整：								
① 车体地板面高度调整在新造或车轮磨损时，用空气弹簧下面的调整垫来调整。				○	○	○	○	
② 使用调整垫的厚度：								
新造：　　　　　0～12 mm								
车轮镟削后：　　12 mm								
③ 如果空气弹簧下面调整垫的厚度是 t，车体底架的空气弹簧上平面至构架侧梁基准块之间的距离为（268+t）±3 mm，尺寸用调整杆调整。								
2）高度调整阀								
（1）外观检查。								
（2）空气漏泄检查。								
（3）通过分解来检查和零部件更换。	○		○	○	○	○	○	
（4）修理时更换 O 型圈。	○	○	○	○	○	○	○	
（5）试验时应满足下述条件：		○			○	○	○	
① 不感带：（5±0.5）mm；								
② 动作延迟（3±1）s（从基本点到动作±20 mm）；					○	○	○	
③ 空气流量试验：								
a. 充气：从 0 bar 到 6 bar（1 bar=100 kPa）充气时间为 40 s 以下。								
b. 排气：从 5 bar 到 3 bar 排气时间为 40 s 以下。								
3）横向油压减振器								
（1）外观状态检查。								
（2）检查时应当满足下列试验：								
① 漏油试验。	○		○		○	○	○	
倒置 24 h 在底部和上边不应当漏油。		○			○	○	○	
② 衰减力试验。								
试验速度和衰减力如下：								
检查内容								

活塞速度/（m/s）	衰减力/N
0.1	5 000×（1±15%）
0.3	7 000×（±15%）

（3）更换标准：								
① 防尘罩松动或损坏；					○	○	○	

续表

检查内容	G	F	E	D	C	B	A	备注
② 外筒油漆损坏;								
③ 橡胶件老化;								
④ 减振器严重漏油。								
4）横向挡								
（1）外观检查。								
（2）尺寸检查:								
左、右横向挡与牵引梁间的间隙之和为 20^{+4}_{0} mm，单侧的横向挡与牵引梁间的间隙为 10^{+2}_{0} mm。	○	○	○	○	○	○	○	
（3）更换标准:								
① 产品橡胶表面裂纹深度超过 6 mm，长度超过橡胶面周长的 1/3;	○	○	○	○	○	○	○	
② 橡胶表面严重发黏、发脆、橡胶脱落;								
③ 金属与橡胶黏接破坏，破坏的深度达到 12 mm，整个破坏长度超过黏合周长的 1/3;								
④ 橡胶部分受到人为的损伤且损伤严重的;								
⑤ 产品刚度变化超过原来刚度值的 20%。								
8. 牵引装置								
1）中心销下端凹槽配合面与压板配合面紧密贴合。								
2）检查各紧固螺栓无松动、脱落。								
3）橡胶件更换标准:	○	○	○	○	○	○	○	
（1）产品橡胶表面出现严重龟裂，裂纹深度达到 3 mm，长度达到 8 mm;	○	○	○	○	○	○	○	
（2）橡胶表面严重发黏、发脆、橡胶脱落;								
（3）金属与橡胶黏接破坏，破坏的深度达到橡胶受力体深度（非受力橡胶体与金属的黏接失效不在此列）;								
（4）球铰外套与外环之间的过盈配合遭到破坏;								
（5）橡胶部分受到人为的损伤且损伤严重的;								
（6）产品刚度变化超过原来刚度值的 20%。								
9. 组装后检查								
1）转向架外观检查。								
2）牵引电机引线:								
确认电机引线排列自然，不是成堆排列，而且与车体和转向架构架之间有足够的空间间隙。	○	○	○		○	○		
						○	○	
3）电机轴与小齿轮轴的距离如下调整:								
垂直方向:（4±1）mm（空车）。								
4）齿轮传动装置的油:				○	○	○	○	
检查油的位置及漏泄情况。								
5）气密性检查:								
每一部分气密性检查（空气簧、高度调整阀、制动配管和管接头的连接处、轮缘润滑系统的管路）。		○	○	○	○			

续表

检查内容	检查形式							备注
	G	F	E	D	C	B	A	
6）转向架尺寸检查： （1）空气簧的高度可以用标记点测量。即构架上空气簧座与侧梁上的基准块之间的距离为[（268+t）±3]mm。 （2）空车时，轴箱测点高 100～105 mm，落车两天后，应为 96～103 mm。		○	○	○	○	○	○	
（3）检查横向油压减振器的安装尺寸。					○	○	○	
（4）空车时，排障器的安装高度为 30 mm（从轨面起）。					○	○	○	
（5）所有的设备、配管和电缆不应干扰车辆通过曲线及运行，并且要有足够的空间。					○	○	○	
7）转向架组成的检查： （1）检查每一部分的油、各种润滑脂和油漆； （2）检查组装的各紧固件标记； （3）检查垫片和开口销的弯曲度； （4）检查轴箱上零件安装的情况。	○							
8）ATP 速度传感器、制动速度传感器、轴端接地装置的安装必须可靠，缆线应布置合理。					○	○	○	
9）保证停放制动运行良好，闸瓦完全被压并且可以完好拆卸。					○	○	○	

【思政课堂】

罗昭强：勇于追梦的"工人院士"

罗昭强，中车长春轨道客车股份有限公司高速动车组制造中心调试车间高级诊断组工人，全国劳动模范、全国五一劳动奖章获得者、全国技术能手、中华技能大奖获得者、2018 年度国家科技进步二等奖获得者。他平日里埋头苦干，是高铁的"全科医生"，更实现了"工人院士"调试装置成功"出海"，开创中国工人发明成果登陆海外高端市场先河。

作为一名普通的铁路车辆检修工，罗昭强扎根一线岗位 30 年，始终勤于钻研、勇于创新，先后完成 200 余项"五小成果"和立项攻关，累计为公司节约费用 2 400 余万元，创造了一个又一个"创新奇迹"。

"赶上这么好的发展机遇，我深感荣幸。如今，我们的国家和民族正大踏步走上民族复兴的伟大征程，我要发挥党员的先锋模范作用，带领着我们的团队把高铁运行的品质提升到新的高度。"从北京回来后，罗昭强倍感振奋，"目前我们正在进行复兴号标准动车组数字化调试的系列技术攻关，不久将形成一套具有自主知识产权的可移植、可复制的高铁调试技术，为我国将来复兴号的生产制造数字化和未来的高铁出海做好准备。"

1990 年，罗昭强从职业技术学校毕业后来到客车厂（中车长客股份有限公司前身）工作，当上了一名普通的维修电工。面对各不相同的设备、面对不熟悉的工作领域，他把自己变成"学习机器"，甘当"小学生"，从零起步，不懈钻研。很快，罗昭强由一名普通工人成长为中车长客 400 多台（套）高铁核心设备的"全科医生"。他的手机号，被各大中心设备部的领导干部和工友们设定为"快捷键"。

有一次，罗昭强出差归来，下飞机已是凌晨2点多钟，刚打开手机，一连串短信就接踵而至。原来，公司生产速度200 km/h动车组内饰件的大型关键设备已经"趴窝"三四天了。罗昭强一下飞机直奔单位。他打开计算机，对程序稍加改动，又调整了两个参数，设备立马就动了，总共用时不到15分钟。

2016年，已过不惑之年的罗昭强做出一个重大选择，从维修电工转岗至高铁调试工。"维修电工不直接参与高铁的制造，如果在长客干了一辈子，却没亲手制造高铁，将会是我一生最大遗憾！"罗昭强说。从那时起，他的手机、计算机里存满图纸，每天早晚坐班车都在研究。经过补课，罗昭强完成了岗位的转换。他发现动车组价值高昂，如用实车培训，代价很高。为破解这一瓶颈，罗昭强和团队自主研发出一套整车调试模拟实训装置，大幅压缩了培训成本。这项成果获得4项国家发明专利、7项国家实用新型技术专利。就在这一年，罗昭强摘得了"中华技能大奖"。

为了给企业、国家培育更多调试技能人才，罗昭强主动请缨，依托技能国家大师工作室、劳模和工匠人才创新工作室，广募学员、开堂授课。为把自己多年所学传授给慕名而来的年轻人，罗昭强亲自动手编写教材、制作课件。除现场教学外，他还充分利用互联网技术，开辟了"技能微培""微课堂"等，通过微信群无私分享经验，随时教、随时学、随时论、随时解。在他微信群里，学员遍布全国各地30多家企业。他撰写的32万字的《罗昭强工作法——动车组调试》一书正式出版，成为业界备受欢迎的宝典。

截至目前，罗昭强已累计完成技能培训2万余人次，培养出6名全国技术能手、8名中央企业技术能手、7名吉林省首席技师、3名长春市技能竞赛状元、1名中国中车首席技能专家、7名中国中车资深专家、高级技师100余人，为我国高铁发展提供了强大的人才保证。

【能力拓展】

在城轨车辆构造实训室完成转向架技术检查作业。

实作项目：转向架技术检查作业

序号	关键操作及评分标准	操作结果不合格 在不合格项"□"内画"×"		备注
		不合格项	扣分分值（负值）	
一、作业前准备（10分）				
1	安全防护用品穿戴整齐，检修工具选用正确，轻拿轻放，摆放整齐（5分）	□		
2	插设防护号志（5分）	□		
二、转向架技术检查作业（80分）				
（1）检查顺序（自1位端向2位端逆时针方向检查，检查同时手指口呼：××部件状态良好/××故障）20分				
1	检查1位端牵引电机及挠性轴接头、齿轮箱状态（1分）	□		
2	检查2位制动夹钳装置、单元制动缸（包含管路）（1分）	□		

项目 3 转向架

续表

序号	关键操作及评分标准	操作结果不合格 在不合格项"□"内画"×"		备注
		不合格项	扣分分值（负值）	
3	检查 2 位车轮及轮盘制动盘（1 分）	□		
4	检查 2 位轴箱及弹性定位装置（包括传感器、接地线）（1 分）	□		
5	检查转向架构架（1 分）	□		
6	检查 2 位空气弹簧装置（包括高度阀、管路、差压阀）（1 分）	□		
7	检查抗侧滚扭杆装置右侧、右侧各油压减振器（1 分）	□		
8	检查中央牵引装置（1 分）	□		
9	检查 4 位轴箱及弹性定位装置（包括传感器、接地线）（1 分）	□		
10	检查 4 位车轮及轮盘制动盘（1 分）	□		
11	检查 4 位制动夹钳装置、单元制动缸（包含管路）（1 分）	□		
12	检查 2 位端牵引电机及挠性轴接头、齿轮箱状态（1 分）	□		
13	检查 3 位制动夹钳装置、单元制动缸（包含管路）（1 分）	□		
14	检查 3 位车轮及轮盘制动盘（1 分）	□		
15	检查 3 位轴箱及弹性定位装置（包括传感器、接地线）（1 分）	□		
16	检查 1 位空气弹簧装置（包括高度阀、管路、差压阀）（1 分）	□		
17	检查抗侧滚扭杆装置左侧、左侧各油压减振器（1 分）	□		
18	检查 1 位轴箱及弹性定位装置（包括传感器、接地线）（1 分）	□		
19	检查 1 位车轮及轮盘制动盘（1 分）	□		
20	检查 1 位制动夹钳装置、单元制动缸（包含管路）（1 分）	□		
（2）故障誊写，设故障 10 件，共 60 分				
1	发现故障后记录故障位置及名称，不得恢复故障（每少发现 1 件故障扣 10 分，漏、错写故障名称或位置不得分）	□		
四、作业完毕（10 分）				
1	撤除防护号志（5 分）	□		
2	工具使用规范，收拾整理轻拿轻放（5 分）	□		

满分 100 分，扣分：_____ 得分：_____
考评员签字：_____ 日期： 年 月 日

【思考与练习】

（1）简述转向架的作用和种类。

（2）什么是踏面？使用磨耗型踏面有什么好处？

（3）简述车辆悬挂装置的作用及分类。

（4）简述空气弹簧悬挂系统的组成及作用原理。

（5）转向架维修的主要内容有哪些？都用到了哪些工器具？

项目 4　连接装置

【项目导入】

城轨交通车辆连接装置通过车钩、缓冲装置和贯通道装置实现车辆之间的相互连接,完成相邻车辆之间的纵向力传递和通道的连接。车钩缓冲装置用来连接列车中各车辆使之彼此保持一定的距离,并且传递和缓和列车在运行中或在调车时所产生的纵向力或冲击力。贯通道装置位于两节车厢的连接处,是两车辆通道连接的部分,它具有良好的防雨、防风、防尘、隔音、隔热等功能,能够使旅客安全地穿行于车厢之间。

【学习目标】

(1) 掌握车钩的作用、分类和结构形式。
(2) 掌握自动车钩、半自动车钩和半永久牵引杆的结构特点。
(3) 掌握缓冲装置的结构、原理和作用。
(4) 掌握贯通道的结构组成及作用。

城轨车辆的连接装置包括车钩、缓冲器和贯通道。车钩可实现车辆之间的连接,并传递车辆之间的纵向力;缓冲器可缓和车辆之间纵向冲击力;贯通道可实现客室之间的无间隙连接。

图 4.1 所示为车钩及缓冲器装置。图 4.2 所示为城轨列车中各车辆之间的贯通道。

图 4.1　车钩及缓冲器装置

图 4.2　贯通道

全自动车钩及缓冲器

贯通道

任务 4.1 车　钩

4.1.1 车钩的种类

车钩按不同的分类方式可分为不同的类型。

（1）按材料的不同，车钩可分为刚性车钩和非刚性车钩。

① 非刚性车钩如图 4.3（a）所示。非刚性车钩允许相连接的车钩在垂直方向上有相对位移。当两个车钩的纵轴线存在高度差时，呈阶梯形状，并且各自保持水平位置，保证车钩在水平面内的位移。非刚性车钩普遍应用于铁路客、货车车辆。

② 刚性车钩如图 4.3（b）所示，也称为密接式车钩。刚性车钩不允许车钩存在位移，对前后的间隙要求也限制在很小的范围内。如果在车辆连挂之前两车钩的纵向轴线高度已有偏差，那么在连挂后，两车钩的轴线处在同一条直线上并呈倾斜状态。

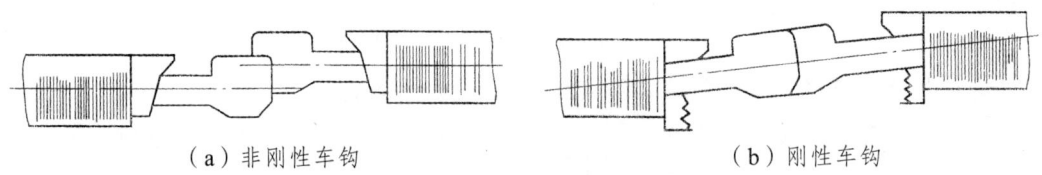

（a）非刚性车钩　　　　　　　　　　（b）刚性车钩

图 4.3　非刚性车钩与刚性车钩

刚性车钩与非刚性车钩相比，优点主要有：减小两车钩连接表面之间的间隙，降低列车中的纵向力，提高列车的运行平稳性；车钩间零件位移减少，改善车钩内部零件的工作条件；减小车钩连接表面间的磨耗；减小车钩的相互冲击噪声。

非刚性车钩与刚性车钩相比，优点主要有：简化了两车钩纵向中心线高度偏差较大的车辆相互连挂的条件；车钩强度大；不需要复杂的钩尾销连接结构和复杂的对心装置；车钩钩体的结构和铸造工艺较为简单。

城轨车辆和及高速动车组上都采用刚性密接式车钩。

（2）按照车辆牵引连挂装置的连接方法的不同，车钩可分为非自动车钩（又分为半自动车钩和半永久性牵引杆）和自动车钩。

非自动车钩由人工来完成车辆的连接，自动车钩不需要人参与就能实现连接。非自动车钩和自动车钩的主要区别和特点如下：自动车钩可实现机械、气路和电路的完全自动连挂和解钩；半自动车钩的机械和气路连接机构作用原理基本上与全自动车钩相同，可以实现自动连挂和解钩，或人工解钩，但电路必须靠人工连挂和解钩，以方便检修作业；半永久性牵引杆的机械、气路和电路的连接的解钩都需要人工操作，但一般只在架车作业时才进行分解。

一般在列车的两端采用自动车钩，方便列车救援；但由于自动车钩的使用率低，造价高，目前国内车辆普遍采用半自动车钩；半永久性牵引杆则可实现车辆之间相对固定的连接。

4.1.2 自动车钩

自动车钩位于城轨车辆的两个车厢端部，电气和风路连接装置都组装在钩头上。当车辆连挂时，车钩上的机械、气路、电路系统都能自动连接。解钩时，可在司机室控制自动解钩或采用手动解钩。解钩后，车钩即处于待挂状态；电气连接器通过盖板自动关闭，以防止水和尘土进入；主风管连接器设有自动关闭装置，防止压缩空气泄漏。

自动车钩有两种形式：国产密接式和 Scharfenberg 式。

1. 国产密接式车钩

国产密接式车钩缓冲装置如图 4.4 所示。其由密接式车钩钩头、橡胶缓冲器、风管连接器、电气连接器和风动解钩系统等组成。车辆连挂时依靠相邻钩头上的凸锥和凹锥孔的相互插入，实现车钩的连接，并自动实现电路和空气通路的连接。分解时，可自动解钩，自动切断电路和空气通路。车钩托梁在缓冲器尾部，通过十字头连接器与车体上的冲击座相连，可实现水平和垂直方向的摆动。

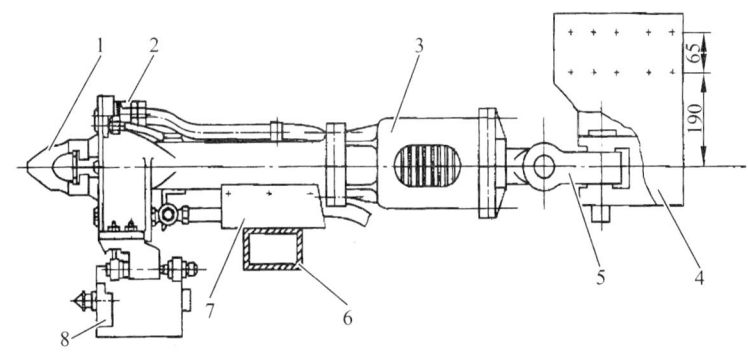

1—密接式车钩钩头；2—风管连接器；3—橡胶缓冲器；4—冲击座；
5—十字头连接器；6—托梁；7—磨耗板；8—电气连接器。

图 4.4 国产密接式车钩缓冲装置

国产密接式车钩由 5 部分组成。前端为钩头，有凸锥和凹锥孔；车钩内部还有半圆形的钩舌、解钩杆、解钩杆弹簧和解钩风缸等。图 4.5 所示为国产密接式自动车钩的作用原理，有待挂、连挂和解钩三种状态。

（1）待挂状态。待挂状态如图 4.5（a）所示，它是车钩连接前的准备状态。此时，钩舌定位杆被固定在待挂位置，解钩风缸活塞杆处于回缩状态，此时半圆形钩舌的连接面与水平面呈 40°。

（2）连挂状态。连挂状态如图 4.5（b）所示。两钩连挂时，凸锥插进对方相应车钩的凹锥孔中，这时，凸锥的内侧面在前进中压迫对方的钩舌转动，使解钩风缸的弹簧受压，钩舌沿逆时针方向旋转 40°。当两钩连接面相接触后，凸锥的内侧面不再压迫对方的钩舌，此时，由于弹簧的作用，钩舌恢复到原来的状态，即处于闭锁位置。

（3）解钩状态。解钩状态如图 4.5（c）所示。它有两种方式：自动解钩和手动解钩。在进行自动解钩时，需要司机操纵解钩阀，压缩空气由总风管进入前车（或后车）的解钩风缸，同时经解钩风管联络器送入相连挂的后车（或前车）的解钩风缸，活塞杆向前推并带动解钩杆，使钩舌转动到解锁位置，此时两钩即可解开。两钩分解后，解钩风缸的压缩空气被迅速排出，解钩弹簧得以复原，带动钩舌顺时针方向转动 40°恢复到原始状态，为下次连挂做好准备。手动解钩，则只要用人力扳动解钩杆，这种方式也能使钩舌转动至开锁位置，实现两钩的分解。

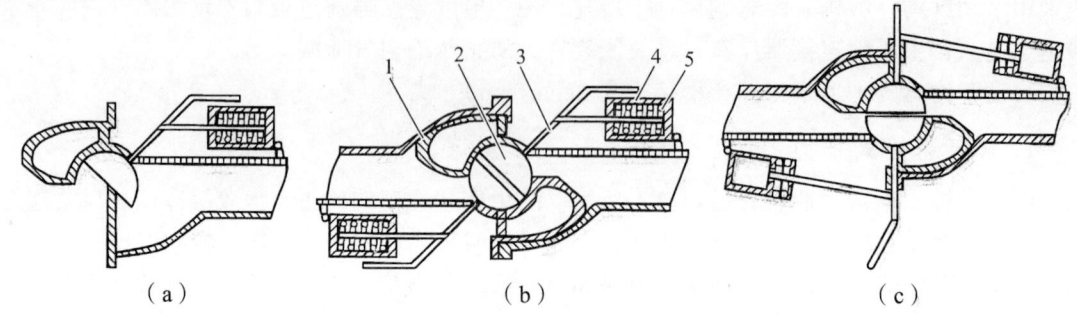

1—钩头；2—钩舌；3—解钩杆；4—解钩杆弹簧；5—解钩风缸。

图 4.5 国产密接式车钩的作用原理

2. Scharfenberg 密接式车钩

Scharfenberg 密接式车钩缓冲装置如图 4.6 所示。其由密接式车钩钩头、电气连接器、橡胶弹簧、风管连接器、钩身等几部分组成，缓冲器位于钩头的后部。车辆连挂时依靠两车钩相邻钩头前端的锥形喇叭口引导彼此精确地对中，实现两车钩的紧密连接，同时自动将两车之间的电气线路和空气通路接通。在两车分解时，也可由司机控制解钩电磁阀自动解钩，并自动切断两车之间的电气线路和空气通路。

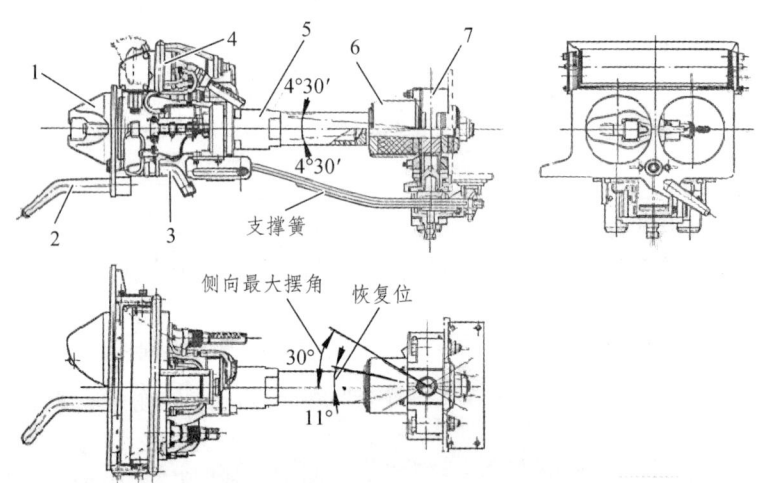

1—密接式车钩钩头；2—引导对准爪把；3—风管连接器；4—电气连接器；
5—钩身；6—橡胶弹簧；7—转动中心。

图 4.6 Scharfenberg 密接式车钩缓冲装置

车钩下面有橡胶弹簧支撑，在缓冲器尾部通过转动中心轴与车体上的冲击座相连，并可通过橡胶弹簧的弹性变形及缓冲器与转动中心轴的相对转动实现垂直和方向的摆动：最大垂向摆角为 4°30′，最大水平摆角可达 30°。

1）车钩结构

钩头壳体为焊接件，它由两部分组成，前面为一带有锥体和喇叭口的突出件，后面为连接法兰。当两钩连接时，前面的锥体和喇叭口用作引导对准，伸出在前面的爪把用来扩展车钩的连接范围。前端的圆孔用来安置空气管路连接器，在钩头壳体中配置有车钩锁闭零件和解钩风缸。借助于钩头壳体后部的法兰将钩头与牵引缓冲装置连成一体。

车钩对中装置

车钩的闭锁机构由钩舌和钩锁杆组成，两者通过销子彼此可摆动地相连接。

两个弹簧用来保持车钩处在闭锁位。弹簧的一端钩在壳体的锥体上，另一端钩在钩锁杆上。

手动解钩装置设在钩头的侧面，它由横杆通过两解钩杆与钩舌相连接。在该横杆的端部连有一钢丝绳并与手柄连接，手柄挂在钩头壳体的一侧。

2）工作原理

图4.7所示为Scharfenberg密接式车钩的工作原理，它也分为待挂、连挂和解钩三种状态。

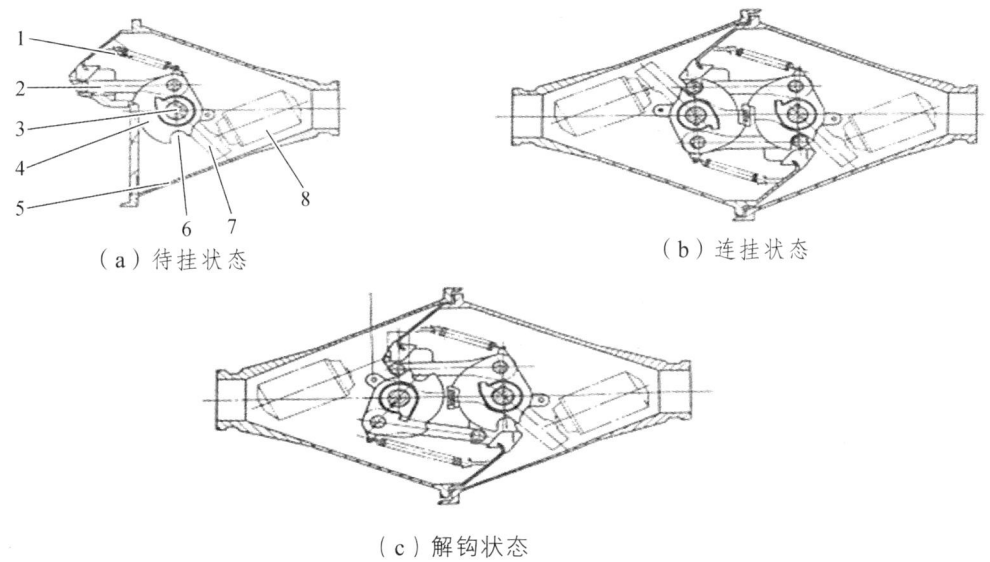

(a) 待挂状态　　　　　　　(b) 连挂状态

(c) 解钩状态

1—钩锁连接杆弹簧；2—钩锁连接杆；3—中心轴；4—钩舌；
5—钩头壳体；6—钩嘴；7—解钩杆；8—解钩风缸。

图4.7　Scharfenberg密接式车钩作用原理

（1）待挂状态。这时钩头中的钩锁杆轴线平行于车钩的轴线，钩锁杆的连接销中心与钩舌中心销连接线垂直于车钩的轴线。弹簧处于松弛状态，为车钩连挂做好准备。

（2）连挂状态。欲使两钩连挂，原来处于连挂准备位的两钩相互接近并碰撞时，在钩头前端的锥形喇叭口引导下彼此精确地对中，两钩向前伸出的钩锁杆由于受到对方钩舌的阻碍，各自推动钩舌绕顺时针方向转动，直至在弹簧拉力作用下钩锁杆滑入对方钩舌的嘴中，并推动钩舌绕逆时针方向返回到原来位置为止。这时，两钩的钩锁杆与两钩的钩舌构成一平行四边形，力处于平衡状态，两钩刚性地无间隙地彼此连接，处于闭锁状态。在连挂闭锁时，钩舌和钩锁杆的位置与连挂准备状态完全相同，钩舌在弹簧作用下力图保持于闭锁位。当两钩受牵拉时，拉力均匀地分配在由钩锁杆和钩舌组成的平行四边形两对边，即钩锁杆上。当两钩冲击时，冲击力由两钩壳体喇叭口凸缘传递。

（3）解钩状态。

① 气动解钩。由司机操作解钩控制阀进行解钩。这时，压缩空气经过解钩管充入钩头中的解钩风缸中，推动活塞向前运动，压迫在解钩杆上所设置的滚子上，两钩头中的钩舌被同时推至解钩位置，达到解钩状态后再排气，风缸中受压弹簧使活塞返回到原始位置。

② 手动解钩。通过拉动钩头一侧的解钩手柄，经钢丝绳、杠杆和解钩杆使两钩的钩舌转动，直至钩锁杆脱出钩舌的嘴口，由此使两钩脱开，处于解钩位。

4.1.3 半自动车钩

图 4.8 所示为半自动车钩的结构。半自动车钩的钩头连接形式与自动车钩相同，连挂方式和锁闭方式与自动车钩也相同。两个相同的车钩可以在直线线路和曲线线路上自动连挂，可实现列车单元之间机械连接和风管连接的自动连接，电气连接只能手动。解钩时机械和气路部分可自动，也可手动操作，但不能在司机室集中控制。

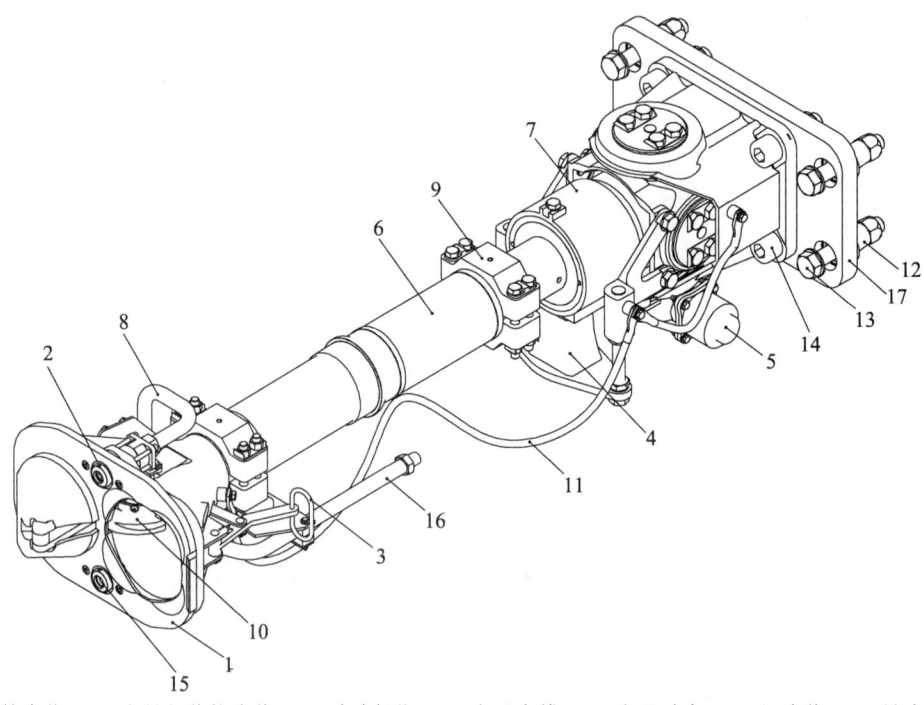

1—机械车钩；2—主风缸管接头管；3—手动解钩；4—水平支撑；5—水平对中；6—压溃管；7—缓冲装置；
8—主风缸管；9—连接环；10—钩舌；11—接地线；12—过载保护装置；13，14—螺栓；
15—制动管接头；16—制动管；17—转接板。

图 4.8 半自动车钩

4.1.4 半永久性牵引杆

半永久性牵引杆用于同一单元内车辆之间的编组，使之编组成单元。列车单元在运行过程中一般不需要分解，通常只在维修时才分解。当两车连挂时即形成刚性连接，其连接间隙最小，垂向运动和转动也很小。这样的连接

半永久性牵引杆
及缓冲器

形式可以保证在列车出轨时，车辆之间仍然可以保持相对位置，防止车辆重叠和颠覆，减少列车起动及制动时的冲动。每个半永久牵引杆上均有贯通道支撑座，用于车辆运行过程和解钩之后支撑贯通道。支撑座可以承受车辆正常运行时超员情况下贯通道上的载荷。

半永久牵引杆只是将两车的连接方式由车钩连接改为牵引杆连接，取消了风路和电路的连接。风路和电路只能依靠手动连接。不同种类的车辆所安装的半永久性牵引杆的结构可能有所不同，但连接原理是一致的。图 4.9 所示为国产地铁车辆半永久牵引杆，将两车的连接方式由车钩连接改为用一根牵引棒代替，将自动车钩中的两个车钩钩体取消，牵引杆的两端直接与两个缓冲器相连，同时取消了风路、电路的连接。

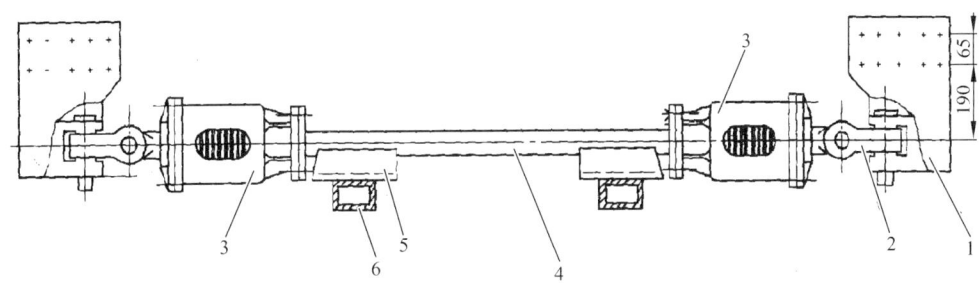

1—连接座；2—十字头；3—缓冲器；4—牵引杆；5—磨耗板；6—车钩托梁。

图 4.9　国产地铁车辆半永久牵引杆

任务 4.2　缓冲装置和附属装置

4.2.1　缓冲装置

缓冲装置是车辆牵引连挂装置的重要组成部分，主要用来传递、缓和纵向冲击力。

1. 层叠式橡胶金属片缓冲器

图 4.10 所示为层叠式橡胶金属片缓冲器的结构，它由滑套、前从板、牵引杆、缓冲器后盖、缓冲器体、后从板橡胶金属片等部分组成。其最大牵引力为 150 kN，最大冲击力为 250 kN，允许最大冲击速度为 3 km/h，缓冲器容量为 5.63 kJ。

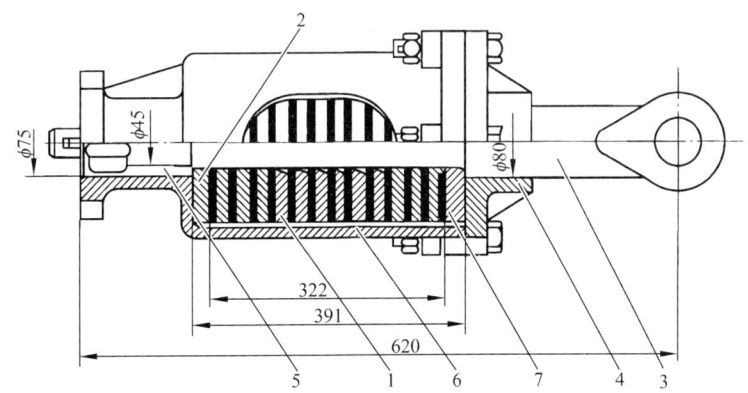

1—橡胶金属片；2—前从板；3—牵引杆；4—缓冲器后盖；5—滑套；6—缓冲器体；7—后从板。

图 4.10　层叠式橡胶金属片缓冲器的结构

当车辆受到压缩载荷时，缓冲器体和牵引杆受压，此时力的传递方向为：牵引杆压缩后从板—橡胶金属片—前从板和缓冲器的前端。橡胶金属片受到压缩，起到缓冲作用。

在牵引载荷工况下，缓冲体和牵引杆受拉，此时力的传递方向为：牵引杆上的滑套压缩前从板—橡胶金属片—后从板和缓冲体后盖，同样起到缓冲作用。这种缓冲器主要用于国产地铁车辆上。

2. 环弹簧缓冲器

图 4.11 所示为环弹簧缓冲器的结构。由图可知，它由牵引杆、安装座、环形橡胶、缓冲器体、支撑座等组成。其最大作用力为 580 kN，最大行程为 58 mm，缓冲器容量为 18.7 kJ，能量吸收率为 66%。

当车钩受冲击时，牵引杆推动弹簧前从板向后挤压环弹簧；当车钩受牵拉时，拧紧在牵引杆后端的预紧螺母带动弹簧后从板向前挤压环弹簧。所以，不论车钩受冲击还是牵拉环弹簧均受压缩作用。由于内、外环弹簧相互接触的接触面均做成 V 形锥面，受压缩相互挤压时，外环扩张，内环压缩，这样就产生了轴向变形，起到缓冲的作用。同时内外环弹簧接触面产生相对滑动，摩擦力做功消耗了部分冲击能。环弹簧缓冲器的前端通过一组对开连接套筒与钩头连接，后端的球形支座通过销轴与车钩支撑座相连接。整个车钩缓冲装置在水平面内可绕销轴左右摆动 40°，在垂直面内借助于球形轴套嵌有橡胶件可上下摆动 5°，以满足车辆运行于水平曲线和竖曲线的要求。上海地铁 1 号线车辆采用了这种缓冲装置。

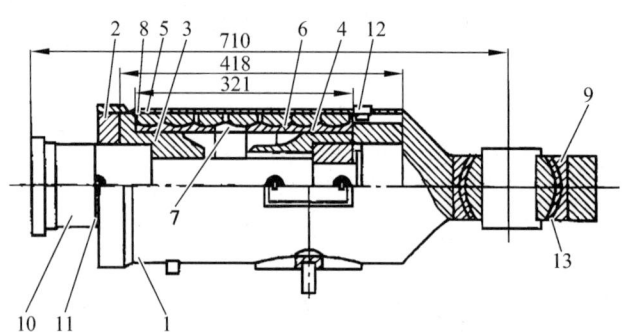

1—弹簧盒；2—端盖；3—弹簧前从板；4—弹簧后从板；5—外环弹簧；6—内环弹簧；7—开口弹簧；8—半环弹簧；9—球形支座；10—牵引杆；11—标记环；12—预紧螺母；13—橡胶嵌块。

图 4.11 环弹簧缓冲器的结构

3. 环形橡胶缓冲器

图 4.12 所示为环形橡胶缓冲器的结构。由图可知，这种缓冲器主要由牵引杆、缓冲器体、环形橡胶弹簧等部分组成。它属于免维护的橡胶缓冲装置，缓冲器安装在车钩安装座上，可以吸收拉伸和压缩能量。半自动车钩和牵引杆均用相同的方法安装固定。缓冲装置间不存在间隙，在承受拉伸和压缩载荷的同时，可以承受较大的剪切力。缓冲装置允许车钩做垂向摆动和扭转运动。缓冲装置的支撑座用 4 颗螺栓固定在车体底架上。深圳地铁车辆采用了这种缓冲器。

项目 4　连接装置

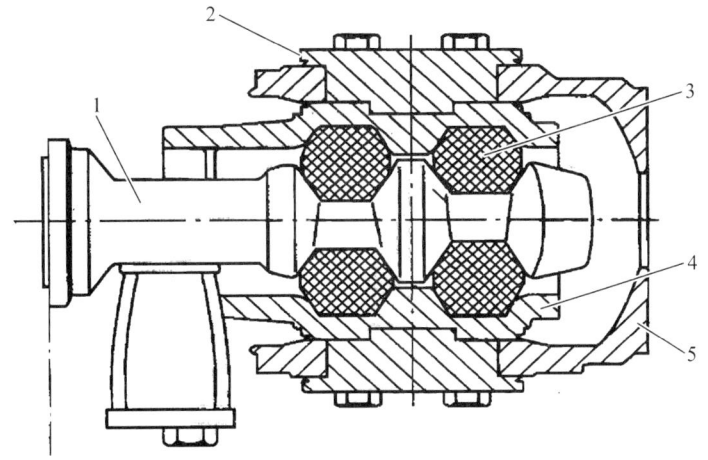

1—牵引杆；2—安装座；3—环形橡胶弹簧；4—缓冲器体；5—支撑座。
图 4.12　环形橡胶缓冲器的结构

4. 弹性胶泥缓冲器

弹性胶泥缓冲器与传统意义上的缓冲器类似，在列车运行过程中起到吸收冲击能量、缓和纵向冲击和振动的作用。其后端通过钩尾销连接在安装座上，前端通过连接环与连挂系统连接。弹性胶泥缓冲器性能先进，缓冲器的可靠性和动态吸收性能较好。

图 4.13 所示为弹性胶泥缓冲器的结构。由图可知，这种缓冲器主要由牵引杆、内半筒、弹性胶泥芯子等组成。弹性胶泥芯子是其吸取能量的元件。缓冲系统固定在弹簧盒内，车钩受拉时，纵向力传递顺序为：牵引杆—内半筒—弹性胶泥芯子—弹簧盒—车体；车钩受压时，纵向力传递顺序为：牵引杆—弹性胶泥芯子—内半筒—弹簧盒—车体。由此可见，无论车钩受拉或是受压，缓冲器始终受压。

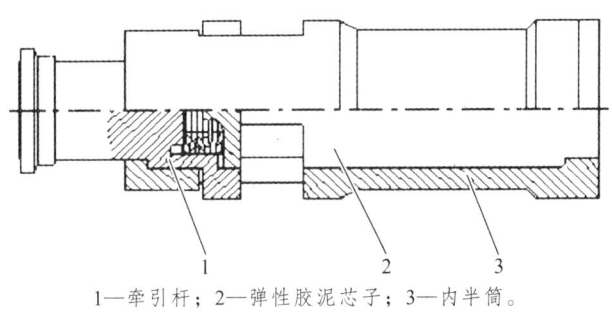

1—牵引杆；2—弹性胶泥芯子；3—内半筒。
图 4.13　弹性胶泥缓冲器的结构

5. 带变形管的橡胶缓冲器

如图 4.14 所示，带变形管的橡胶缓冲器由拉杆、轴套、锥形环圈、法兰、垫圈、橡胶弹簧以及变形管组成。轴套与钩头壳体螺纹连接，并由法兰紧固使之不致松动，轴套用来作为拉杆、锥形环圈和变形管的支承和导向，拉杆穿过两个弹簧 6 和 7，其端部通过蝶形螺母将弹簧压紧。

在正常运行时，车辆之间所产生的牵引力和压缩力主要由两个橡胶弹簧来承担。

当车辆在事故冲击时，车辆的碰撞速度超过 5~8 km/h，这时车钩所受到的冲击压缩力超过橡胶弹簧的承载能力，靠近钩头的冲击吸收装置起作用，变形管与锥形环圈彼此相互挤压，把冲击能转变为变形管和锥形环圈的变形功和摩擦功，变形管产生永久变形，吸收冲击功可达 16.1 kJ，从而达到对乘客和车辆的事故附加防护作用。产生永久变形后的变形管必须予以更换，可将法兰松开，并将轴套从钩体中拧出，即可将变形管从锥形环圈中拉出。

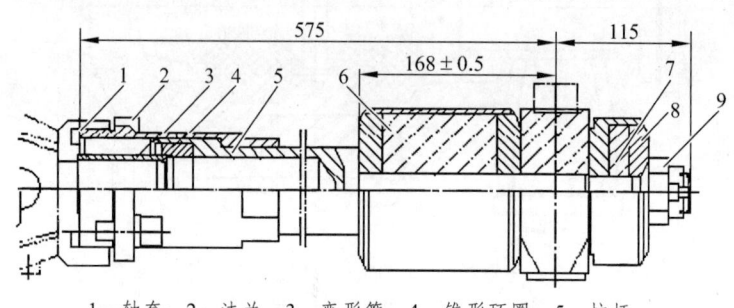

1—轴套；2—法兰；3—变形管；4—锥形环圈；5—拉杆；
6,7—橡胶弹簧；8—垫圈；9—螺母。

图 4.14　带变形管的橡胶缓冲器的结构

6. 可压溃变形管

图 4.15 所示为可压溃变形管的结构。车钩缓冲装置是车辆冲击能量吸收系统的一部分，可压溃变形管可作为车钩缓冲装置的重要部件，用来吸收车辆冲击能量。当两列车相撞时，将会产生可恢复的和不可恢复的变形。

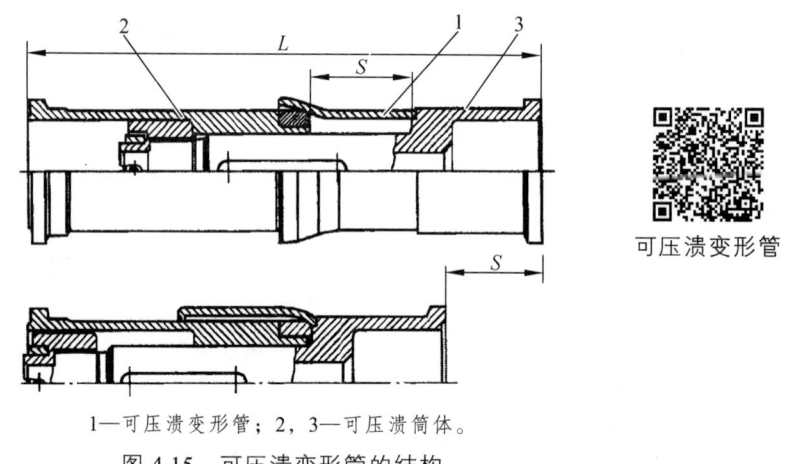

可压溃变形管

1—可压溃变形管；2,3—可压溃筒体。

图 4.15　可压溃变形管的结构

车辆在事故状态发生碰撞时的能量吸收可分为三级：第一级，速度最大为 8 km/h 时，车钩内的缓冲、吸收装置吸收全部能量，产生的变形可以恢复；第二级，速度为 8~15 km/h 时，可压溃变形管产生的变形不可恢复；第三级，速度超过 15 km/h 时，自动车钩的过载保护系统产生不可恢复的变形，车辆前端将参与能量吸收以保护乘客。

通过可压溃变形管的能量吸收还可以保护车体钢结构免受破坏。当冲击速度过大，导致可压溃变形管变形时，必须更换。撞车事故发生后，必须对车辆进行检查，尤其是电气连接和机械连接部分。车钩的故障率相对较低，但可压溃变形管是必备的备件，另外如钩舌弹簧、固定和活动触头及风管连接器等也是相对容易损坏的部件。

4.2.2 附属装置

1. 风管连接器

风管连接器分为自动开闭式风管连接器和不带自闭装置的风管连接器。

1）制动主管连接器

图 4.16 所示为不带自闭装置的风管连接器的结构。当车钩互相连挂时,密封圈互相接触受压,借助于滑套、橡胶套和前弹簧使压力达到 70~160 N,保证气路开通时不会泄漏。在制动主管连接器后端的管路上装有一个截止阀。正常解钩时,应首先将截止阀关闭,以防止制动主管排风而产生紧急制动。

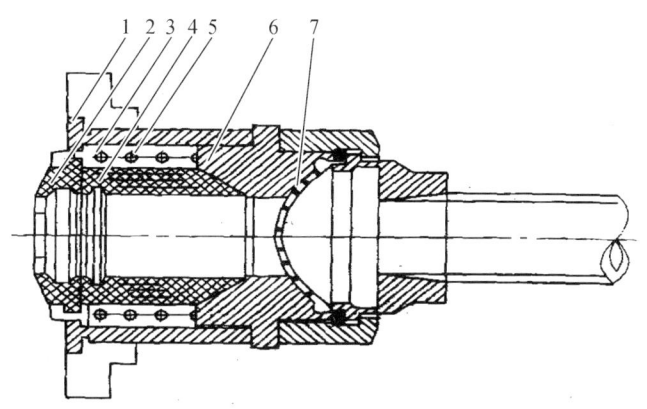

1—阀壳;2—密封圈;3—滑套;4—橡胶套;5—前弹簧;6—后接头;7—滤尘网。

图 4.16 不带自闭装置的风管连接器的结构

2）自动开闭式风管连接器

图 4.17 所示为自动开闭式风管连接器的结构,它有自动开闭装置。当两车钩连挂时,顶杆与密封圈同时受压,密封圈防止泄漏的同时,顶杆压缩阀垫、滑阀和顶杆弹簧,阀垫和滑阀后退,使阀垫与阀体脱开,气路开通。解钩时由于密封圈和顶杆失去压力,在弹簧的作用下,各部件恢复原位,气路断开。

2. 电气连接器

电气连接器的结构如图 4.18 所示。悬吊装置使钩体与电气连接器成弹性连接。两车钩连挂时,箱体可退缩 3~4 mm,靠弹簧压力,保证良好接触;触头上焊有银片,以减小电阻。触头与箱体成弹性连接,弹簧压力保证触头处于可伸缩状态,相互接触良好,保证电流畅通。箱体的一侧有一个定位销,对称侧有定位孔,两钩连挂时定位销插入对应的定位孔,以保证触头的准确连接;密封条是防雨水和灰尘的。解钩时,将箱盖盖好,防止触头损坏。箱体内还设有接线板,使触头的引线和从车上来的引入线对应相连;在它后部有电线孔,为防止电线磨损,设有塑料套。电气箱外装有保护罩,当两钩连接时,电气箱可推出使其端面高于车钩端面,此时保护罩自动开启;当解钩后,电气箱退回至原位置,保护罩自动关闭。电气箱内的触点分别为固定触点和弹性触点,保证电气连接时密接可靠。电气连接器主要应用于自动车钩上。

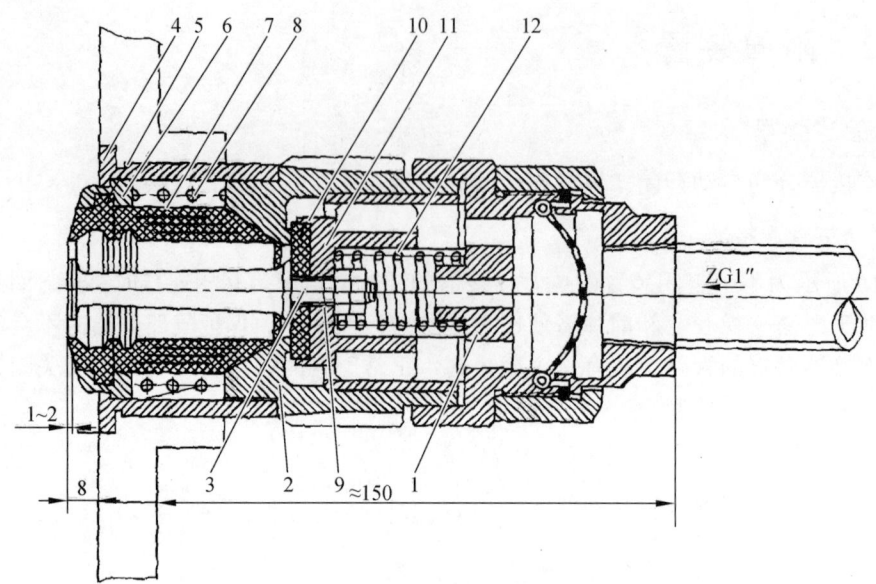

1—后接头；2—阀体；3—顶杆；4—阀壳；5—密封圈；6—滑套；7—橡胶套；
8—前弹簧；9—调整垫片；10—阀垫；11—滑阀；12—顶杆弹簧。

图 4.17　自动开闭式风管连接器的结构

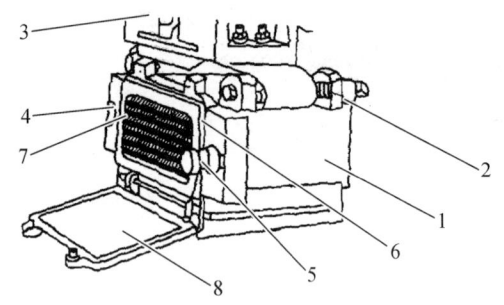

1—箱体；2—悬吊装置；3—车钩；4—定位孔；5—定位销；
6—密封条；7—触头；8—箱盖。

图 4.18　电气连接器的结构

3. 车钩对中装置

图 4.19 所示为车钩对中装置。在缓冲器的尾部下方左、右各设有一个对中气缸，它的活塞头部安有一个水平滚轮，当气缸充气活塞向外伸出时，能自动嵌入固定在球铰座下方的一块呈桃形的凸轮板左右的两个缺口内，从而达到使车钩自动对中的目的，也就是使车钩缓冲装置的中心线与车体中心线在一个垂直平面内，以便使一个车钩钩头对准对方车钩的钩坑。

钩头心轴顶部的凸轮驱动二位五通阀的阀芯，使对中气缸进行充气或排气。当车钩处于待挂状态时，对中气缸充气使车钩自动对中；当车钩处于连接状态时，对中气缸处于排气状态。对中气缸排气，车钩则可自由转动，有利于列车过弯道。

当车辆在弯道上进行连挂时，则必须将对中装置关闭，否则无法进行连挂。这时只须将车钩下方的进气阀门关闭即可使对中气缸排气，使车钩处于自由状态，而在进行连挂时可利用钩头法兰前的导向杆（俗称象鼻子）进行对中，从而顺利地进行连挂。

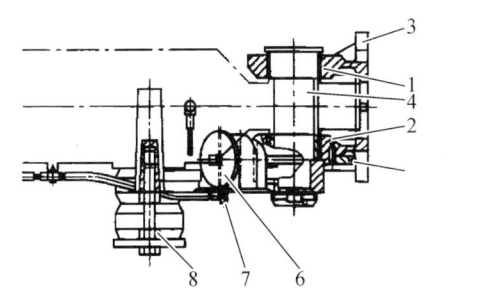

1,2—轴套；3—安装座；4—中心销；5—凸轮盘；6—对中作用气缸；
7—活接式气接头；8—垂向支撑橡胶弹簧。

图 4.19 车钩对中装置

任务 4.3 车辆连接装置检查与维护

车钩使用一段时间后，钩锁之间会产生磨损，当磨损达到一定程度，或各部橡胶元件产生蠕变，都会造成两车钩无法正常连挂，严重时甚至造成脱钩事故。因此，要定期检查和调整车钩。

4.3.1 车钩检修的准备工作

1. 清 洁

（1）在对车钩作业前应对钩体进行彻底的清洁，以免污物弄脏车钩内部部件增加磨损，造成车钩损坏。在装配部件并将其安装到车钩上之前，应确保所有的零件和车钩上的校准面已经得到彻底清洁，既可以防止装配错误所引起的失灵，又可以保证螺栓正确预紧。

（2）所有要上油漆的部件都应事先清洁。这些部件摆放的位置要便于水排出，未排尽的水要使用压缩空气去除。

（3）勿在镀锌和镀铬表面使用碱性清洁剂。

（4）勿使用柴油或动力汽油（含苯），否则将阻碍润滑油膜形成，导致腐蚀。

（5）橡胶零件不得接触润滑脂，应使用无油压缩空气或无油抹布进行清洁。橡胶件上的硬结应使用甘油和酒精的混合物（混合比为 1：1）进行清理。

2. 修补油漆损坏部位

（1）对车钩上油漆损坏的部位必须进行修补，以免其进一步损坏。

（2）钢质部件由于被腐蚀或其他原因不适合上油漆的，应在上油漆前进行喷砂或打磨处理。

（3）所有的油漆作业都应当在带有强力排风设施的加热车间内进行。

① 螺栓和螺母的表面所涂底漆的厚度为 20～40 μm。

② 下列部件的表面只涂底漆，底漆厚度为 20～40 μm。

a. 车钩头部的正面，包括凸锥和凹锥孔。
b. 连接卡环锥形接口的表面和底部。
c. 安装座与车体相结合的表面和螺栓孔内表面。

③ 为确保油漆涂层能达到要求的厚度且均匀，应在喷涂过程中使用湿膜型膜厚计定期检测涂层厚度，油漆干后用干涂层膜厚计检测涂层厚度。

（4）在测量中，如果有任何一个测量点的干涂层厚度低于规定厚度（160 μm）的 80%，将视为不合格。建议最大的干涂层厚度不超过规定厚度的 2 倍。目测时，油漆表面不得有漏喷、皱裂、橘皮状缺陷，以及严重的挂流、坑洼、气孔等功能缺陷。

（5）不需要油漆的地方应使用合适的材料遮盖。

3. 修补小处破损

对于在安装和运输过程中造成的较小破损可用一般的合成油漆进行修补。如果机械车钩正面的底漆受到损坏，应清洁车钩正面，去除灰尘和锈迹，烘干或晾干后涂上一层底漆。

4. 修补大处破损

对于需要油漆的大处破损，应进行仔细、彻底的处理，以便获得良好的油漆效果。

4.3.2　日常预防性维护检修

1. 维护计划

表 4.1 为推荐的最低标准的车钩定期维护计划。如果环境或其他条件所需，应对车钩进行更为频繁的维护。

表 4.1　推荐的最低标准的车钩定期维护计划

操作行为	间隔期
日常检修	每周
季检	每 3 个月

2. 半自动车钩日检

这里以头车半自动车钩维护为例，对日常检修进行说明。

1）工具准备

标准工具套装、手电筒、红色标记笔。

2）工作步骤

（1）对整个车钩进行目视检查。检查整个车钩是否有损坏的迹象，以及紧固件是否松脱或遗失。对生锈的零部件必须进行清洁，然后涂上底漆加以保护。

（2）检查机械车钩的钩舌和弹簧是否损坏。

（3）检查压溃装置是否有移动，如果有任何松弛或移动，应对其进行检修或更换。

（4）检查主风管、解钩风管是否损坏，前密封圈是否损坏，零件是否松脱。如有必要，应更换前密封圈。

（5）检查连接环的紧固件是否损坏或遗失。如有可能，试着推一下接口处，检验其是否松弛。若松弛，应更换防松板并重新紧固螺栓和螺母（力矩为 160 N·m）；如果仍然松弛，则应更换连接环组件（含紧固件）。

（6）检查安装螺栓是否松动，防松标记线是否错位移动，错位移动说明已松动；检查车钩零件是否有损坏，如果有损坏，更换损坏件；使用 400 N·m 力矩重新拧紧，并且标上防松标记。

（7）检查压溃管是否触发。通过压溃管的排水孔，观察孔内的螺母是否移动，正常情况下，螺母应稍突出孔面；观察油漆观察区域内的油漆是否有爆裂现象。若排水孔内的螺母有移动现象，油漆有爆裂现象，则代表压溃管可能遇到非正常纵向冲击造成触发，应更换新的压溃管。

3．季　检

以头车半自动车钩（采用可压溃变形管作为缓冲装置）维护为例，对季检工作进行说明。

1）工具准备

标准工具套装、手电筒、红色标记笔、干净的不含亚麻的布、注油枪。

2）维护用品

甘油和酒精的混合物（混合比为 1∶1）、Autol Top 2000 润滑脂、二硫化钼（MoS_2）减磨剂。

3）工作步骤

（1）进行日常检修所要完成的所有内容。

（2）使用无油压缩空气和毛刷对钩头进行大致清理。

（3）使用压缩空气彻底清洁机械车钩的主风管、解钩风管和钩舌。车钩使用干净的不含亚麻的布擦干净。风管连接器前部的橡胶件上如果有不易清理的硬物，可以使用甘油和酒精的混合物进行清理。

（4）使用 Autol Top 2000 润滑脂对钩头的凸/凹锥进行润滑（见图 4.20），凸/凹锥的油脂涂抹厚度不得大于 30 mm；使用二硫化钼（MoS_2）减磨剂对钩舌及钩舌腔表面进行润滑。

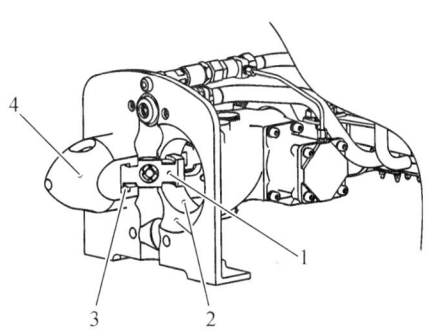

1—钩舌；2—凹锥；3—钩舌腔；4—凸锥。

图 4.20　润滑位置

4. 车钩拆卸

以头车半自动车钩（采用可压溃变形管作为缓冲装置）维护为例，对车钩的拆卸（见图4.21）进行说明。

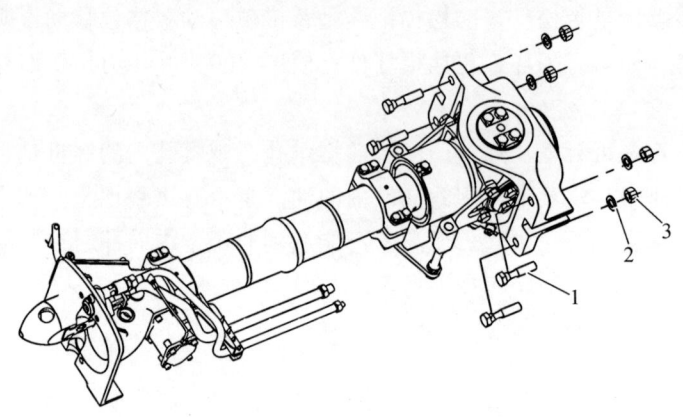

1—过载保护螺栓；2—垫圈；3—螺母。

图 4.21 从车体上拆卸车钩

1）工具准备

合适的提举装置、标准工具套装。

2）维护用品

Molykote 1000 润滑脂、Autol Top 2000 润滑脂。

3）工作步骤

（1）拆卸所有连接车钩和车体的空气软管。

（2）拆卸连接到车体的接地电缆。

（3）正确地支撑车钩，确保螺栓卸下后，车钩不会倾倒。

（4）将4颗过载保护螺栓、垫圈和螺母卸下，将车钩举起，离开车体。

（5）检查过载保护螺栓是否损坏，如有损坏，应进行更换。

5. 压溃管的维护

压溃管的分解如图4.22所示。

1）压溃管的拆卸

（1）正确支撑车钩，确保车钩拆卸后不会倾倒。

（2）拆除车钩上的接地线。

（3）撬起防松垫片，松开螺母，取出螺栓。

（4）分解垫片、连接卡环和风管支架。

（5）分离机械车钩、压溃管和缓冲装置。

2）压溃管的安装

（1）清洗、检查所有零件，油漆破损的地方需要补漆。

（2）使用 Molykote 1000 润滑脂对螺栓的螺纹部分进行润滑。

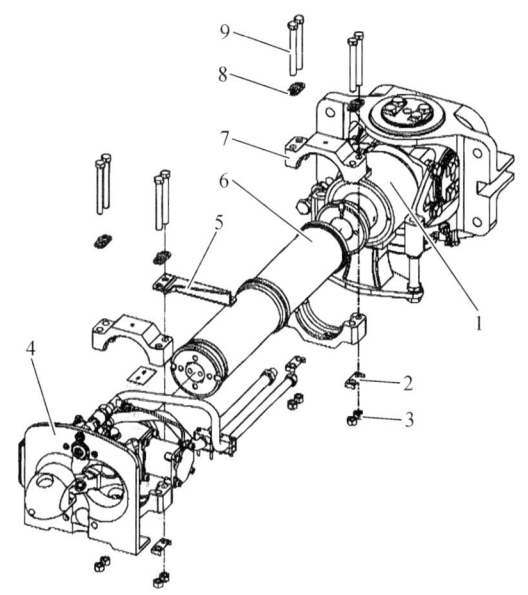

1—缓冲装置；2—防松垫片；3—螺母；4—机械车钩；5—风管支架；
6—压溃管；7—连接卡环；8—止动块；9—螺栓。

图 4.22　压溃管的分解

（3）在连接卡环的内表面涂抹一层薄的 Autol Top 2000 润滑脂。
（4）使用连接卡环组装机械车钩、压溃管和缓冲装置。
（5）安装螺栓、止动块、风管支架、防松垫片和螺母。
（6）检验两个连接卡环是否平行，确保两侧开口距离相等。
（7）拧紧螺母（拧紧力矩为 160 N·m）。
（8）撬起防松垫片，使其弯向螺母，以防螺母松动。
（9）打防松标记，以便能够目测螺母和螺栓是否连接正确，没有松动的迹象。
（10）在螺栓和连接卡环钻孔之间的空腔内填充可起到防腐蚀作用的 Autol Top 2000 润滑脂，如图 4.23 所示。
（11）安装接地线。

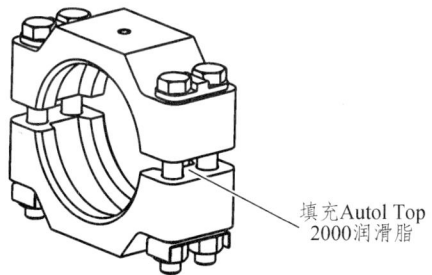

图 4.23　填充 Autol Top 2000 润滑脂

6. 将车钩安装到车体上

（1）检查车钩是否有损坏或油漆是否有破损的地方，如有则需要补漆。

（2）使用 Molykote 1000 润滑脂对螺栓及其接触面进行润滑。

（3）提升车钩至车体底架车钩安装处，小心不要损坏车钩。

（4）安装 4 颗经过润滑的过载保护螺栓。

（5）安装 4 颗螺母和垫圈，以交叉拧紧方式将 4 颗螺母拧紧至 280 N·m，再以交叉拧紧方式将 4 颗螺母拧紧至 400 N·m。打防松标记，以便能目测螺母和螺栓是否连接正确，没有松动的迹象。

（6）连接半自动车钩和车体之间的接地电缆。

（7）连接半自动车钩和车体之间的所有空气软管。

（8）对车钩进行对中调整。

【思政课堂】

感动中国 2022 年度十大人物大国工匠李万君
——器成天下走

李万君，中车长客股份公司高级技师。李万君凭着一股不服输的钻劲儿、韧劲儿，通过一次又一次的试验，取得了一批重要的核心试制数据，积极参与填补国内空白的几十种高速车、铁路客车、城铁车转向架焊接规范及操作方法，先后进行技术攻关 100 余项。

如今，中车长春轨道客车股份有限公司的转向架年产量超过 9 000 个，比庞巴迪、西门子和阿尔斯通等世界三大轨道车辆制造巨头的总和还多。

在得知自己成为"感动中国"年度人物时，李万君深情地说："高铁有 394 道工序，每一道都不容失误，我们要坚持工匠精神，做好自己的本职工作，使我们的团队技术更加成熟，保证高铁又稳又快地奔跑，同时创造具有我国自主知识产权的品牌。"他说，他就是一名技术工人，离开了生产一线啥也不是。他这辈子很幸运，能分配到长客，赶上了高铁发展的时代，才让他这样的技术工人有机会回报企业，报效国家。所以，他下决心干好高铁，变中国制造为中国创造，让每一个技术工人都能当上创新主角，像动车组一样，节节给力，人人添彩。

【能力拓展】

钩高尺的使用方法及应用

1. 活动场景

在城轨车辆生产车间或检修现场教学，或用多媒体展示城市轨道交通车辆的钩高尺的使用。

2. 任务要求

（1）了解、掌握钩高尺的种类、结构。

（2）正确使用钩高尺测量车钩的高度。

（3）在实际工作中熟练掌握钩高尺的使用方法（见图 4.24）及维护保养。

图 4.24 工厂现场钩高尺使用示意

3. 知识准备

测量机车车辆、城轨车辆车钩高度的工具分为：钩高尺、简易测量工具（水平仪、铅垂、水平尺、卷尺）。钩高尺主要是用于测量机车车辆、城轨车辆两端车钩的高度。西安地铁主要采用钩高尺对城轨车辆车钩进行测量。

1）钩高尺的构造

钩高尺产品采用高碳钢或不锈钢制造主要由游框、竖尺（主尺）、尺爪、主尺量程、水平支座（横尺）、折叠机构等组成（见图 4.25）。

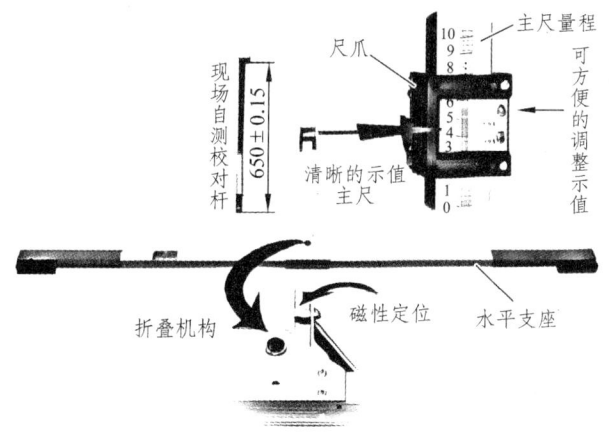

图 4.25 钩高尺

2）钩高尺的使用方法

将钩高尺折叠机构打开，钩舌为锁闭状态，抬起竖尺将横尺垂直搭在钩舌前面钢轨上，并与钩舌垂直靠平。向上抬起游框，测角顶住钩舌底面。则游标对准竖尺刻线上，进行数值读取。城轨车辆根据车型不一样分为 A 型电客车、B 型电客车，A，B 型车辆的半自动车钩高度分别为 720_0^{+12} mm、660_0^{+12} mm。如图 4.26 所示，数值读取为 660+4=664 mm，在正常范围内。

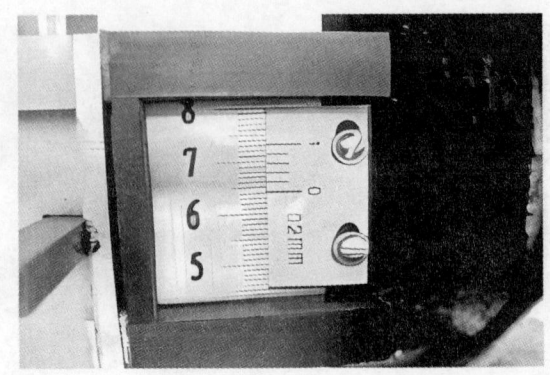

图 4.26 钩高尺读数

3) 钩高尺的维护保养

(1) 不得私自拆装或乱扔乱放钩高尺。

(2) 使用时不能用大力压住水平支座。

(3) 不能将钩高尺浸于液体中（如油、水等）。

(4) 用完千分尺后，使用柔软无毛的布擦干净尺身及测量面，并放入存放盒中进行保管。

(5) 如果在校验有效期内，钩高尺被损坏或出现明显测量不准确的，必须立即送质检部计量室处理。

4. 任务实施

钩高尺使用时，掌握钩高尺的结构特点、使用方法及钩高尺的维护保养。

评价表

项目名称	城市轨道交通车辆连接装置检修与维护	学生姓名	
任务名称	钩高尺的使用方法及应用	分数	
项目		分值	考核得分
1. 钩高尺相关知识，图片的搜集，整理		10	
2. 是否有小组计划		5	
3. 钩高尺的结构形式基本要求认知情况		20	
4. 钩高尺的使用方法基本要求认知情况		20	
5. 钩高尺的使用范围要求认知情况		20	
6. 钩高尺的维护保养要求认知情况		15	
7. 编制学习汇报情况		5	
8. 基本素养考核情况		5	
教师简要评语：			
			教师签名：

【思考与练习】

（1）城轨车辆使用的车钩一般分哪几类？
（2）车钩是如何连挂、解钩的？
（3）贯通道和乘客有交互的组件有哪些？
（4）车钩的检修内容有哪些？
（5）如何判断压溃管是否触发？
（6）如何拆卸车钩？
（7）车钩的常见故障有哪些？

项目 5　车　门

【项目导入】

车门系统是城轨车辆的主要组成部件，车门系统的可靠程度直接影响城轨车辆安全运营的状况。目前，城轨车辆上主要使用塞拉门和内藏门。车门是城轨交通车辆中使用频率最高和故障率最高的设备。城轨车辆运营线路站距短，客室车门、司机侧门频繁开关，容易损坏车门的门控电气元件和机械零部件，造成正线运营列车的客室车门故障频发。因此，学习车门基本理论知识，并掌握车门系统常见故障维修方法，可减少城轨车辆运营时车门系统故障发生的概率，保证列车正常运营。

【学习目标】

（1）掌握车门的作用与分类。
（2）掌握外挂门、内藏门、塞拉门的结构和特点。
（3）了解紧急疏散门的结构和特点。
（4）能分析并简单处理车门常见故障。

任务 5.1　车门基础知识

城市轨道系统的车辆的车门按用途可分为 4 种：客室侧门、司机室侧门、司机室和客室之间的间隔门和紧急疏散门。客室侧门和司机室侧门的使用频率最高；使用的频率较低的是司机室间隔门，只有在司机进行招折返站进行更换操作端和客室内有紧急情况需要疏散乘客时会使用；紧急疏散门在紧急情况下客室车门无法打开或者列车在区间进行疏散逃生时才会使用，使用的频率最低。

城轨交通车辆车门

5.1.1　客室侧门的要求与分类

1. 基本要求

由于我国城市轨道交通在建设时的多样性和各城市在建设和采购车辆时的多样性特点，

造成客室侧门的结构和类型多种多样,但按照城市轨道交通服务的特点,城市轨道车辆客室侧门满足以下条件:

(1) 为满足客流大的要求,城市轨道交通的车门都要有足够的有效开门宽度,一般为 1.3 m 左右;并且均匀分布,方便乘客上下车。

(2) 按不同类型车辆的车体长度不同,每侧均匀分布有 4~5 套车门。

(3) 在客车空间的布置上,为方便乘客上下车时有足够空间进行周转,在车门附近的客车有足够的空间,不布置其他设施。

(4) 为确保乘客的时的安全,车门一定要具有非常高的可靠性;一旦发出车门方面的故障信息或误开门等信息,车辆控制装置将立即启动停车程序,以确保安全。

2. 分 类

按照客室侧门开关门时的运动轨迹,客室侧车门可分为以下 4 类:内藏嵌入式移门、外挂式移门、塞拉门及外摆式车门。

1) 内藏嵌入式客室侧门

内藏嵌入式移门简称内藏门,在车门开/关时,门页在车辆侧墙的外墙板与内饰板之间的夹层里面移动。传动机构设于车厢内侧车门的顶部,装有导轨的门页可在导轨上移动。双扇电动内藏门的驱动机构组成包括机械控制及电气控制两部分。机械控制部分由传动导向装置、内外侧紧急解锁装置、故障隔离锁等设备共同组成。电气控制部分由门控器、驱动电机及实现自动门功能的其他附件构成传动导向装置。传动导向装置由安装底板、门扇吊挂部件、传动装置、中央锁等部件组成。内藏嵌入式客室侧门主要零部件如图 5.1 所示,客室侧门顶部机构如图 5.2 所示。

2) 外挂式移门

外挂式移动门使用较少,它与内藏式移门的主要区别在于门页和悬挂机构始终位于侧墙的外侧,其工作原理与内藏式移门原理大同小异。

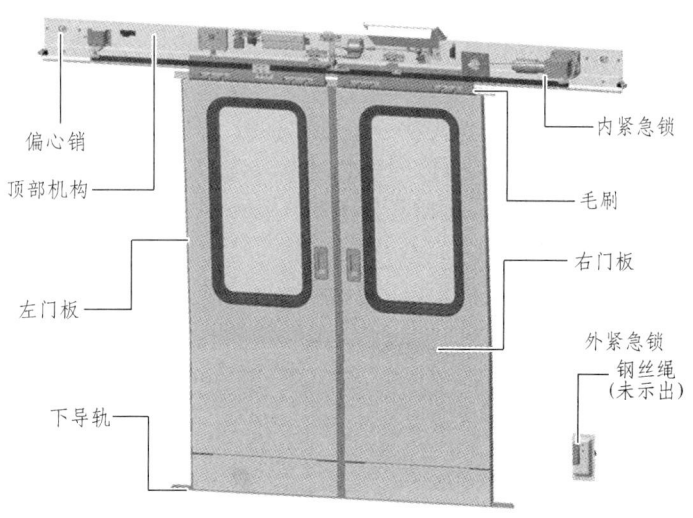

图 5.1 客室侧门主要零部件

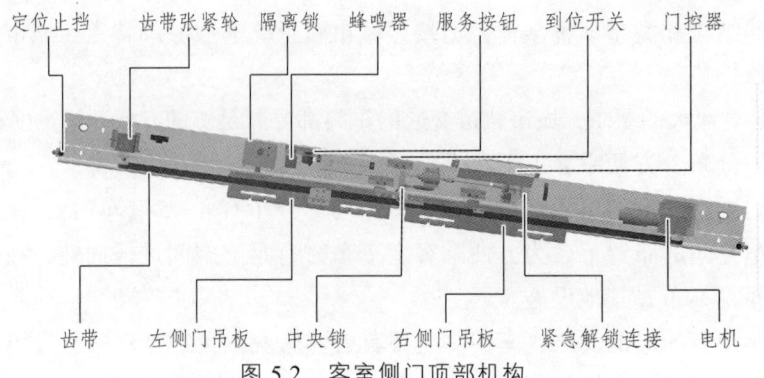

图 5.2 客室侧门顶部机构

3）塞拉门

塞拉门是目前城市轨道交通车门性能与造价都比较高的一种门，我国许多地铁公司都采用此种车门。塞拉门的主要特点是门在开启状态时，两个门页紧紧贴靠在车体侧墙外侧，车门在关闭状态时门页外表面与车体外墙成一平面，使车体外观美丽，而且也有利于在高速行驶时减少空气阻力，车门不会因空气涡流产生噪声，也便于自动洗车装置对车体的清洗。

塞拉门

如图 5.3 所示，塞拉门的开关动作是门页借助于车门上方安装的悬挂机构和导轨导向作用，由电机驱动机械传动机构使门页沿着导轨滑移。

4）外摆式车门

外摆式车门的主要特点是开门时通过转轴和摆杆使门页向外摆出，并贴靠在车体的外墙上，门关闭后门页外表面与车体成一平面，门在开启的过程中，门页需要一定的摆动空间才能完成其功能。

外摆式车门

四种客室侧门的主要性能对比见表 5.1。

5.1.2 司机室门

城市轨道交通车辆驾驶室司机室侧门多采用折页门或塞拉门，塞拉门分为内塞拉门和外塞拉门，城市轨道交通车辆一般采用单扇外塞拉门，工作时车门由外塞入。

1. 结构形式

如图 5.4 所示，司机室单扇门由基础安装部分、驱动装置、门板、门板附件、锁闭装置等组成，其中基础安装部分主要包括门框密封角铝、C 形嵌条、门框密封胶条、下摆臂、碰接座等。其主要作用是用于门板与车体的安装过渡和密封；在门关闭时，门框密封角铝和门框密封胶条与门板密封胶条贴合，起到密封作用。

2. 主要技术参数

以 B 型车司机室单扇门为例对司机室单扇门的主要参数进行说明。

（1）车门宽度：725_{0}^{+2} mm。

（2）车门高度：$1\,995_{0}^{+4}$ mm。

（3）水平净尺寸（宽度）：560 mm。

（4）垂直净尺寸（高度）：1 760 mm。

（5）质量：每套门 $101_{-10.1}^{+10.1}$ kg。

项目5 车 门

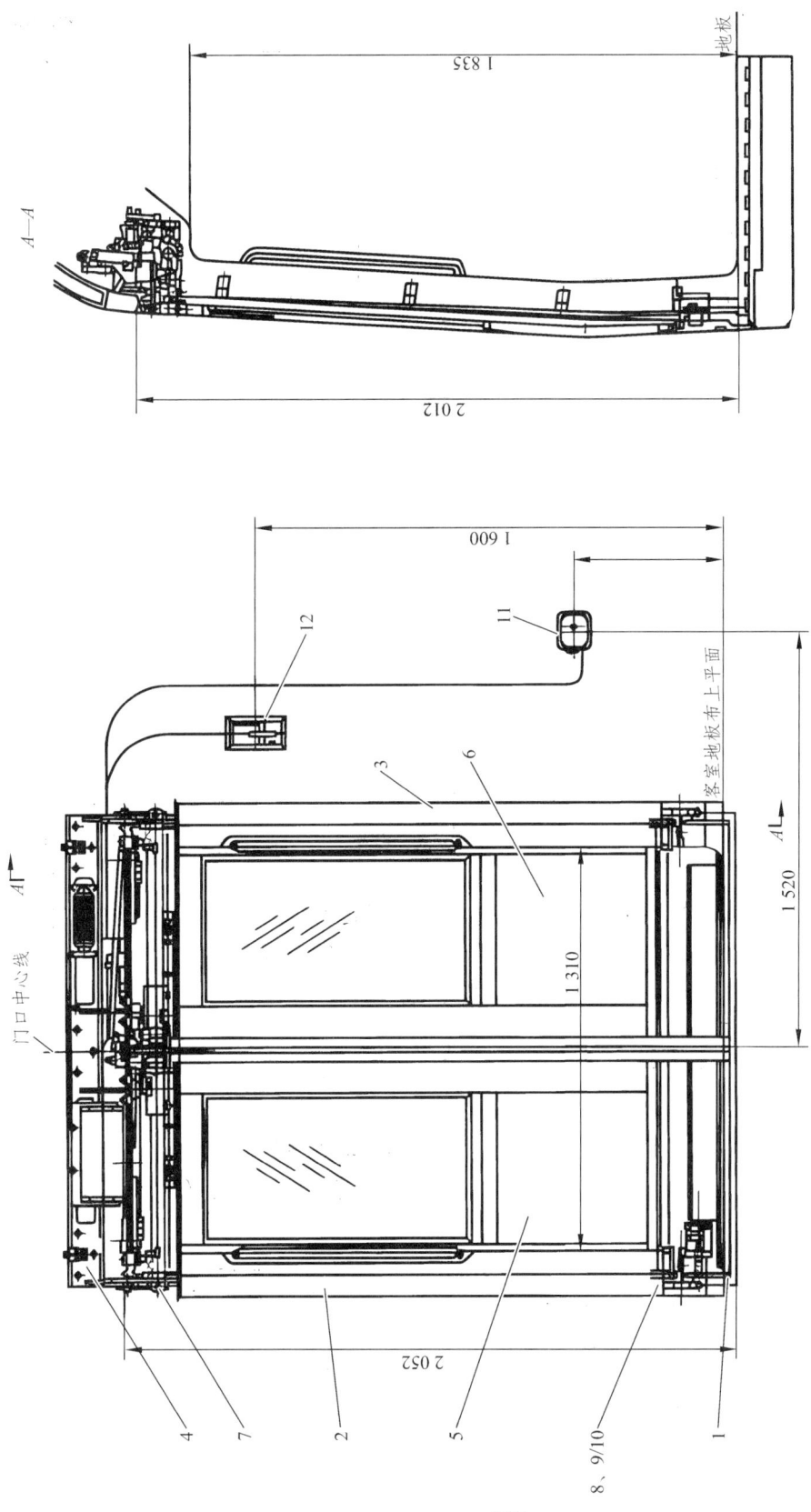

1—门槛；2—左立罩板；3—右立罩板；4—顶部机构；5—左门板；6—右门板；7—偏心轮；8—隔离锁开关；9—右滚轮摆臂；10—左滚轮摆臂；11—外部解锁机构；12—内部解锁机构。

图5.3 外开电控气动塞拉门结构

表 5.1 典型客室门的主要性能比较

标准	塞拉门	外挂门	内藏门	外摆门
乘客舒适度	优	一般	一般	一般
隔声	很好	很差	差	好
隔热	好	差	差	好
隔空气压差	很好	差	差	一般
乘客候车区无障碍	差	一般	一般	很差
气流噪声的影响	很低	高	高	很低
开门速度（开/关门时间）	好	很好	很好	差
抖动的可能性	低	高	高	一般
乘客可用车厢空间	很好	差	很差	很好
夹手	门页和侧墙之间以及门框和下边框之间装有护指橡胶	门页和侧墙之间装有护指橡胶	门页和侧墙之间以及门框和下边框之间装有护指橡胶	门页和侧墙之间以及门框和下边框之间装有护指橡胶
门叶掉落风险系数	低	高	低	高
首次费用	高	一般	很高	高
运动曲线	复杂	简单	简单	复杂
整体质量	高	一般	很高	一般
车体内侧的有效宽度	一般	差	很差	一般
可维修性	一般	差	很差	一般
设计	流线型	凸出车体	凹进车体	流线型

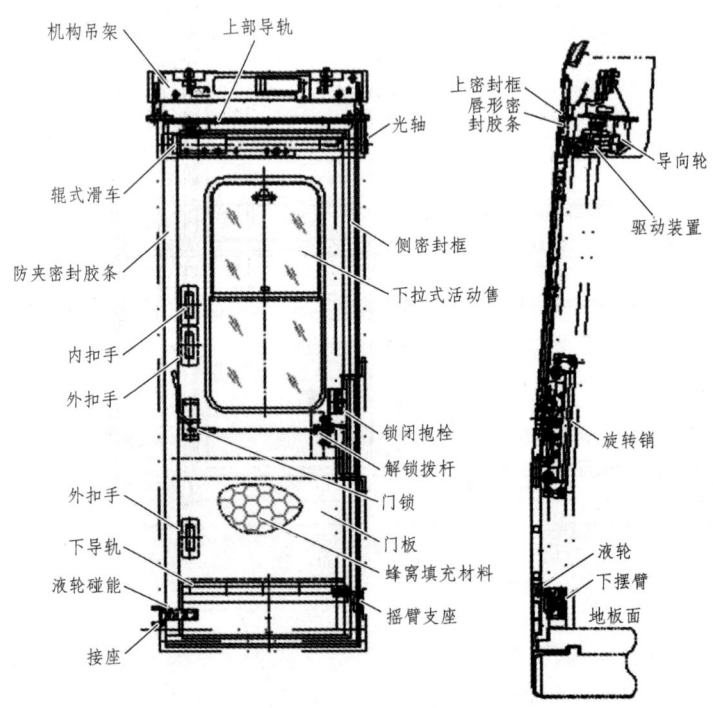

图 5.4 司机室单扇侧门结构示意

3. 工作原理

如图 5.4 所示，由图可知车门主要依靠司机室门框架侧面的摆臂上的 3 个导向轮在门板下的导轨内外运动，1 个在导轨内、另 2 个在导轨外，每个门框的下部安装 1 个碰接座，碰接座的主要作用在关门时通过安装在门板上的滚轮碰座借助关门力给门板一横向机械保持力，防止门向外脱开。车门的驱动装置安装在门上部，主要由辊式滑车、机构吊架、上部导轨等组成。工作时，滑车在一根导向光轴上运行，并通过一组平行四连杆机构与门扇连接，平行四连杆机构使门扇向外摆动，这个运动又受到导向轨的控制，在外摆运动中导向轮的运动范围是导轨的弯曲段。当导向轮到达导轨的直段时，外摆运动结束。此时，门扇开始与列车外壁平行运动。滑车在导向光轴上作推移运动。辊式滑车是驱动装置中动力传递的主要部件，安装在机构吊架光轴上，它通过连接板与门板固定。辊式滑车沿光轴做直线运动，并将重力负荷传递给机构吊架。此外，辊式滑车上的平行四连杆机构，通过装在其上的导向滚轮与上部导轨配合，实现门板直线、曲线运动的转换。

5.1.3 间隔门

图 5.5 所示为某城市地铁车辆司机室和客室的间隔门。目前，我国城市轨道交通列车的前后端均安装一组间隔门，一列车共有两个间隔门，用于分隔驾驶室和客室。在紧急情况时，乘客可以通过该门进入驾驶室，再通过紧急疏散门从逃生梯进入隧道，离开列车。

图 5.5 司机室和客室的间隔门

5.1.4 逃生门和疏散梯

针对接触网受电牵引方式，车辆驾驶设置了紧急逃生门，图 5.6 和图 5.7 所示为两种不同形式紧急逃生疏散门，主要区别是带扶手和不带扶。

一般 A 型车驾驶室在中间位置设置了紧急逃生门，而 B 型车在驾驶室偏左侧设置了紧急疏散门。当遇到紧急情况时，打开紧急疏散门，通过逃生梯安全离开列车。逃生门系统设置在司机室前端,是保证紧急情况下能够及时疏散旅客的逃生系统。在正常状况下,逃生门处于锁闭状态,逃生门起到隔声、隔热、密封等功能,保证司机室正常工作环境。在紧急情况下,可手动将紧急前门向上打开,并配合紧急疏散梯,用于疏散人群。一套逃生门系统包括一个铝合金门框、一个门扇部件、门锁、空气弹簧组件、增力机构等,门板采用铝型材焊接框架结构。

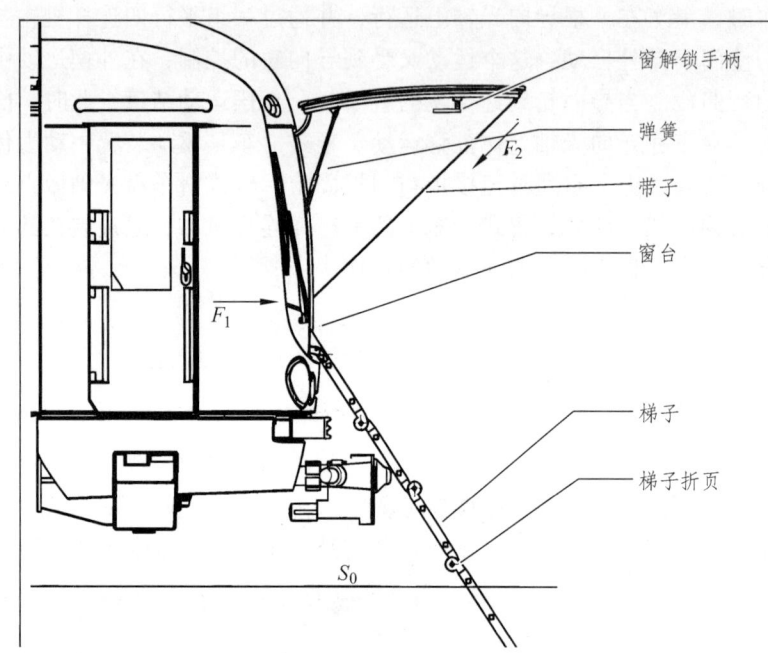

图 5.6 不带扶手逃生门结构

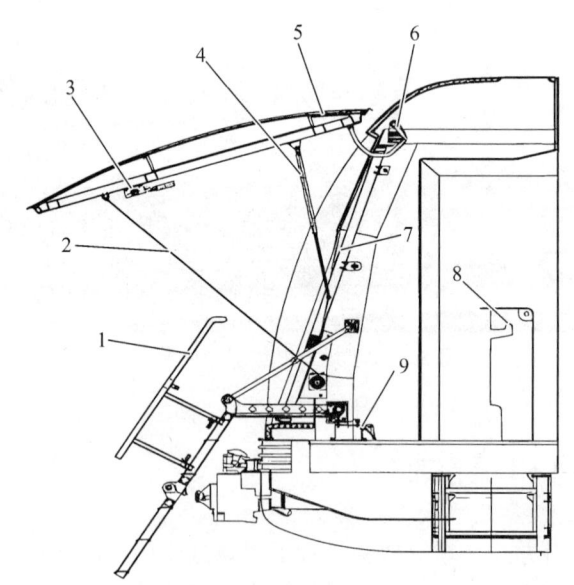

1—门梯;2—卷收带;3—门锁;4—空气弹簧;5—门扇;6—铰链;
7—密封骨架;8—防护罩;9—门梯固定装置。

图 5.7 带扶手紧急疏散门展开结构

图 5.8 和图 5.9 所示为城市轨道交通列车两端紧急疏散梯的结构。疏散梯主要由不锈钢和耐候钢材料制作而成，结构形式为三层折叠形式，回收到位后有一固定装置。疏散梯的工作原理：① 疏散梯的开启：使用时，首先打开手动铰链门，然后由车内向车外逐一手动打开折叠的疏散梯，使乘客可以安全、方便地从车上走下。在疏散梯展开后，两侧设有安全扶手，可保证乘客疏散时的安全；② 疏散梯的回收和固定：不使用时，该梯子被折叠放置在门扇后面规定的位置。由一个固定装置固定，保证在车辆运行时不发生振动。回收时，操作人员在车下手动逐节折起疏散梯，并初步推放到位；操作人员回到驾驶室内，操作固定装置将已折叠好的疏散梯固定。

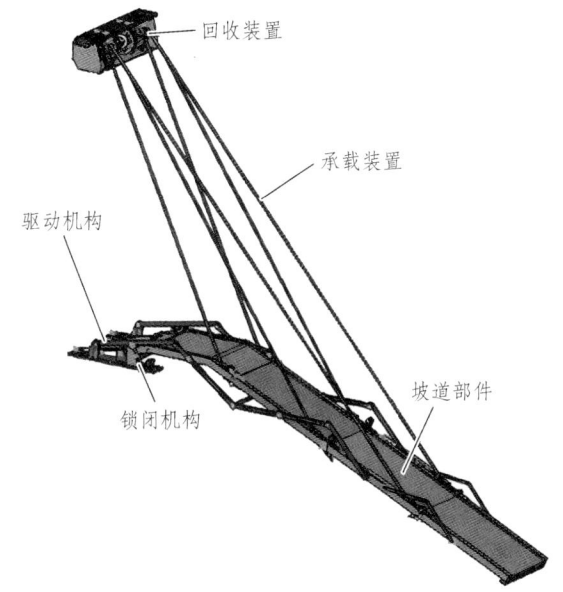

图 5.8 逃生门疏散梯

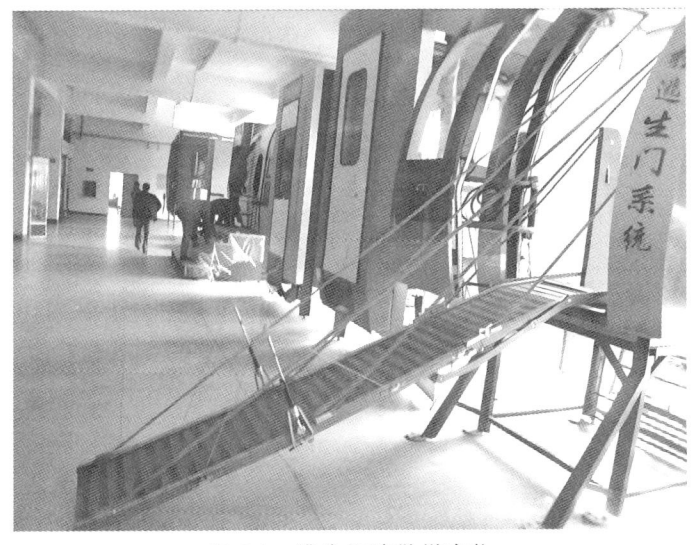

图 5.9 逃生门疏散梯实物

【典型案例】

图 5.10 所示为某双开电动塞拉门的电子门控器（EDCU）E1606CB 布置情况。列车的每节车厢装有 8 套门，一边 4 套，对称分布。

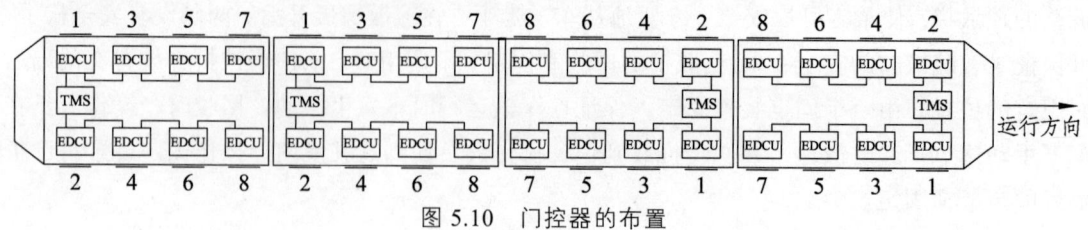

图 5.10 门控器的布置

根据列车控制信号（"开门列车线""关门列车线""零速列车线"）和门驱动机构上元件（关到位开关，隔离开关……）发出的信号，电子门控器将门开启和关闭。此电子门控器是可编程的，包含 16 路输入信号（I0～I15）和 6 路输出信号（O0～O5），它由系统存储器中的软件控制。电机驱动部分包含为门电机供电所必需的功率电子电路。与门逻辑单元连接的接口提供驱动门电机必需的控制。另外，电机驱动部分将信息返回给门逻辑单元（如电机的电流）以确保持续和可靠地运行。电子门控器 E1606CB 与 RS 485 车辆总线相连。通过 RS 485 总线，电子门控器（EDCU）与列车控制系统进行信息交换。EDCU 可传送门的不同状态信息（如"紧急装置工作"）和诊断信息（如"门位置传感器失灵"）。

只要改变软件程序就能满足不同的控制要求，可用便携式计算机通过 RS 232 服务接口加载软件。通过 RS 232 服务接口还可将 EDCU 的状态信息和诊断信息传送给使用康尼公司 DIAG 软件的便携式计算机。

使用 DIAG 软件能够显示存储在可编程只读存储器中的 EDCU 的软件版本信息。另外，在 EDCU 的外壳上贴有标签，在此标签上标有从"01"到"12"的数字，它是软件号的最后两位，即软件号是 MK6007R01，那必须在标签"01"处标记，如有必要改变一次软件，软件号的最后两位就要升高（如"02"对应于软件号 MK6007R02）。如果标记的数字不止一个，最大的那个对应当前版本。

E1606CB 的主要参数如下：

供电电压：DC $110_{-30}^{+27.5}$ V

功耗：<8 W

电机最大电流：3.5 A，短路保护

数据输入：16（I0～I15）正开关量（输入电流 4 mA，电压为 DC 110 V）

数据输出：4（O0～O3）；正开关量，DC 110 V，DC 0.5 A，短路保护，最大 15 W 电灯负载
　　　　　2（O4～O5）；继电器干触点，DC 110 V，DC 0.5 A，短路保护

温度范围：-25～+70 ℃

质量：约 1 kg

对所有输入输出、电机状态、安全继电器、DC 5 V 和故障都有 LED 指示。

对车门的测试按照《铁道机车车辆电子装置》（TB/T 3021—2001）的标准进行：

开门时间：$3.0^{+0.5}_{-0.5}$ s

关门时间：$3.0^{+0.5}_{-0.5}$ s

温度范围：$-25 \sim +70$ °C

电源电压：DC $110^{+27.5}_{-30}$ V

平均电流消耗：0.5 A

最大电流消耗：1.5 A

自由通道最小开度：1 300 mm

自由通道最小高度：1 850 mm

障碍检测：挤压力<150 N（峰值）

　　　　　能检测的最小障碍物 30 mm×60 mm（宽×高）

车辆内最大气压：50 Pa

在紧急情况下 V >1 km/h 时开门力：>200 N，保持 3 min

任务 5.2　客室侧门的工作原理及操作

客室侧门按动力可分为电控电动门和电控气动门。电动式车门的动力是直流或者交流电机；气动门的动力是传动气缸。电控电动门是由电动机、传动装置（轴、磁性离合器、皮带轮和齿形皮带）、控制器、闭锁装置和紧急开门装置组成。齿形皮带与两个门翼相固定，闭锁和解锁所需的扭矩由电动机提供。另一种电气驱动装置为电动机通过一根左右同步的螺杆和球面支承螺母驱动滚珠摆动导向件和与其固定的门翼。

电控气动门是由压缩空气驱动传动气缸，再通过机械传动系统和电气控制系统完成车门的开关动作的。机械传动系统的作用是将传动气缸活塞杆的运动传递至车门，使车门动作。电气控制系统包括气动门控制、再开门控制、车门动作监视和列车控制电路连锁等内容。其作用是保证车门动作的可靠和行车安全。车门的电气控制系统一般采用电子控制技术，可根据乘客和司机的不同要求编制程序，修改操作过程。自动监控装置具有全方位监控车门系统、自动故障报警和记录等功能。为了防止车门夹伤乘客，现代自动车门还具有防夹功能。根据欧洲标准规定，在关门时最大挤夹力小于 200 N，在开门时最大挤夹力应小于 250 N。

5.2.1　客室电控气动侧门

1. 结　构

如图 5.11 所示，客室侧门电控气动车门系统主要由电气控制系统、空气驱动系统、机械传动系统、门机械锁闭机构、门页、导轨、紧急解锁机构、门状态检测及信号指示等组成。

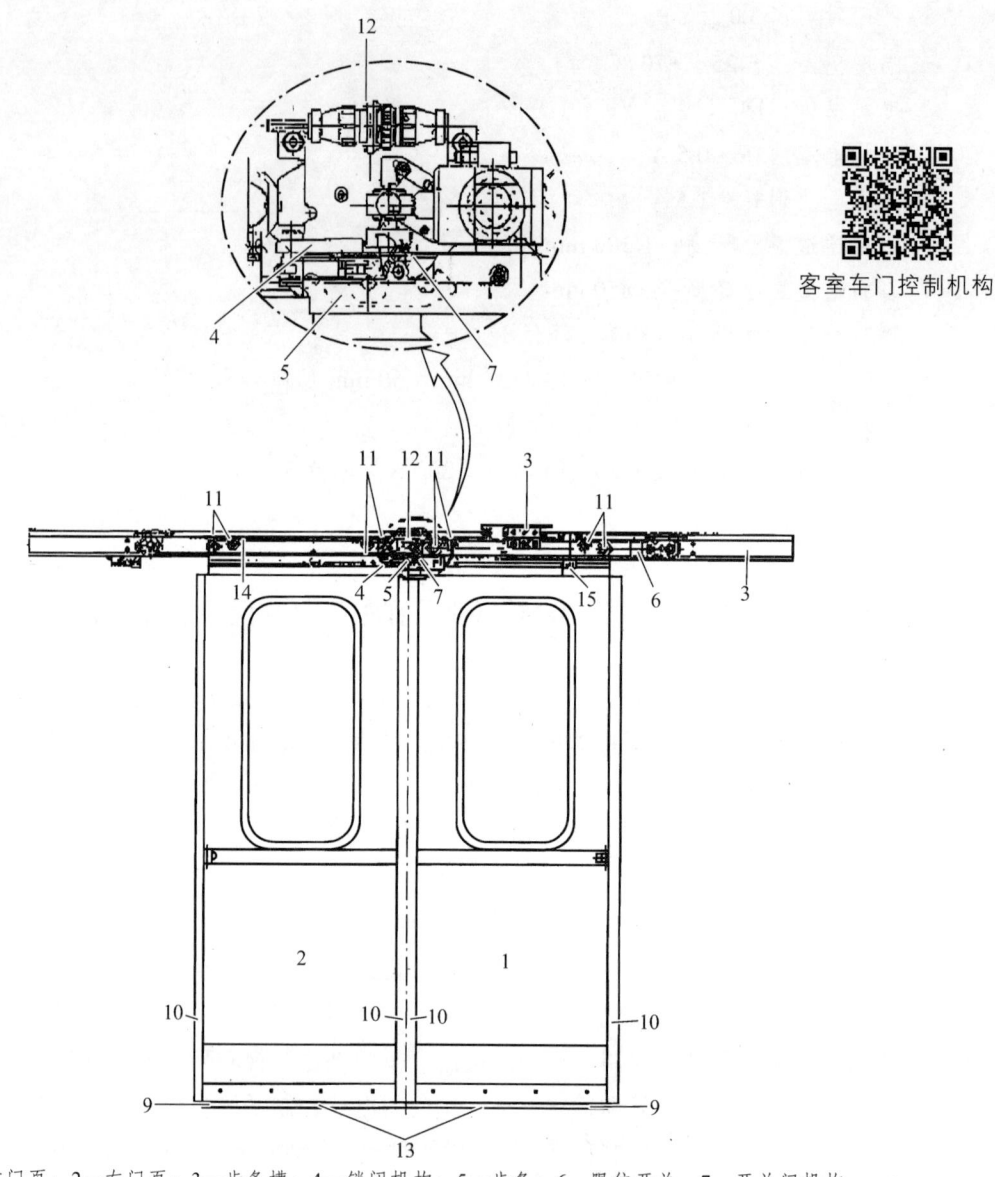

1—右门页；2—左门页；3—齿条槽；4—锁闭机构；5—齿条；6—限位开关；7—开关门机构；
8—紧急开关；9—下活动槽；10—门框；11—塞拉机构；12—电动机；
13—车体门滑槽；14—门驱动机构；15—限位检测装置。

图 5.11　客室电控气动侧门的结构

2. 主要部件

1）中央控制阀

图 5.12 所示为电控气动车门的中央控制阀装置，它位于车门传动装置上主要集成 MV1、MV2、MV3 三个电磁阀及车门开关门速度、开关门缓冲节流阀和快速排气阀等部件。

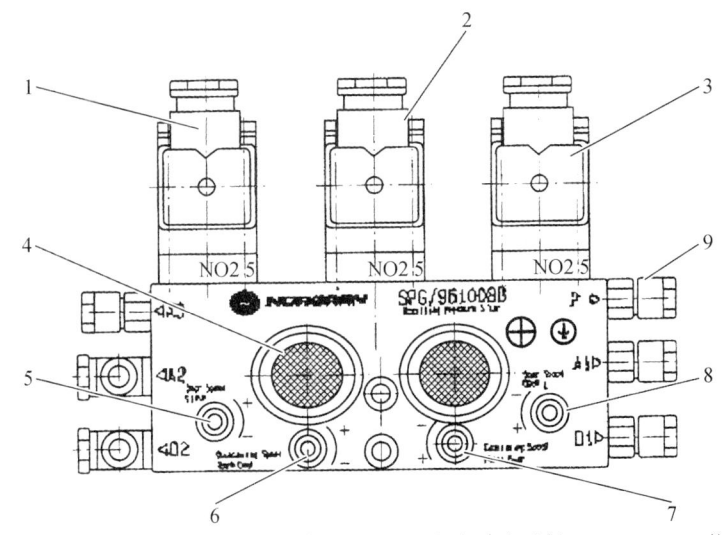

1—关门电磁阀 MV2；2—开门电磁阀 MV1；3—门切除电磁阀 MV3；4，9—接口；
5—左微调开关；6，7—微调开关；8—右微调开关。

图 5.12　中央控制阀

三个电磁阀中，MV2 是"关门"电磁阀，它在"关门"电磁阀的通常状态下（即失电），车门驱动风缸排气；MV1 是"开门"电磁阀，此阀在"开门"电磁阀的通常状态下（即失电），车门驱动风缸及解锁风缸都处于排气状态（通向大气）；MV3 是"门解锁"电磁阀，解锁电磁阀得电时，解锁风缸与气路相连接，当有空气进入，锁钩就会被顶开。当该电磁阀处于通常状态下（即失电），解锁风缸排气，活塞缩回，锁钩在扭簧作用下复位。另外，在中央控制阀中共有 4 个节流阀，其功能分别为调节开门速度、关门速度、开门缓冲、关门缓冲。向"＋"方向旋转，表示供气量增大；反之，表示供气量减小。在中央控制阀中还有两个快速排气阀，驱动风缸两端是通过快速排气阀排向大气的，此阀的排气口是常开的，当驱动风缸通过它充气时，其阀芯将排气口关闭。

2）驱动风缸

每扇车门都设有一个单向作用的驱动风缸，用于实现门页的开、关动作。该风缸在一个行程末端有缓冲作用。驱动风缸活塞杆用活塞杆托架连接在左门页上。开门行程受安装在导轨上的止挡的限制。风缸和中央控制阀之间用尼龙管连接。

3）解钩气缸

它是执行门锁解钩动作的。

4）车门行程开关

图 5.13～图 5.16 所示为行程开关工作原理。锁闭行程开关为 S1，用于检测车门是否正确锁闭。如图 5.13 所示，S1 位于车门控制机构的中央，通过锁钩上的凸轮操纵，当车门锁钩被顶开时，凸轮旋转使 S1 动作。

图 5.14 所示为车门关闭行程开关 S2，主要用于检测车门门页是否关闭到位，通过安装在右门页上的碰块触发该行程开关的动作。

图 5.15 所示为门切除行程开关 S3，用于检测车门是否切除。当单个车门发生电路检测

故障时（通常是 S1、S2 接触不良造成），可以通过方孔钥匙切除该车门，S3 行程开关的触点接通将旁路该门的 S1、S2 行程开关。

图 5.16 所示为门解锁行程开关 S4，此开关安装在车门控制机构中央的紧急开门手柄上方，由紧急开门手柄上的凸轮操纵。紧急情况下拉下紧急解锁手柄后，S4 的触点断开，使中央控制阀的 MV2 电磁阀失电，驱动风缸左腔的压缩空气排至大气，这时可以通过双手把门页打开。

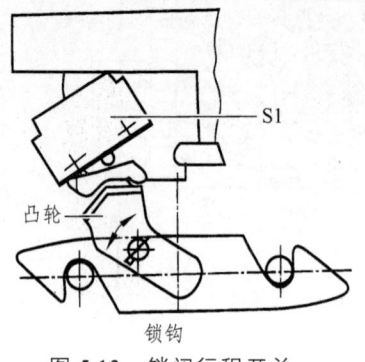

图 5.13 锁闭行程开关

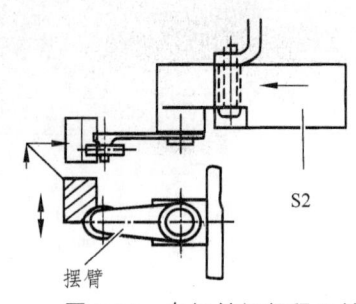

图 5.14 车门关闭行程开关

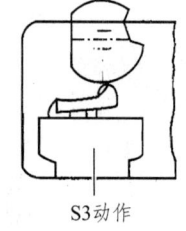

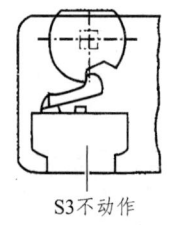

图 5.15 门切除行程开关

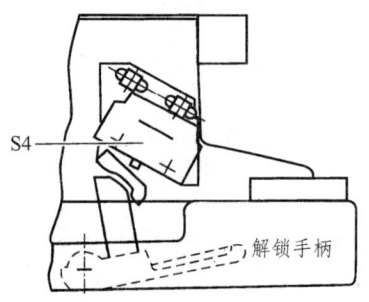

图 5.16 门解锁行程开关

3. 工作原理

图 5.17 所示为电控气动客室侧门空气驱动系统的示意，由图可知车门的控制是通过电控制压缩空气，再由压缩空气驱动车门的驱动风缸，通过机械传动系统完成车门的开、关动作。

下面分析图 5.17 所示的电控气动侧门的控制原理，假设压缩空气从 P 口进入。

1）开门过程分析

MV1、MV3 得电，MV2 失电。

（1）进气过程。

压缩空气→MV1（得电）→MV3（得电）→节流阀→解钩气缸→顶开锁钩
　　　　　↳开门节流阀→门控气缸进气口 A1→活塞杆外伸

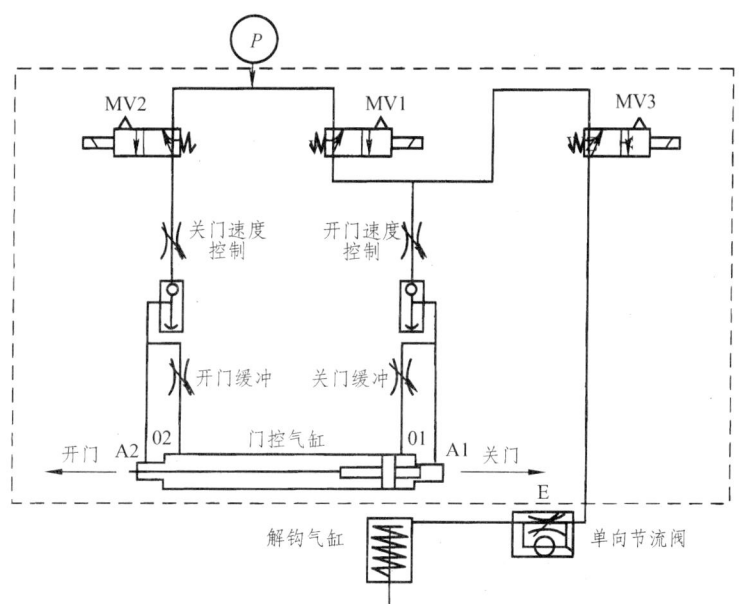

图 5.17 车门的气动控制原理

（2）排气过程。

活塞左移→门控气缸排气 A2→开门缓冲节流阀→快速排气阀→大气

开门缓冲：当活塞的左端头进入气缸左端的小直径处时出口被封堵，大气缸内的气体只能从一个出气口并经过开门缓冲节流阀到快速排气阀最终排至大气。由于出口被堵，使得整个排气速度大大降低，从而使开门的速度有了一个极大的缓冲。

2）关门过程分析

MV2 得电，MV1、MV3 失电。

（1）首先动作。

MV3（失电）→解钩气缸排气活塞缩回→锁钩落锁复位

（2）进气过程。

压缩空气→MV2（得电）→关门速度控制节流阀→门控气缸进气口→活塞杆缩回

（3）排气过程。

活塞杆右移→门控气缸排气 A1→关门缓冲节流阀→快速排气阀→大气

关门缓冲的原理与开门缓冲的原理相同。

3）客室车门的电气控制

一般城市轨道交通车辆电控气动门的控制电路为 110 V 有触点电路，车门一般均采取必要的保护措施，确保当车门没有关闭到位时列车无法起动。车门既可在 ATO 模式下自动打开也可以由司机进行手动开关。在通常的操作中车门打开可以由 ATP 系统来控制。门的电气控制命令操纵一个单向作用的气缸使锁钩打开，通过中央控制阀来进行控制。只有当列车静止且在站台正确的位置时，ATP 系统才能给出门使能信号。在 URM 模式下操作，可以通过司机室的按钮来实现开门使能。

4）车门控制的主要电路

开关门控制电路：当满足司机台激活、列车速度为"0"、ATP系统给出门使能信号后，按下"开门"按钮，经过整列车、单节车、单个门的相关继电器使单个门的中央控制阀控制车门打开。开车前，按下"关门"按钮，时间继电器延时结束后，中央控制阀控制（详见车门气动控制部分）使车门关闭。

（1）车门监测电路：由于车门状态关系到乘客及运行安全，为确保列车运行过程中车门正确锁闭。只要检测到有一个车门没有正确锁闭，列车将无法起动；而在运行过程中，如果有乘客将紧急解锁手柄拉下，列车将触发紧急制动并停车。

（2）重开门：当单个或多个车门没有完全关好时，可以按下"重开门"按钮重新把门打开并关闭（司机操纵台：8S06是重开右侧门；副司机操纵台：8S05是重开左侧门）。若按钮一直按下，车门将一直打开直至松开按钮。已锁闭的车门将不会被打开。

（3）自动折返：如果司机操纵台在自动折返线时已锁，在ATP系统控制启动之前，开门命令一直保持有效。如果指令输出"列车控制已开"从列车前端转到尾端，则开门指令被尾端司机室控制取代。打开司机操纵台后，门就可以从该操纵台打开。

（4）使用乘务员钥匙开门：每节车的19/17门和20/18门可以局部打开。这种模式主要依赖于列车是否起动（蓄电池连接上）及压缩空气是否可以利用。开门指令是由门上的乘务员可旋转钥匙开关（车内及车外）两个中的一个给出。开门命令会被存储下来，门会一直开着，直到发生以下情况：① 门上的一个旋转钥匙开关给出局部关门命令；② 列车该侧给出"开门/关门"指令；③ 列车该侧给出了"重开门"命令。

使用乘务员钥匙进行局部开门不依赖ATP系统的释放（或者在URM操作模式下速度为0 km/h），即使列车在驾驶时也可以进行局部开门。当门被切除时，不可以使用乘务员钥匙来开门。

5）车门状态及其显示

（1）车门状态。列车每个车门（包括紧急逃生门）的车门状态以司机室运行屏中的彩色符号显示，圆圈的颜色代表车门状态。其中，灰蓝色的符号表示车门关闭状态；黄色符号表示车门打开状态；黑色符号表示紧急打开；红色闪烁符号表示故障；红色长亮符号表示手动解锁。

（2）车门状态的显示。

① 司机室左侧墙上的及操纵台上的"左开门"指示灯亮：满足车载ATP系统允许的条件或操作4S04（非正常情况）或列车停车后（URM模式），且已给出左门开解锁信号，列车左侧门允许打开。

② "左门关"指示灯亮：列车左边所有车门已经关好且该端司机台已经激活。

③ 司机室右侧墙上的及操纵台上的"右开门"指示灯亮：满足车载ATP系统允许的条件或操作4S04（非正常情况）或列车停车后（URM模式），且已给出右门开解锁信号，列车右侧门允许打开。

④ "右门关"指示灯亮：列车右边所有车门已经关好且该端司机台已经激活。

⑤ 司机室右侧墙上紧急疏散门指示灯亮：至少有一端的疏散门已经解锁或检测出电路故障。

⑥ 客室车门上方的内外侧均有一个橙色指示灯：车门未锁时亮；内侧均有一个红色指示灯：车门切除时亮。

⑦ 每节车后端左、右外侧墙上的橙色指示灯：每节车每侧有一个以上车门未锁时亮。

⑧ 司机操纵台上的"TFT"彩色显示屏：显示车门被紧急解锁的位置及车载 ATP 系统对车门的控制状态。

6）开、关门控制原理

电控气动门控制原理如图 5.18 所示。

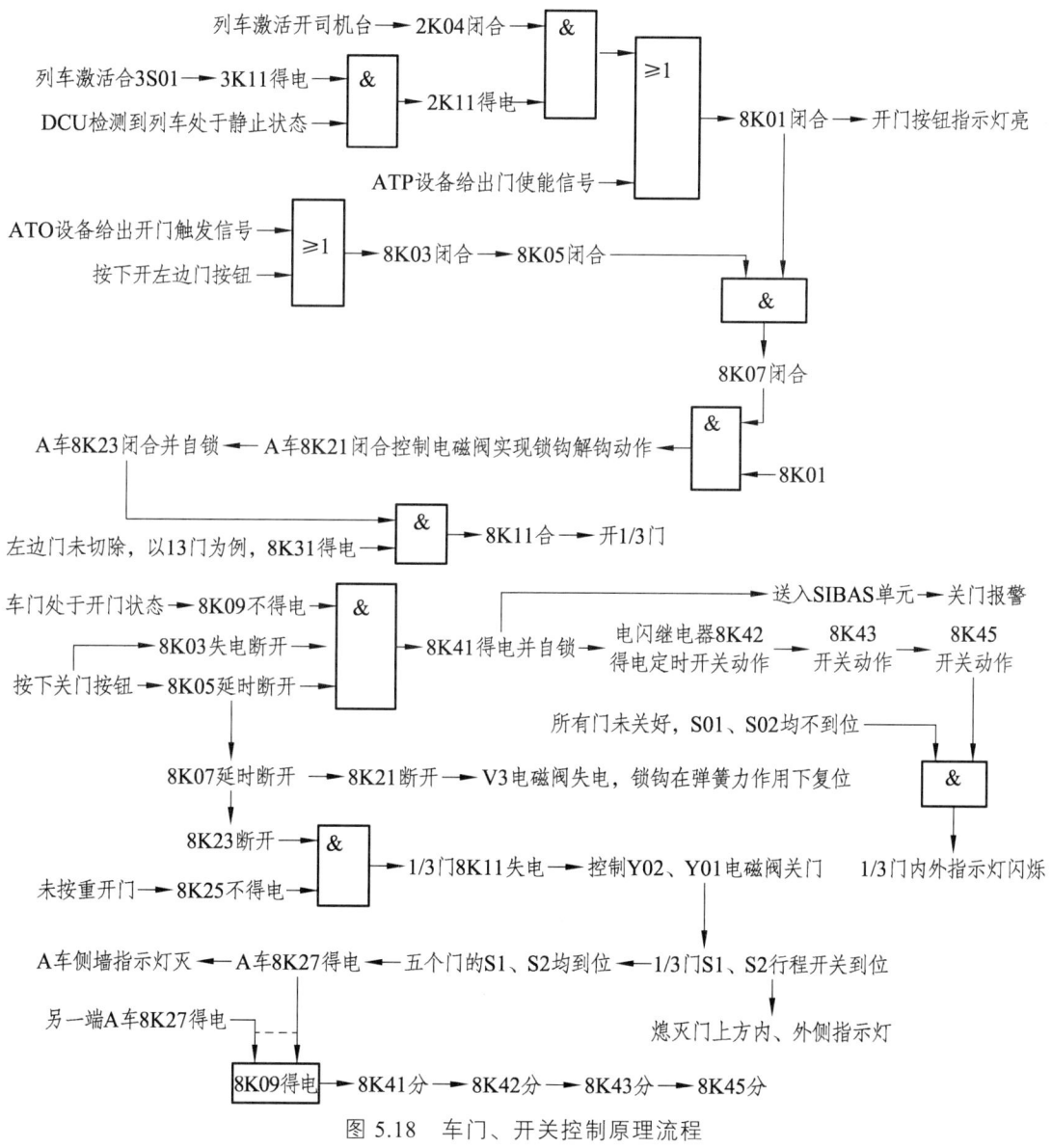

图 5.18 车门、开关控制原理流程

当开门指令发出后，中间继电器 8K11 得电，控制电磁阀 MV1、MV3 得电使车门得以打开；当关门指令发出后，中间继电器 8K21 触点断开，8K11 失电，控制电磁阀 MV1、MV2 使车门关闭。为了行车安全，车门监控回路的 8K09、8K10 继电器，S1、S2、S3 行程开关还直接或间接地影响车辆的牵引、制动及紧急制动状态，起到安全监控和保护作用。

5.2.2 电控电动客室侧门

一般城市轨道交通车辆的电控电动客室侧门均为电动双页塞拉门，每个车门配有两个电动塞拉门页。由于塞拉门与车体在同一平面内，能保持列车较好的流线型，所以具有密封性好、空气阻力小等特点。但塞拉门的结构复杂，且造价较高。

1. 结　构

如图 5.19 所示，一般城市轨道交通车辆电控电动客室塞拉侧门主要由车门电控单元 EDCU、车门驱动单元、门页、紧急解锁装置、切除装置、支承杆、托架组件、车门导轨、车门门槛及嵌块等组成。

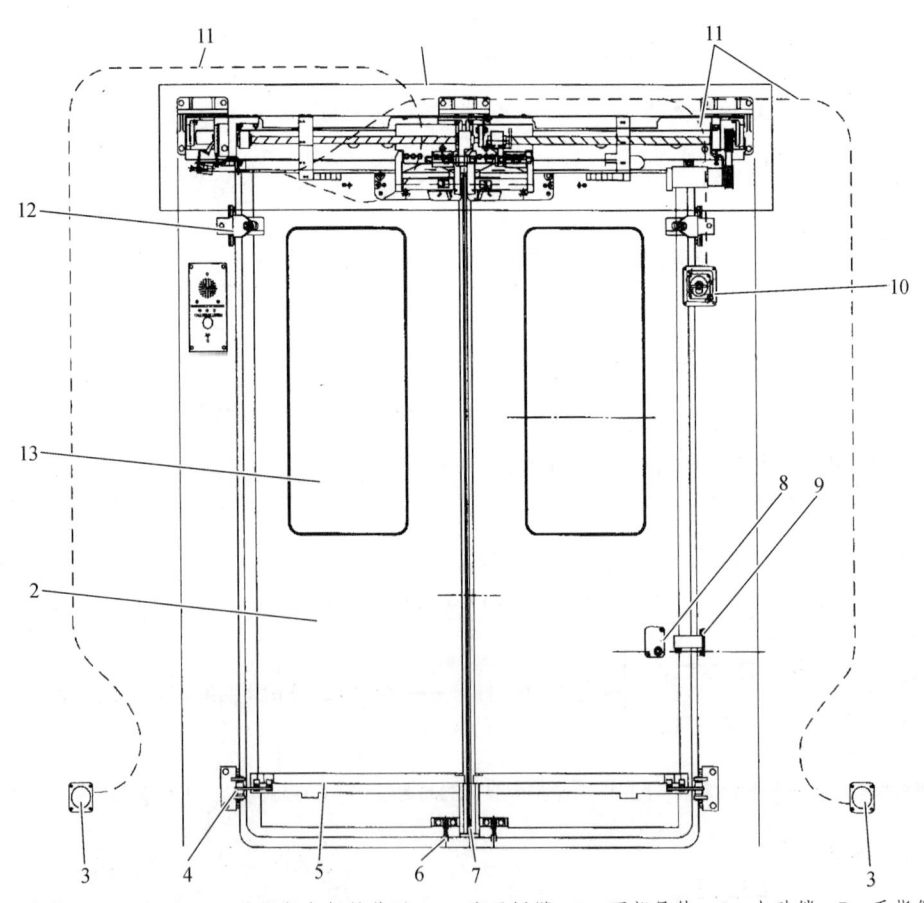

1—车门驱动单元；2—门页；3—外置紧急解锁装置；4—滚子摇臂；5—下部导轨；6—止动销；7—手指保护橡胶；8—门体隔离装置；9—探测装置；10—内紧急解锁装置；11—电缆；12—支撑滚子；13—玻璃。

图 5.19　客室塞拉侧门结构

1）内紧急解锁装置 EED

每个客室门在车内门柱盖板的右侧均配有紧急解锁装置，用于紧急情况下，开启客室车门，其结构如图 5.20 所示。紧急下车装置是一个带有锁定点的扭转手柄，可以手动操作。要操作此扭转手柄，必须首先手动取下透明塑料盖，然后将扭转手柄转动至其锁定点（垂直位置）。在紧急情况下，使用扭转手柄启动相应紧急出口装置后，车门会被解锁。只有列车完全停稳后，车门才可被手动推开。

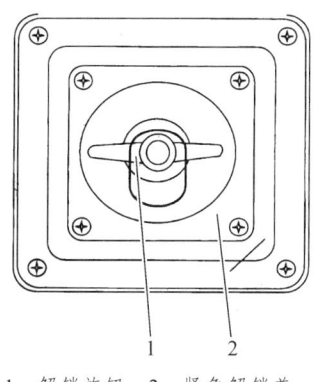

紧急操作手柄

1—解锁旋钮；2—紧急解锁盖。

图 5.20 紧急解锁装置

2）外紧急解锁装置 EAD

每节车厢在外部配有两个紧急解锁装置，分别位于车厢的左右两侧，以便在紧急情况下可以使用方孔钥匙从车厢外部开启后边的两个客室车门（7 号和 8 号），进入列车内部。

3）其他装置

每个客室门上均安装有一套手动紧急解锁系统。此外，每个客室门还包含一个用方孔钥匙操作的手动隔离装置，用来将相应的客室门锁定在关闭位置，并将其 EDCU 与车厢电源断开。

手动开门装置

在车门的盖板和门页上分别设置有锁闭行程开关 S1、紧急解锁开关 S2、EDCU 电源复位开关 S3 和切除开关 S4。

4）客室车门系统的特点

采用自润滑的丝杆、螺母传动方式，具有阻力小、无噪声和维护工作简单的特点；每个车门均采用独立的 EDCU 门控单元控制，减少了使用中间继电器引起的故障；每节车 1、2 号门采用 MDCU（车门主控制单元）进行控制，MDCU 通过 MVB 总线与 VCU（列车控制单元）进行通信；具有障碍物探测功能，在行车时可防止发生夹人夹物现象。

2. 工作原理

塞拉门借助于车门上端的传动机构和导轨，车门开启状态时门页贴靠在侧墙的外侧，车门在关闭状态时候，门页外表面与车体外墙成一平面。车门机构工作原理如图 5.21 所示。

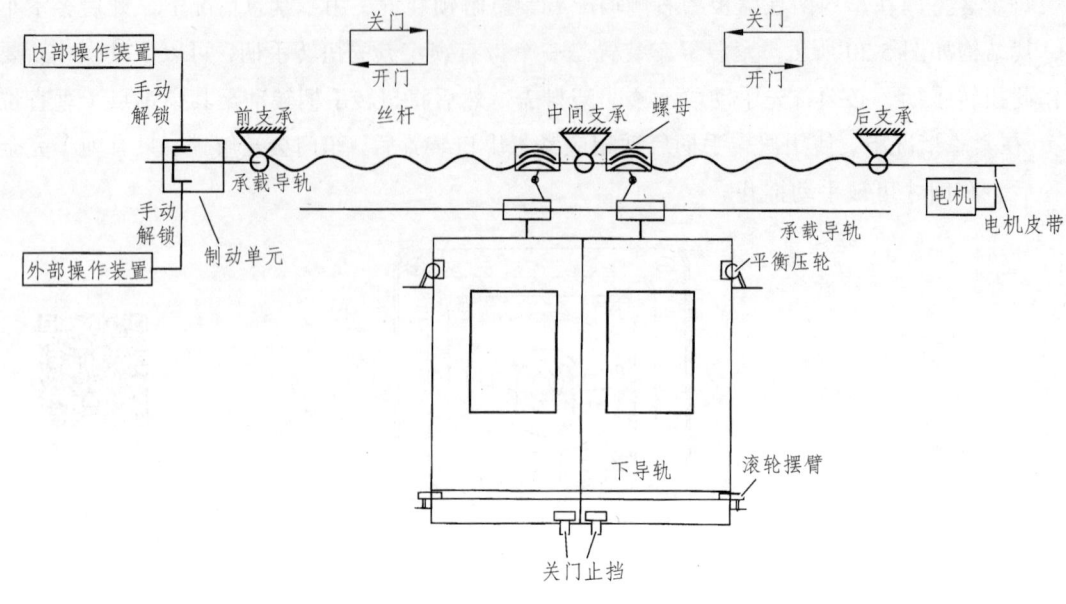

图 5.21 车门结构示意

1）车门开关过程

开门过程：当车门 EDCU（车门控制单元）接收到开门信号时，EDCU 会输出电信号驱动电机往开门方向工作，电机通过皮带把转动力矩传送给丝杆（一半为左旋，另一半为右旋），丝杆运动将会带动与之啮合的螺母运动，螺母通过携门架与门页连接，从而带动门页同步运动。当车门打开到最大开度时，EDCU 将会输出车门制动信号给制动单元，制动单元将会对车门丝杆进行制动，使丝杆停止转动。

关门过程：当车门 EDCU 接收到关门信号时，输出电信号驱动电机往关门方向工作，电机通过皮带把转动力矩传送给丝杆，丝杆运动将会带动与之啮合的螺母运动，螺母通过携门架与门页连接，从而带动门页同步运动。当车门关好并触动锁闭行程开关 S1 时，EDCU 接收到车门已关闭信号后，EDCU 将会输出车门制动信号给制动单元，制动单元将会对车门丝杆进行制动，使丝杆不能运动。同时，关门止挡进入了嵌块的导槽里，以防止门页在纵向和横向上的运动，平衡压轮也会把门页压紧在加强点上，以保证门页在运行过程中不会因为负压太大而产生抖动。

2）车门控制原理

电子门控单元 EDCU 是车辆电源和车门机械操纵机构之间的接口，其控制原理如图 5.22 所示。车门具有零速保护和安全联锁电路，开关门有报警装置。

一般城轨电控电动车门控制单元有两种：一种是 MDCU（车门主控制器），另一种是 LDCU（车门本地控制器），如图 5.23 所示。

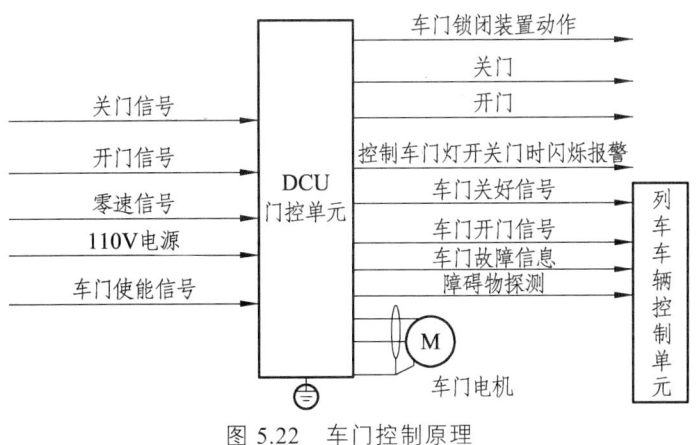

图 5.22 车门控制原理

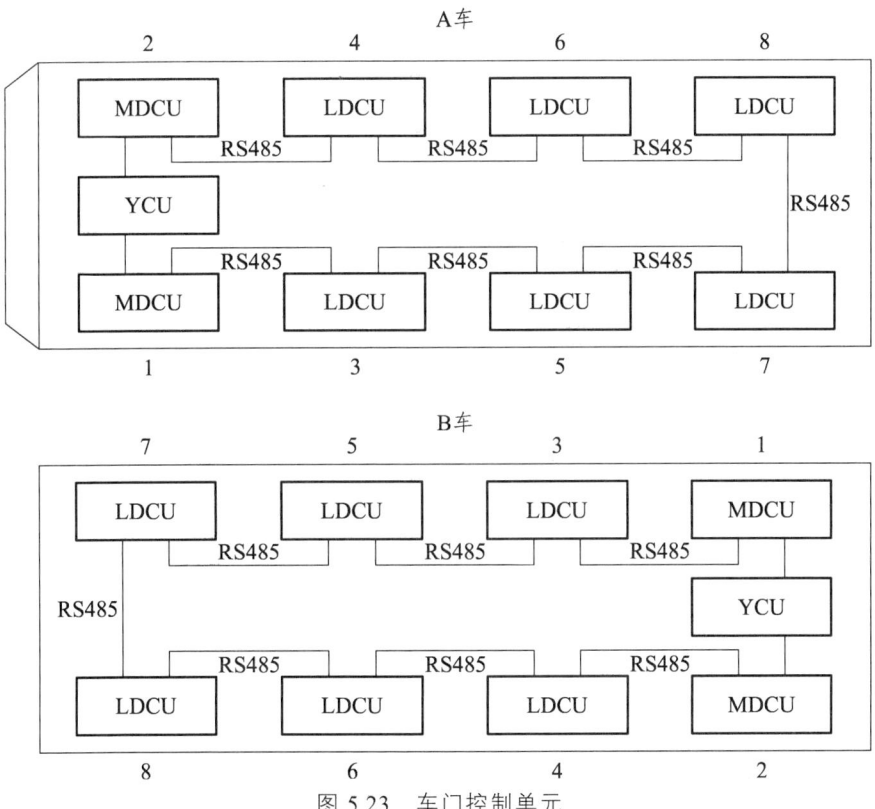

图 5.23 车门控制单元

每个客室门均由一个独立的 EDCU 控制。客室门 1 和 2 的 EDCU 配有主控卡。通过多功能车辆纵向（MVB）实现与其他车厢的信息交换。其中一个带有主控卡的 EDCU（MDCU）用来执行与 VCU 的通信任务。另一个 MDCU 则作为主控冗余，在前一个 MDCU 出现故障的情况下接管主控功能。其他客室门（3～8）则由不带主控卡的本地控制单元（LDCU）控制，可通过一个 RS 485 接口与 MDCU 进行单独通信。

EDCU 包括内部电源、微控制器和程序存储器。微控制器驱动车门电机并控制电机转矩以及电机电流和速度。EDCU 提供每种车门组件（如电机、制动单元、车门锁闭限位开关 S1、车门停用限位开关 S4、紧急装置限位开关 S2）所需要的电源。

EDCU 的输入和输出信号由软件控制，并可通过更新软件来实现车门功能的更改。

3）开、关门的电气控制

车门的开关是通过安装在司机室内的开关门按钮来实现的，司机室内每侧设有一套开、关门按钮，共有四个按钮：强行开门按钮、开门按钮、关门按钮和重开门按钮。其中，强行开门信号、开门信号和关门信号都分别能通过硬件和软件传送至各车门控制单元，只有重开门功能是通过软件实现的，通过按压"重开门"按钮把重开门信号传送至 VCU（列车控制单元），再由 VCU 向各 EDCU 触发该功能。当司机使用主控钥匙启动司机台时，开关门按钮得电，可以操作车门开关动作。当所有车门被关闭和锁闭时，关门按钮灯亮。如果有任何一个车门保持在打开状态，所有车门按钮灯都不会亮。

车门存在两种操作模式：一种是自动模式，另一种是手动模式。在 ATO 模式下，当车门在手动模式时，列车到站后可以实现自动开门，但必须手动关门；如果车门在自动模式下，列车到站后可以实现自动开、关门控制。

车门既可以在 ATO 模式下自动打开，也可以由司机进行手动开关。实现开门需要以下三个条件都具备：开门使能、开门指令、零速信号。当司机按下关门按钮后，关门信号通过列车线向每个车门发出。每个车门的车门控制单元收到关门信号后将控制电机驱动丝杠从而使门页关闭并锁好。

4）车门状态显示

列车所有车门均已关闭，司机操纵台上所有车门关闭绿色指示灯将会点亮。车门状态红色指示灯功能：如果相应客室门被停用（切除），则红灯稳定点亮。车门模式橙色指示灯功能：如果车门开启，则稳定点亮；从发出关门命令到客室门关闭期间以 1 Hz 的频率闪烁，同时蜂鸣器报警，直至客室车门完全关闭为止。

车门状态显示在司机室内的司机显示屏上。如果某个客室门故障或已被隔离，则相关信息会被保存在相应的 EDCU 中。同时，该信息也会被传输至 VCU 并呈现在司机显示屏上。

5）障碍物检测

车门是通过检测电机电流和车门的移动位置来实现防夹功能的。在车门的关闭过程中，可能有障碍物阻碍其完全关闭并锁定。在这种情况下，车门会启动自动防夹功能，并进行三次连续的关门尝试。如果车门在关闭过程中遇到障碍物且在连续三次尝试关门之后仍然不能关闭，车门将会完全打开，并保持此状态直到再次收到关门指令。车门的状态和位置在司机显示屏上显示车门开启且故障。此时，应检查车门工作不正常的原因，并清除障碍物，然后按下"关门"按钮。如果无效，则应手动关闭车门，并且将该车门切除。

5.2.3 操作车门的方法

（1）司机室左侧墙上有三个按钮：左开门、左关门、重开门。
（2）司机室右侧墙上有三个按钮：右开门、右关门、重开门。
（3）位于司机台操作台的"强行开门"开关、"开门"开关。
（4）位于司机操作台上的车门开门操作选择开关，有"自动"和"手动"挡。
（5）车载ATP列车自动保护系统。具有停车保护，速度监督和超速防护、列车间隔控制、测速与测距、车门监督控制、紧急停车、给发车信号和列车倒退控制。
（6）车载ATO自动驾驶系统。具有停车点目标控制、打开车门。从车站发车、列车加速、区间临时停车、限速区间、手动驾驶与ATO随时转换和记录运行信息。
（7）RM——受限制人工驾驶模式。列车运行由司机驾驶，列车的运行速度不能大于25 km/h，如果列车的速度超过极限速度，则列车产生紧急制动而停车。
（8）SM——ATP监督下的人工驾驶模式。列车运行由司机驾驶，列车的运行速度受ATP监督，如果列车的极限速度超过了ATP允许的速度，则列车会产生紧急制动而停车。
（9）URM——非限制人工驾驶模式。使用ATP钥匙开关后才起作用，使用时必须经过批准和登记。列车运行由司机控制，没有限制速度监督。

【典型案例】

以某城市轨道交通车门为例对客室门的控制方式进行学习。

1. "零速"列车线

只有当"零速"出现，即列车的运行速度小于1.8 km/h或3 km/h时，"开门"列车线才能激活。在这种情况下，安全继电器直接由"零速"激活，才允许开门。如果"零速"列车线一旦失电，即列车运行速度大于1.8 km/h或3 km/h时，开启的车门将会自动关闭。

2. 车门的结构

客室车门的开关是由车门控制单元根据列车控制（开门列车线、关门列车线、零速列车线）电平信号和车门驱动机构上的元件（限位开关、车门位置传感器）电平信号来控制的。客室车门的开关电平信号见表5.2。

表5.2 客室车门的电平信号

"零速"列车线	"开门"列车线	"关门"列车线	车门状态
0	0	0	关闭
0	0	1	关闭
0	1	1	关闭
0	1	0	关闭
1	0	0	关闭
1	0	1	关闭
1	1	1	关闭
1	1	0	打开

1）开　门

通过激活"车门"列车线来执行车门。如果在开门过程中，"开门"列车线断电，车门仍将开启到最大开启位。另外，还可以通过按下 EDCU 上的维护按钮来执行开门。

2）关　门

通过激活"关门"列车线来执行关门。"关门"列车线激活 3 s 后，车门开始关闭。如果在关门过程中，"关门"列车线断电，车门仍将关闭到最终关闭位。如果在关门过程中，"关门"列车线断电，同时，"开门"列车线断电，车门关闭程序停止，1 s 后车门重新开启到最大开启位。

3）警告灯/蜂鸣器

在每扇客室车门的上方车体内外部各装有一个警告灯，开关门时警告灯将会亮并闪烁。当车门被切除时或遇障碍物 6 次激活后，警告灯将常亮。

同时，在开关门时光电感式的蜂鸣器将会发出蜂鸣声音，并持续 3 s，以警告乘客车门将要打开或关闭。

4）障碍物探测

车门在关闭的过程中，如果遇到障碍物，车门的防夹功能将会被激活，将施加一定的关门力（<300 N），持续时间为 0.5 s。然后车门驱动电机将会被处于解锁状态（在电机上短路）2 s，以便可以手动移动车门并移开障碍物。这样的循环能进行 3 次，如果防夹功能在第 3 次关闭的过程中仍被激活，此时列车车门将反向运动，打开并停留在开启位。车内外的 2 个指示灯将亮，以引起驾驶员的注意。驾驶员可再次启动关门指令来关闭车门。

开启门时障碍物探测。开门时障碍物探测也能被激活 3 次。在开门方向上检测到障碍物时 EDCU 将中断开门程序，中断时间为 2 s。在进行第 6 次尝试开门被激活后，车门将停留在这个位置上，同时车门控制单元（EDCU）认为这个位置就是车门可达到的最大开门位，然后只有通过关门指令将会关闭后再开启。

5）车门切除

一旦运营中有车门关闭故障时，驾驶员可以通过用方孔钥匙将故障车门切除。转动方孔钥匙时必须将车门拉到关闭并锁紧位。转动方孔钥匙时会激活车门切除限位开关并机械锁紧这扇车门。车门切除限位开关 S2 的触点将向车门控制单元发送该扇车门被切除的信号。这时，车门控制单元将切除这扇门所有的功能，同时警示灯常亮。

6）主隔离开关

在驱动机构上安装有一个主隔离开关，可以通过该主隔离开关切断车门的供电电源，以便对车门进维护检修。

7）紧急解锁

在速度低于 1.8 km/h 或 3 km/h 时操作紧急解锁装置将导致：传给门控单元的信号将使门控单元切断其所有的门控功能；通过弓形钢缆手动解锁锁钩，使车门处于解锁位；触发门驱动件上制动装置处的限位开关；将中断车门关闭和锁闭环路；门控单元发出信号；门可以通过手动方式在开门和关门方向上移动。

当速度大于 1.8 km/h 时操作紧急解锁装置将导致：产生一个持续 1 s 的 8 A 脉冲发给电动机（完全关闭）。在这个短暂的脉冲之后，将会给电动机施加连续的大约为电动机正常工作电流的 50%（1.5 A）电流以使车门保持在关闭位。而且这个连续电流施加的时间不限；"紧急解锁"限位开关上的常闭触点断开，这时"门关闭和锁闭回路"中断。

如果乘客企图打开门，"门关闭并锁闭"限位开关将监控到车门正在被打开，这将引起：持续时间为 1 s 的 8 A 脉冲电流，以较大的关闭力关门；脉冲电流过后，将以 150%（4.5 A）的电流关紧车门，持续时间为 3 s；持续 3 s 后，再次产生持续时间为 1 s 的 8 A 脉冲电流；脉冲电流过后，将以 150%（4.5 A）的电流关紧车门，持续时间为 5 s；持续 5 s 后，再次持续时间为 1 s 的脉冲电流；脉冲电流过后，将以 150%（4.5 A）的电流关紧车门，持续时间为 5 s；一直如此循环。在这一期间，加在车门门板上的推力降大于 300 N；60 s 后，由于发电机发热的原因，以上过程又将开始，但是两脉冲电流之间的电流将降为电动机电流的 100%（3 A）；180 s 后，将下降到 50%的持续电流，并且没有脉冲；当乘客停止开门，门会自动回到关紧位。

当速度大于 5 km/h 时操作紧急解锁装置还将导致列车产生紧急制动。

3. 车门与其他设备的接口

如图 5.24 所示，每扇门上均装有 1 个车门控制单元，所有的 EDCU 连接到 RS 485 车辆母线上，并通过 RS 485 车辆母线与列车综合管理系统（TIMS）进行通信。TIMS 发送请求指令并询问 EDCU，EDCU 通过应答请求来进行响应，上传不同的门状态和诊断信号。

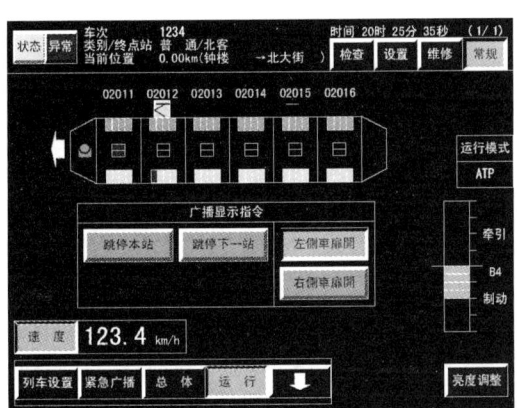

图 5.24 ATI 显示车门状态

EDCU 根据列车控制系统的电平信号和车门驱动机构上的元件（限位开关、车门位置传感器）的电平信号来控制门的开关。

使用便携式计算机，通过 EDCU 上的 RS 485 服务接口可以安装软件和更新软件。

4. 车门常见故障的处理

1）机械故障及处理

机械尺寸变化引起的故障：在客流量大且集中时，由于车体挠度等因素影响，造成车门相关部件与车体等部位干涉，从而引起车门故障。出现此故障时，应检查车门尺寸调整是否在规定的范围内，如 V 形尺寸、车门对中尺寸等；同时，还应检查车门的各部件是否存在相互干涉。

零部件损坏：零部件损坏可以通过更换新件解决，如果同一类零部件损坏率较大，则应当检查是否存在系统设计问题或调整方面的失误。

2）电气故障及处理

关门位置检测开关故障：故障现象为车门打开按下关门按钮后，单个车门无法关闭，车辆显示屏显示该车门故障。该故障的主要原因是关门行程开关 DCS 在车门打开过程中出现故障及误动作，在关门过程中，EDCU 收不到"门关好"信息，EDCU 将向列车诊断发出"车门故障"信息。解决办法：检查该行程开关是否存在故障，若有故障，将其更换；检查该行程开关额安装是否过紧，并检查其调整是否满足要求，不符合要求则重新调整。

EDCU 电子门控单元故障：可能出现的问题包括电子门控单元 EDCU 硬件故障、突然死机等。解决办法：检查 EDCU 中软件版本是否为新版本，若不是，则更新软件后重新开关门试验，检查是否正常；检查 EDCU 的接线端子等是否异常，若不异常，则重新安装接线端子；若为 EDCU 本身故障，则更换该 EDCU 单元。

车门电机故障：可能出现的现象有车门不动作、车门动作一段距离后停止运动等。解决办法：检查车门电机各接线是否有松动或断裂的情况；若松动，则重新紧固或更换断裂的部件；检查车门电动机的连接件包括电动机皮带、联轴器等是否出现异常；若皮带出现断裂则更换；以上故障都排除后仍然不能解决该故障，则可能是车门电动机本身的故障，可考虑更换车门电机。

任务 5.3　车门检查与维护

各室门试验

本任务对接"1+X"城市轨道交通车辆维护和保养职业技能等级证书考试，要求按照工艺标准对客室车门及其控制系统进行装配、检查、调试及故障处理，使客室车门及其控制设备达到正常使用要求。具体操作及标准见表 5.3。

表 5.3　客室车门检查

任务序号	任务要求	操作过程	评价标准	考核得分
1	客室车门部件安装测量及参数调节	1. 客室车门部件安装。 2. 客室车门机械调试。 3. 客室车门机械参数测量	1. 按要求次序正确安装下摆臂、平衡轮。 2. 门扇平行度调节确认是否平行。 3. 门扇上下部摆出要求车门外表面与机架外表间距离满足上部（56±5）mm，下部（56±5）mm，若不满足要求，按照技术规程调节至满足；调节完成后，紧固螺栓。 4. 门扇 V 形调节是否按要求门扇处于开门状态，分别测量左右门扇的 V 形上下差值，单扇门的 V 形尺寸上部比下部大 2~5 mm；调节完毕，紧固偏心轮。 5. 两扇门板之间的净度为（1 300±10）mm（两根护指胶条最高点之间的距离）。 6. 手动开门/关门，运动时无卡滞、无干涉、无异常声音	

续表

任务序号	任务要求	操作过程	评价标准	考核得分
2	客室车门部件外观检查与维护	1. 指示灯、蜂鸣器状态检查。2. 客室车门外观检查。3. 压条状态检查上滑道及渡轮状态检查。4. 携门架状态检查紧急解锁装置状态检查。5. 下滑道状态检查门坎状态检查	1. 指示灯、蜂鸣器状态检查指示灯是否安装良好，检查蜂鸣器是否安装牢固、防松线无错位。 2. 检查客室车门玻璃、护指胶条、密封橡胶外观及玻璃黏接状态：玻璃表面无裂纹、破损，划痕不超过 50 mm，胶条间隙无漏光，胶条无破损、脱落，无横向裂损，纵向裂损长度不超过 50 mm，车门玻璃黏接胶条无脱出。 3. 检查压条是否外观良好，安装紧固。 4. 检查上滑道、上滑道有无变形，紧固螺栓紧固无松动，滚轮转动是否灵活，是否无破损、裂纹、缺块。车门完全打开时，滚轮下边缘高于滑道下边缘。 5. 检查携门架表面是否无开裂、无脱漆。检查携门架和门页的连接螺栓及偏心轮紧固无松动。检查偏心销表面无裂纹，卡簧无丢失。螺纹销紧固，防松线清晰无错位 6. 检查开门止挡外观良好，无破损。 7. 检查紧急解锁装置紧固螺栓是否齐全。检查紧急解锁装置是否可以解锁到位，不回弹。 8. 检查下滑道紧固螺栓齐全、无松动，表面无变形。检查下滑道与摆臂滚轮配合是否良好。检查下摆臂安装螺栓齐全，防松线清晰无错位，卡簧无丢失。检查车门开到位时，滚轮下边缘不低于滑道下边缘；车门关到位时，下摆臂与滑道间隙不小于 4 mm；摆臂滚轮与门页无干涉。 9. 门槛状态检查表面是否无变形、裂纹，紧固螺栓紧固无脱出	
3	客室车门电气功能测试与故障处理	1. 电源部分测试。2. 钥匙激活占用测试。3. 门控制回路测试门状态反馈及安全回路测试	1. 电源是否上电激活。 2. 司机室钥匙激活是否可以互锁占用。 3. 零速信号是否正常。 4. 使能信号是否正常。 5. 开门信号是否正常。 6. 关门信号是否正常。 7. 门状态指示灯是否显示正常。 8. 若存在状态不正常情况，能否根据原理图进行故障排查	

【思政课堂】

攻坚克难——列控技术的精彩蝶变

列车控制技术被称为高铁列车的"神经中枢"。要控制高铁列车发车停车、运行区段、速度等，都离不开列控技术。2006 年，我国大力推进高铁向前发展，但当时世界上只有瑞典、德国、法国、日本等少数几个国家掌握这一技术。

2007 年，中国铁路通信信号集团有限公司已经研发出具有完全自主知识产权的 CTCS-2

级（简称 C2）列控系统，能满足速度 250 km/h 动车组列车控制要求。为使系统进一步升级、满足京广高铁武广段速度 350 km/h 动车组列车的运行控制需求，按照当时铁道部"中外联合设计、打造自主品牌"的顶层设计原则，中国通号集团组建了京广高铁武广段攻关实施组。

仅仅过去一年多，他们不仅全面掌握了 E 系统，而且与团队合力完成技术攻关，研发出具有中国自主品牌、适应中国高铁发展需要的 CTCS-3 级（简称 C3）列控系统。

2009 年 12 月 26 日，京广高铁武广段开通运营。C3 系统迎来了在速度 350 km/h 动车组列车上"实战练兵"的绝佳机会。在首发列车上，C3 系统运转正常，列车运行平稳有序、安全正点到达。从向国外学习到国内实践再到研发产品，从 C2 到 C3，中国高铁列控技术在短短几年内实现了从无到有的精彩蝶变。

【思考与练习】

1. 简述城市轨道交通车辆车门的分类。
2. 简述城市轨道交通车辆客车车门分类与组成。
3. 简述电控气动的基本工作原理和系统的组成。
4. 简述电控电动客车侧门的控制与工作原理。
5. 简述城轨车辆客室侧门的基本操作。
6. 简述车门常见故障有哪些。
7. 简述车门定期检修作业过程。

项目 6　乘客信息系统

【项目导入】

随着城市轨道交通车辆技术的飞速发展和人们对城市公共交通服务要求的日益提高,目前城市轨道交通车辆中为乘客提供信息服务形式必须呈现多样化、个性化的特点,为乘客提供信息服务的设施也由以前较单一的广播报站系统升级为能提供声、光、影"三位一体"的乘客信息系统。本项目主要学习目前我国城市轨道车辆中主流的乘客信息系统(PIS)的组成及维护方法。

【学习目标】

(1)掌握乘客信息系统的特点和组成。
(2)掌握媒体播放系统的功能和结构。
(3)掌握CCTV监控系统的功能。

任务 6.1　乘客信息系统认知

PIS 是运用在城轨交通、铁路及城市交通(公交)车辆上,向乘客发布信息及收集乘客信息的系统设备。

PIS 从功能上可以分为列车广播系统、媒体播放系统及视频监控系统三大部分,每部分都由司机室机箱、设备和客室机箱、设备组成。PIS 可以集成车辆内外的 LED 显示屏、液晶显示器、动态线路地图显示器等乘客导向指示及广告娱乐功能,能够实现车辆内部、车辆之间和车辆与地面管理中心之间的通信,具有自动广播、人工播音、闭路电视等子系统,并可通过 GPS 和 GSM 将各个独立的车辆单元和车站连接成网络(见图 6.1),进行集中调度管理,以实现最佳的客流疏导和车辆运用管理,为乘客提供更好的服务。PIS 系统包含设备电子元件缩写见表 6.1。

表 6.1　乘客信息系统字母缩写

英文缩写	中文全称	英文全称
PIS	乘客信息系统	Passenger Information System
PA	广播	Public Address
PC	乘客通信	Passenger Communication
PIC	乘客信息控制器	Passenger Information Controller
MIC	麦克风	Microphone
CLS	司机室扬声器	Cab Loudspeaker
ILS	客室扬声器	Internal Loudspeaker

续表

英文缩写	中文全称	英文全称
PECU	乘客紧急报警装置	Passenger Emergency Alarm Control Unit
DACU	司机控制器	Drivers Audio Communication Unit
SCU	客室控制器	Saloon Control Unit
LMDU	侧面移动显示单元	Lateral Moving Display Unit
FDU	前端/侧面显示单元	Front Display Unit
IDU	内部显示单元	Internal Display Unit

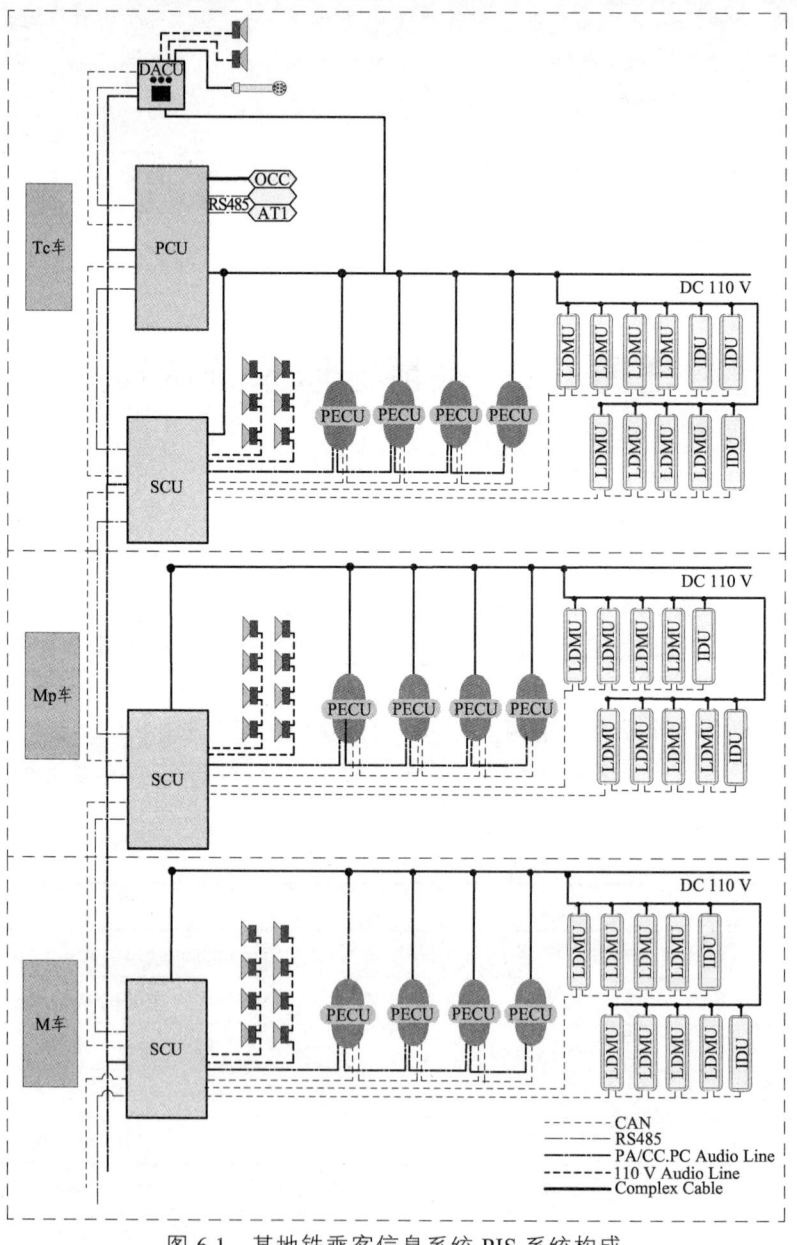

图 6.1 某地铁乘客信息系统 PIS 系统构成

任务 6.2　城轨车辆列车广播系统认知

列车广播系统用于播放列车到站动态音频信息，使乘客及时了解列车的运行情况、到站信息等，方便乘客换乘其他线路，减小乘客下错站的可能性；当发生灾害或其他紧急情况时进行紧急广播，以指挥乘客疏散，减少因意外造成的损失。

6.2.1　列车广播系统的组成和功能

城轨列车广播系统由司机室广播系统、乘客广播系统、无线广播系统、自动广播系统、紧急广播系统等子系统组成；具有司机对讲、司机对乘客、无线广播、列车自动广播、司机与乘客的紧急对讲（乘客紧急报警）等功能（见图 6.2）。

图 6.2　城轨车辆司机广播控制盒

1. 司机对讲功能（CC）

不同列车的司机室之间可实现相互通话的功能：本机呼叫对方，按下对讲按键，指示灯闪烁，对方确认接通，指示灯处于常亮状态；对讲结束后，按起对讲按键，指示灯熄灭，通话结束。对方呼叫本机，对讲键指示灯闪烁并有声音提示，按下对讲按键，指示灯常亮，提示音停止，线路接通，开始对讲。对讲结束后，按起对讲键，指示灯熄灭，结束对讲。

2. 司机对乘客广播（人工广播）功能（PA）

司机在具有操作功能的激活端司机室可以用话筒对客室进行人工广播，按下广播按键，即可通过话筒对乘客广播，广播的声音可被客室及另一端司机室听到，而激活端司机室本身则静音。广播过程中，广播提示灯处于点亮状态；广播结束时，再按下广播控制按键即可，广播提示灯熄灭。

3. 无线电广播（OCC 广播）

城轨列车的广播系统可与能进行实时文本信号传递的 RS 232 接口及音频接口相接，自动实现 OCC 向司机室或客室乘客的广播；也可通过手动控制实现 OCC 与司机的对讲和 OCC 向客室乘客的广播。

4. 列车自动广播（数字化报站与预录紧急广播）

1）全自动播放站名

当列车在 ATC 控制有效时，广播系统接收 ATC 的车站识别、站台左右、离站、到站、预到达等信息并进行自动报站和相关信息的显示控制。当 ATC 失效后，广播系统在确认列车上/下行信息、终点站/起始站信息和越站信息等行车设置信息的情况下，也可进行全自动报站，中央控制器可根据列车的 25 km/h 或 30 km/h 速度信号、零速信号和开关门信号进行自动报站，并控制车站地图闪灯式报站装置显示相关信息，出站时播放预报站信息，进站时播放进站信息。

2）半自动播放站名

在全自动数字化语音报站的基础上，司机通过改变广播控制盒的段码进行报站。

3）人工播放站名

通过手动改变广播控制盒上的报站段码结合广播控制盒上的段码和站名对照表进行人工报站。

4）预录立体声广播

预录广播音频信息包括预报站、到站、越站、开关门预示音、紧急广播等。预录广播文本信息包括预报站、到站、越站、紧急广播等。司机通过按下广播控制盒上的广播显示按键选择广播项目。

5. 司机与乘客的紧急对讲（乘客紧急报警）

如图 6.3 所示，报警器在工作时"呼叫""通话""挂起"三种状态进行联络。

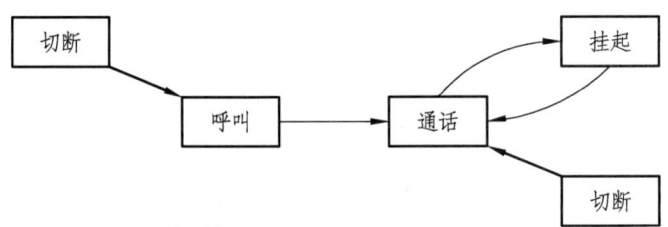

图 6.3 报警器三种状态

在客室出现紧急情况或突发事件时，乘客可以通过客室内紧急报警装置上的紧急按键向司机室报警。司机对报警器有选择接听的权利，多个报警器同时报警时，司机可选择对其中任何一个报警器进行应答，未被应答的报警器处于呼叫状态，自动进入排队。当司机想暂停与某个报警器的通话而去应答另外一个报警器的时候，可以让该报警器进入挂起状态。图 6.4 所示为报警的复位过程，即报警器从任意一种工作状态返回到切断状态的过程。报警器的复位方式有：司机室远程复位；通话结束，报警器自动复位。

6. 广播系统通信功能优先级别

广播按以下次序排列优先级别，紧急灾难信息 > 列车服务信息 > 乘客引导信息 > 一般站务信息及公共信息 > 商业信息。

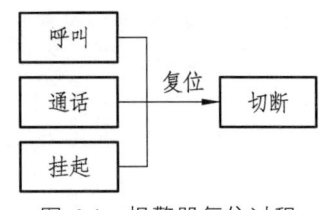

图 6.4 报警器复位过程

信息类型的优先级按下面顺序递减：① 控制中心（OCC）对列车进行广播；② 司机向乘客广播（人工广播）；③ 预录制应急广播；④ 列车自动广播；⑤ 媒体伴音广播。

原则上广播与对讲功能可同时进行，互不影响。当司机工作于人工广播时有紧急报警发生，司机室操作人员可立即接通客室对讲，中断人工广播。在高级别的通信要求到来时，立即中断正在播送的低一级的通信，并进行高级别的通信。

7. 广播系统及音量自动调整

广播系统功率放大器中具有噪声检测控制单元，通过客室内的噪声传感器或扬声器（利用扬声器的反向变换功能）对车厢内环境噪声实时采样，并根据环境噪声的大小自动调节广播的音量。

8. 广播监听功能

通过系统功能控制键盘进行操作，可监听客室的广播信息并能调整音量大小，在主司机室可监听乘客紧急报警呼叫以及可监听司机对讲呼叫。

9. 动态地图 LED 显示

列车广播系统每节车厢车门上方安装电子动态地图 LED 显示屏。显示屏采用无彩膜双色 LED 显示，为乘客提供必要的乘车、换乘信息，用于显示列车运行线路、运行方向、下一站、列车当前停靠车站、换乘站以及开门侧等信息。

6.2.2 广播系统重要设备的认知

图 6.5 所示为司机室广播机柜，是广播系统的核心设备，其由电源模块、中央控制模块、音频处理器、数字报站器、功率放大器和接口模块等构成，可完成广播系统的通信控制、音频处理、音源选择和系统的自诊断功能。图 6.6 所示为客室广播机柜，主要由电源模块、车厢控制器、对讲控制模块、功率放大器等组成。

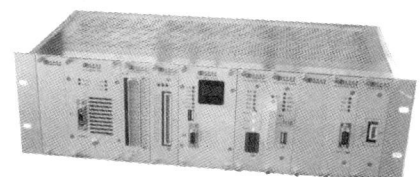

图 6.5 司机室广播机柜

图 6.6 客室广播机柜

在城轨列车广播控制盒面板上，操作人员只要按下"PTT"按键可对客室进行人工广播、司机室之间对讲及司机室与客室之间紧急对讲。手持话筒：侧面配置"PTT"按键；蜂鸣器：当客室发生紧急报警时发出声音提示；键盘：通过操作按键实现列车广播系统相关功能；显示屏：显示相关操作的提示功能；电源指示灯：上电后指示灯点亮，指示广播控制盒已进行上电操作；主/从指示灯：指示广播控制盒处于"主""从"工作状态；通信指示灯：指示列车广播总线通信状态，间隔闪烁；听/讲指示灯：指示广播控制盒处于"听""讲"工作状态等组成。

如图 6.6 所示为客室广播机柜，可实现紧急报警及对讲功能。按下呼叫请求键，乘客紧急报警器被激活，此时司机控制面板（广播控制盒面板）上的"通话"灯闪。司机对乘客讲话时，面板上有相应 LED 指示灯指示。如果司机接受了呼叫请求，绿色的 LED 指示灯亮，乘客可以向司机讲话。通信方向由司机控制。如果司机同乘客讲话，乘客紧急报警器上的黄色灯亮。如果在司机接听一个紧急呼入的同时，另一个乘客紧急报警器也有紧急呼叫，那么另一呼入的乘客紧急报警器上显示红色的"等待"指示灯，直到当前的通话结束。内部呼叫请求按序列实物。

图 6.7 所示为列车扬声器。在列车的每个客室内部装有 8 个扬声器，每个司机室内部装有 2 个扬声器（1 个用于监听，1 个用于对讲），用于向旅客广播相关信息。扬声器自带变压器，可平面嵌装于车厢内，能够保证在 AW2 载荷，80 km/h 车速，隧道区段时声音清晰。图 6.8 所示为闪灯式报站装置。在列车客室内的每个车门上方安装了 LED 动态地图，通过 LED 动态地图显示下一站、终点站信息。

图 6.7　扬声器

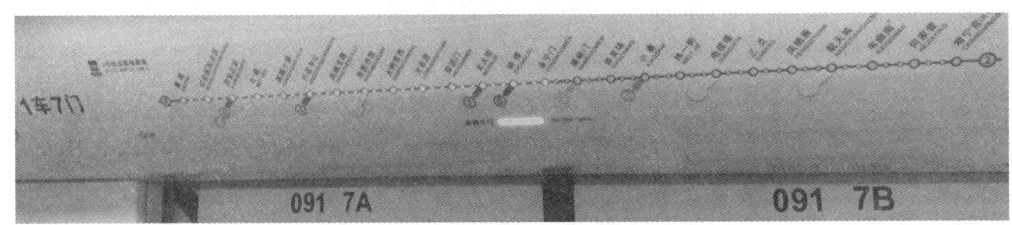

图 6.8　闪灯式报站装置

【典型案例】

西安地铁 2 号线列车广播系统可与列车总线网络进行通信，并可通过列车总线网络对列车广播装置进行控制，可实现列车司机室间内部通信（IC）、乘客紧急报警通信、人工语音广播（PA）、自动语音广播（DVA）、运营控制中心（OCC）对乘客广播、运营控制中心（OCC）与司机对讲等功能。

1. 内部通信系统（IC）

同一列车的两个司机室可进行双向通话，通话内容不转播给任何乘客。双方通过监听扬声器或观察 LED 指示可监听或监视到对方的呼叫，发现对方呼叫后，按下广播控制盒上的"对讲"键，即可进行通话。

2. 乘客紧急报警

在西安地铁 2 号线的每个客室中均设有 2 个乘客紧急报警器，用于紧急情况或突发事件时乘客向司机报警。乘客在紧急情况下报警后，在激活端司机室内将发出音响告警，在监视显示器上显示报警乘客的位置，包括列车编号、车辆编号等位置信息，司机可通过监视显示器选通与报警乘客通话；报警结束后，由司机远程取消报警状态，也可以到乘客报警位置手动复位。另外，司机也可以选择操作广播控制盒面板上的"报警"键与报警乘客通话。乘客报警的时间和通话的内容将被记录在硬盘上，用于备案查询；乘客报警的同时给列车监控系统发送一个报警信号。如果遇到乘客同时报警的情况，系统会储存所有乘客的呼叫信息，并按时间先后顺序形成报警呼叫信息队列。当前一乘客报警结束后，系统自动处理排在队首的报警呼叫，产生音响告警和显示告警。司机可以在乘客报警、PA、IC、无线电广播之间进行人工选择和切换。

3. 人工语音广播（PA）

在激活端司机室的司机通过按下司机控制单元上的"广播"键选择"人工"广播模式，司机就可使用话筒对客室进行语音广播。在人工语音广播期间，自动语音广播中断，话筒输出的模拟语音信号通过音频接口输入音频控制器中的音频处理模块，由音频处理模块进行编码压缩变成 MP3 格式音频数据，通过网络总线传输给客室车辆网络接口，由车辆网络接口中的音频处理单元进行解码处理，还原成模拟语音信号送给客室音箱。

4. 自动语音广播（DVA）

自动语音广播的语音素材预先制作成 MP3 格式数据文件，存放在视频控制器内通用的硬盘中，视频控制器的监控软件在收到播放启动信号后，从硬盘中读取相应语音数据，通过 TMMPIS 网络总线传输给客室车辆网络接口，由车辆网络接口中的音频处理单元进行解码处理，还原成模拟语音信号送给客室音箱。在正常情况下，由司机操作列车方向开关设置主机，主机负责信息的播出。在列车运行过程中，根据列车提供的门开关信号或 ATP 系统提供的 PWM 信号计算列车当前的位置和速度，实现列车自动预报前方到站和列车到站广播。预报信息结束后，可自动停止广播，距离和速度的计算误差由门控信号进行及时修正以保证自动报站的准确性。当 ATP 出现故障时，将给出 ATP 切除信号，列车可根据门开关信号进行自动报站。在列车车门打开或关闭过程中，列车广播系统（PA）可发出两种不同的门铃信号，提示弱视乘客。自动语音广播包括语音信息系统自动运行（全自动广播）和语音信息系统人工干预运行（半自动广播）两种方式。

（1）语音信息系统自动运行（全自动广播）。在列车运行过程中，列车管理系统通过列车总线网络发布列车运行信息，包括车辆编号、当前站、即将到达的下一站、本站与下一站之间的距离、已经行驶距离、列车运行速度、起点站、终点站等信息。广播主机通过与列车总线网络接口接收这些信息，或接收来自列车外部接口的速度、关门信号，根据这些信息或信号产生语音播放启动信号，控制列车运行过程中的全自动语音广播。自动语音广播内容包括预报列车前方到站和列车到站信息以及服务用语等插播信息。

（2）语音信息系统人工干预运行（半自动广播）。根据列车运行需要，或当接收的列车位置信息不可利用或非更新模式时，激活端的司机可对语音信息系统的运行进行干预，实现列车到站广播并预报前方到站，并将刷新列车运行路线中的列车位置。如果随后点击"启动报站"菜单项，将启动人工干预自动广播，即半自动广播。

（3）预录紧急广播信息（文字及声音）。当遇到紧急情况时，如发生火灾、严重故障等，司机可操作广播上的键盘，将预先录制好的紧急疏导等信息进行语音播放，同时在乘客信息显示器上以中英文显示紧急广播信息。

5. 运营控制中心（OCC）广播和与司机对讲

运营控制中心（OCC）的广播信号可通过车载无线电设备进入列车广播系统，对乘客进行语音广播。当 OCC 对乘客进行语音广播时，广播主机自动撤消当时正在进行的任何其他语音广播。运营控制中心（OCC）也可通过车载无线电设备和司机直接通话，通话内容不传到客室。

6. 音量自动调整

根据车辆中的背景噪声大小，列车广播系统具有自动连续的可变音量控制功能。广播音量始终高于室内噪声 10 dB，但任何时候广播音量不高于 95 dB。客室广播音量满足在最恶劣条件下声音清晰，声强均匀，无死区，能够抑制语音峰值，使之不高于平均输入电平 3 dB。

7. 主机选择

首尾车司机室的广播系统分别使用相同的设备，可互为热备份。一旦激活端司机室的广播系统发生故障不可操作时，另一端司机室的广播系统可被自动激活；或原激活端司机室的司机可通过司机控制单元面板上的"主机"键进行"主机"切换，使另一端司机室的广播系统接替原激活端司机室的广播系统，完成相应的广播功能。当本司机室为从机状态时，可以通过司机控制单元面板上的"主机"键激活成为主机状态。"主机"键灯亮，表示已被激活。当一方为主机时，另一方则为从机。列车控制系统确保只有一个司机室被激活，且只有被激活的司机室中的广播主机才能作为主机，负责音频和视频信息播出控制。

8. 功能优先级

系统的功能优先级可以设置。高级别的广播通信可以打断低级别的广播通信，而低级别的广播通信不能打断高级别的广播通信，需要等候高级别的广播通信结束后才能开始。被高级别打断的低级别广播通信，在高级别结束后自动恢复。系统缺省的优先级设置如下（从上到下级别降低）：① 运营控制中心广播；② 乘客紧急报警；③ 司机室之间的通信；④ 人工语音广播；⑤ 自动语音广播；⑥ 伴音播放。

9. 特别运行站设置

（1）起点站/终点站设置。为适应列车运行区间变更的需要，通过广播控制盒和监视显示器的触摸屏可重新设置起点站和终点站，自动实现列车在变更区间运行过程中的全自动广播报站。

（2）越站设置。越站设置是对列车不停靠的车站的设置。当列车开往前方车站不停车时，自动播报列车通过此站不停车，并能继续自动播报将要到达的下一站的广播内容。在此区间的所有越站可一次性进行设置。

（3）其他功能设置。根据列车运行需要，还应具有"停止广播""应急广播""运营服务""调试""回库"等设置功能。

10. 语音监听

通过广播通信系统可实现下列语音监听：可监听客室的广播信息，并能调整音量大小；可监听客室紧急报警呼叫；可监听司机对讲呼叫。

11. 广播通信显示

① 可同步地显示广播报站的中文站名，站名代码及列车运行状态（上行/下行）及列车运行路线图；② 显示电源工作状态；③ 显示广播状态；④ 显示紧急报警车辆号码，同时有声音告警；⑤ 显示系统控制状态；⑥ 显示司机对讲呼叫；⑦ 显示故障设备，并记录故障发生的时间。

任务 6.3　媒体播放系统认知

媒体播放系统是依托多媒体网络技术，以计算机系统为核心，以车载显示终端为媒介向乘客提供信息服务的系统。车载设备可接收无线传输的实时信息或将已预录的信息在列车车厢LCD进行文本信息播放。使乘客通过正确的服务信息引导，安全、便捷地乘坐城市轨道车辆。

6.3.1　媒体播放系统的功能

媒体播放系统的主要功能是负责向乘客播放数字视频节目、显示列车运营信息、紧急信息以及其他乘客服务信息等内容，在提高客户体验的同时方便工作人员对乘客进行管理和引导。具体的功能如下：多媒体信息实时和非实时播放；接收存储多媒体信息；运营信息播放；紧急告警播放；多窗口分屏叠加；日志信息管理；断电自启动；冗余功能。

6.3.2　媒体播放系统的结构

图 6.9 所示为媒体播放系统的网络结构示意，其主要由视频服务器、编码器、交换机、解码器、视频分配器和LCD屏等设备组成。

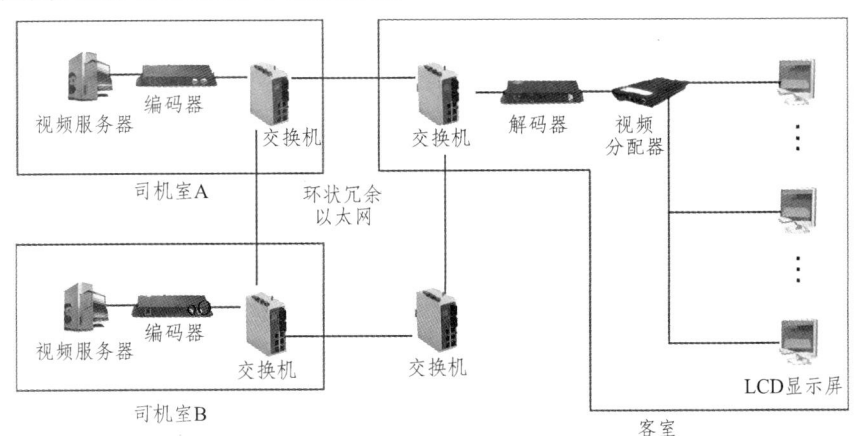

图 6.9　媒体播放系统网络结构示意

1. 视频服务器

视频服务器的主要功能是对直播或者录播的节目进行播放,并通过编码器将其发送至网络,具备实时直播和录播两种工作方式,能够自动或手动切换。在有数字电视信号覆盖隧道区间,视频服务器可以播放实时转播的电视节目。录播节目内容存储于视频服务器中,节目内容可以更新。视频服务器还可将列车运营信息、紧急信息以及其他乘客服务信息等内容叠加至网络视频流中,使乘客在欣赏视频节目的同时还可以了解目前列车的其他运行信息,在出现紧急情况时便于工作人员对乘客进行管理和疏导。运行过程中站名显示应与自动报站一起同步设定,运营信息的显示内容和方式可以通过编辑软件编辑。系统具备记录播出日志功能,能够记录并查询所有媒体文件的播出时间、地点、播出方式、播出次数等其他数据反馈。播出日志可以按照播出时段、媒体名称分别查询并显示清单列表。对于视频服务器通常采用了双机冗余热备份,即在每一列车编组的车头和车尾各有一台视频服务器,在系统运行过程中如果当前运行的视频服务器出现问题不能正常工作,则备份的视频服务器会自动启动。

2. 编码器和解码器

编码器负责将视频和列车运行信息发送至网络,为了保证视频的传输效果,采用了MPEG2 编码形式。解码器和编码器配套使用,将网络中的视频和列车运行信息进行 MPEG2 解码,并利用标准视频接口将视频传输至下一级进行显示。

3. 交换机

交换机是用来构成整个媒体播放系统的基础网络架构,负责将视频服务器的内容传送至各个客室。当一条网络出现故障时,并不影响视频信息的数据传输;当某个车厢的交换机设备出现故障时,只影响本节车厢的数据传输,其他车厢的多媒体播放系统及监控系统的工作并不受影响,保障了单点故障不扩散。

4. 分屏器

在西安地铁 2 号线的每辆车客室总有 8 个 LCD 屏,因此需要分屏器将解码器解出的视频进行分屏,以提供给各个 LCD 显示。

6.3.3 媒体播放系统的工作过程

整个媒体播放系统的工作过程简述如下:视频服务器播放直播或者录播的节目,同时向视频中叠加列车运行信息,并通过编码器将这些数据进行编码发送至网络,各个客室的解码器将网络上的数据解码,通过分屏器将解码后视频分为多路显示,再利用抗干扰能力较强的差分信号传输至各个 LCD 屏。此时,乘客便可以欣赏到精彩的视频节目,并获取列车最新的运行信息。

【典型案例】

西安地铁 2 号线车辆媒体播放系统基本原理如图 6.10 所示。

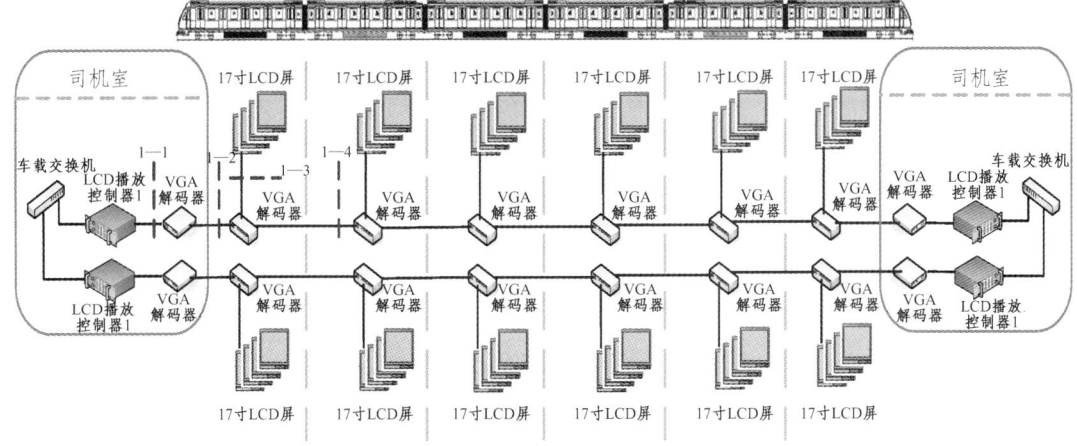

图 6.10 西安地铁二号线车辆媒体播放系统拓扑

说明：1—1 处为一根 VGA 电缆和一根音频电缆，分别传输 VGA 信号和音频信号；
　　　1—2 处为一根 CAT-5 电缆，传输的信号为经过 H.264 编码处理的 TS 数据流；
　　　1—3 处为四根 CAT-5 电缆（每块屏一根），传输的信号为将和 V 信号编码至 RGB 信号上加重处理的信号；
　　　1—4 处为一根 CAT-5 电缆，传输的信号为经过 H.264 编码处理的 TS 数据流。

用车载 VGA 信号编码器将 VGA 信号、立体声音频信号进行编码，通过 H.264 压缩方式对信号进行压缩成为 TS 数据流，应用网络传输的方式使数据流在车厢局域网内传输，采用广播方式传输占用网络带宽小于 3 M。在车厢内，系统再将 VGA 信号解码器先从网络上接收 TS 数据流解压输出 VGA 信号、音频信号，再将 VGA 信号中 H 和 V 信号编码至 RGB 信号上加重处理，利用 CAT-5 电缆将信号直接送到内嵌 VGA 接收板的 LCD 显示屏，解码输出视频信号。

任务 6.4　CCTV 监控系统认知

城轨列车的车载视频监控系统（CCTV）是集实时图像、文字、声音、控制、报警于一体，充分利用丰富的网络资源，通过网络平台将各车厢现场画面进行统一管理、统一运用的综合监控系统平台解决方案。建立在数字 IP 技术基础之上的体系结构可以利用车内有线的基础设施承载数字化的视频信息。

6.4.1　车载视频监控系统功能

车载视频监控系统具有司机室、客室视频图像采集；视频图像数据压缩传输；视频图像实时监视；报警联动；数字录像；视频录像文件查询、回放、下载；权限管理；主备切换；车载设备状态监控；日志信息管理；多种外部通信接口；视频图像上传；系统冗余等多种功能。

6.4.2 车载视频监控系统的组成

图 6.11 所示为城轨车辆 CCTV 监控系统的组成简图，其主要由 CCTV 主机、媒体网关、触摸屏、摄像机组成。工作过程可描述为：摄像机和 PECU 将采集的视音频数据通过同轴电缆和音频电缆传输至媒体网关；媒体网关接收到视音频数据后，进行模/数转换，并采用标准的 MPEG4 压缩算法压缩后，将视音频数据经车内以太网分别传送至两个司机室 CCTV 主机；CCTV 主机从网络交换机接收视音频数据进行存储，并解码输出视频信号到 LCD 触摸屏。

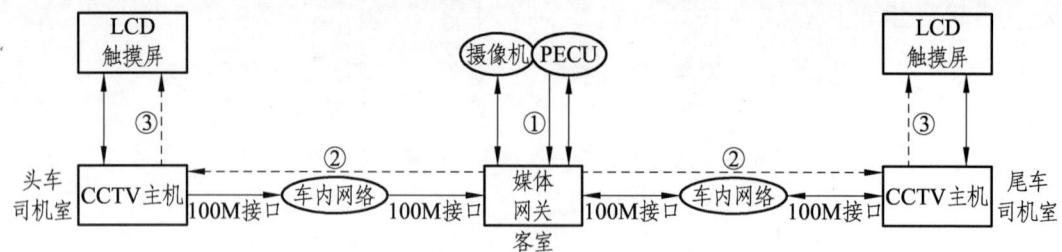

图 6.11 视音频数据采集压缩传输过程

1. CCTV 主机

图 6.12 所示为 CCTV 系统的主机，其主要功能是视频录像的存储、PTU 设备提供通信接口、内置交换机，提供触摸屏 DC 12 V 电源等。

图 6.12 CCTV 主机

2. 媒体网关。

图 6.13 所示为媒体网关，其主要功能是视频图像采集、编码及发送，提供图像水印技术，内置 8 口工业交换机，提供摄像机 DC 12 V 电源，音/视频信号传输分配等。

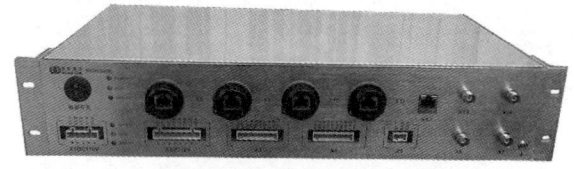

图 6.13 媒体网关

3. 摄像机

图 6.14 所示为彩色半球摄像机，它在系统中作为监控图像转为视频数据前端设备。摄像机的选择对系统性能影响非常大。

4. 触摸屏

图 6.15 所示为触摸屏,主要用于实时视频显示和触摸式操作控制。

图 6.14 摄像机

图 6.15 触摸屏

任务 6.5　乘客信息系统检查与维护

不同厂家不同选型的 PIS 在预防性维护要求上有一定的差异。在维护周期的确定上,要综合考虑系统各功能部件的应用频率和故障影响。对于集成度高、可靠性好的部件,其维护频率相对低一些。在长期的运营使用中,不同线路的环境温(湿)度、空气清洁度和电磁干扰等因素也直接影响着 PIS 的维护周期和使用寿命。因此,可以根据现场经验对 PIS 的预防性维护内容进行调整。本任务以天津地铁某线路列车广播系统的应用情况为例,对列车广播系统的检修要求(见表 6.2)进行介绍。

表 6.2　列车广播系统的检修要求

检修周期	检查项目	要　求
每日	列车报站功能	报站内容正确,音量适中,终点站设置正确,司机室扬声器语音清晰,无杂音
	广播盒上下行	确认出库端广播盒上下行设置与列车运营方向一致
	应急广播功能	选择需要播放内容进行紧急广播,广播内容正确,所有客室扬声器语音清晰、无杂音,LED 显示屏同步显示内容正确
	司机室对讲广播、监听功能	对讲、广播、监听功能良好,监听旋钮功能良好
	动态地图功能	动态地图显示正确,与列车广播报站信息同步,开门侧指示灯显示无异常
	LED 显示屏功能	显示内容正确,亮度良好,字幕信息与列车广播报站信息同步
每月（增加）	广播控制盒	设备无灰尘、无脏污;各部件安装牢固,固定螺栓无松动、无丢失
	扬声器	各部件安装牢固,固定螺栓无松动,无丢失;电缆无破损,各电气件通头无损坏,接线端子无脱落
	LED 显示屏动态地图	设备无灰尘、无脏污;各部件安装牢固,固定螺栓无松动、无丢失 (1)设备无灰尘,无脏污;各部件安装牢固,固定螺栓无松动、无丢失; (2)电缆无破损,各电气件插头无损坏,接线端子无脱落
	司机室控制机柜	安装状态良好,各处螺栓紧固,电缆无破损,接线端子无脱落

续表

检修周期	检查项目	要求
每月（增加）	客室控制机柜	安装状态良好，各处螺栓紧固，电缆无破损，接线量子无脱落
	列车广播优先级功能	乘客紧急报警优先级高于人工广播，高于列车广播报，高于媒体伴音
	乘客紧急对讲功能	客室各报警器能良好接通、挂断，可接听对讲，监控画面自动切换到报警位区
	司机室控制机柜功能	分别在主控端操作观察机柜所有模块指示灯的状态，各模块指示灯状态良好
每年（增加）	司机室控制机柜	机柜内部清洁，部件无灰尘
	客室控制机柜	机柜内部清洁，部件无灰尘
	列车报站功能	依照标准对媒体广播音、报站音量进行校准
每4年（增加）	司机室控制机柜	（1）各固定螺栓、螺母完好，防松标记清晰，无错位； （2）控制机柜连接电缆接线无老化，无破损，电缆接头无损坏，无松动等异常情况，线号清晰可见，更换无法辨识的线号； （3）清洁柜体内部（对机柜内壁及模板插槽进行除污、除尘）无异物、无积尘； （4）拆卸机柜内的全部板卡及模块，清洁电路板和模块上的尘土，无异物，无积尘； （5）视情况对有变形，断裂的连接端子进行更换； （6）更换中央控制器内部的电池
	广播控制盒	（1）外观无损坏，表面无异物，无积尘； （2）各安装螺栓、螺母紧固、完好，防松标记清晰，无错位； （3）连接连接电缆接线无老化，无破损，电缆接头无损坏，无松动； （4）清洁广播控制盒内部（对内壁及电路板进行除污、除尘）无异物、无积尘
	客室控制机柜	（1）各安装螺栓、螺母紧固、完好，防松标记清晰，无错位； （2）控制机柜连接电缆接线无老化无破损，电缆接线无损坏，无松动； （3）清洁柜体内部（对机柜内壁及母板插槽进行除污、除尘），无异物、无积尘； （4）拆卸机柜内的全部板卡及模块，清洁电路板及模块上的尘土，无异物、无积尘； （5）视情况对有变形、断裂的连接端子进行更换
	紧急报警器	（1）接线无老化、无破损，接头无损坏、无松动； （2）清洁设备表面，无异物、无灰尘
	动态地图	（1）各接线无老化、无破损，电缆接头无损坏、无松动； （2）动态地图内壁表面无异物、无积尘； （3）视情况对有变形、断裂的连接端子进行更换
	LED显示屏	（1）各安装螺栓、螺母紧固、完好，防松标记清晰，无错位； （2）连接电缆接线无老化、无破损，接头无损坏、无松动； （3）视情况对有变形、断裂的连接端子进行更换
	扬声器	（1）安装螺栓、螺母紧固、完好，防松标记清晰、无错位； （2）连接电缆接线无老化、无破损，接头无损坏、无松动； （3）扬声器表面无异物、无积尘； （4）视情况对有变形、断裂的连接端子进行更换

根据使用经验，每日检修内容应为列车广播系统最常用、最必要、最直观的功能项目。每月检修内容在每日检修内容的基础上增加表面安装螺栓、连接电缆的检查，重要部件表面清洁和高级功能测试。每年检修内容在每月检修内容的基础上增加控制机柜的内部清洁和列车广播音量的校准项目。每4年检修内容在每年检修内容的基础上增加各位置螺栓、电缆、连接端子的全覆盖检查和板卡级部件的深度清洁。

6.5.1 列车广播系统常见故障的检修

对于不同厂家不同选型的产品来说，PIS 的具体检修方法差异较大。维修时，只有熟练掌握 PIS 各部件的功能和连接方式，才能根据故障现象快速判断故障部件和故障类型（软件或硬件）。若为软件故障，一般需要对系统进行重启、重刷程序或针对系统漏洞进行升级；若为硬件故障，需要进行故障件的判断和更换。

以天津地铁某线路列车广播系统的应用情况为例，对列车广播系统常见故障的检修方法进行说明。

1. PIS 不能正常启动

（1）工具设备。电工组合工具、万用表。
（2）检查。
① 司机室控制单元的电源模块的电源插头是否接插好。
② 空气开关（简称空开）是否跳闸。
③ 电源模块的指示灯是否显示正常。
（3）方法。
① 将插头接插牢固。
② 将空开合上。
③ 使用万用表检查系统内部的电源模块是否输出正常。

2. 数字语音报站不能正常工作

（1）工具设备。电工组合工具、万用表。
（2）检查。数字报站器的各个指示灯是否正常。
（3）方法。
① 如果"工作"灯没有点亮，须更换设备。
② 如果"检测"灯一直点亮，说明自检未通过，须检查存储卡是否插好。如果没插存储卡，应重新插卡；如果存储卡已经插好，应更换数字报站器模块。
③ 检查本端广播控制盒"激活"灯是否点亮，如果没有点亮，应重新插入司机室钥匙。如果仍不能激活，应更换广播控制盒。

3. 自动报站不能进行

（1）工具设备。电工组合工具、万用表。
（2）检查。

① 广播控制盒的"通信"灯是否点亮。
② 广播控制盒通信是否故障。

（3）方法。

① 若"通信"灯点亮，说明信号系统接收信息正常，应检查数字报站器是否故障。

② 若"通信"灯闪烁，说明信号系统接收信息故障，但列车管理系统通信正常，应检查数字报站器是否故障。

③ 若"通信"灯熄灭，说明列车管理系统通信故障，无法自动报站，非 PIS 故障。

④ 查看广播控制盒与中央控制器是否有通信，如果无通信，应更换广播控制盒。

4. 司机对讲、紧急报警不能正常工作

（1）工具设备。电工组合工具、万用表。

（2）检查。

① 广播控制盒上的手持话筒连线是否完好。
② 客室控制单元机柜内的对讲控制器上的灯显示是否正常。
③ 报警器能否正常报警。

（3）方法。

① 如果断开，应更换话筒。
② 如果对讲控制器上的"L1L4"灯一直长亮，应重新启动系统。如果还未能解决问题，应更换对讲控制器模块。
③ 检查报警器后置面板上的插座是否插好。如果没有插好，应将插座接插牢固；如果已接插牢固，应更换电路板。

5. 司机室 LED 显示屏不能显示

（1）工具设备。电工组合工具、万用表。

（2）检查。

① LED 显示屏的电源是否正常。
② 能否下载显示内容。
③ 起点站、终点站是否设置正确。

（3）方法。

① 接通 LED 显示屏的电源。
② 下载显示内容。
③ 重新设置起点站和终点站。
④ 若上述条件均已满足，但 LED 显示屏仍不能显示，则应更换客室 LED 显示屏。

6.5.2 媒体播放系统检修

媒体播放系统预防性维护的内容根据设备特性、功能和运用环境的不同而不同。仍以天津地铁某线路媒体播放系统的应用情况为例，对媒体播放系统的检修要求（见表 6.3）进行说明。

表 6.3 媒体播放系统的检修要求

检修周期	检查项目	要 求
每日	LED 显示屏显示	无卡屏、黑屏、蓝屏、花屏等现象，图像清晰；屏幕无坏点，无偏色；信息显示与列广报站信息同步
	LED 显示屏外观	屏幕表面无脏污，无破损
每月（增加）	环网检查	环网冗余功能良好
每年（增加）	LED 显示屏	安装牢固；屏幕表面无脏污、无破损
每 4 年(增加)	LED 显示屏	（1）各安装螺栓、螺母紧固、完好；防松标记清晰，无错位 （2）接线无老化，无破损；接头无损坏，无松动； （3）视情况对有变形、断裂的连接端子进行更换
	LED 显示屏电源盒	（1）电源盒接线无老化，无破损；接头无损坏，无松动； （2）电源盒外表面及内部清洁； （3）视情况对有变形、断裂的连接端子进行更换

根据使用经验，每日检修内容应为媒体播放系统最常用、最必要、最直观的功能项目。每月检修内容在每日检修内容的基础上增加环网冗余功能检测。每年检修内容在每月检修内容的基础上增加 LED 显示屏的安装及清洁。每 4 年检修内容在每年检修内容的基础上增加 LED 显示屏各位置螺栓、电缆、连接端子的全覆盖检查和板卡级部件的深度清洁。

6.5.3 媒体播放系统常见故障的检修

1. 客室媒体播放没有显示

（1）工具设备。电工组合工具、万用表。
（2）检查。
① 客室 LED 显示屏电源是否给电。
② LED 显示屏后端连接器是否松动。
③ 地面 PIS 是否有媒体信号输出。
（3）方法。
① 给 LED 显示屏上电。
② 重新拔插显示屏连接器，使其连接牢固。
③ 断开地面 PIS 的媒体输入信号，改用便携式计算机接入媒体输入，查看 LED 显示屏中是否显示便携式计算机上的媒体播放内容。如果显示，说明是地面 PIS 媒体输入故障，非车载 PIS 故障。

2. 客室媒体播放卡滞

（1）工具设备。电工组合工具、万用表。
（2）检查。
① 相邻客室控制机柜媒体播放是否卡滞。
② 客室控制机柜视频解码器是否正常。
③ 网络交换机工作是否正常。

（3）方法。

① 观察相邻客室控制机柜媒体播放是否卡滞。若卡滞，可能是整车环网故障或司机室视频编码器故障；若不卡滞，则为单节车设备故障。

② 观察视频解码器工作指示灯的状态。若常亮，说明系统正常；若闪烁，应尝试更换视频解码器。

③ 观察网络交换机工作指示灯的状态。若常亮，说明系统正常；若闪烁，应尝试更换网络交换机。

6.5.4 视频监控系统的部件

视频监控系统检修内容见表 6.4。

1. 司机室监视器没有显示

（1）工具设备。电工组合工具、万用表。

（2）检查。

① 视频服务器是否启动。

② 显示屏后端连接器是否松动。

③ 电源是否正常。

（3）方法。

① 给视频服务器重新上电。

② 重新拔插显示屏连接器，使其连接牢固。

③ 断开显示屏后端连接器，使用万用表测量电源输入是否正常。

④ 若上述条件均已满足，但司机室监视器还无显示，则须更换司机室监视器。

表 6.4 视频监控系统检修项目

检修周期	检查项目	要求
每日	视频服务器	视频服务器时钟误差在允许范围内
	视频监控功能	（1）各位区连接良好，监控画面清晰； （2）触摸灵敏，位置正确； （3）当天存储的视频播放流畅，视频无丢失
每月（增加）	触摸屏	安装状态良好，各处螺栓紧固，电缆无破损，接线端子无脱落
	摄像头	安装状态良好，各处螺栓紧固
	视频服务器	（1）安装牢固，各处螺栓紧固，螺栓无丢失；电缆无破损，接线端子无脱落 （2）电子时钟时间差在允许范围内 （3）UPS 电池功能正常，视频服务器断电后，能够延时关机
	视频监控功能	各摄像头摄录角度标准
	录像存储功能	多天存储的视频播放流畅，视频无丢失

续表

检修周期	检查项目	要 求
每年（增加）	视频服务器	（1）清洁视频服务器的外表面，开盖清洁机箱内部，无异物、无积尘； （2）对视频服务器进行垃圾清洁、碎片整理、病毒查杀，必要时对硬盘格式化和重装系统； （3）UPS电池更换； （4）视频服务器校时
每年（增加）	视频监控屏	（1）安装螺栓、螺母紧固，防松标记清晰，无错位； （2）清洁视频监控屏外表面，外观无损坏，表面无异物和积尘
每4年（增加）	视频服务器	（1）各位置安装螺栓、螺母紧固、完好，防松标记清晰，无错位； （2）接线无老化，无破损；电缆接头无损坏，无松动； （3）更换视频服务器硬盘，加装减振条，安装牢固，使用正常； （4）更换BIOS电池，安装牢固，使用正常
每4年（增加）	CCTV监控屏	（1）各位置接线无老化，无破损；电缆接头无损坏，无松动； （2）开盖清洁；内壁无异物，无积尘； （3）视情况对有变形、断裂的连接端子进行更换
每4年（增加）	摄像头	（1）接线无老化，无破损；电缆接头无损坏，无松动；绝缘胶带无松脱，无老化； （2）摄像头外观无损坏，安装牢固；清洁球罩表面，无异物和积尘； （3）视情况对有变形、断裂的连接端子进行更换

2. 客室监视器没有显示

（1）工具设备。电工组合工具、万用表。

（2）检查。

① 是否为单一摄像头无画面。

② 监控编码器工作是否正常。

③ 是否为整节车摄像头无画面。

（3）方法。

① 若为单一摄像头无画面，说明是单个摄像头故障，这时应检查单个摄像头的连接情况。

② 摄像头硬件故障的概率较小。若摄像头连接无问题，则可以将同车其他摄像头的连线接入该监控编码器，看能否正常显示。若不能正常显示，说明非摄像头故障，而是摄像头连接的监控编码器故障。

③ 若为整节车摄像头无画面，应先检查该节车PIS空开是否断开。若没有断开，说明是网络环网故障。列车的网络交换机搭建成环网结构，有冗余性，单个网络交换机故障不会影响该节车摄像头监控画面的显示；若产生影响，说明环网有间断，需要检查环网连接。

本项目为使读者能对PIS的故障处理有一个感性认识，选取了几个常见故障的检修方法进行简要说明。事实上，对于不同厂家不同选型的产品来说，PIS的故障情况和检修方法存在较大差异。根据现场的运用经验，总结得到PIS故障检修时应遵循以下原则：参照设备供应时提供的故障处理手册；利用设备自检功能和设备日志；注意观察设备指示灯状态；多考虑端子接触不良或短路的情况；系统设备有较强的互换性，在故障检修或备件更换时考虑设备地址冲突的情况；在进行故障点分析时，善用隔离、对照或对调等方法对故障点所在位置进行逻辑判断。

【思政课堂】

中国轨道交通乘客信息系统领路人——姜煜

在乘客信息系统，行业简称 PIS 系统，这个市场上冠华天视的市场占有率达到 61%，雄踞首位。一个 2005 年才成立的民营企业，如何在这个重大城市基础建设领域成为行业老大？带着这样的疑问，我采访了冠华天视的创始人姜煜先生。

首先是从冠华天视的创立开始，姜总称之为机缘巧合。1998 年从清华毕业后，姜总加盟中国最大的电视系统集成商，北京冠华荣信系统工程有限公司。当时中国只有北京、天津、上海、广州 4 个城市拥有地铁线路、还没有城市拥有地面轻轨系统。2004 年，深圳地铁 1 号线开始招标 PIS 系统，深圳成为中国第 5 个拥有地铁的城市，深圳地铁 1 号线整体设计是世界领先的，所以对 PIS 系统也提出了更高的要求，希望突破传统的固定循环的文字显示系统，提供客户更综合的信息服务和视频音频传送。而这就涉及复杂的多媒体传送、播放系统，当时深圳地铁 1 号线 PIS 系统集成商联系到了北京冠华荣信系统工程有限公司，邀请北京冠华主导 PIS 系统的设计。就这样北京冠华在深圳地铁 1 号线，开创了中国第一个完整可控的多媒体 PIS 系统，可以支持文字、视频、音频传送播放和自由切换。深圳 1 号线系统为中国城市轨道交通的 PIS 系统开创了全新的模式、定义、功能、架构和发展方向。

伴随深圳地铁 1 号线的正式运营，北京冠华天视数码有限公司正式成立。从 PIS 系统提供商的技术分包顾问到成为 PIS 系统提供商，这中间冠华天视又经历了什么？姜总笑言技术创新是根本。北京冠华成立后签下的第 1 个项目是广州地铁 2 号线，在广州、北京冠华开创性地实现了通过隧道里的无线系统在移动车辆里进行视频直播。广州地铁 2 号线获得 2006 年度国家科技进步二等奖，成为国家科技进步奖历史上第一个获奖的城市轨道交通项目。姜总说："就像笔者理解的那样，地铁作为大型城市基础建设项目，通常从设计到施工、合作的不是国外的顶尖公司就是国字号的大企业，PIS 系统也基本是铁道部系统的科研院所在负责开发。冠华天视能够超越他们拥有 61% 的绝对领先市场份额就是靠完全自主知识产权的软硬件系统，功能更完善、系统更安全、运行更稳定，兼容性和拓展性更强"。姜总团队创新的众多解决方案一直引领中国乘客信息系统的发展。

谈到冠华天视也经历几次的融资、重组、股权变更，如今成为上市公司北大千方科技有限公司的全资子公司。姜总说："在 IT 行业、做 PIS 系统绝对不是赚钱快的方向。PIS 系统复杂，涉及软件硬件、轨道交通、广播电视、通信、多媒体应用多个专业方向，系统同时涉及和轨道交通运营系统的对接，又涉及对外挂设备显示器、通信网站系统的兼容。从周期上、从立项、审批、竞标、设计、调试、运营、也是一个复杂而漫长的过程。公司成立初期，除了北京天视网讯的出资，还申请了科委的高新技术研发基金，才得以完成整套系统的研发。此后的融资重组到成为北大千方的全资子公司都是为了得到更有力的资金支持，能不断提升系统的功能、保持技术上的绝对领先优势。虽然 PIS 系统不是赚钱快的方向，但却是服务大众基本生活需求的领域。城市轨道交通在世界范围都是最繁忙、载客量最大的交通工具、线路多、车站多、车次多、乘客多、但空间狭小。PIS 系统就是让乘客安全、高效地在城轨系统中行走、确保城轨系统高效安全运营"。

放眼未来，姜总表示，冠华天视正在将自己先进的系统、推向更广阔的市场，一方面是走向国际市场，一方面是扩展到高铁机场等其他交通系统。

结束采访进到深圳地铁6号线,正是冠华天视的PIS系统使候车、换乘、到站、时间、新闻、气象、股票、商业信息一应俱全。下午4:00,还没到晚高峰的时间看到PIS提示,即将进站的列车头尾的几个车厢还比较空,赶紧往车头方向移动。真的感谢姜总和他的团队,他们的才华和勤奋让我们每天冗长拥挤的通勤生活,小一些压力、多一些信息、少一些意外、多一些效率。

转自:人民日报网

【能力拓展】

1. 客室扬声器更换

1)安全注意事项

(1)确认驾驶台上无禁动指示牌。

(2)确认列车休眠或断开PACU断路器。

2)需要的工具材料及准备工作

(1)方孔钥匙。

(2)适用于M4的螺丝刀。

(3)新的扬声器。

3)检修工序及内容

(1)拆除。

① 打开内侧顶板。

② 拔下逆变器上的接插件。

③ 取下4个M4的螺丝。

(2)安装。

① 装上更换的扬声器。

② 装上螺丝。

③ 接上接插件。

(3)唤醒列车,触发广播,检验扬声器的功能。

2. LED内部显示单元更换

1)安全注意事项

(1)确认驾驶台上无禁动指示牌。

(2)确认列车休眠或关断LMDUACB和LMDUBCB。

2)需要的工具材料及准备工作

(1)套筒或者活动扳手。

(2)螺丝刀。

(3)新的LED。

3）检修工序及内容

（1）拆除。

① 打开贯通道处顶板。

② 取下 LED 上的连接器。

③ 取下 4 个 M5 的螺丝及接地线。

（2）安装。

① 装上更换的 LED。

② 装上 M5 的螺丝。

③ 接上连接器及地线。

④ 恢复贯通道处顶板。

（3）唤醒列车，触发报站，检验 LED 的功能。

【思考与练习】

（1）简述列车广播系统的基本功能以及优先级别。

（2）简述列车广播系统的基本组成。

（3）简述媒体播放系统的功能及组成。

（4）简述 CCTV 监控系统的功能及组成。

（5）简述 CCTV 监控系统常见的几种显示状态。

项目 7 制动系统

【项目导入】

城轨交通车辆制动系统是保证城轨交通车辆具有良好的运行性能,并安全、准点运行的基础和保障。制动系统性能是否优良,直接影响到乘客乘坐城轨交通车辆的舒适度,同时还影响到城轨交通车辆运行速度的提高、运能的增长等性能指标。

【学习目标】

(1)掌握制动系统的基本概念。
(2)掌握制动系统的各组成部分的功能和制动系统的工作原理。
(3)掌握 EP2002 型制动系统的组成及优缺点。

制动系统是城轨车辆安全、准点运行的保障,也是影响乘客乘坐舒适度、列车运行速度提高和运输能力等性能指标提高的保障。

任务 7.1 制动系统基础知识

7.1.1 制动系统的基本概念

制动系统常涉及制动与缓解、制动装置与制动系统等概念。

1. 制动与缓解

1)制 动

制动是指人为地通过制动装置使车辆减速或阻止其加速的作用。从能量变化角度分析,制动过程是一个能量转换的过程,即将列车运行的动能转换成其他形式能量的过程。而制动力则是指使减速或阻止其加速的外力,制动机是产生并控制制动力的装置。

2)缓 解

缓解是对已经施行制动的列车,解除或减弱其制动作用。对于运行车辆而言,列车在停车后起动加速前或列车运行途中限速制动后加速前均要解除制动作用,即施行缓解作用。

2. 制动装置与制动系统

1）制动装置

制动装置是在车辆中产生制动力，使列车减速、停车的一套机械、电气装置，一般将机械装置称为基础制动装置，而将电气控制的部分称为制动机。制动作用的性能是否良好对保证车辆安全和正点运行具有极其重要的作用，制动装置也是提高列车运行速度和运输送能力的重要条件之一。

2）制动系统

（1）制动系统的组成

制动系统由动力制动系统、空气制动系统及指令和通信网络系统三部分组成。

① 动力制动系统。动力制动系统一般与牵引系统连在一起形成主电路，包括再生反馈电路和制动电阻器，将动力制动产生的电能反馈给供电接触网或消耗在制动电阻器上。

② 空气制动系统。空气制动系统由供气部分、控制部分和执行部分组成。供气部分有空气压缩机组、空气干燥器和风缸等；控制部分有电-空转换阀、紧急阀、称重阀和中继阀等；执行部分主要是指基础制动装置，主要有闸瓦制动装置和盘形制动装置等。

③ 指令和通信网络系统。指令和通信网络系统是传递司机指令的通道，也是制动系统内部数据传递交换及制动系统与列车控制系统进行数据通信的总线。

（2）制动系统的作用。制动系统主要作用如下：

① 车辆在运行过程中，司机通过控制制动装置使列车减速、停车或停止加速。

② 防止车辆在长大下坡道运行时的自动加速。

③ 防止城轨车辆在停车线或检修线上的自动溜放而实施停放作用等。

7.1.2 制动系统的要求

城轨车辆制动系统的基本要求如下：

（1）具有足够的制动力，保证在规定的制动距离内停车。一般城轨车辆的制动距离为 200 m 以内。

（2）制动装置能方便司机灵活操纵、动作迅速、停车平稳准确，车组前后车辆制动、缓解作用一致。

（3）新型城轨车辆普遍采用电制动和空气制动联合制动的方式。

（4）能确保城轨车辆在长大坡道上运行时，制动力不衰减，使列车能匀速平稳下坡。

（5）制动装置能根据客流量的大小，自动进行空重车制动力大小的调整，减少制动时的纵向冲击。

（6）具有紧急制动性能。遇到紧急情况时，能使电动车组在规定距离内安全停车。紧急制动作用除由司机操作外，必要时还可由行车人员利用紧急停车按钮（紧急阀）进行操纵。

（7）电动车组在运行中发生诸如列车分离，制动系统故障等危及行车安全的事故时，应自动起紧急制动作用。

7.1.3 制动方式的分类

制动方式是车辆制动时动能的转移方式或制动力的获取方式。

（1）按动能转移方式，制动方式分为摩擦制动和电制动两种形式。

① 摩擦制动。即通过摩擦方式将动能转换为热能散发到空气中，包括闸瓦制动、盘形制动和磁轨制动。

② 电制动。电制动又称动力制动，即制动时将动能通过发电机转换为电能，再将电能送回电网或变成热能散发到空气中。动力制动包括再生制动和电阻制动两种形式。

a. 再生制动。再生制动将动能转换为电能后，供车辆的其他负载使用或反馈回电网；节约能源，又减少制动时对环境的污染，基本上无磨耗，属于最理想的制动方式。

b. 电阻制动。电阻制动是将制动时发电机发出的电能加于电阻上，电阻发热，电能转换为热能。

（2）按制动力的获取方式，制动方式分为黏着制动和非黏着制动两种形式。黏着制动应用广泛，闸瓦制动和盘形制动属于黏着制动；高速铁路广泛使用的磁轨制动和涡流制动属于非黏着制动。

7.1.4 制动技术的发展

城轨车辆制动技术发展大致经历了以下 5 个阶段：

（1）人工制动方式。有轨电车采用此种方式，其主要制动设备有刹车钢丝、木质闸瓦等。

（2）机械式制动方式。其主要制动设备有杠杆传动机构、铸铁闸瓦等。

（3）借鉴铁路机车车辆的空气制动方式。其主要制动设备有空气指令自动空气制动机、铸铁闸瓦或合成闸瓦等。

（4）电气指令式制动控制系统。其主要制动设备有电气指令直通式制动机、合成闸瓦等。

（5）计算机控制制动系统。计算机控制电气指令、新型基础制动装置。

【典型案例】

西安地铁 2 号线车辆采用 HRDA 制动系统，车控方式，按照 1 动 1 拖一个单元进行系统设计和制造。

1. 模块化的设计理念

空气压缩机及制动车辆制动系统风源系统的其他相关冷却和干燥设备共同组装为"风源模块"，安装在每个 Mp 车上。根据西安地铁 2 号线车辆制动系统的特点，将制动控制装置及相关设备组装为"制动控制集成"，安装在每辆车上。

2. 基础制动装置

西安地铁 2 号线每辆车的每根轴上都配备一套如图 7.1 所示的带停放制动和不带停放制动的踏面式制动单元，用于执行车辆的停放制动、常用制动和紧急制动。停放制动采用弹簧施加、充气缓解的形式。在空气制动有效的情况下（常用制动和紧急制动），可以通过司机台上停放制动的施加按钮（通过控制停放电磁阀 K3 得电）来实现施加停放制动。停放制动与空气制动使用同一套闸瓦将制动力施加在轮对上。此外，还配备手动缓解装置，用于在无风或者空气压力低的情况下缓解停放制动。当空气压力恢复时，进行一次空气制动循环（制动-缓解），缓解机构自动复位，并为下一次手动缓解做好准备。

（a）带停放制动　　　　　　（b）不带停放制动

图 7.1　带停放制动和不带停放制动的踏面式制动单元

3. 自动磨耗补偿装置和闸瓦

西安地铁 2 号线的车辆每个踏面制动装置都配有一套闸瓦间隙自动调整器，用以保持闸瓦与车轮间的正确间隙，补偿闸瓦与车轮的磨耗。踏面间隙调整装置能保证在使用新车轮和新闸瓦的情况下顺利安装闸瓦，在磨耗到限的车轮以及磨耗到限的闸瓦正常施加常用和紧急制动。

西安地铁 2 号线车辆的每个车轮上配有一个如图 7.2 所示的 NC3443 型合成闸瓦。闸瓦材料为无石棉材料。闸瓦的使用情况与施加制动的频率、级别、载荷情况以及电制动的使用情况均密切相关，因此闸瓦的更换周期需要根据实际情况而定，每块闸瓦上都有一个非常明显的磨耗到限的标记。

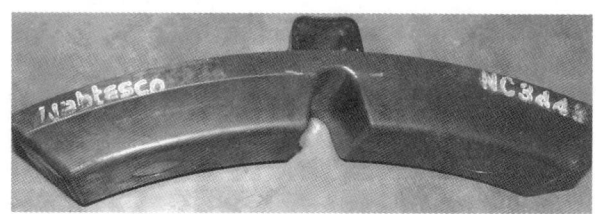

图 7.2　NC3443 型合成闸瓦

任务 7.2　电制动与空气制动

7.2.1　电制动

电制动是动车的制动方式，制动时通过电机角色的转换将车辆的动能转换为电能，从而使车辆减速或停车的制动方式称为电制动或动力制动。电制动具有独立的滑行保护和载荷校正功能，动车装备有：1 个三相调频调压逆变器（VVVF）、1 个牵引控制单元（DCU）、1 个制动电阻、4 个自冷式三相交流电机 M1、M2、M3、M4（每轴配一个，相互并联）。

1. 再生制动

如图 7.3 所示，当城轨车辆施行常用制动作用时，电动机 M 变成发电机状态运行，将车辆的动能变成电能，经 VVVF 逆变器整流成直流电反馈于接触网，供列车所在接触网供电区段上的其他车辆牵引用和供给本车的其他系统，称为再生制动。再生制动的大小取决于第三轨（或接触网）的接收能力，也即取决于网压高低和负载利用能力。

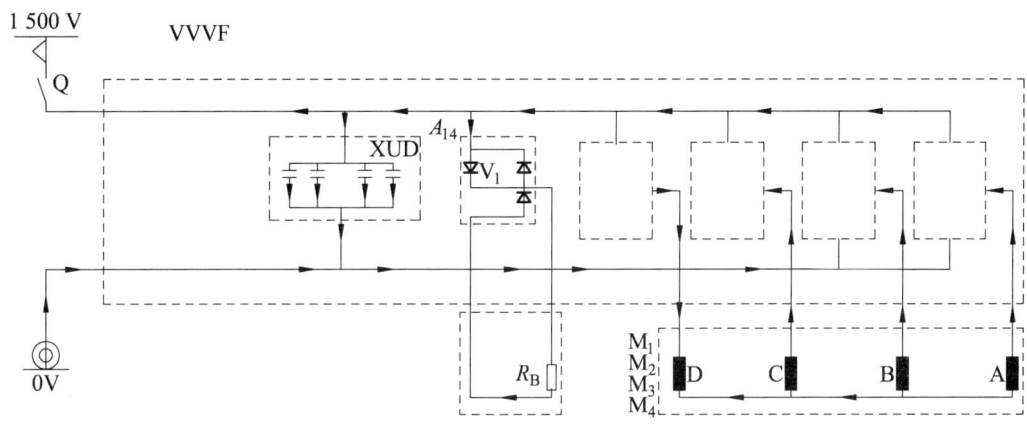

图 7.3　再生制动原理

2. 电阻制动

如图 7.4 所示，如果制动列车所在的接触网供电区段内无其他列车吸收该制动能量，VVVF 则将能量反馈在线路电容上，使电容电压 XUD 迅速上升。当 XUD 达到最大设定值 1 500 V 时，DCU 启动能耗斩波器模块 A14 上的门极可关断晶闸管（Gate Turn off Thyristors，GTO）V1，GTO 打开制动电阻 R_B，制动电阻 R_B 与电容并联，将电机上的制动能量转换成电阻的热能消耗掉，称为电阻制动。

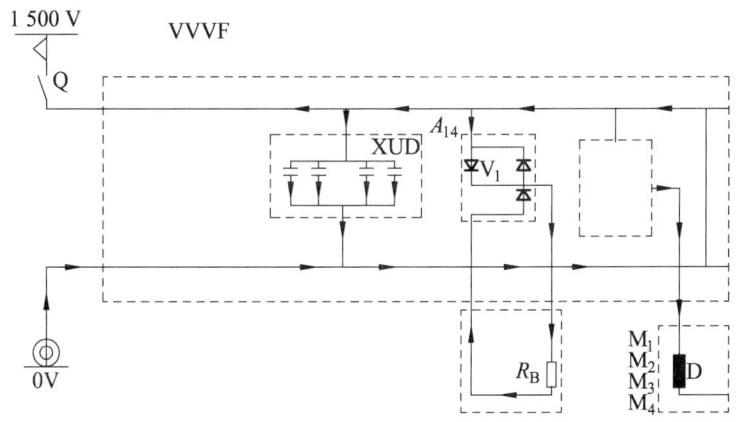

图 7.4　电阻制动原理

3. 制动模式

制动模式可分为常用制动、快速制动、紧急制动、弹簧停放制动、保压制动等。

1）常用制动

在常用制动模式下，电制动和空气制动一般都处于激活状态。一般情况下，电制动能满足车辆制动要求，当电制动不能满足制动要求时，空气制动能够迅速、平滑地补充，实现混合制动作用。

2）快速制动

快速制动具有以下特点：电制动不起作用，仅空气制动；受冲击率极限的限制；主控制器手柄回"0"位，可缓解；具有防滑保护和载荷修正功能。

3）紧急制动

紧急制动的特点如下：失电制动，得电缓解；电制动不起作用，仅空气制动；高速断路器断开，受电弓降下；不受冲击率极限的限制，在 1.7 s 内即可达到最大制动力的 90%；紧急制动实施后是不能撤除的，列车必须减速，直到完全停下来（零速封锁）；具有防滑保护和载荷修正功能。

4）弹簧停放制动

弹簧停放制动缸充气时，停放制动缓解；弹簧停放制动缸排气时，停放制动施加；还附加有手动缓解的功能。

5）保压制动

保压制动是为防止列车在停车前的冲动，使列车平稳停车，通过 ECU 内部设定的执行程序来控制。

4. 制动控制原则

制动控制的基本原则包括常用制动优先原则、常用制动混合原则、常用制动力的分配原则。

1）常用制动优先原则

第一优先再生制动，第二优先电阻制动，第三优先摩擦制动（空气制动）。

2）常用制动混合原则

（1）电制动无故障状态下的制动原则。在 DCU 无故障状态情况下，电制动始终起作用，提供常用制动所需的制动力（AW0～AW2）。制动指令值同时送至所有的 DCU 和 ECU，并由它们分别根据车辆的载荷情况计算所需的制动力。

（2）电制动与气制动混合的控制原则。电制动与气制动之间的融合（混合）应是平滑的，并满足正常运行的冲击极限。空气制动用来填补所要求的制动需求和已达到的电制动力之间的差额。

3）常用制动力的分配原则

常用制动力分为电制动力和空气制动力。电制动力的分配原则：由于车辆编组每单元为三节，假设每单元自己提供制动力，总共需要 300% 的制动力，而电制动时只有动车能提供制动力，每单元的三节车中只有两节动车，因此每节动车承担 150% 的制动力。空气制动力的分配原则：由 A、B 和 C 车组成的单元车则需 300% 的气制动力，每节车的气制动控制单元根据本车的载荷重量负责本车 100% 的制动力。

5. 制动控制系统的分类

制动控制系统是制动系统在司机或其他控制装置（ATC）的控制下，产生、传递制动信号，并对各种制动方式进行制动分配、协调的部分。

目前，制动控制系统主要有空气制动系统和电气指令式制动控制系统两大类。

1）空气制动系统

当以压缩空气作为空气制动信号传递和控制制动介质时，该制动系统称为空气制动系统，又称空气制动机。

2）电气指令式制动控制系统

以电气信号来传递制动信号的制动控制系统，称为电气指令式制动控制系统。地铁车辆普遍采用电气指令式制动系统，而电气指令式制动控制系统分为两种类型：数字指令式制动控制系统和模拟指令式制动控制系统。

（1）数字指令式制动控制系统。数字指令式是指由 0 到 1 组成的 2 进制数，在用 3 位数组合时，除（0 0 0）外，还有（001、010、011、100、101、110、111）7 组组合。在制动控制上，使 0 对应制动控制线 OFF，1 对应制动控制线（n 根），可以得到 $2n-1$ 级的制动。北京地铁曾研制和采用了这种方式的制动机，就操作方便性来说，通常有 7 级制动已基本够用。利用上述原理传递制动指令的控制系统，称为数字指令式制动控制系统。此种方式的制动机与空气制动机比较，具有制动指令传递速度快，制动分级多，制动力均匀等优点，但仍然是分级控制。

（2）模拟指令式制动控制系统。模拟指令式制动控制系统与数字指令式制动控制系统基本相同，唯一的区别是从驾驶室送往各车辆的制动电气指令是使用模拟量传递的，所以称为模拟指令式制动控制系统。从控制系统可获得无限级制动力，即可控制制动的细微调节，因此比较适宜于 ATC 控制的列车。模拟指令式制动控制技术是将变量输入计算机，计算机经过逻辑运算控制电磁阀，由电磁阀控制气阀，由气阀直接控制制动缸压力，从而达到控制制动力的目的。此系统是一种先进的电控控制系统，其核心部分是电子控制单元，它输入制动命令、电制动施加与否信号、车体载荷信号（即乘客的多少）、空气制动实际值的反馈信号，经综合运算后输出电-气模拟转换和防滑控制的电信号，控制各种电磁阀，根据制动要求和实际情况不断调整制动缸压力。系统的另一个重要部件是制动控制单元，它由模拟控制阀、紧急制动阀、负载限压阀、中继阀等电磁阀组成，集成安装在一块内通管路的模板上，接收电子控制单元的指令，完成电-气转换，然后对制动风缸压力进行控制。

7.2.2 空气制动

空气制动系统由供气系统装置、基础制动装置（常见有闸瓦制动装置和盘形制动装置）、制动控制单元和防滑装置等组成。

1. 供气系统装置

供气系统装置的主要作用是产生一定压强的压缩空气，并储存在风缸

风源系统单元

中,供制动、车门控制装置(气动门)、车辆转向架的空气弹簧减振悬挂装置等使用。供气系统装置主要由压缩机、空气干燥器、压力控制装置和管路等组成。

2. 制动控制单元

制动控制单元是制动的核心部件,它的主要作用是接收计算机制动控制单元的指令,然后指示制动执行部件动作,完成制动作用。

3. 防滑装置

防滑装置主要是当车轮与钢轨黏着不良时,对制动力进行控制的装置。它用于防止车轮打滑,以免擦伤车轮踏面。防滑控制装置包括4个防滑排风阀和4个轴端速度传感器。

4. 基础制动装置

基础制动装置是空气制动装置的执行装置,是产生制动力的执行装置。一般单元制动器都将制动缸传动机构、闸瓦间隙调整器以及悬挂装置连在一起,形成一个紧凑的装置。图7.5所示为两种不同类型的单元式制动缸,分别是PC7Y型和PC7YF型,均有闸瓦间隙调整器;制动传动效率高(均在95%左右);占用空间小,安装简单;性能稳定,作用可靠、维修方便。其中,PC7YF型有弹簧停车及手动辅助缓解装置。

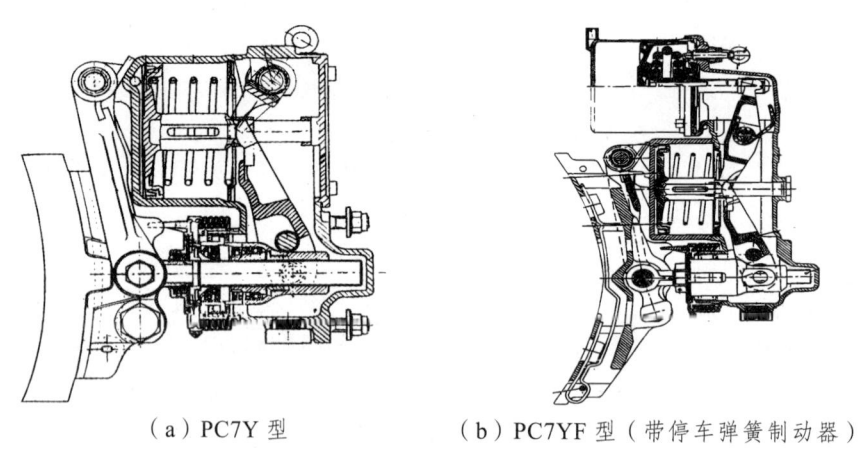

(a)PC7Y型　　　(b)PC7YF型(带停车弹簧制动器)

图7.5 两种类型的单元制动缸

5. 闸　瓦

闸瓦是指制动时压紧在车轮踏面上产生制动作用的制动块。闸瓦分为两类:铸铁闸瓦和合成闸瓦。铸铁闸瓦按含磷量不同可分中磷铸铁闸瓦和高磷铸铁闸瓦,合成闸瓦是以树脂、石棉、石粉和硫酸钡等材料为主,热压而成的。合成闸瓦必须通过在其背部加钢背来增加抗压强度,合成闸瓦由钢背和摩擦体两部分组成。

1)合成闸瓦的主要优点

(1)摩擦性能可按需要进行调整。通过改变、调整配方和工艺调整摩擦系数,从而充分地利用轮轴间的黏着系数。

(2)耐磨性能好,使用寿命长。合成闸瓦的耐磨性能好,使用寿命一般为铸铁闸瓦的3~10倍。

（3）对车轮踏面的磨耗小，可延长车轮的使用寿命。

（4）质量轻。合成闸瓦的质量一般只为铸铁闸瓦质量的 1/3～1/2。

（5）可避免磨耗铁粉的污损及制动喷射火星而引起的火灾事故。

（6）摩擦系数比较平稳，并能保证有足够的制动力。

2）合成闸瓦的主要缺点

（1）热龟裂。如果闸瓦与车轮接触不良，将在车轮踏面上产生局部过热，形成热斑点，发生热龟裂。

（2）车轮的钩状磨耗。在制动频繁的区段上使用合成闸瓦会使车轮温度升高。车轮踏面呈现沟状磨耗，这是由合成摩擦材料局部摩擦热膨胀引起的。温度越高时，这种磨耗在车轮踏面的外侧越容易发展。沟状磨耗是由于闸瓦横向摩擦造成的。研究制动时的踏面温度分布，便可以判断车轮踏面容易发生沟状磨耗的位置。

（3）车轮的凹形磨耗。在冬天积雪地区使用合成闸瓦时，会发生这种磨耗。这是由于水介入闸瓦摩擦表面所引起的。

6. 空气制动系统的结构原理

空气制动系统按其作用原理不同，可分为直通式空气制动机、自动式空气制动机和直通式自动空气制动机。图 7.6 所示为城轨车辆直通式空气制动装置的工作原理。

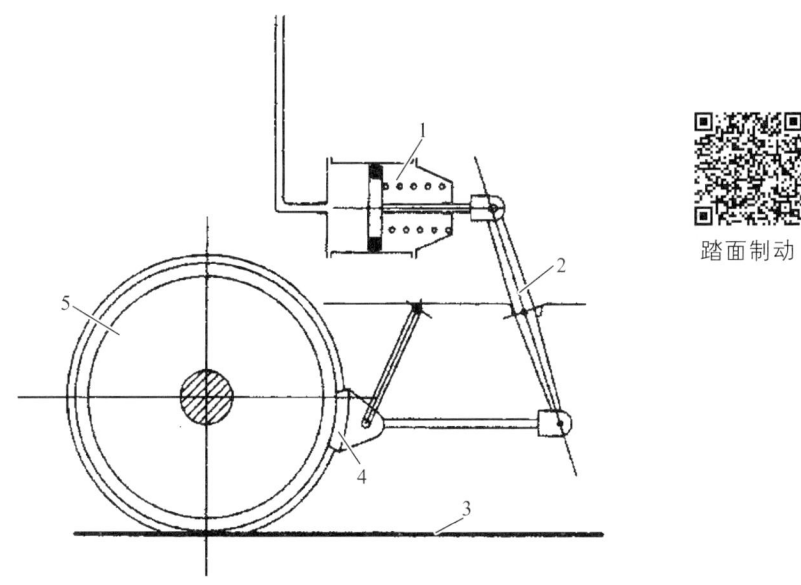

1—制动缸；2—制动杠杆；3—钢轨；4—闸瓦；5—车轮。

图 7.6　直通式空气制动装置的工作原理

城轨交通车辆基础制动装置一般由单元制动缸组成，它是空气制动系统的执行部件，主要由制动缸、闸瓦间隙调整器等组成。每辆车的转向架上有 4 块闸瓦，其中两个闸瓦装有附加的弹簧制动器，起停车制动的作用。单元制动缸的特点是轻便灵活，体积小，灵敏度高。制动过程可描述为：制动缸—活塞杆—基础制动装置—闸瓦—车轮。

7. 城轨车辆的风源系统

城轨车辆的风源系统主要由空气压缩机、风缸、空气过滤装置和空气管路等组成。城轨车辆的制动系统及空气弹簧系统等所使用的压缩空气都是由空气压缩机生产的。城轨车辆的压缩机主要有活塞式空气压缩机和螺杆式空气压缩机两种，图 7.7 所示为活塞式空气压缩机。

图 7.7 活塞式空气压缩机

【典型案例】

以西安地铁 2 号线车辆的制动控制装置和防滑单元为例进行介绍。

1. 制动控制装置

西安地铁 2 号线的地铁车辆每辆车均配备一套制动控制装置，带有司机室的拖车 Tc 车制动控制单元内部配备有总风低压压力开关，将信号串联至紧急回路，可进行带有空、重车调整的常用制动、紧急制动以及滑行保护等的控制，此外还具有自我诊断等功能。

（1）电子控制单元。电子制动控制单元具有以下功能：检测 2 个空气弹簧的压力并通过压力传感器进行空电转换，从而保证无论是空车还是重车均可以得到稳定的牵引力和制动力。进行电空演算，从而进行常用制动控制，并保证优先使用电制动。具有滑行检测和矫正功能，即测定各个车轴的速度，一旦检测出车轮滑行，则通过控制防滑阀来降低制动缸内部压力，从而尽快恢复黏着。提供状态监测和诊断功能。

（2）制动控制单元。制动控制单元包括常用制动和紧急摩擦制动所需的所有电空阀和压力传感器。

2. 列车防滑系统

城轨车辆的车轮滑动保护系统一般采用基于单轴的滑动检测和校正功能，即每个轴配备一套速度传感器和防滑阀，可用于速度传感器与测速齿轮间隙的调整。

任务 7.3 典型制动系统介绍

7.3.1 EP2002 制动系统

EP2002 制动系统是电气指令式制动控制系统，其核心部件是 EP2002 阀。传统的城轨车辆一般使用一个制动系统控制单元控制两台转向架的车控方式，而 EP2002 制动系统则采用一台 EP2002 阀控制一个转向架的架控方式。

1. EP2002 制动系统的组成

EP2002 制动系统包括空气压缩机、空气干燥塔、大小储风缸、控制单元和检测点，采用模块化设计。EP2002 制动系统的主要特点是结构紧凑、质量轻、安装方式多样、使用维护方便。

EP2002 制动系统在整个列车控制中的位置如图 7.8 所示。它主要由 EP2002 阀、制动控制模块和其他辅助部件组成。

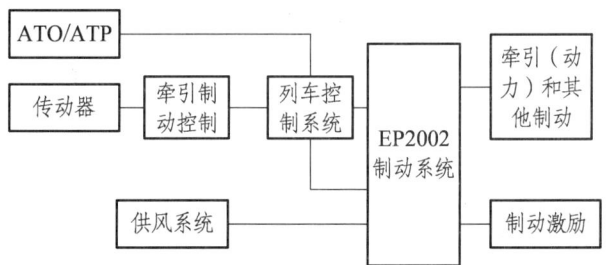

图 7.8 EP2002 制动系统在整个列车控制中的位置

注：ATO 为 automatic train operation 的简称，即自动列车运行；
　　ATP 为 automatic train protection 的简称，即自动列车防护。

EP2002 阀的核心部件是三个机电一体化的电磁阀，即智能阀（smart valve）、远程输入/输出阀（RIO valve）和网关阀（gateway valve）。智能阀是机电一体化的产品，包括一个安装在气阀上的电子控制部件。智能阀产生电控制动信号直接控制气阀，对其控制的转向架的电空制动和车轮滑行进行控制。智能阀通过硬连线与列车安全回路相连，当安全回路失电时，智能阀将使其控制的转向架产生紧急制动。RIO 阀除具有智能阀的所有功能外，还可以通过硬线与其控制的转向架上的牵引控制单元进行通信，使电制动和空气制动协调工作。网关阀除具有 RIO 阀的功能外，还具有制动管理的功能。

供气单元主要由空气压缩机、空气干燥器、储风缸及供气压力控制装置等组成。供气装置的主要作用是向列车提供压缩空气，即作为风源系统。它产生的压缩空气不仅是制动系统的风源，还可供列车其他设备使用，如空气弹簧、升弓风缸和刮水器等。供气单元的所有部件被集中集成在一个安装架上。

图 7.9 所示为某地铁车辆的 EP2002 制动系统的基础制动装置的分布。

图 7.9　EP2002 制动系统的基础制动装置的分布

2. EP2002 制动系统的优点

（1）单点故障不会影响运营。如果一个 EP2002 阀出现故障，只会导致一个转向架制动力丢失；同时，丢失部分可以在同一制动总线单元内重新分配。

（2）系统集成度高。通过高度集成降低了产品质量，比传统产品轻 30%，系统高度集成同时可以节省安装空间、减少布管和布线数量。

（3）制动响应时间缩短。EP2002 制动系统的制动响应时间小于 1.5 s，比常规制动系统的制动响应时间缩短约 0.2 s。

（4）提高制动精度。常规制动控制系统提供给制动缸的制动力为±0.02 MPa，而制动控制系统提供给制动缸的制动力精度可以达到±0.015 MPa。

（5）空气消耗量减少。由于 EP2002 阀靠近转向架安装，从 EP2002 阀到制动缸的管路长度减小，所以在制动时的空气消耗量减小，同时空气泄漏量也将减小。

（6）可靠性高，故障率低。根据计算，EP2002 制动控制系统的故障率比常规制动控制系统的故障率减少了 50%左右。

（7）控制精确度高。EP2002 制动控制系统可以根据每个转向架的载荷压力调整施加在本转向架上的制动力，比常规制动控制单元以每节车载荷压力进行制动力控制更加精确和优化。

（8）维护工作量小。EP2002 制动控制系统部件集成化程度较高，需要维护的部件较少，大修期从常规制动控制系统规定的 6 年提高到 9 年。

（9）总体成本降低。EP2002 制动控制系统的产品价格与常规制动控制系统基本相同。但是使用 EP2002 制动控制系统，几乎取消了电气线路、大部分分散部件及管路。同时由于缩短了安装和调试时间以及后期维护费用降低等原因，制动控制系统的总体成本将低于一般制动控制系统。

3. EP2002 制动系统的缺点

（1）关键部件维修难度大。EP2002 阀的技术含量且集成化程度高，出现故障时，基本上都需要将整个阀送回制造厂家进行维修，维修周期长。

（2）互换性差。阀出现故障，只能够用相同类型的阀进行更换。

（3）无直观的故障显示代码。没有直观的数字故障代码显示功能，工作人员只能通过专用软件才能查找故障，加大故障处理的难度。

7.3.2 KBWB 制动系统

1. KBWB 制动控制系统概述

KBWB 模拟式电气指令制动系统是按照模块化原则设计将计算机制动控制单元、空气制动控制单元、风源等设备安装在一个高度集成的模块内，具有自诊断和故障保护显示功能和质量轻、结构简单、便于维护等特点。

2. KBWB 制动系统的特点

KBWB 模拟式电气指令制动系统很好地适应了城轨列车站间距短、速度高、加速及停车频繁等要求。KBWB 模拟式电气指令制动系统由电制动（动力制动）系统和空气制动系统组成，采用脉冲宽度调制（Pulse Width Modulation，PWM）传递制动指令，制动控制单元采用 4 个电磁阀进行 EP（电空）转换，对控制室充、放气实行闭环控制。KBWB 模拟式电气指令制动系统具有反应迅速、制动力大、制动距离短、停车精度高、安全可靠等特点。

KBWB 制动系统实现了空气制动与电制动的高度结合，在系统上保证了车辆运行的安全。列车制动时不仅满足了电气优先的要求，还实现了电空制动的平滑过渡，设有冲动限制以提高乘客乘坐的舒适度。KBWB 制动控制系统的特点可概括为以下几点：

（1）采用模拟式电气指令制动控制系统，模拟方式为 PWM。

（2）采用"拖车空气制动滞后控制"的制动控制策略，充分利用动力制动。

（3）采用充气、排气各两个电磁阀进行精确闭环控制，实现 EP 信号转换。

（4）常用制动采用空重车调整信号加计算机计算给定信号。

（5）紧急制动为纯空气制动，采用单独回路控制、失电控制，并根据空重车调整信号进行冲动控制。

（6）防护控制采用动力制动和空气制动分别控制。

（7）整个制动系统采用模块化设计，结构紧凑，质量轻。

（8）具有故障诊断、故障存储及故障显示功能，同时通过网络进行数据交换和监控。

3. KBWB 制动系统的结构与基本作用

KBWB 制动系统按照整车模块化设计的原则，集成化程度很高。图 7.10 所示为 KBWB 模拟式电气指令式制动系统集成化布置。KBWB 制动控制系统采用模拟指令制动控制技术，将变量输入计算机，计算机通过电磁阀控制气阀，气阀控制制动缸压力，从而达到制动力控制的目的；其核心部分为电子控制单元，它将制动指令、电制动施加信号、车重载荷信号、空气制动实际反馈信号进行综合运算，输出电-气模拟转换机防滑控制信号，控制各种电磁阀、气阀，实时调整制动缸压力，从而实现不同工况下的制动目的。此系统适用于 ATC 控制的列车。

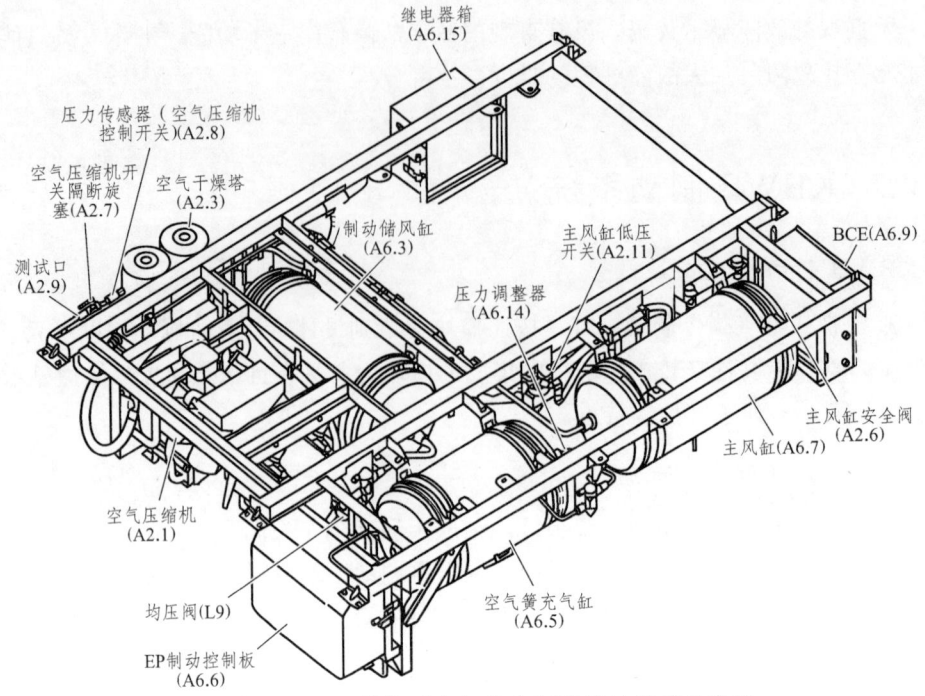

图 7.10　KBWB 模拟式电气指令制动系统集成化布置

【典型案例】

1. EP2002 制动系统的应用

EP2002 制动控制系统目前已经在国内许多新建新造的城轨交通车辆中获得了广泛的应用，如西安地铁 1 号线、广州地铁 3 号线、上海 6 辆编组改 8 辆编组列车。其中，广州地铁 3 号线是世界上第一个在地铁车辆上使用 EP2002 制动系统的城轨车辆项目。

2. KBWB 制动系统的应用

图 7.11 所示为南京地铁车辆 KBWB 制动系统的组成框图。KBWB 制动系统在上海地铁 AC01 型列车和南京地铁 1 号线地铁列车均有使用。

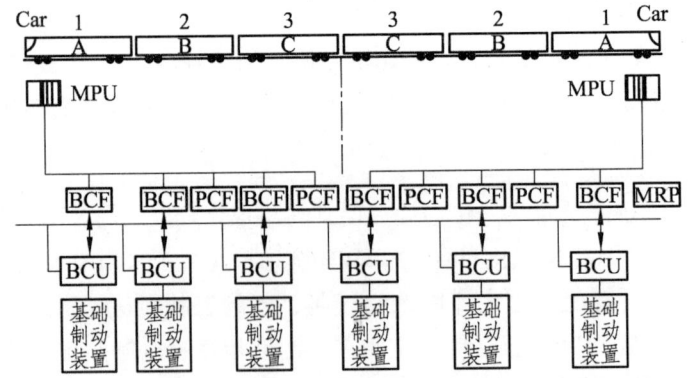

BCU—制动控制单元；BCF—制动控制装置；PCF—牵引制动电子装置；
MRP—主风管；MPU—微处理单元。

图 7.11　南京地铁车辆 KBWB 制动系统的组成框图

在两端拖车的司机室操纵台上,安装有牵引/制动控制器,用于产生制动指令。安装在动车上的牵引传动系统在列车运行在制动工况时产生电气制动力;安装在每辆车上的空气制动系统在电制动力不足时产生空气制动力;安装在每辆车上的制动控制装置实现对电制动、空气制动、防滑装置工作的控制;安装在每辆车上的防滑装置在某一轮对出现滑行时消除轮对的滑行。车辆制动系统采用拖车空气制动滞后控制策略,即拖车所需制动力先由动车的再生制动承担,然后根据电-空联合制动运算。不足部分先由动车的空气制动力补充,动车不足以承担的拖车所需制动力再由拖车的空气制动力承担。该制动系统实现了空气制动与电制动的高度结合,不但满足了电制动优先的要求,而且实现了电-空混合制动的平滑过渡。系统还设有冲动限制,以提高旅客乘坐的舒适度。

任务 7.4　制动系统检修工艺与常见故障

7.4.1　制动系统检修工艺概述

制动系统是城轨车辆至关重要的安全部位,必须时刻保持良好的状态。因此做好制动系统的维护保养工作是城轨车辆检修工作的重点之一。城轨车辆的制动系统的维修保养工作必须做到:

(1) 每天出车之前,必须对车辆的制动系统仔细检查。回库后必须进行必要的维护保养工作,对运营中出现的故障必须查找出原因,并及时修理和记录。

(2) 在车辆定期检查和修理时,包括定修、架修和大修,严格按照检修规程对制动系统各零部件进行检查、更换、测试和修理,这也是保证制动系统安全运营的重要一环。

(3) 为了保证制动系统维修的质量,必须配备一些精度高、效率高的专用检修和检测设备。

我国城轨车辆的制动系统借鉴现行我国铁路行业机车车辆定期检修与日常维修保养相结合的检修制度。按城轨车辆的主要零部件的损伤规律,制定了日检、月检、定修、架修以及大修等由初级到高级、不同级别的检修修程。各个修程的作业范围和检修程度不同,合理分工,既保证车辆的安全运行,又能减少不必要的重复修。

1. 日　检

日检通常在每天运营结束,列车回库后进行。日检的目的是保证车辆日常运行安全,因此日检的主要内容是检查针对车辆运营安全至关重要的部位,如转向架、轮对、齿轮箱悬挂装置、联轴器和轴承箱,制动系统的空气压缩机组、单元制动机的闸瓦,车门控制系统以及车载信号设备等。保证在第二天出车前,车辆能够处于较为良好的状态。

空气制动系统对城轨车辆的安全是至关重要的,制动系统从某种意义上来讲,甚至比牵引系统更重要。制动系统日检的主要内容分为以下几个方面:

(1) 空气压缩机组。用眼观测空气压缩机组外表,应无外伤或悬挂松动;用耳聆听空气压缩机组工作声音,应无明显异常杂音。驱动直流电机换向器和碳刷应无烧灼痕迹。

（2）空气干燥器。检查空气干燥器悬挂是否松动，排气口是否堵塞。

（3）单元制动机。检查闸瓦是否碎裂或磨耗到限；检查锁紧片、橡胶保护套、闸瓦卡簧以及螺栓是否脱落或损伤。

（4）各种阀门和管路。检查各种阀门开闭位置是否正确，阀门和管路的连接处是否有泄漏。

2. 月　检

月检也是城轨车辆日常维修的重要一环，是每个月进行一次的车辆保养和检查。月检对制动系统的检查与日检基本相同。但月检与日检最大的区别是需要做动态牵引试验和制动试验。试验应在试车线上进行，牵引试验包括 0～36 km/h，0～60 km/h，0～80 km/h；制动试验包括 40 km/h、60 km/h 和 80 km/h 全常用制动以及 40 km/h、60 km/h 快速制动。如果试车线较长，还应做 80 km/h 快速制动试验。

3. 定　修

定修属于计划修，是一种预防性的检修，一般每 10 万千米或每一年进行一次（两个指标无论哪个指标先到就开始定修）。定修是指对重要的大部件做较为详细的检查。对检查后发现故障的部件进行修理，对易损零件进行更换。

城轨车辆制动系统的定修主要包含以下内容：

1）空气压缩机组

（1）检查悬挂吊绳是否完好、连接牢固。

（2）更换空压机油。

（3）清洗油浴式过滤器。

2）空气干燥器

（1）清洗排污口。

（2）用湿度计测量检查出口空气的湿度，一般不能大于 35%。

3）单元制动机

（1）测量闸瓦与踏面之间的间隙，测量闸瓦厚度，如果到限位，须立即更换。

（2）检查停车制动功能，包括人工缓解。

4）风　缸

对风缸排水，检查塞门是否泄漏。制动系统的其他检查与月检相同。此外，定修列车最后还要进行静态和动态的调试和试验。对制动系统的静态调试包括以下内容：

（1）复核、调整制动空压机压力开关。

（2）检查防滑阀功能。

（3）常用制动和紧急制动功能试验。

（4）停车制动及缓解试验。

对城轨车辆制动系统的动态调试和试验包括以下 3 个方面：

（1）动车启动及收车试验。

（2）低速牵引、制动试验。

(3)制动试验。

① 40 km/h,60 km/h 和 80 km/h 全常用制动。

② 40 km/h,60 km/h 紧急制动。

4．架修和大修

1）架修和大修的性质

城轨车辆的架修和大修都属于更高级别的定期维修，即时间性预防维修。它是以使用时间或运行里程作为检修期限的；只要车辆使用到预先规定的时间或运行里程，无论车辆的技术状态如何，都要进行规定的检修工作，这是一种强制性的预防维修方式。

架修和大修的主要依据是列车机件的磨耗规律：当车辆运行一定时间或走行一定里程后，某些零部件会产生一定程度的磨损，磨损严重时会影响其正常工作和安全，甚至会出现故障或造成事故。通过对车辆零部件损伤的大量统计资料进行分析研究后，把车辆上不同损伤规律和损伤速度的零部件科学地划分若干组，并确定出不同零部件的损伤极限，从而规定了不同修程的修理期限和修理范围。这样，车辆在运行中能得到有计划的修理，即零部件尚未达到极限损伤之前就要加以修复和更换，所以是预防性的、有计划的修理。

我国城轨车辆的架修一般是每50万千米或每5年进行一次（两个指标无论哪个先到就开始架修）。车辆架修主要是恢复性的修理。架修时应对车辆进行全面检查，重点是车辆的转向架，车钩缓冲装置和空气制动系统等部件。对车辆在运营中已发现的各种故障和损伤应彻底修复，按架修限度规定更换磨损过限的零部件，保证各零部件作用良好，减少架修后投运中的临修作业，以提高车辆的使用效率。架修时首先将列车解钩，然后对其进行大部件拆卸，如转向架、牵引电机、车钩、空调机组、车门、制动控制单元和单元制动机等。这些拆卸下来的大部件分别送入各个专业班组进行检查和修理，还有一些大部件则留在车上进行检查，如牵引斩波器（逆变器）、辅助逆变器等。此外，有些只能在现场作业的项目，如地板、内饰等也在车上修理。架修的最后阶段是列车进行组装、调试。

大修是最高级别的车辆修理，一般是每100万千米或每10年进行一次（也是两个指标哪个先到就开始大修）。城轨车辆的大修与铁路客车的大修类似，大多在轨道车辆修理厂里进行，也有送回原车辆制造厂进行大修作业。车辆大修的目的是对车辆做彻底的检查和修理，使其恢复新车出厂时的功能和标准。大修除了覆盖架修内容外，还要更换车轮、轴承、内饰和橡胶件等零部件。大修时对车辆进行全面细致的检查，对主要部件按大修幅度（大修限度是车辆进行大修时，零部件上允许存在的损伤程度的规定，也是检验损伤修复后是否合格的依据）进行更换或彻底修理。大修还有一个额外任务，就是如果通过长期运营后发现车辆的个别部件设计有问题，应修改设计并重新制造零部件在大修过程中更换；如果有的零部件其应用技术经过10年时间后已经被淘汰，还需对车辆进行必要的现代化新技术改造，以提高城轨车辆的质量；最后车体还要进行整修和喷漆。

2）制动系统的架修和大修

架修和大修中制动系统的内容及零件数量很多。有的部件虽然由其他专业拆卸，如单元制动机由转向架组负责拆装，但检修仍由制动组负责完成；有的部件不属于制动系统，如车门驱动气缸，也由制动组进行检修。结合上海地铁1号线AC01型直流电动列车的架修和大修，简要说明制动系统在架修和大修中的主要检查、修理工作。

（1）空气压缩机组。

无论架修还是大修，都要分解空气压缩机组，空气压缩机组分解后，清洗各个零部件，检查内部零部件是否有损坏或损伤，尺寸是否符合要求，清洗空气压缩机外表与冷却器叶片。冷却器叶片应无积垢，外表补漆应均匀完整。对需要润滑的各零部件用油脂润滑。组装空气压缩机并与电机重新连接后上空气压缩机综合试验台进行整机试验，图 7.12 所示为城轨车辆整机综合试验的试验台装置。

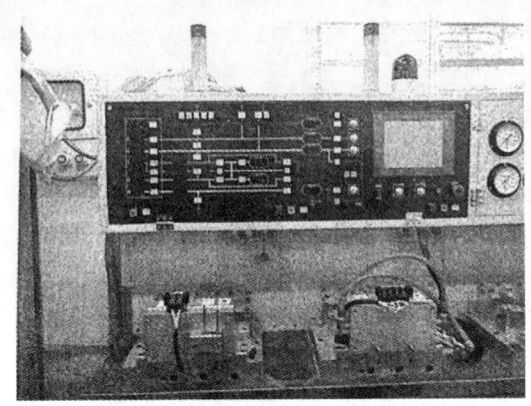

图 7.12　空气压缩机综合试验台的整机试验

（2）空气干燥器。

分解空气干燥器，清洗零部件并检查其是否完好、有无堵塞，特别是排污机构。重新组装空气干燥器，更换干燥剂。对排污功能进行测试，测试功能应良好。空气干燥器外表重新油漆。

（3）单元制动机。

对单元制动机做外观清扫并冲洗积尘和污垢，松开闸瓦连接螺栓、螺母，取下挡圈环，抽出扭簧心轴，举下吊臂。拧下定位弹簧螺套，对弹簧片进行清洁后涂抹上薄层黄油。

将单元制动机吊至试验台进行功能及泄漏测试，图 7.13 所示为单元制动机的功能及泄漏试验的设备。

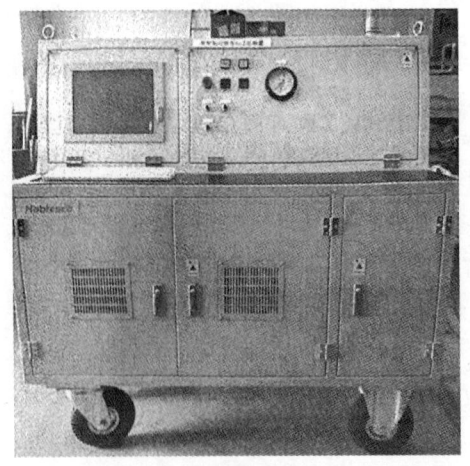

图 7.13　单元制动机的功能及泄漏试验

试验步骤如下：

① 安装吊臂、扭簧心轴和扭簧并将挡圈环扣好，扭簧和心轴涂上薄层黄油，螺杆表面也涂抹上黄油。

② 将闸瓦托连接螺栓插上，并将螺母加一弹簧垫圈拧紧。清洁和检查皮腔，有无裂纹、损伤，并对其润滑。更换闸瓦，安装应牢固。

③ 架修时不分解制动缸，大修时应分解制动缸并清洁内腔和活塞，检查活塞及弹簧，更换活塞环。

（4）空气制动控制系统。

将空气制动控制系统的各种阀和压力开关分解，对阀进行检查，清洁和润滑；对气动单件在组合单元试验台上测试其电磁阀和气动阀的功能；重新组装阀及压力开关，安装位置正确，安装牢固。

（5）防滑阀。

清洁防滑阀的表面无积垢、无灰尘；对防滑阀进行检查、清洁和润滑，应无损伤、裂纹；测试防滑阀的功能，功能应良好、无泄漏，电磁线圈绝缘性能良好。

（6）双针压力表。

拆卸并清洁压力表，外表面应无积垢、无积尘，表面玻璃清晰、干净；对压力表进行检查，应无损伤、无裂纹、无变形，玻璃无碎裂；校验压力表，使其指示正确，性能良好；表具安装位置正确。

（7）各种测试接头。

清洁各种测试接头，应无积垢、无灰尘；对各种测试接头应进行检查，有无损伤、裂纹和变形；检查各种测试接头的功能，应功能良好，无泄漏。

（8）过滤器。

① 拆卸过滤器，去除滤网上及内部的杂物，清洗后擦拭干净。

② 安装过滤器，安装位置应正确、牢固。

（9）安全阀。

架修和大修后，一般应更换所有的安全阀。

（10）其他。

除了制动系统外，一般制动组（工段、车间）还要承担其他气动部件的修理，如车门驱动气缸、刮雨器、气喇叭和二系悬挂高度阀等。

3）制动系统大修和大修后的调试

城轨车辆与铁路车辆的最大不同就是列车有固定编组，而不是像普通铁路客车或货车那样可任意编组。因此，架修或大修后的城轨列车必须进行列车调试。制动系统是架修和大修后的调试重点，调试分为静调和动调。

（1）与制动系统有关的静调。

静调在静调线上进行。静调线上有接触网 1 500 V 直流电，下有检修地沟，还有登车顶的梯子，检查和作业都很方便。

制动系统静调的主要内容：

① 列车初始状态的检查，检查所有开关、闸刀的位置。

② 列车得电检查，检查供电是否正常，蓄电池电压测量。

③ 驾驶室得电检查，使用司机钥匙打开主控制器。

④ 停车制动检查，驾驶室操作。

⑤ 牵引控制单元（TCU）静调，使用便携式计算机发出模拟指令，检查牵引和制动电路输出响应。

⑥ 气路与压力表检查。

⑦ 制动压力检查。

⑧ 轮径设置。

（2）与制动系统有关的动调。

动调在试车线上进行。制动系统动调的主要内容：

① 库内低速运行和制动试验。列车出静调线时先要低速运行，检查列车动作是否正常，驾驶室面板信号显示是否正常，各种指示灯显示是否正确。

② 车轮直径校正运行，速度低于 28 km/h。

③ 紧急牵引试验，全牵引工况。

④ 常用制动试验，40 km/h、60 km/h 和 80 km/h 的全常用制动。

⑤ 快速制动试验，在 20 km/h、40 km/h、60 km/h 和 80 km/h 条件下，制动距离分别小于 17 m、65 m、130 m 和 190 m。

⑥ 紧急制动试验，在 20 km/h、40 km/h、60 km/h 和 80 km/h 条件下，制动距离分别小于 17 m、56 m、120 m 和 180 m。

⑦ 电制动失效制动试验，切除部分动车电制动，检查空气制动补偿作用。

⑧ 牵引特性试验，检查列车在全牵引、全制动运行下的工况。

7.4.2 制动系统常见故障与部件检修

制动系统常见故障

1. 常见故障

列车制动系统由机械元件、气压装置、电气元件及通信装置等多种器件构成，容易受环境、天气等突发工况影响。供风系统常见故障主要有空气压缩机打风异常、漏油和漏气，此时要根据故障现象逐步排查是否因为紧固件、密封件、软管和接头松动，空气过滤器堵塞、空气干燥器故障、压力开关或安全阀故障等。制动控制单元常见故障为制动阀故障和速度传感器故障，故障排除方式为通过分析列车运行数据信息锁定故障元器件。基础制动装置常见故障为闸瓦磨耗和停放制动弹簧力不足等，此时更换新的元器件即可排除故障。表 7.1 所列为制动系统常见故障。

表 7.1 制动系统常见故障汇总

序号	故障现象	故障原因	故障处理
1	空压机渗油	左侧法兰与管道密封不良	更换新的空压机
2	空气软管鼓包	软管老化	更换新的软管，安装紧固无漏气，测试功能正常
3	辅助风缸与风管连接处漏气	密封不良	对辅助风缸连接处重新紧固
4	停放缸制动软管漏气	管路连接不当	更换新的软管，安装紧固无泄漏
5	HMI显示2车2架无制动压力	智能阀自身故障，CAN网内主网关阀丢失智能阀数据	更换新的智能阀，刷新程序
6	1车1架制动无法缓解	常用制动压力超过目标值	更换网关阀
7	闸瓦有贯穿裂纹	闸瓦局部应力集中	更换闸瓦

2. 部件检修

根据元器件使用寿命和故障频率优化日常检修作业，对于故障率高的元器件可以进行升级或增加检修频率。在检修过程中，按照元器件故障概率的高低依次排查，快速找到故障原因。对于供风系统、制动控制单元和基础制动装置关键部件的检修可使制动系统保持良好的工作状态。

1）供风系统

空压机检修作业主要包括：检查油液液面，查看润滑油是否有变黑、乳化和渗油、漏油现象，补加或更换润滑油；检查机体、气缸、冷却器等的连接状态是否良好；检查真空指示器红色活塞无漏出；检查空气滤清器滤芯无堵塞；清洁空压机散热器、表面积尘和电机散热片防护网；检查空压机运转状态是否正常，有无异响和漏气。

管路检修作业包括：检查连接状态良好且无泄漏；检查安全阀外观良好，测试安全阀开启压力；检查风缸外观状态良好，冬季排出风缸内积水及沉淀物；检查塞门位置正确。

2）制动控制单元

制动控制单元检修作业包括：清洁智能阀和网关阀阀体表面，检查阀体外观良好；检查电器插头及测试接头安装良好无松动；在空载工况下，压力表连接阀体接头测试各车的制动缸压力，检查压力表显示数据在标定范围内，且与HMI显示数据差值小于 15 kPa。

3）基础制动装置

基础制动单元检修作业包括：清洁踏面制动单元表面，检查紧固螺栓、开口销及防脱钢丝绳无异常；检查闸瓦磨耗情况；检查停放制动缓解拉手外观状态良好，验证手动缓解停放制动功能正常；制动系统性能试验时，单元制动器可以正常施加或缓解制动。

【课堂思政】

致敬每一位闪闪发光的中车四方所（中车制动）科技工作者

在中车四方所（中车制动）有这样一群闪闪发光的科技工作者。

杨磊，中车技术专家，制动技术研发中心高级工程师；承担多项科研攻关，主持参与了十余款液压制动夹钳和磁轨制动器研发工作，实现液压、磁轨制动产品系列化和批量应用；

参与研发了适用于地铁和高速磁浮车用受流器系统和高速磁浮车涡流制动器，并在 600 km/h 高速磁浮车上成功运用；主持研发了代表国内领先技术的首套有轨电车电子机械制动夹钳，并顺利通过装车试验考核，荣获中车科学技术奖一等奖。

罗飞平，中车技术专家，高级工程师，制动技术研发中心海泰分中心系统设计主管，长期从事制动研发设计、运用保障工作；参与了速度 350 km/h、250 km/h "复兴号" 动车组制动系统研制、速度 250 km/h 以上货运动车组制动系统研制、速度 400 km/h 跨国互联互通高速动车组制动系统研制、低地板车辆液压制动系统研制、轨道交通装备故障预测与健康管理技术研究与应用等重点项目，取得重要成果及技术突破；荣获 2019 年铁道科技奖特等奖、2021 年中车科学技术一等奖、中车科技创新协同创新专项奖。

吴明赵，中车技术专家，制动技术研发中心海泰分中心总体部主任级系统设计师；从事动车、城轨制动系统设计和基础制动产品研发，以及中低运量车辆制动系统设计研发工作；先后承担了武汉光谷悬挂车、上海临港 T1/T2、苏州 2 号线等有轨电车项目以及跨座单轨车的制动系统设计研发，迭代优化制动管理、滑行控制、故障诊断等多项系统级关键技术；参与制定中车技术标准 1 项，获发明专利授权 4 项，实用新型专利授权 5 项，在核心期刊发表期刊论文 9 篇，曾获中车科技创新三等奖。

罗超，中车技术专家，制动技术研发中心株洲分中心软件开发主管，从事制动系统的技术研发与应用工作；先后负责了八轴货运及客运电力机车制动系统研制、重载列车制动系统无线同步控制技术研究、动力集中动车组制动系统研制、城轨车辆制动系统等多项关键技术研发；荣获 2014 年度中国铁道学会科学技术二等奖、2018 年度火车头奖章等多项荣誉。

李静，中车技术专家，电气电子事业部研发工程师，主要从事镍镉和镍氢蓄电池系统的研发工作；开发了新型富液式镍氢蓄电池，推动蓄电池产品迭代升级，突破了储氢合金粉领域的技术封锁，攻克了传统镍氢蓄电池 "热失控"、低温差、循环寿命短等难题；参与开发了适用于应急牵引工况的高倍率镉镍蓄电池，推动了镉镍蓄电池谱系化和智能化进程；承担两项中车重大科研项目，获得 4 项专利授权，主持编写了多项行业标准。

吴显，中车技术专家，电气电子事业部研发主管，先后参与了速度 350 km/h、250 km/h "复兴号" 动车组、京张高铁冬奥智能动车组、京雄智能动车组等重点项目开发，不断推进 PIS 系统智能化升级；带领团队完成 "复兴号" 动车组 PIS 系统智能化全新升级，实现了基于北斗导航定位自动报站和音量自动调节功能，解决了列车过隧道期间广播音量低的问题，研制了适应于特殊人群的乘客助听系统，逐渐形成了以智能动车组为平台的体系化产品，在 "复兴号" 动车组上实现批量应用，荣获中车科学技术奖二等奖。

李培远，中车技术专家，电气电子事业部研发主管；主导完成了速度 350 km/h、250 km/h "复兴号" 动车组旅客信息系统产品、软件开发；主持推动了以智能交互为主线的城轨市域 PIS 系统的装车应用，开发了成都市域车智能化旅客信息系统、贵阳智能城际车旅客信息系统等项目新技术；主持推动了 OLED 智慧车窗、电子可调光玻璃、乘客计数系统、乘客助听系统等产品研发并实现装车运用；荣获 2018 年中车科学技术二等奖、2019 年中车科学技术二等奖等。

樊令举，中车技术专家，作为主要负责人，完成了不同速度等级动车组、标准地铁和重载快捷货车等关键减振元件的研发；主持开发抗侧滚扭杆组成、固液耦合弹簧、高阻尼一系簧、硅胶风道等产品；不断创新产品设计，优化管理和制造工艺，推进工程化应用，为降本增效提供有力支撑；荣获青岛市科技奖二等奖，两次获得四方所"最佳业绩员工"称号。

追星，就追科技之星！让我们向辛勤付出的广大科技工作者致敬！

【能力拓展】

请根据本任务内容，利用智慧职教、中国大学MOOC等在线课程数字化资源及公共网站等途径，完成下面任务。

任务1：请收集城轨车辆基础制动装置、EP2002阀相关图片，制作PPT，并进行课堂分享。

PPT要求：不少于5页，图片清晰，配备必要的文字说明。

其他要求：可分组进行PPT展示，表达流畅。

任务2：请收集城轨车辆制动系统常见故障和检修流程等方面视频。

要求：每组收集1~2个视频，了解城轨车辆制动系统检修项目、检修标准及常用工器具，可穿插至PPT中讲解。

【思考与练习】

（1）简述空气制动系统的结构和工作原理。

（2）车辆制动方式有哪几种？分别有什么特点？

（3）电制动方式有哪几种？各自特点是什么？

（4）简述典型电制动的工作原理、组成和应用。

（5）简述制动系统日检的主要内容。

（6）简述制动系统检修工艺的分类。

项目 8　空调系统

【项目导入】

随着城市化进程的加快,乘客对城轨车辆空调系统的舒适性要求也越来越高,城轨运营部门对空调的舒适性和节能提出了更高的要求。城轨车辆客室内的空气调节已经成为城轨车辆舒适乘坐环境的重要标志,目前我国国内新造的城轨交通车辆均安装了空气调节装置。空调系统主要由空调机组装置、送风装置和排风装置等组成。变频冷暖空调不仅能够有效地改进非变频空调系统的这些不足,还能使空调设备的输出功率随着负荷的增减而变化,起到明显的节能效果、节省运行费用。

【学习目标】

（1）掌握空调制冷、制热原理和空调系统的构成,掌握蒸气压缩式制冷的 4 个工作过程。
（2）了解城轨车辆空调的两种工况。
（3）掌握城轨车辆空调机组的分类和主要部件。
（4）掌握城轨车辆空调检修及维护方法。

任务 8.1　车辆空调系统概述

8.1.1　城轨车辆空调系统认知

车辆空调系统

城轨车辆安装空调装置是将一定量的车外新鲜空气和车内再循环空气混合,经过滤、冷却或加热、减湿或加湿等处理后,以一定的流速送入车内,并将车内一定量的污浊空气排出车外,从而控制客室内温度、湿度、风速、清洁度及噪声,并使之达到规定标准,以提高车内的舒适性,改善乘车环境。空调系统包括司机室增压单元(仅头车)、空调机组、送风装置、废排装置和空调控制系统等。空调系统通过以上各个部分的统一工作,实现车辆内部空气制冷、新风预热、通风换气等多项功能。

Tc 车空调系统配置如图 8.1 所示。

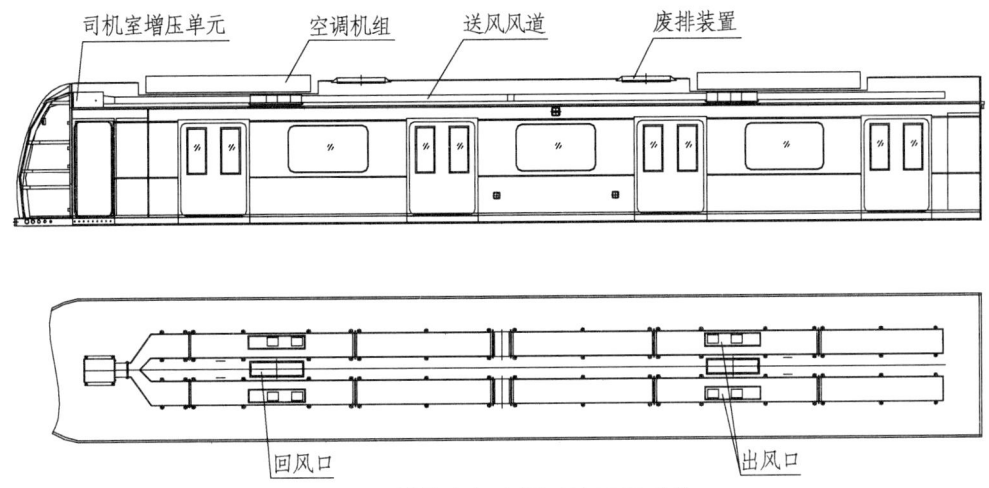

图 8.1 城轨车辆空调系统配置系统

空调机组通过两侧自带新风口吸入新风,经新风滤网过滤后与来自客室回风口的回风混合,经空调机组处理后送入风道,经出风格栅均匀送入客室。

邻近司机室的空调机组将处理后的空气经风道送入设于司机室的增压单元内,在风机的作用下送入司机室。司机室增压单元风量设为三挡,司机可根据需要手动调节,同时可通过调整风口百叶的方向及开度来控制风量的大小及出风的角度。

8.1.2 城轨车辆空调系统的构成

城轨车辆空调系统一般由通风系统、空气冷却系统、空气加热系统、空气加(减)湿系统以及自动控制系统 5 部分组成。

1. 通风系统

通风系统的作用是将车外新鲜空气吸入并与车内再循环空气混合,在滤清灰尘和杂质后,再压送分配到车内,同时排出车内多余的污浊空气,以保证车内空气的洁净度以及合理的流动速度和气流组织。通风系统一般由通风机组、空气过滤器、新风口、送风道、回风口、回风道以及废排气口等组成。

城轨交通车辆车内空气的品质和气流组织不仅关系到乘坐舒适度,还直接关系到乘客的乘坐安全。因此,城轨交通车辆对车内空气是有一定要求的。

(1)城轨交通车辆对风压的要求。城轨交通车辆普遍采用的静压风道。能降低噪声,使送风均匀,且可有效地防止外界未经处理的空气及灰尘的渗入。

(2)城轨交通车辆对风速的要求。城轨交通客车车内的空气流速,同样影响人体的散热。车内空气流速的增大可以加速人体表面的对流散热,促进人体表面汗液的蒸发,从而增加散热效果。

(3)城轨交通车辆对送风布置的要求。通常城轨交通车辆车内乘客较多,车辆内部要求做到全面送风。即使是空调机回风口区域,也要设有送风口;否则气流受拥挤人群扰动、阻塞,局部区域内的乘客会因感觉不到气流而产生不适。

(4)城轨交通车辆对新风量的要求。城轨交通车辆载客量大,车内人员密度大、流动大。在客室内,由于人的呼吸,车内氧气含量减少,二氧化碳含量增加,车内过多的二氧化碳会使旅客感到气闷、疲劳,当二氧化碳含量增加到一定浓度后就会影响人的健康。此外,车内还可能产生其他有害气体,使车内空气变得污浊。因此,必须不断更换车内的空气,使车内空气保持一定的新鲜程度。因此,按照卫生标准和要求,每人必须有 10~30 m^3/h 的新鲜空气量。

(5)城轨交通车辆对废排风量的要求。由于城轨交通车辆载客量大,客室内所需新风量大,使空调系统的通风量增大,从而也使客室的正压值增大。为保证客室内的压力平衡,城轨交通车辆一般需设置废排口或废排装置将客室内多余的空气排出车外。城轨交通车辆废排口或废排装置的废排量应略小于或等于新风量,一般为新风量的 90%~95%。

(6)城轨交通车辆对应急通风的要求。空调系统故障状态下的运行及紧急通风的要求:空调系统应自动转入紧急通风状态,此时由蓄电池提供 DC 110 V 电源,制冷压缩机和冷凝风机全部停止运转,仅通过专用逆变器给蒸发器风机提供交流电源使其工作,保证客室正常通风。同时,回风调节挡板将回风关闭,新风阀全部打开,输送空气全部为新鲜空气,以维持客室内的氧气含量及空气流动。在紧急通风状态下,蓄电池应保证通风系统一定时间的应急通风。

由此可见,通风系统是车辆空气调节的重要组成部分。城轨交通车辆的空调装置通风系统的通风量为新鲜空气量和再循环空气量之和。空调机组设有可自动调节的新风口和回风口。新风调节机构可保证从全开到全闭范围内调整新风量,回风口的气流调节装置可确保制冷和紧急通风功能的需要。调节机构设置调节挡板,用于调节新风、回风的混合比例。根据车辆载客量的不同新风阀与排气阀同步,调节不同的开度,改变新风量。

2. 空气冷却系统

空气冷却系统(也称制冷系统)的作用是对车内的空气进行降温、减湿处理,使车内空气的温度与相对湿度保持在规定的范围内。冷却系统工作时,蒸发器将要送入车内的空气冷却,由于蒸发器表面的温度低于空气的露点温度,空气中的部分水蒸气就会凝结成水滴,形成通常所说的"空调水"。因此,空气在通过蒸发器冷却的同时也得到了减湿处理。为保证制冷系统安全、有效地工作,制冷系统除压缩机、蒸发器、冷凝器、节流装置四大件外,还配有贮液器、干燥过滤器、气液分离器等辅助设备。

空气冷却系统通常集中在空调机组内,为单元式机组装置。目前,国内城轨交通车辆多用单冷式空调机组,此外也有兼具空气加热功能的冷暖空调机组。

3. 空气加热系统

空气加热系统与空气冷却系统的作用相反,其是对车内的空气进行加热处理。车辆空气加热方式主要有电加热、热泵制热和电(热泵)辅助加热三种。

(1)电加热。电加热是通过空调机组中的电加热器对新风进行预热,再与客室高温回风混合来保持车内温度的方式。一种是热风机电加热,其适用于冬季较为温暖、空气加热负荷较小的地区，主要设备是空气预热器。另一种是地面电加热，其使用客室电加热设备直接对客室中的循环空气进行加热，主要设备是客室电加热器，一般布置在座椅下或车内侧墙上，如某地铁2号线的电加热器就安装在座椅下。

（2）热泵制热。热泵制热是利用空调机组制冷系统转换蒸发器和冷凝器后的制热功能来实现的。热泵制热提高了机组的利用率，我国南方一些城市的城轨车辆较适合采用此种方式。

（3）电（热泵）辅助加热。电（热泵）辅助加热是机组制热与客室电加热混合使用的方式。在空调机组中加装特定设备（空气预热器或热泵），由空调机组完成预加热，再由客室电加热设备进行加热。

4. 空气加（减）湿系统

空气加（减）湿系统的作用是对车内的空气湿度进行调节。客室内空气的相对湿度也是影响人体舒适感的重要因素，当人体周围的相对湿度较大时，将会影响人体的蒸发散热，会使人们感到闷热。当人体周围的相对湿度较小时，人体的水分随人体热辐射散发，会使人们感到干燥。按照卫生标准和要求，相对湿度应在40%~70%。

通常情况下，夏季气候高温潮湿，需减湿；冬季寒冷干燥，需加湿。在夏季，一般是利用空调制冷开启的同时进行减湿。而在我国南方的一些地上轨道车辆，当空调制冷的除湿负荷能力达不到减湿负荷要求时，可采用先干燥新风、后与回风混合通过制冷减湿的方法来提高系统的减湿能力。在冬季，车内空气温度升高，其露点温度也随之升高，车内空气的相对湿度（相对湿度是指空气中的水汽距离饱和的程度，即气温与露点的差值）也随之变化。由于车内乘客的散湿量较大，因而通常不需要再进行加湿调节。加湿系统仅在某些对相对湿度要求较高的车辆内安装。

5. 自动控制系统

自动控制系统的主要作用是控制通风、制冷或采暖系统的运行及停止。其余的控制任务是为让空调顺利工作提供一系列保障和辅助措施，如电机间的启动顺序和互锁、避免压缩机频繁启动、运行信息的监控、各种故障的保护和处理、方便调试使用的手动功能、简单的温度设定等。空调控制系统一般采用计算机控制方式，设有4种工况：手动、自动、通风和停止。支持集中控制和本车控制，可通过本车控制装置对空调进行控制，也可通过司机室内的显示器进行控制。在手动工况时，空调机组根据各自的温度控制器所设定的温度进行客室内温度控制。在自动工况时，空调机组根据外界环境温度自动调节客室内温度。

目前，国内城轨交通车辆空调控制采用微处理器的控制系统，主要设备有本车空调控制柜、司机控制屏以及之间连接的通信设备。

8.1.3 城轨车辆空调制冷装置的基本工作原理

城轨车辆空调制冷一般使用R134a作制冷剂，采用蒸气压缩制冷方式，制冷循环包括节流、蒸发、压缩和冷凝四个过程，如图8.2所示。

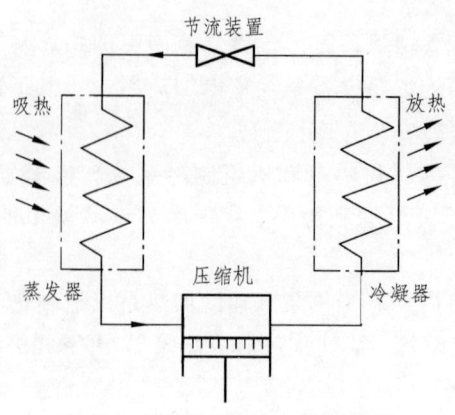

图 8.2 蒸气压缩制冷循环原理

1. 蒸发过程

蒸发过程是在蒸发器中进行的。液态制冷剂在蒸发器中蒸发时吸收热量，使其周围的介质温度降低或保持一定的低温状态，从而达到制冷的目的。蒸发器制冷量大小主要取决于液态制冷剂在蒸发器内蒸发量的多少。气态制冷剂流经蒸发器时不发生相变，不产生制冷效应，因而应限制毛细管的节流汽化效应，使流入蒸发器的制冷剂必须是液态制冷剂。另外，蒸发温度降低，相应的制冷量也略微降低，并会使压缩机的功耗增加，循环的制冷系数下降。

2. 压缩过程

压缩过程在压缩机中进行，这是一个升压升温的过程。压缩机将从蒸发器流出的低压制冷剂蒸气压缩，使蒸气的压力提高到与冷凝温度对应的冷凝压力，从而保证制冷剂蒸气能在常温下被冷凝液化。而制冷剂经压缩机压缩后，温度也升高了。

3. 冷凝过程

冷凝过程在冷凝器中进行，它是一个恒压放热过程。为了让制冷剂蒸气能被反复使用，需将蒸发器流出的制冷剂蒸气冷凝还原为液态，向环境介质放热。

4. 节流过程

由于制冷器冷凝得到的液态制冷剂的冷凝温度和冷凝压力要高于蒸发温度和蒸发压力，在进入蒸发器前需让它降压降温。液态制冷剂通过毛细管时由于流动阻力而降压，并伴随着一定程度的散热和少许的汽化，因此节流过程是一个降压降温的过程。节流汽化的制冷剂量越大，蒸发器中的制冷量就越少，因而必须减少节流汽化。

8.1.4 城轨车辆空调工况分析

城轨车辆空调装置的基本功能是调节车厢内空气的温度和湿度，属于舒适性空调，基本工况为制冷、制热。

1. 制冷工况

空调装置要不断地把车厢内的多余热量转移到室外，使车厢内温度保持在一个较低的范围内。它包括两个循环——制冷循环和空气循环。

1) 制冷循环

空调采用蒸气压缩制冷循环方式，它包括压缩、冷凝、节流和蒸发4个热力过程。制冷剂经节流降压后，在室内侧的蒸发器中等压蒸发，吸收汽化热，变成低温低压的蒸气，然后经过压缩机压缩，变成高温高压的蒸气，最后在室外侧的冷凝器中冷凝成液体，放出液化热。如此周而复始，不断循环。城轨车辆制冷节流装置为膨胀阀。

2) 空气循环

空气循环是利用机内电风扇强迫车厢内外空气按一定路线对流，以提高换热器的热交换效率。空调的空气循环包括室内空气循环、室外空气循环和新风系统。

室外空气循环和室内空气循环是彼此独立的两个循环系统，这两个循环系统用隔板隔开。室外空气从空调左右两侧的进风口进入，经风扇吹向室外侧的冷凝器，热交换后的热空气从出风口排到室外。为了使车厢内与室外交换新鲜空气，设置排气门和新风门，通过操作可吸入新鲜空气，或将室内浑浊空气排出室外。

2. 制热工况

空调制热方式有两种：一种是电热，即电流通过电热丝发热；另一种是热泵制热，即气态制冷剂冷凝放热。在制冷循环中，冷凝器进行的冷凝过程是一个放热过程，蒸发器内进行的蒸发是一个吸热过程，如果将室内侧的蒸发器改作冷凝器，而将室外侧的冷凝器改作蒸发器，空调器就从制冷状态转变为制热状态，而热泵型空调器就是根据这个原理设计的，如图8.3所示。在空调器制冷系统中，加一个电磁四通转向阀，以切换高低压制冷剂在管道中的流向，使空调器既能制冷，又能制热。

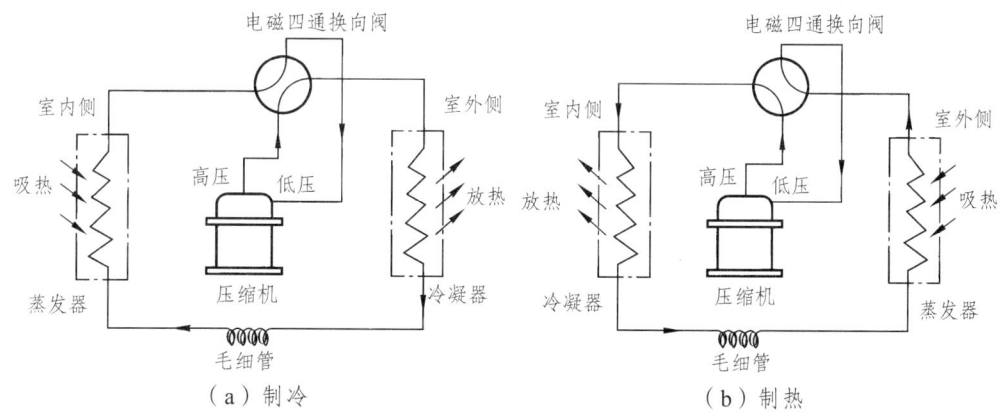

图 8.3 热泵型空调器运行原理

一般南方地区的城轨车辆空调冬天不需要制热采暖（驾驶室设有电加热采暖），北方地区可采用电制热方式。

【典型案例】

某地铁 2 号线地铁车辆空调为主要部件及功能如下：

（1）压缩机。制冷压缩机为全封闭卧式压缩机，将电动机、压缩机构及供油系统组装在同一个密封的机壳内。制冷压缩机通过橡胶减振器安装在空调机组箱体内。制冷压缩机的作用是将来自蒸发器的低温低压的 R407c 气体压缩成高温高压的气体，并送往冷凝器。

（2）离心风机。室内侧通风机为直联多叶片式离心风机。室内侧通风机可以强化冷媒在蒸发器中的蒸发过程，并将经蒸发器冷却降温的空气或经电加热器加热升温的空气送入车内。

（3）轴流风机。室外侧通风机为直联轴流式风机，风机的叶轮安装在立式电机上，并采用防水结构。室外侧通风机用于强化冷媒在冷凝器中的凝结放热过程。

（4）蒸发器。某地铁 2 号线的蒸发器为铜管套铝肋片式。低温低压的气液混合的制冷剂在蒸发器内蒸发，当车内循环空气和新鲜空气混合后，通过蒸发器时进行热交换。这时，空气的热量被蒸发器内的制冷剂吸收，温度降低。

（5）冷凝器。其结构形式与蒸发器相同。高温高压的 R407c 气体，通过冷凝器时在外界空气的强制冷却下，变成常温（约 50 ℃）高压的制冷剂液体。

（6）毛细管。毛细管为一组内径极小的细长铜管，当高压液体制冷剂流经这组高阻力管时，起到节流降压的作用。

（7）干燥过滤器。将滤网固定在容器内，并封入干燥剂，过滤制冷剂中的残余杂质，吸取制冷剂中的残留水分。

（8）高、低压压力开关。当制冷系统的压力异常高时，高压开关动作，停止压缩机的运转，保护制冷系统。高压开关的复位方式为自动复位。当制冷系统的压力异常低时，低压开关动作，停止压缩机的运转，保护制冷系统。低压开关的复位方式为自动复位。

（9）电磁阀。旁通电磁阀（SV14、SV24）保证压缩机在长时间停止后以及温度较低情况下启动时的轴承润滑，需要在一定时间内（从压缩机启动开始 30 s）打开电磁阀。容量控制电磁阀是配合压缩机内能量调节机构，可以控制压缩机的容量。通过 2 个电磁阀的开闭及每台机组两台压缩机工作状态组合，进行全运转以及控制容量运转（约 70%）的切换，可实现空调机组多级能量调节。制冷能力实现 100%、70%、50% 共三挡。当打开高压侧（SV12、SV22），关闭低压侧（SV13、SV23）时，为全运转状态；当打开低压侧（SV13、SV23），关闭高压侧（SV12、SV22）时为容量控制运转状态。液管电磁阀（SV11、SV21）安置在冷凝器出口，防止压缩机停止时冷媒液倒流入压缩机侧，防止造成再次启动时润滑不良。

（10）逆止阀。逆止阀安装在压缩机的排气管上，在压缩机停止时，防止液态制冷剂从排气管逆流回压缩机侧。

（11）吸气过滤器。吸气过滤器安装在压缩机的吸气管上，过滤气态制冷剂中的残余杂质。

任务 8.2　城轨车辆空调机组

8.2.1　城轨车辆空调机组的形式

城轨车辆空调机组可为城轨车辆的司机室和客室提供冷风和新鲜空气，以提高司机驾驶和乘客乘坐的舒适性。城轨车辆空调机组主要由空调机、司机室送风单元、风道、送风格栅、轴流风机、废排装置和控制装置等组成。

城轨车辆空调系统有单机组形式和双机组形式。

（1）单机组形式。即一辆车设有 1 台单元式空调机组，通常设在车顶中部。单机组形式虽然节省了初装费用，但机组送风机功率须足够大以满足整节车辆的通风要求，也存在车内风速不均匀的问题。

（2）双机组形式。即一辆车设有 2 台单元式空调机组，空调机组分别通常设在车顶两端。双机组形式是目前城轨交通车辆常用的空调形式。每台机组有安装座，通过减振器固定在车顶凹处的平台上，并加设防护罩（罩板）以防灰尘和雨水。机组侧下面有出风口两处，回风口一处，其周围均设有防风防雨密封胶条、胶垫与车体密封。风道系统送风经连接风道分为左右两路，进入主风道。主风道采用均匀静压送风，以保证出风口送风的均匀性。空调机组送出的风进入车内主风道，并沿主风道在推进过程中进入静压箱，进行静压平衡调节，使沿车长方向的空气在静压箱中静压相等，并形成一定的静压值，空气通过静压箱上的开口将静压转换成一定的动压喷射出去。从相邻的空调机组主风道引支风管进入司机室送风机，经过风口调节后向司机室送风。主风道分前中后三部分贯通全车。主风道材质为铝板，外贴隔热吸声材料，通过法兰相互连接。空调机组下面两出风口之间为回风口。送风经外露软风道进入主风道，另两路左右回转，风道下面开有顺长风口，通过密封座与车内饰带送风口相通。

8.2.2　城轨车辆空调机组的分类

城轨车辆空调机组按不同的方法可分为不同的类型。
（1）按功能不同，分为冷风型、电热冷热风型、热泵冷热风型、热泵辅助电热型。
（2）按结构不同，分为整体式、分体式。
（3）按适用气候环境温度的不同，分为 T1（45 ℃）、T2（50 ℃）、T3（55 ℃）。

8.2.3　城轨车辆空调机组的主要部件

空调机组各零部件组装在一个不锈钢板制成的箱体内，加盖板后形成一个整体，如图 8.4 所示。空调机组由卧式全封闭涡旋压缩机、蒸发器、冷凝器、干燥过滤器、节流毛细管装置、气液分离器、离心风机、轴流风机和电加热器等组成。机组设置有压力保护开关,以保证制冷系统安全可靠地运行。空调机组内的系统管路和接线完好,并进行了隔热保温处理,制冷系统进行检查及干燥,并加注足够量的制冷剂。

车顶空调机组

图 8.4 空调机组外观

空调机组内通常有两套独立的制冷系统,主要部件包括 2 台全封闭制冷压缩机、2 台冷凝器、2 组毛细管、2 台蒸发器、2 个干燥过滤器、2 台离心风机、2 台轴流风机、2 个气液分离器、1 个回风电动阀、2 个新风电动阀、1 个新风感温头、1 个回风感温头等。

空调机组分为室内侧和室外侧。室内侧分为蒸发腔和新风腔。离心风机、蒸发器、回风电动阀、回风滤尘网等安装在蒸发腔,气液分离器、新风电动阀、新风滤尘网等安装在新风腔。室外侧分为压缩机腔和冷凝腔。压缩机、压力开关、干燥过滤器、电磁阀等安装在压缩机腔,轴流风机、逆止阀和冷凝器等安装在冷凝腔。

空调机组的箱体和上盖全部采用 SUS304 不锈钢板制成。组成制冷系统的部件及配管全部用银钎焊连接,构成全封闭的制冷循环系统,制冷剂封闭在制冷系统内。采用下送下回送风方式的空调机组,其回风口在机组底部中间处,冷风出口在机组底部两侧,新风口在机组左右侧板的中间部位。空调机组新风腔处装有新风过滤网,车内回风口处装有回风过滤网,对车内循环风进行过滤。

1. 制冷压缩机

制冷压缩机为全封闭卧式压缩机,将电动机、压缩机构及供油系统组装在同一个密封的机壳内。制冷压缩机通过橡胶减振器安装在空调机组箱体内。

制冷压缩机的作用是将来自蒸发器的低温低压的 R407c 气体压缩成高温高压的气体,并送往冷凝器。

1)制冷压缩机的分类

根据工作原理不同,制冷压缩机可分为容积型和速度型两大类。

(1)容积型。容积型主要有活塞式压缩机和螺杆(涡旋)式压缩机,它们通过活塞(或螺杆、涡旋)在气缸中运动所形成的可变工作容积来完成制冷剂蒸气的压缩和输送。

(2)速度型。速度型压缩机是指透平式压缩机,也称离心式压缩机。它是用高速旋转的叶轮使制冷剂蒸气产生压力,同时获得动能,然后通过扩压器、蜗壳使蒸气的动能转换为压力能,从而完成压缩和输送制冷工质的任务。

2）常用制冷压缩机

我国部分轨道车辆的空调装置采用涡旋式制冷压缩机。图 8.5 所示为城轨车辆常用的卧式涡旋式制冷压缩机。涡旋式压缩机由一个固定的渐开涡旋盘和一个呈偏心回旋平动的渐开线运动涡旋盘组成可压缩容积的压缩机。全封闭卧式涡旋压缩机，是将电动机、压缩机构及供油系统组装在同一个密封的机壳内。制冷压缩机通过橡胶减振器安装在空调机组箱体内。

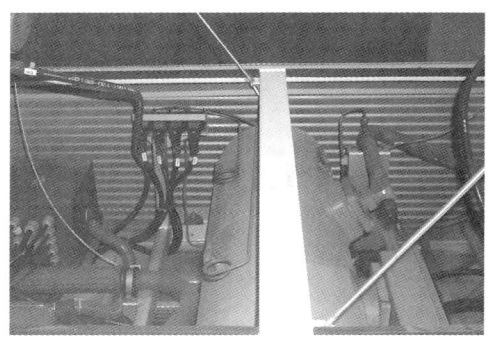

图 8.5　卧式涡旋式制冷压缩机室

3）小型涡旋式压缩机的特点

从结构及工作原理来看，小型涡旋式压缩机具有以下特点：

（1）效率高。涡旋压缩机吸气、压缩、排气连续单向进行，直接吸气，因而吸入气体有害、过热小；没有余隙容积中气体的膨胀过程，因而输气系数高。同时，两相邻压缩腔中的压差小，气体泄漏量少。另外，旋转涡旋盘上所有接触线转动半径小，摩擦速度低，损失小，加之吸、排气阀流动损失小，因而效率高。

（2）力矩变化小，振动小，噪声低。涡旋压缩机压缩过程较慢，并可同时进行两三个压缩过程，机器运转平稳，而且曲轴转动力矩变化小；其次，气体基本连续流动，吸、排气压力脉动小。

（3）结构简单，体积小，质量轻，运动零部件少。没有吸、排气阀，易损件少，可靠性好。涡旋压缩机同活塞式压缩机相比，体积小 40%，质量减轻 15%，效率高 10%，噪声低 5 dB（A）。但其制造需高精度的加工设备及精确的调心装配技术，这就限制了它的制造及应用。

2. 送风装置

送风装置主要由离心风机和轴流风机组成。

如图 8.6 所示，室内侧通风机为车辆客室送风，通常采用直联多叶片式离心风机，可以强化制冷剂在蒸发器中的蒸发过程，并将经蒸发器冷却降温的空气送入车内。

图 8.6　离心风机

如图 8.7 所示，室外侧通风机为冷凝器提供强迫送风，通常采用直联轴流式风机，风机的叶轮安装在立式电机上，并采取防水结构，用于强化制冷剂在冷凝器中的凝结放热过程。

图 8.7 轴流风机

3. 换热装置

蒸发器和冷凝器是最主要的换热器。它们的传热效果直接影响制冷机的质量尺寸和经济性。蒸发器将低温低压的气液混合的制冷剂在蒸发器内蒸发，当车内循环空气和新鲜空气混合后，通过蒸发器时进行热交换。这时，空气的热量被蒸发器内的制冷剂吸收，温度降低。车辆空调的冷却介质是车辆循环空气，蒸发器通常为铜管套铝肋片的直接蒸发式空气冷却器。

冷凝器根据冷却介质和冷却方式的不同，可分为三类：水冷式冷凝器、空气冷却式冷凝器和蒸发式冷凝器。城轨车辆空调冷凝器属空气冷却式冷凝器，其结构形式与蒸发器相同。高温高压的制冷剂气体通过冷凝器时，在外界空气的强制冷却下，变成常温（约 50 ℃）高压的制冷剂液体。

4. 膨胀机构

当高压液体制冷剂流经膨胀机构时，起到节流降压的作用。膨胀机构除了起节流作用以外，还起调节进入蒸发器制冷剂流量的作用。膨胀机构的种类很多，根据它们的应用范围，可分为 5 大类型：手动膨胀阀，用于工业用的制冷装置；热力膨胀阀，用于工业、商业和空气调节装置；电子膨胀阀，用途与热力膨胀阀相同；毛细管，用于家用制冷装置；浮球调节阀，用于工业、商业和生活用制冷装置。城轨交通车辆制冷装置中一般采用毛细管，它为一组内径极小的细长铜管。

5. 辅助设备

城轨的制冷设备中除了必需的制冷压缩机、冷凝器、蒸发器和膨胀机构外，还有许多改善制冷系数和保证运转安全不可缺少的辅助设备，主要有干燥过滤器、吸气过滤器、气液分离器、储液器等。

1）干燥过滤器

干燥过滤器用于吸附制冷剂中的水分，清除制冷剂中的机械杂质，如金属屑及氧化物等。干燥过滤器是将滤网固定在容器内，并封入干燥剂，当制冷剂通过其中时，起到过滤和干燥的作用。

2）吸气过滤器

吸气过滤器安装在压缩机的吸气管上,过滤吸气制冷剂中的残余杂质。

3）气液分离器

气液分离器一般用于分离蒸发器所排出的低压蒸气中的液滴,可防止活塞式制冷压缩机的液击。

4）储液器

储液器用于储存制冷剂液体,通常在大型制冷装置中使用。

6. 压力保护装置

为保证城轨制冷设备的运行安全,在系统中常装有压力保护器件,以便压力达到规定的极限值时,压缩机能自动停车。

（1）高压压力开关。当制冷系统的压力异常高时,高压开关动作,停止压缩机的运转,保护制冷系统。高压开关的复位方式为自动复位。

（2）低压压力开关。当制冷系统的压力异常低时,低压开关动作,停止压缩机的运转,保护制冷系统。低压开关的复位方式为自动复位。

7. 阀　门

城轨车辆制冷装置中的阀门主要有电磁阀和逆止阀。电磁阀是一种自动开启的阀门,用于自动接通和切断制冷系统的管路,广泛应用于空调机组中。逆止阀安装在制冷设备和管路上,起着接通和切断制冷剂通道的作用。

（1）旁通电磁阀。为保证压缩机在长时间停止后以及温度较低情况下启动时的轴承润滑,需要在一定时间内（从压缩机启动开始 30 s）打开电磁阀。

（2）容量控制电磁阀。此电磁阀配合压缩机内能量调节机构可以控制压缩机的容量,通过 2 个电磁阀的开闭及每台机组两台压缩机工作状态组合,进行全运转以及控制容量运转（约 70%）的切换,可实现空调机组多级能量调节,制冷能力实现 100%、70%、50% 共三挡。当打开高压侧,关闭低压侧时,为全运转状态；当打开低压侧,关闭高压侧时,为容量控制运转状态。

（3）液管电磁阀。安置在冷凝器出口,防止压缩机停止时制冷剂液倒流入压缩机侧,防止造成再次启动时润滑不良。

（4）逆止阀。安装在压缩机的排气管上,在压缩机停止工作时,防止制冷剂液从排气管逆流回压缩机侧。

8. 管　道

制冷装置中各单个设备或部件需用管道连接才能构成完整的系统,制冷剂所产生的冷量也要通过管道才能输送至需要冷量的地方。若将制冷压缩机比作制冷系统的心脏,那么管道就是血管。因此管道尺寸确定得正确与否,直接影响制冷机的能力,甚至影响制冷机的正常运转。管道采用的材质一般有铜管（不适于氨机）和无缝钢管。管路之间的连接采用焊接。

9. 温度控制装置

空调机组有许多工作点温度需要控制。首先是被冷却对象温度恒定；此外，排气温度等必须在安全范围以内。为此，用温度调节器实现调节或者用温度控制器作为电开关，发出电气指令，使执行器对装置的相应部分完成控制动作。常采用传感器与温控器进行温度控制。传感器用作温度检测，一般采用热电偶或热敏电阻作传感器；温控器多使用电子调节器。

10. 电加热器

电加热器的作用主要是为了给送入车内的新鲜空气预热。

电加热器的结构为不锈钢框架式结构，带不锈钢绕片的电热管，固定在框架内。框架上装有温度继电器和温度熔断器，用于电加热故障保护。

电热元件采用优质电热丝绕成螺旋形保持在不锈钢管的中心，其周围牢固地填满导热性能好的绝缘粉末。电热丝通电后其电能可以全部转换为热能，并迅速地通过管子表面散热。

【典型案例】

图 8.8 所示为某地铁 2 号线 KH29H 空调机组实物。此空调机组采用顶置式安装，单冷形式、计算机控制并具有自诊断功能。每辆车安装制冷能力为 29 kW 的空调机组 2 台。当列车的一台辅助电源故障时，每一台空调机组自动减半运行。空调机组因故不能制冷时，应保证适当的通风。全列车各空调机组在车辆运行时由司机集中控制，在维修时可由维修人员单独控制。

图 8.8　某地铁 2 号线 KH29H 空调机组实物

空调装置设有 4 种工况：手动、自动、通风和停止，并可通过本车控制装置对空调进行控制，也可通过司机室内的显示器进行控制和温度设定。在手动工况时，空调机组根据各自的温度控制器所设定的温度进行客室内温度控制；在自动工况时，空调机组根据外界环境温度自动调节客室内温度。空调机组可与列车总线网络进行通信，并可通过列车总线网络对空调机组进行控制。列车空调机组的启动方式：同步指令控制，分时顺序启动。空调机组设有可自动调节的新风口和回风口。新风调节机构及回风口的气流调节装置能保证从全开到全闭范围内调整风量，确保制冷和紧急通风功能的需要。设置调节挡板，用于调节新风、回风的混合比例。空调机组采用带有挡水百叶窗的新风口并设有过滤装置。新鲜空气的最小供给量：

制冷时司机室人均新风量不少于 30 m³/h；客室内人均新风量不少于 10 m³/h（按额定载客人数计）；客室内仅有紧急通风时，人均供风量不少于 20 m³/h（按额定载客人数计）。空调机组回风口内设有调节挡板，可在紧急通风时将回风口关闭，使通过空调机组送入客室的风全部为新风。在紧急通风时由紧急通风逆变器对空调机组的风机供电，保证车辆的紧急供风。车顶部的排水采用管道式，禁止直排，并保证空调机组与车顶部安装处无积水。

任务 8.3　空调机组检修与维护

8.3.1　城轨车辆空调系统预防性维护

任何操作及维护后应将盖板固定好，后盖板使用螺栓拧紧，前盖板上的门锁必须锁紧，并插上二级防护装置（见图 8.9），否则可能出现安全事故。二级防护装置只能作为门锁锁紧后的防护，不能代替门锁的锁闭功能。

（a）门锁开启状态

（b）门锁锁紧状态

（c）二级防护开启状态

（d）二级防护锁紧状态

图 8.9　门锁开启及防护状态图解

1. 冷凝器和蒸发器的清洁

（1）必要条件：切断接触网和车辆电源。

（2）标准工具：软毛刷、护目镜、防水手套、防水工作服。

（3）专用工具：高压热水清洗机、用于修理翅片的专用调片器。

（4）消耗品：清洁剂、洁净抹布。

（5）检修周期：1次/年。

注意：空调系统必须断电并且确定机组不会突然或自动启动。

（6）操作程序。

① 打开室内、外侧盖板。

② 检查换热器表面的洁净状况，清除大的障碍物。

注意：空调机组的运行周期和环境状况决定了换热器需要清洗的频率，可是在任何情况下蒸发器和冷凝器的换热器在每年的维护周期中都要被清理。

③ 用软毛刷清除换热器表面的污垢。这样的清理必须使用软毛刷以免损坏换热器的翅片，直至清除所有的树叶、羽毛（冷凝器）等。

④ 打开高压清洗机，选择热水挡，设置水温为约 70 ℃，清洁剂浓度为 2.0%或 3.0%。

⑤ 使用喷头以 90°方向向上和向下清洗换热器表面。

⑥ 关闭清洁机 5～15 min，使清洁剂慢慢地发挥效力。

⑦ 一旦换热器清理洁净，打开清洁机设置成热水挡（清水，无清洁剂）。

⑧ 用清水彻底漂净换热器，目视检查有没有残余，必要时重复漂洗。

⑨ 然后用冷水（无清洁剂）重复漂洗程序，直到换热器和翅片完全没有清洁剂残留。

⑩ 用专用调片器修理弯曲的翅片。

⑪ 安装空调机组各盖板，恢复机组。

2. 蒸发风机、冷凝风机的检查及清洁

（1）必要条件：切断接触网和车辆的电源。

（2）标准工具：毛刷、护目镜、防水防护手套、防水工作服、压缩空气。

（3）消耗品：干净的抹布、清洁剂。

（4）修程：1次/年。

（5）操作程序。

① 打开盖板。

② 检查设备固定螺栓。

③ 检查并紧固接线盒以及接线端子。

④ 检查轴承。

⑤ 检查电机轴和叶片，如有松动，将其紧固。

⑥ 用压缩空气清洗风机叶片，必要时用软毛刷和清洗剂清洗（注意不要使叶片变形）。

⑦ 盖上盖板，试运转蒸发风机和冷凝风机，检查风机有无异音，如有必要，更换蒸发风机和冷凝风机。

⑧ 换下的风机，如是轴承发生故障，则更换轴承。

3. 风机轴承的检查

（1）必要条件：切断接触网和车辆的电源。

（2）消耗品：干净的抹布、清洁剂。

（3）修程：1次/年。

（4）操作程序。

① 打开盖板。

② 连接机组电源，开机试运行。

注意：因为没有盖板的保护，在检查过程中，必须特别小心。

③ 如果风机运转时轴承发生尖锐的噪声，表示轴承缺少润滑油。

④ 如果出现明显的异常噪声，则表示球轴承发生故障。

⑤ 在这两种情况下，必须更换轴承。

⑥ 将修复的风机装回空调机组。

⑦ 盖上盖板，恢复空调机组。

4. 回风滤网的清洁

（1）必要条件：切断接触网和车辆的电源。

（2）标准工具：软毛刷、护目镜、防水手套、防水工作服。

（3）备品：回风滤网 D4200001。

（4）消耗品：中性清洁剂、清水。

（5）检修周期：1 次/月。

（6）操作程序。

① 打开室内侧盖板。

② 向上抽出回风滤网。

③ 使用加有中性清洁剂的水清洁回风滤网。

④ 回风滤网在空气中自然干燥后待用。

⑤ 重新将回风滤网装入机组。

⑥ 回风滤网使用 3 年后，更换新的备件。

⑦ 恢复机组。

5. 新风滤网的清洁

（1）必要条件：切断接触网和车辆的电源。

（2）标准工具：软毛刷、护目镜、防水手套、防水工作服。

（3）备品：新风滤网 D4200003。

（4）消耗品：专用清洁剂、清水。

（5）检修周期：2 次/月。

（6）操作程序。

① 打开机组侧面的新风口。

② 将新风滤网从新风风阀卡槽抽出。

③ 使用加有中性清洁剂的水清洗滤网及滤网框。

④ 晾干后待用。

⑤ 重新将新风滤网装入新风滤网卡槽内。

⑥ 新风滤网为不锈钢材质可反复使用。

⑦ 恢复机组。

6. 制冷循环泄漏的判断和检查

（1）必要条件：切断接触网和车辆的电源。
（2）标准工具：适合的标准工具、焊接工具和材料。
（3）专用工具：HLD5000冷媒吸枪式检漏仪。
（4）消耗品：肥皂水。
（5）操作程序。

为了定位泄漏点，可以采用以下方法，几种方法应视故障的具体情况采用，也可以配合使用，以尽快定位泄漏部位。

① 外观检漏。

氟利昂制冷系统冷冻油随制冷剂一起在内部循环，若某处有泄漏冷冻油漏出，可看到油迹，也可用干净的白纸擦拭检查。

② 压力检漏。

通过充注适当的干燥氮气压进行检漏。如果在充压过程中，制冷系统充注一定压力后很快降压，表明制冷系统一定有泄漏，必须进行具体的查找，以确定漏点。

③ 肥皂水检漏。

这是一种最普通的检漏方法，将肥皂水用毛笔或泡沫塑料涂于被检处进行仔细观察，若有气泡出现即表面该处有泄漏。这种泄漏的前提是空调机柜内有残留制冷剂。

④ 检漏仪检漏。

制冷系统内部若仍有一定压力的制冷剂而又有泄漏时，可用检漏仪检漏。

HLD5000冷媒吸枪式检漏仪（见图8.10）是高精度卤素检漏仪器，最小可检漏率为0.5 g/a以下。如测量漏率超过设定的不合格漏率会发出音响报警，且弧形显示器上的黄灯闪亮。使用时，将探尖尽可能接近被测试部位，必要时可与被测件接触上，仪器的探口移动速度不大于2.5 cm/s。在探测特定部位时，应将探尖做短暂的停留（至少1 s）。

图8.10 HLD5000冷媒吸枪式检漏仪

⑤ 浸水检漏。

这种方法适用于制冷部件的检漏，如压缩机的检漏，在压缩机大修组装以后，向其内部充入氮气（0.8~1.0 MPa）后置于水槽中检漏。水槽内的水必须干净透明，能见度好，在被检物浸入水中后一定要等表面平静后再进行观察，若有气泡冒出即表明该处是漏点。

7. 排水管的清理及疏通

（1）必要条件：切断接触网和车辆的电源。

（2）标准工具：吸尘器。

（3）消耗品：清水。

（4）修程：1年/次。

（5）操作程序。

① 打开盖板。

② 清洗排水口，疏通排水管，使之不被杂物等堵塞。

③ 将吸尘器接在排水口处，对排水管进行清理。

④ 由空调机组内的排水口加水检查是否排水管有泄漏或堵塞，如有泄漏，则需进行修补或更换相应的管道。

⑤ 盖上盖板，恢复机组。

8. 隔热材料的维护

（1）必要条件：切断接触网和车辆的电源。

（2）标准工具：刷子、防护手套。

（3）备品：401胶 1 000 g、保温材料（厚度 3 mm、6 mm、9 mm、13 mm）各 2 m^2、NH 系列保温套管 $\phi 22 \times 9$—3.5 m。

（4）修程：1年/次。

（5）操作程序。

① 打开盖板。

② 目测检查盖板上、蒸发腔、压缩机腔内的保温材料有无脱落、破损情况，如有上述情况，修复或更换保温材料。

③ 盖上盖板，恢复机组。

9. 压缩机用减振器的检查及更换

（1）必要条件：切断接触网和车辆的电源。

（2）消耗品：黄油 0.1 kg。

（3）修程：4年/次。

（4）操作程序。

① 打开室外侧盖板。

② 将紧固压缩机减振器的 4 个螺栓拆下。

③ 安装新的压缩机减振器。

④ 安装新的螺栓。

⑤ 盖上盖板，恢复机组。

10. 检查各紧固件

（1）必要条件：切断接触网和车辆的电源。

（2）消耗品：螺纹密封锁固剂、二硫化钼。

（3）修程：1次/年。

（4）操作程序。

① 打开各盖板。

② 目测检查所有螺纹连接，如螺栓上的红线与螺母上的红线不能对齐，说明螺栓有松动。使用扳手，将螺栓拧紧，重新在螺栓及与螺母作红线标记。

③ 盖上各盖板，恢复机组。

11. 检查保护装置的动作

1）高压压力开关的检查

（1）专用工具：硬纸板、便携式计算机。

（2）修程：1次/4年。

（3）操作程序。

① 将上位机监控软件与控制盘上的PLC相连。

② 将硬纸板裁剪成与冷凝器大小一致，覆盖在左右冷凝器出风格栅之上。

③ 使机组全冷运行，如果机组运行10 min之内，便携式计算机监控程序显示高压故障，则证明高压压力开关工作正常。

④ 如果机组运行时间超过20 min，仍没有报告高压故障，则停机，断电，在高压侧工艺管处接入高压压力表，重新运转机组，检视高压表读数，如果超过2.9 MPa仍没有报告压力故障，则需要更换高压压力开关。

⑤ 如果高压压力开关在系统压力达到2.9 MPa时有保护动作，则继续监视压力表读数，如果压力低于2.4 MPa机组仍不启动，也需更换高压压力开关。

⑥ 去除硬纸板，断开便携式计算机与控制盘的连接，去除高压压力表，恢复系统。

2）低压压力开关的检查

（1）必要条件：切断接触网和车辆的电源。

（2）专用工具：硬纸板、便携式计算机。

（3）修程：1次/4年。

（4）操作程序。

① 将上位机监控软件与控制盘上的PLC相连。

② 使用硬纸板遮挡蒸发器60%的通风面积。

③ 使机组全冷运行，如果机组运行20 min之内，便携式计算机监控程序显示低压故障，则证明低压压力开关工作正常。

④ 如果机组运行时间超过30 min，仍没有报告低压故障，则断电，停机，在低压侧工艺管处接入低压表，重新运转机组，监视低压表读数，如果低于0.19 MPa仍没有报告压力故障，则需要更换低压压力开关。

⑤ 如果低压压力开关在系统压力低于0.19 MPa时有保护动作，则继续监视压力表读数，如果压力高于0.32 MPa机组仍不启动，也需更换低压压力开关。

⑥ 去除硬纸板，断开便携式计算机与控制盘的连接，去除低压压力表，恢复系统。

12. 检查电机及整机绝缘电阻

（1）必要条件：切断接触网和车辆的电源。

（2）专用工具：500 V 兆欧表、绝缘电阻专用连接器。

（3）修程：1 次/年。

（4）操作程序。

① 断开空调机组主回路连接器与车辆电源的连接，将绝缘电阻测试专用连接器与空调机组主回路连接器相连。

② 将 500 V 兆欧表的一端连接在绝缘电阻测试专用连接器的引出线上，另一端与空调机组机壳相连

③ 使用 500 V 兆欧表测试绝缘电阻，确认绝缘电阻是否在 2 MΩ以上，在 2 MΩ以下时，检查各部位的绝缘老化情况，进行修理或更换。

④ 断开专用连接器，恢复连接器与车辆电源之间的连接。

13. 电气连接端子的检查

（1）必要条件：切断接触网和车辆的电源。

（2）修程：1 次/年。

（3）操作程序。

① 打开室内、外侧盖板。

② 打开机组室内腔底板上的接线盒盖。

③ 检查接线端子上的螺栓，纠正松动现象，并确认接线端子处及配线应无过热变色痕迹或损伤，配线符号标记等不得脱落，电器件应牢固。

④ 压缩机腔横梁上的接线端子同样按上述步骤检查。

⑤ 盖上各盖板，恢复机组。

14. 机组内部密封胶条检查和更换

（1）必要条件：切断接触网和车辆的电源。

（2）标准工具：刷子、防水防护手套。

（3）备品：401 胶 1 000 g、V 形胶条 T97A0601 17 m。

（4）修程：1 年/次。

（5）操作程序。

① 打开盖板。

② 目测检查各盖板密封处的 V 形胶条有无脱落，如有脱落需粘贴牢固。如有破损需去除原整条 V 形胶条，重新粘贴新的 V 形胶条，保证拼接位置为原位置。

③ 粘贴完毕后，盖上盖板，恢复机组。

15. 电加热器的清理

（1）必要条件：切断接触网和车辆的电源。

（2）标准工具：毛刷、护目镜、防水防护手套、防水工作服、压缩空气。

（3）消耗品：干净的抹布、清洁剂。

（4）修程：1 次/年。

（5）操作程序。

① 打开盖板。

② 检查设备固定螺栓。

③ 检查并紧固接线盒以及接线端子。

④ 使用压缩空气清洗电加热管，必要时用软毛刷和清洗剂清洗。

⑤ 盖上盖板，恢复机组。

⑥ 如果电机有明显损坏，需更换电机以防发生故障。

注：用不锈钢制成的发热体退火处理后，因不锈钢里含有铁的成分，所以表面有时会生锈，如果锈面不扩大，视为正常现象。

8.3.2　城轨车辆空调系统故障分析及处理方法

城轨车辆空调常见系统故障见表8.1。

表 8.1　城轨车辆空调常见故障判断及处理方法

序号	故障内容	故障的原因	故障的判断方法	处　理
1	不出风	（1）离心风机的配线方面		
		① 连接器处断线	查看电路接通情况	修理
		② 配线处螺丝松弛	查看电路接通情况	拧紧
		（2）电动机烧损或断线	测线圈电阻（20 ℃），各线间约 11 Ω	更换电机
		（3）控制线路及电器故障	检查电路及电器元件	修理或更换
2	风量小	（1）风机电机反转	检查风机转向	调换相线
		（2）空气过滤网堵塞	检查过滤网	清除筛眼堵塞物
		（3）蒸发器结霜或冰	检查（目视）	送风运转化冰、霜
		（4）蒸发器散热片脏堵	检查（目视）	清洗
		（5）风道等处泄漏	检查	修理
		（6）风机叶片积垢	检查	修理
3	不冷	（1）压缩机电机不转		
		① 电机断线、烧损；	测定线圈电阻（20 ℃），各线间约 1.54 Ω	更换压缩机
		② 高压压力开关动作；		
		③ 低压压力开关动作；	见 8.3.1 第 6 项	拧紧
		④ 配线端子安装螺丝松弛；	检查	更换部件
		⑤ 空调控制箱电器件不良；	查看接通情况	修理或更换
		⑥ 过、欠压继电器动作；	检查电气件	调整供电电压
		⑦ 接触器、中间继电器线圈烧毁或触头故障；	电源电压过高或过低	修理或更换
		⑧ 压缩机故障；	检查压缩机	修理或更换
		⑨ 轴流风机电机的热继电器动作	检查电机电流	修理或更换

续表

序号	故障内容	故障的原因	故障的判断方法	处理
3	不冷	（2）压缩机反转	① 压缩机电流小于额定值； ② 压缩机反转时噪声较大	调整压缩机相序
		（3）压缩机运转 ① 制冷剂泄漏；	① 室内吸入和排出空气温度相同； ② 蒸发器回气管温度过高； ③ 压缩机电流小	修理制冷循环系统
		② 电磁阀误动作或损坏	① 检查电磁阀动作是否正确； ② 检查电磁阀线圈	
4	冷量不足	（1）过滤器堵塞	检查过滤器	更换
		（2）蒸发器、冷凝器脏	检查	清扫
		（3）蒸发器结冰	检查（目视）	送风化冰
		（4）温度调节器设定温度过高或动作不良	检查	调整或修理
		（5）少量制冷剂泄漏	测量运转电流，电流比正常值明显偏小	修理制冷剂循环系统
		（6）制冷剂充注过多	电流过大	维修制冷系统
		（7）风量不足	见 8.3.1 第 2 项	
		（8）压缩机总处于卸载状态	检查容量控制电磁阀	
5	高压压力开关动作	（1）室外热交换器脏	检查室外热交换器	清扫
		（2）制冷剂充注过多	电流过大	见 8.3.1 第 4 项
		（3）冷凝风机反转	检查	将相序调整正确
		（4）排气管段堵塞	检查	修理制冷系统
		（5）室外通风机不转 ① 电机烧损； ② 电机的球轴承损伤	测线圈电阻（20 ℃），各线间约 24.4 Ω 检查	更换电机 更换球轴承
		（6）空气或不凝性气体混入系统中		重新对系统抽真空然后加入制冷剂
6	低压压力开关动作	（1）制冷剂泄漏	压缩机电流小	见 8.3.1 第 4 项
		（2）吸入空气温度太低	蒸发器结霜	
		（3）风量不足	见 8.3.1 第 2 项	
		（4）低压管路堵塞	检查	处理
		（5）蒸发器散热片堵塞	检查	处理
		（6）液管电磁阀未打开	① 压缩机启动时电磁阀无动作声 ② 控制柜无 AC 220 V 输出 ③ 电磁阀线路是否断路	检查电磁阀线路并修理

续表

序号	故障内容		故障的原因	故障的判断方法	处理
7	振动噪声大		（1）通风机电机球轴承异常	检查风机的平衡性	修理风机
			（2）通风机不平衡		
			（3）紧固部位松弛	检查各紧固部位	拧紧
8	漏水	回风口漏水	（1）排水口或排水槽堵塞，造成水盘积水外溢	检查	清扫
			（2）密封胶条处渗水	检查	进行正确安装
			（3）车顶密封胶条安装槽或机组底部涂密封胶处渗水	检查	涂密封胶
			（4）新风口下部排水口堵	检查	清扫
		出风口漏水	（1）蒸发器脏污	检查	清扫
			（2）密封胶条处渗水	检查	进行正确安装
			（3）车内风道内凝露形成水珠，从出风口吹出	检查	涂密封胶
			（4）排水口堵，风口周围积水	检查	清扫
9	不制热		（1）电加热配线方面 ① 接线盒部位断线； ② 配线连接部位螺丝松弛	查看导通情况 查看导通情况	修理 拧紧
			（2）室内通风机停转	见8.3.1第1项	
			（3）温度开关不良	检查工作温度，在常温下触点闭合，70 ℃以上触点断开	更换配件
			（4）温度熔断器熔断	调查熔断原因	更换配件

注意：1. 制冷系统的维修，须严格依检漏、保压、抽空、充制冷剂的专业要求进行。
2. 空调机组任何维修后都必须进行检查，确认操作的正确性。

【思政课堂】

让青岛地铁车厢空调"冷暖自由"——2023年齐鲁大工匠

在青岛地铁，提起尹星大家都会竖起大拇指，他曾获得全国劳动模范、山东省劳动模范、齐鲁首席技师、齐鲁工匠等荣誉。爱琢磨、勤思考、肯钻研、愿付出是尹星的特质。从1994年参加工作以来，尹星扎根一线已30年，30年的运维检修工作让他完成了在行业领域从进军到领军的华丽蜕变。

工作经历 始终和检修息息相关

过去的8年来，青岛地铁运营线路从1条发展到7条。轨道事业的快速发展，给市民出行带来便利，也给车辆维修保障带来挑战。

1975年出生的尹星，外表瘦削表情严肃。1994年毕业后进入莱钢后，和同事们负责车辆维修工作。钢铁生产过程中，铁矿石等原料需要使用火车输送，从最初的蒸汽机车到后来的内燃、电气机车，这些车型尹星都接触过。勤奋好学的尹星，在工作中很快就脱颖而出。2015

年，青岛地铁招聘，拥有省冶金行业首席技师称号的尹星来到青岛地铁工作。他的工作经历，始终和检修息息相关。他从一名蒸汽机车检修工干起，先后经历了内燃机车检修工、电工、起重机驾驶员、工程车检修工等岗位。在他看来，轨道事业在高速发展，保障安全的检修工作尤为重要。

2015年7月，尹星进入青岛地铁运营公司车辆部工作。刚进入公司，他便肩负起4种不同型号工程车辆的检修重担，由于许多工程车都是初次接触，对于车辆性能、器件不是很熟悉，检修之路可谓是困难重重。

为了能让自己尽早进入工作状态，掌握检修技能，他带领团队挑灯夜战，连续三个月反复查线核图、进行故障分析。英语零基础的他，用专业字典逐字逐句地查出每个单词，凭借多年的工作经验和不服输的精神，成功攻克了检修难题。

尹星坚信"只要思想不滑坡，办法总比困难多"。曾经，从国外进口的车辆经常出现挂挡不畅的问题，厂家坚持车辆自身没问题，认为是司机操作有误导致。由于问题长期存在，影响到车辆的正常使用，尹星便成立了攻关团队来解决挂挡不畅问题。他带领团队连续多天奋战，共同想办法、找原因，经过反复排查和测试，最终确认厂家安装的一个电磁阀的接头内径太小，造成挂挡风缸进气量不足，导致车辆出现挂挡不畅问题。"原因找到故障就这么排除了，感觉很有成就感。"尹星说。

率先垂范 心无旁骛引领技术革新

"行是知之始，知是行之成。"在工作中，尹星时刻以党员的标准严格衡量、约束自身的言行，各项工作中他都力求率先垂范，不断提高综合素质和业务能力。他常说："要做就要做到最好。"

尹星认为，在实践中遇到的问题，都可以在理论中找到答案。他善于将学习资料转化成通俗易懂的维修指南。特别是在破解"工程车夜间驾驶作业无信号自动防护"这一行业难题中，他带领"党员先锋队"进行"城轨工程车辆行车安全防护设备"的研发，与团队成员深入现场仔细研究，通过百余次的反复试验和修正，确保项目如期完成并取得了突破性成果，填补了国内城市轨道交通行业"轨道车安全防护设备"的空白，在行业内产生了较大影响，同步在深圳地铁投入应用，推广价值高达1 000多万元。

作为一名技术工人，尹星对技术革新十分推崇。多年来，他实施技术创新50多项，获得国家专利14项，发表论文30多篇，出版教材1部。《运行监控系统在青岛地铁工程车的应用研究》项目填补了城轨行业内的空白，在行业内得到了广泛应用；《智能检修机器人在电客车检修中的应用研究》项目成功将智能化融入轨道交通列车检修中，这是国内首次在城轨车辆检修领域应用人工智能机器人技术的项目，可减少用工10%。

不断创新 实现地铁同车不同温

2016年2月，为了充分发挥高技能人才引领示范作用，尹星牵头成立"尹星劳模创新暨党员示范工作室"，工作室围绕"研、修、展、育"的功能定位，充分发挥"全国劳动模范"品牌效应和党员先锋模范作用，形成具有研发、检修、宣传展示和实操培训功能的党建红色阵地和人才孵化基地。

工作室注重实效，积极践行为民服务宗旨，制定了"差温制冷"的空调温度控制模式。通过给空调系统设置"挡位"，实现了不同车厢的强冷和弱冷，也就是大家常说的"冷暖车厢"，为乘客提供了更好的乘车体验。工作室聚焦车辆检修痛点难点，研发出了地铁列车电气元器件综合试验台、永磁牵引电机项目，年度平均节能效果在15%以上，二氧化碳年排放量减少70 t以上，技术达到国内领先水平，实现了从跟跑到领跑的全方位突破。

一直以来，工作室打造创新创效新平台，实施科研技改项目50余项，疑难故障研究30余项，形成科技论文10余篇，取得国家专利10余项。工作室开展技能培训200余次，3 000多人次受训，授课培训时长达到500多课时，先后获得齐鲁工匠创新工作室、劳模（先进）创新工作室、齐鲁技能大师特色工作站等荣誉称号。他带动成立了10多个人才培养平台和创新平台，培育出以山东交通大工匠王继强为典型代表的10余名国家、省、市级的劳模、工匠、首席技师、技术能手等，发挥辐射带动作用，为城轨事业的发展提供了坚实的人才保障。

三十年春华秋实，三十年兢兢业业。从一线产业工人到齐鲁大工匠，从进军到领军的"地铁医师"，尹星充分证明了"择一事终一生"的执着专注，"干一行钻一行"的精益求精，"偏毫厘不敢安"的一丝不苟，"千万锤成一器"的卓越追求。

"我深知'手柄轻四两、责任重千斤'的道理。我将时时精进驾驶技能、锤炼修车本领，为乘客安全出行保驾护航。"尹星说，他将充分发挥全国劳动模范品牌效应和党员先锋示范作用，激励和带动广大员工践行工匠精神，更好地为乘客服务，为建设世界一流地铁贡献力量。

来源｜青岛早报记者 魏铌邦 通讯员 李竞丞

【能力拓展】

检漏仪的使用方法及应用

1. 活动场景

在城轨车辆生产车间或检修现场教学，或用多媒体展示城市轨道交通车辆的侧漏仪的使用。

2. 任务要求

（1）了解、掌握侧漏仪的结构、功能。

（2）正确使用检漏仪对漏液点进行查找。

（3）在实际工作中使用检漏仪应注意的事项。

（4）熟练掌握检漏仪的使用方法及维护保养。

3. 知识准备

卤素检漏仪是指用含有卤素（氟、氯、溴、碘）气体作为示漏气体的检漏仪，是利用卤族元素探索气体存在时，使赤热铂电极发射正离子量增加的原理来制作的检漏仪。该类仪器分两类：其一为传感器（即探头）与被检件相连接的称为固定式（也称内探头式）检漏仪；

其二为传感器（即吸枪）在被检件外部搜索的称为便携式（也称外探头式）检漏仪。本次以 TIFXP21A 型卤素检漏仪为例介绍。

1）检漏仪的构造

（1）TIFXP21A 型卤素检漏仪是新一代全自动智慧型检漏仪（见图 8.11），是一款稳定、灵敏的检漏仪。它主要由探头、探头防护罩、电源开关、电池检试键、复位键、音频渐变键、增强灵敏度键、降低灵敏度键、发光二极管指示、柔性探杆灯组成。

（2）LED 灯的功能

① 显示电池电量，最左边的灯是常亮的，绿色表示电量充足，橙色表示不足，红色表示立即更换。

② 显示泄漏的大小和强弱，显示绿色表明泄漏较小，橙色表明泄漏一般，红色表示泄漏很大，如图 8.12 所示。

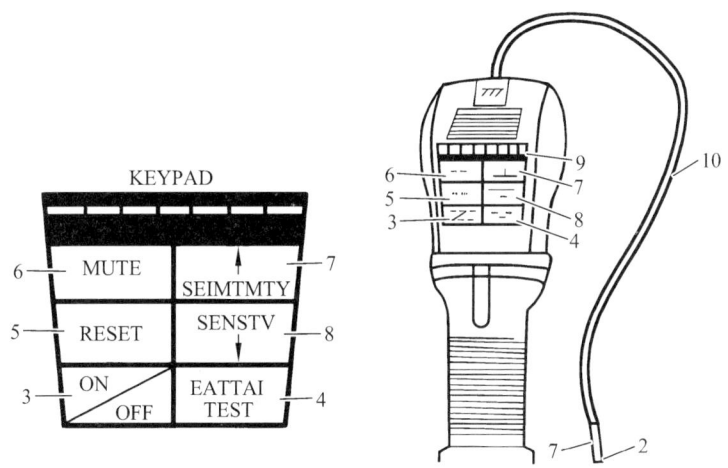

1—探头；2—探头防护罩；3—电源开关；4—电池检试键、5—复位键；
6—音频渐变键；7—增加灵敏度键；8—降低灵敏度键；
9—发光二极管指示；10—柔性探杆。

图 8.11　卤素检漏仪

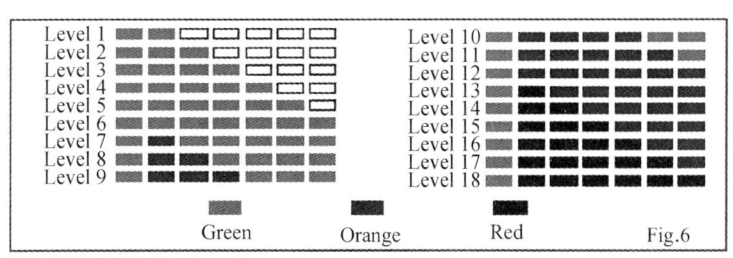

Green: 绿色　　　Orange: 橙色　　　Red: 红色

图 8.12　显示泄漏

2）侧漏仪的使用

（1）打开电池开关，发光二极管将显示复位指示 2 s（左灯绿色，其他灯橙色）。

（2）通过观察发光二极管核对电池电力。

（3）开机时，本产品默认为灵敏度5级，此时可听到间隔稳定的"嘟嘟"声，如果需要可通过灵敏度调整键改变灵敏度。

（4）开始检漏时，当泄漏的气体被发现，"嘟嘟"声将变得急促，发光管也将根据浓度的变化改变发光方式。

（5）灵敏度可在操作中的任何时候进行调整，且不影响检漏。

（6）如泄漏源被定位之前，已达到最高警示（发光二极管1绿6红），应按复位键复位到零参考水平。

（7）为保证仪器检量准确可靠，可经常进行复位操作。

3）卤素检漏仪适用范围

TIFXP21A型卤素检漏仪也可用于：

（1）其他系统和存储/恢复容器的检漏。

（2）检测医院消毒设备的巳乙烯氧化物泄漏（检测携带有卤素的气体）。

（3）在高压电路断路器中检测SF26。

（4）检测绝大部分含有氯、氟和溴的气体（卤素气体）。

（5）检测用于干洗设备的清洁剂，如四氯化碳。

（6）检测用于灭火系统中的卤素气体。

4）注意事项

（1）当泄漏不能被检出时，才调高灵敏度。当复位不能使仪器"复位"时，才调低灵敏度。

（2）在被严重污染的区域，应及时复位仪器以消除环境对仪器的影响。复位时不要移动探头。

（3）有风的区域，即使大的泄漏也难发现。在这种情况下，最好遮挡住潜在的泄漏区域。

（4）若探头接触到湿气或溶剂时可能报警，因此，检查泄漏时避免接触到它们。

4. 卤素检漏仪维护保养

（1）更换探头前务必关闭电源。

（2）检查完毕后将防护罩罩在探头上，防止灰尘、水汽、油脂阻塞探头。

（3）定期对探头的防护罩进行清洁。

（4）如果探头本身也脏，可浸入像酒精等温和清洗剂几秒钟，然后用压缩空气或工业乙醇清洁。

5. 任务实施

检漏仪使用时，掌握检漏仪的结构特点、使用方法、使用范围及检漏仪的维护保养。

6. 效果评价

将测试结果填入表8.2中，并对检漏效果进行评价。

表 8.2 评价表

项目名称	城市轨道交通车辆空调机组检修与维护	学生姓名	
任务名称	检漏仪的使用方法及应用	分数	
项目		分值	考核得分
1. 检漏仪的相关知识，图片的搜集，整理		10	
2. 是否有小组计划		5	
3. 检漏仪的结构形式基本要求认知情况		20	
4. 检漏仪的使用方法基本要求认知情况		20	
5. 检漏仪的使用范围要求认知情况		20	
6. 示波器的维护保养要求认知情况		15	
7. 编制学习汇报情况		5	
8. 基本素养考核情况		5	
教师简要评语			教师签名：

【思考与练习】

（1）简述空调系统制冷的基本原理。

（2）简述城轨车辆空调系统的构成。

（3）空调机组的四大件是什么？各起什么作用？

（4）城轨车辆空调装置预防性维护有哪些任务？

（5）城轨车辆空调故障有哪几大类？

（6）导致空调不制冷的原因有哪些？如何判断？如何处理？

（7）导致空调不制热的原因有哪些？如何判断？如何处理？

项目 9　牵引传动及辅助供电系统

【项目导入】

城轨车辆牵引传动系统按牵引电机的工作原理分为直流传动和交流传动两种类型。牵引传动系统包括牵引逆变、电机、制动电阻、滤波电抗器、电气控制开关等；而辅助供电系统是指为空调、电暖器、空气压缩机、照明、列车控制单元及蓄电池充电等辅助设备供电的系统。

【学习目标】

（1）掌握城轨车辆牵引传动系统的类型和结构组成。
（2）掌握城轨交通车辆辅助供电系统的组成及控制原理，主要设备的结构、原理、功能和作用。
（3）掌握牵引辅助供电系统受电弓和应急通风逆变器日常检查项目及维护工艺流程。

任务 9.1　牵引传动系统

城轨车辆的电能牵引传动系统是指将电能经过传输和转换后，提供给牵引电机，转换成机械能驱动列车运行的系统。牵引系统一旦发生故障，会影响列车牵引、制动控制的性能，造成列车控制不稳定、停车不准确、列车晚点、下线等，严重时还会造成列车完全丧失牵引力。

9.1.1　城轨牵引传动系统概述

牵引电机及驱动装置

城轨车辆牵引供电来源于城市电网，牵引变电所经过降压、整流，将高压交流电变成 DC 1 500 V（或 DC 750 V），然后通过馈电线将电能传递给接触网，城轨车辆通过受流装置取电，由钢轨和回流线流回到牵引变电所形成回流。

牵引传动系统的特点是：牵引功率大；传动效率高；能源利用率高；环保绿色，产生污染很少；容易实现自动化控制。

1. 牵引传动系统的工况

牵引传动系统有牵引和制动两个工况。

1）牵引工况

牵引工况下，列车牵引传动系统为列车提供牵引动力，将供电接触网上的电能转换为列车在轨道运行的动能。

2）制动工况

制动工况可以分为再生制动工况和电阻制动工况。牵引传动系统再生制动就是将列车的动能转换成电能反馈到电网，再供给其他列车或车站设备使用，它能最大程度地降低电能的损耗。若列车制动时牵引系统反馈的电能超过了接触网上限值（达到 DC 1 800 V），此时列车电制动产生的电能将会消耗在制动电阻上，通过电阻发热而消耗到大气中去，这种通过制动电阻消耗电能的电制动工况则称为电阻制动工况。

2. 电　　机

电机在城轨车辆中按用途可以分为牵引电机和辅助电机两种。牵引电机为车辆运动提供动力，辅助电机主要用在各通风冷却系统及供气系统中。牵引电机有直流牵引电机、交流异步牵引电机和交流同步牵引电机等。

城轨车辆动车主要使用直流牵引电机和交流异步牵引电机。交流电机与直流电机相比较没有换向器，结构简单，可靠性高，维护量少，显著减小电机质量，并能获得较大的单位质量功率，具有良好的牵引性能。如果合理设计三相交流牵引电机的调频、调压特性，可以实现大范围的平滑调速，充分满足机车牵引运行的需要，三相交流牵引电机还有防空转的性能，使黏着利用性提高。

三相交流牵引电机对瞬时过电压和过电流很不敏感，在起动时能在更长的时间内发出较大的起动力矩。从而交流异步电机有取代直流电机的趋势。

9.1.2 直流牵引传动系统

直流牵引传动系统由接触网侧高压电路和直流电机调速电路组成，包括受流器、断路器、接触器、直流牵引电机、齿轮箱、轮对及接地回流装置等。

1. 直流牵引传动系统的类型

直流牵引传动系统按电机调速的原理不同可分为变阻控制和斩波调压控制两种类型。变阻控制通过调节串入电机回路的电阻，改变直流牵引电机的端电压而达到调速目的，有凸轮调阻和斩波调阻两种类型。斩波调压控制是通过控制接在电网与牵引电机之间的斩波器的导通与关断来改变牵引电机的端电压而实现调速目的。斩波调压控制装置代替了起、制动电阻，在起动过程中减少了电能的消耗，在再生制动过程中能回收一部分电能的消耗，并在再生制动的过程中能回收一部分电能，与凸轮变阻车相比可节约电能 20%～30%，并且起、制动过程完全是无级平滑调节的，提高了平稳性。

2. 直流电机的特点及类型

直流牵引电机具有以下特点：良好的牵引和制动性能，调速方便；防空转性能较差，等功率下电机的体积和质量较大，换向困难，电位条件恶化，易产生环火，维护复杂，特别是在高电压大功率时，换向困难，电位条件更加恶化，使电机的工作可靠性降低。直流电机按其工作目的的不同可分为直流电动机和直流发电机。

1）直流电动机

图 9.1 所示为直流电动机的工作原理模型，导体受力方向由左手定则确定。在第一种情况下，位于 N 极下的导体 ab 受力方向为从右向左，而位于 S 极下的导体 cd 受力方向为从左到右。导体所受电磁力对轴产生一转矩，这种由电磁作用产生的转矩称为电磁转矩，电磁转矩的方向为逆时针。当电磁转矩大于阻力矩时，线圈按逆时针方向旋转，当电枢转动到第二个位置时，原位于 S 极下的导体 cd 转到 N 极下，其受力方向变为从右向左；而原位于 N 极下的导体 ab 转到 S 极下，导体 ab 的受力方向变为从左向右，该转矩的方向仍为逆时针方向，线圈在此转矩作用下继续按逆时针方向旋转。这样，虽然导体中流通的电流为交变，但 N 极下导体的受力方向和 S 极下导体的受力方向并未发生变化，电动机在此方向不变的转矩作用下转动。

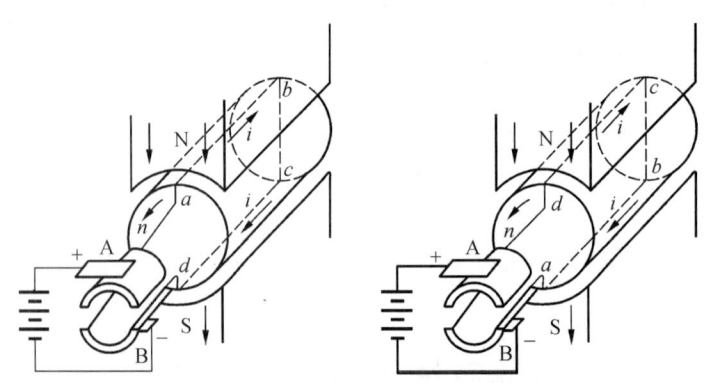

图 9.1 直流电动机的工作原理模型

实际直流电动机的电枢是根据具体应用情况确定需要有多个线圈。线圈分布于电枢表面的不同位置上，并按照一定的规定联结起来，构成直流电动机的电枢绕组。磁极也是根据需要，在 N、S 极交替放置多对。

2）直流发电机

直流发电机的结构分为可旋转部分和静止部分。可旋转部分称为转子，静止部分称为定子，定子和转子之间存在气隙。定子：在电磁方面产生磁场和构成磁路，在机械方面作为整个电机的支撑。定子由磁极、机座、换向极、电刷装置、端盖和轴承等组成。转子又称电枢，是电机的转动部分，是用来产生感应电动势和电磁转矩，从而实现机电能量转换的关键部分。它包括电枢铁心、换向器、电机转轴、电枢绕组、轴承和风扇等。

9.1.3 交流牵引传动系统

在大功率晶闸管技术的成熟与发展，特别是近年来全控电力电子器件的迅速发展的影响下，可调压调频的逆变装置已经成功解决了交流电机的调速问题，交流电机有全面取代直流电机的趋势。

1. 交流牵引电机的类型

交流牵引电机有同步和异步之分，目前城轨交通车辆普遍采用的是交流异步牵引电机，因为交流同步牵引电机需要集电环和电刷或者在转子上安装旋转整流器，不适于频繁启动和停止的工作需要，也不能在轮径不同或牵引电机转速有差别时，由一台逆变器驱动多台电机并联工作。异步电机在空间利用和重量上都优于同步电机，因此被广泛应用。异步电机采用 VVVF 控制，即直流电通过逆变器变为三相交流电，用电压和频率的变化来控制异步电机的转速变化，获得最佳的调速性能，并实现再生制动。

交流异步牵引电机的转速控制方法是在保持电源频率恒定的情况下改变定子电压的大小，从而实现控制的目的。目前，我国的城轨交通车辆多采用闭环控制系统，基本采用：转差-电流控制，如上海地铁 2 号线车辆；矢量控制，如西安地铁 2 号线 DKZ27 型车辆、广州地铁 1 号线车辆、北京地铁 1 号线 SMF04 型车辆等；直接转矩控制，如深圳地铁 1 号线车辆。

2. 交流感应电机城轨车辆的使用

交流感应电机主要有结构简单的鼠笼式感应电机。图 9.2 所示的鼠笼式感应电机主要由定子和转子构成。定子上加载三相交流电压时，间隙磁通量发生变化，从而使转子受到感应，产生扭矩。

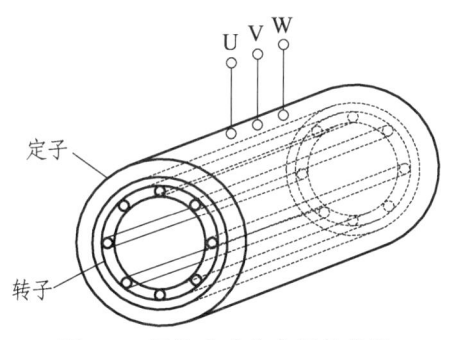

图 9.2 鼠笼式感应电机的构造

9.1.4 直线电机牵引系统

直线电机可认为是旋转电机的结构的转变，即将旋转电机沿轴向切开，按水平方向展开，从而使旋转电机的定子演变为初级，转子演变为次级，以直线运动取代旋转运动。由于直线电机无旋转部件，因此可大大降低城轨车辆的高度，缩小隧道直径，降低工程成本。直线电机环保性能好，车辆运行噪声小。直线电机在城轨道车辆上应用时，初级既可设在车上，也可设在地面，这两种形式分别称为车载初级式和地面初级式。

目前，城轨车辆多采用车载初级式异步的方式，初级安装在动车的转向架上，从受电轨受电，电源的变换和控制设备安装在车上；次级是沿线路敷的两根走行钢轨之间的导体板，建设费用低。广州地铁 4 号线车辆和北京机场线地铁车辆均采用直线电机牵引传动系统，该系统采用一台 VVVF 逆变器向两台三相八极的直线感应电机供电，采用绝缘栅双极晶体管（Insulated-gate Bipolar Transistor，IGBT）器件和脉冲调制技术的牵引逆变器，实现牵引、再生制动控制。

任务 9.2　辅助供电系统

9.2.1　辅助供电系统的组成

辅助供电系统包括辅助逆变器（DC/AC 变流器，简称 SIV）和低压电源（DC/DC 变流器和蓄电池）两大部分。辅助逆变系统主要给车辆上 AC 380 V 和 AC 220 V 交流负载提供电源，负载大部分是泵类（三相异步电机驱动），不需要调速，直接启动，启动冲击电流大。

9.2.2　辅助逆变技术的发展

早期，辅助逆变技术采用旋转式电动-发电机组供电，接触网为电机提供直流高压，电机带动发电机工作，输出三相交流电为负载供电；使用三相变压器和整流设备变换将输出三相交流电转变为控制用 DC 110 V 和 DC 24 V。这种供电方式机组体积大，输出容量小，效率低，电源易受直流发电机组工况变化的影响，输出电压波动大，可靠性差。

随着电力电子技术的发展，新的电力电子器件在城轨车辆技术被引用，我国城轨车辆的辅助电源系统均采用了静止逆变供电的方式，通过车辆的受流设备受电，高压直流电经过 DC/AC 静止逆变转换为低压三相交流电，再通过整流及斩波电源变换输出可用的直流电源。电源变换中采用了变压器隔离形式。这种辅助逆变方案的优点为输出电压品质好，电源使用效率高，工作性能安全可靠。实际应用设计也具备多样性，主要与车辆所使用的高压电源电压类型和电力电子器件发展水平存在直接关系。

随着电力电子器件的发展，城轨车辆采用的静止辅助系统经历了晶闸管、大功率晶体管、可关断晶闸管和绝缘栅双极型晶体管的发展过程。最初，上海地铁的车辆，其辅助系统由电流驱动型可关断晶闸管（gate turn-off thyristor，GTO）构成，如图 9.3 所示。此设备开关频率低，功率大，耐压值高，安全性好。

随着新一代的电力电子器件绝缘栅双极晶体管（见图 9.4）容量的提升，电力晶体管逐渐被淘汰。国际上主要生产厂家对中等容量范围的 GTO 的停产标志着地铁车辆逆变进入了 IGBT 时代，其驱动全控性、脉冲开关频率高、性能好、损耗低、自我保护能力强等优点，推动了电力元件集成化、模块化的发展。近年来，城轨交通供电网电压由低至高（由 DC 750 V

升至 DC 1 500 V)，对 IGBT 的电压等级也提出了更高要求。现在国内新使用的地铁车辆辅助供电设备均采用 IGBT 电子元件。

图 9.3　可关断晶闸管 GTO　　　　图 9.4　绝缘栅双极晶体管

9.2.3　辅助逆变电路结构

随着电力电子器件 IGBT 的发展，城轨车辆辅助供电系统由过去的单一形式逐渐发展为设计多样化，满足了城轨车辆在不同时期的不同需求。

辅助逆变电路结构按逆变器电路原理的不同，分为先斩波（升/降压斩波）后逆变方式和直接逆变方式两种。从逆变器的电路构造来分，分为双逆变器型和单逆变器型。其中，双逆变器型又分为串联型与并联型。单逆变器型又分为先经升/降压稳压后逆变型和直接逆变型。这些逆变器均采用二电平逆变方式。

1. 按逆变器电路原理选型。

1）先斩波（升/降压斩波）后逆变方式（DC-DC-AC）

将高压直流电通过斩波器转换为较低/高直流电压，通过逆变装置输出交流电。此电路主要由单管 DC/DC 斩波器、二点式逆变器、三相滤波器、隔离变压器和整流电路组成。其原理如图 9.5 所示。

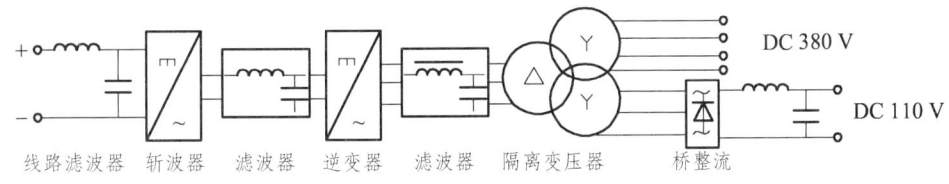

图 9.5　先斩波（升/降压斩波）后逆变原理

在 DC-DC-AC 方式升/降压斩波中，升压斩波的系统应用在 DC 750 V 供电网压的场合，降压斩波的系统应用在网压为 DC 1 500 V 的场合。采用升/降压斩波的目的都是为了使逆变器的输入电压稳定，当负载变化或电压波动时，保证斩波器有稳定的输出电压。上海 1 号线、2 号线车辆和广州 1 号线地铁车辆多采用此技术。

2）直接逆变方式（DC-AC）

这种方式是地铁车辆辅助逆变电源最简单的基本电路结构形式。它将高压直流电通过逆变设备直接逆变输出交流电，供列车使用。开关元器件通常可采用大功率 GTO、IGBT 或智能功率模块（Intelligent Power Module，IPM）。辅助逆变电源采用直接从受电弓或第三供电轨受流的方式，逆变器按 V/F 等为常数的控制方式，输出三相脉宽调制电压采用变压器隔离向负载供电。其原理如图 9.6 所示。

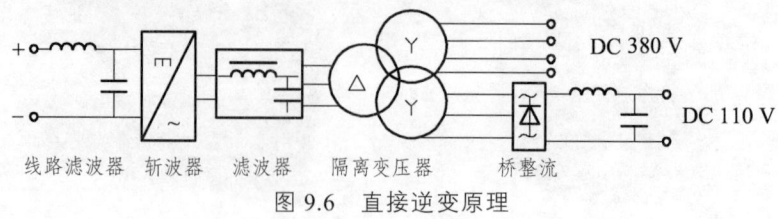

图 9.6　直接逆变原理

这种电路的特点是电路结构简单，元器件使用数量少，控制方便，但逆变器电源输出电压容易受电网输入电压波动影响，功率电子器件（如 IGBT）环流时承受的 du/dt 较大，特别是在高电压的情况下（DC 1 500 V 供电系统再生制动时，网压可达 2 000 V）。

目前，以 GTO、IGBT 为代表的开关器件的开关频率足以满足在网压波动范围内，用脉冲宽度调变调制实现逆变器稳定输出，且满负荷运行，因此现在生产的车辆常采用直接逆变的方式。

2. 按逆变器的电路构造选型。

1）单逆变器型

网压为 DC 1 500 V，容量为 190 kV·A 左右的辅助逆变器，一般均使用 3 300 V/400 A 的 IGBT 器件。这种方式结构简单、可靠，逆变器采用 PWM 调制控制，可使输出电压的谐波含量在限制值以内。而且随着 IGBT 性能的不断完善，将会进一步简化逆变器主电路，减少使用器件，提高电路可靠性，降低制造成本，简化调试工作。因此，这是目前辅助系统逆变器普遍采用的形式。

2）双逆变器型

两台逆变器输出至隔离变压器，隔离变压器或者通过电路叠加，或者通过磁路叠加，然后滤波输出。这种多重逆变电路的优点是逆变器可以用容量较低的 IGBT 器件。另外，可以通过控制两台逆变器输出电压的相位差，使变压器输出电压的谐波减少，提高基波含量，从而可减少滤波器的体积和质量。

双逆变器型电路较为复杂，尤其是组式变压器，用电路叠加的变压器称为 DY-DZ 变压器，其二次绕组较为复杂。用磁路叠加的变压器，其磁路设计较为复杂。鉴于现在 IGBT 的耐电压水平已足够高，因此目前的产品已基本不再采用这种形式。

3. 低压 DC 110 V 电力变换形式

城轨车辆低压电力变换装置为列车提供 DC 110 V 的电源，同时给蓄电池浮充电。DC 110 V 电力变换设计就输入电源形式来讲分为两种形式，分别为直接变换与间接变换。

1）直接变换

设计独立的直-直变换器，直接接于供电网压（DC 1 500 V，DC 750 V），通过高频变压器隔离后再整流并滤波得到 DC 110 V 电源。广州 1 号线、2 号线车辆采用直接变换形式。

2)间接变换

使用辅助逆变器提供的低压交流电（AC 380 V），通过 50 Hz 隔离降压变压器来实现，再通过整流得到 DC 110 V 电源。广州地铁 3 号线、西安地铁 2 号线均采用间接变换形式。

这两种方案，间接变换依赖于静止辅助逆变器，一般是将辅助逆变器输出的 AC 380 V 转换成 DC 110 V，其受逆变器故障的影响；直接变换与静止逆变器无关，不受逆变器故障的影响，但因为需要独立的直流电源，成本高。

DC 110 V 电力变换设计按设备电气元件设计方式分为二极管式和晶闸管式。整流器使用二极管三相整流桥方式，输出电压恒定，电流不可控；使用晶闸管三相可控整流桥方式，对输出电流可以进行调节，便于给蓄电池充电。

9.2.4 辅助供电模式

辅助回路接地

辅助供电系统就供电输出源设备布局设计，可分为分散供电和集中供电。

1. 分散供电

地铁车辆每列编组 6 节车，每节车辆均配备一台静止逆变器，两端 Tc 车各配备一台 DC 110 V 电源装置。广州地铁 1 号线的车辆即采用分散供电，每节车均配备一台 DC/AC，共 6 台，提供 AC 380 V 电源；在两端带有司机室的拖车各配备 1 台 DC/DC，共 2 台，提供 DC 110 V 电源。同时，针对输出容量，也有每 3 节车配备 2 台静止逆变器的情况，也作为分散供电方式。

2. 集中供电

地铁车辆整列车仅采用两套辅助供电装置集中供电，互为冗余，即每 3 节车配备一套静止逆变装置。西安地铁 2 号线车辆采用这种方式，整列车配备 2 套 SIV 静止逆变单元，将其布置在两端 Tc 车的车底，为整车提供电源。每台辅助逆变器 SIV 的容量为 185 kV·A，DC 110 V 输出容量为 18 kW，DC 24 V 输出容量为 1 kW。2 套辅助供电设备互为冗余，当 1 套发生故障时，余下的 1 套能承担 6 辆车的基本负载并保证列车的正常运行。

任务 9.3 牵引传动、辅助供电系统检查与维护

9.3.1 受电弓检查与维护

受电弓是轻轨地铁车辆从架空接触网线获取电流的设备，如图 9.7 所示。该型号受电弓具有结构简单、性能安全可靠、维护简单、日常维护工作量小等特点，且在整个车辆速度范围内具有良好的空气动力学特性。受电弓可以满足在地面上、高架线路上和隧道中运行的车辆的使用要求，不但能适应风、沙、雨、雪、冰雹及空气内含有大量水汽的环境，而且能够防霉、防灰尘以及不受洗车清洁剂的影响，并能经受虫蛀，特别是啮齿类动物的侵害。

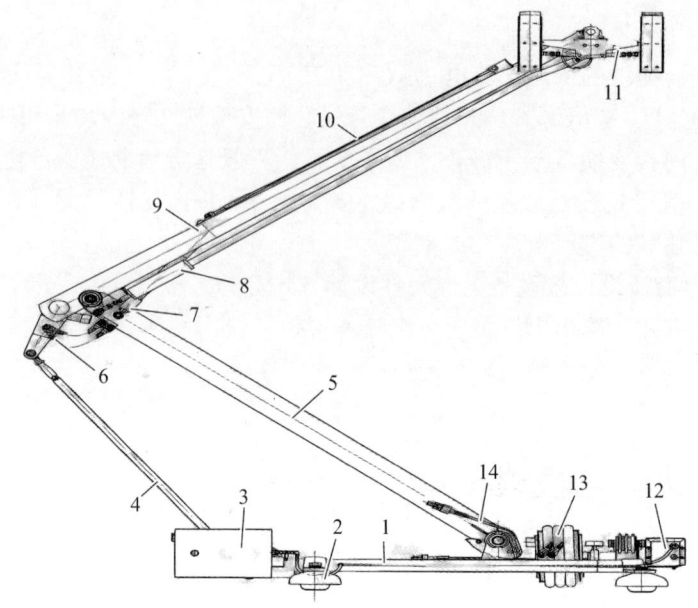

1—底架；2—绝缘子；3—气源控制箱；4—拉杆；5—下臂杆；6—软连线；
7—液压阻尼器；8—平衡杆；9—上臂杆；10—调整钢丝；11—弓头；
12—电气控制箱；13—气囊；14—钢丝绳。

图 9.7　受电弓零部件

1. 受电弓日常维修工艺流程

受电弓设计先进结构简单，正常使用时的维护工作量很小。在车辆正常维修间隔期间，建议按以下程序进行维护：

（1）在一个月内可分三次对受电弓各部位的标准件全面检查是否有松动，检查周期由用户自行决定。

（2）每 3~6 个月（最长 50 000 km）给气囊充以额定的压缩空气，检查气囊的运动及膨胀，观察气囊的运动是否正常：

① 气囊的运动是否沿纵向运动有无偏离中心的现象。

② 气囊各区的膨胀大小是否一致。

如发现气囊运动偏离中心及气囊各区的膨胀大小不一致，应及时地调整升弓钢丝绳，使两根钢丝绳的长度相等，以排除上述现象。

在检修库内给受电弓充以额定压缩空气，使受电弓升起用力使受电弓的上臂杆上下运动，检查气囊内有无响声，如有应将气囊组装打开检查。

注：气囊中各转动部位应使用医用凡士林进行润滑。

（3）每 6~12 个月（最长 100 000 km）。

① 目测螺栓连接部位。

② 目测各转动部位的润滑情况。

③ 目测受电弓各个部位不同规格的软连线，如果发现软连线破损，应立即更换相同规格的软连线。

④ 检查弓头碳滑条的磨损情况（破损或磨耗到限）。
⑤ 检查受电弓的静态压力，需要时进行调整。
⑥ 目测升弓用钢丝绳，如果需要请在钢丝绳上涂抹通用锂基润滑脂。
⑦ 目测液压阻尼器是否有漏油情况。
⑧ 清洁受电弓和车顶连接的绝缘子，清洁后的绝缘子应露出本色。
⑨ 目测各转动部位的运转情况，轴承是否有卡滞现象。

（4）每2至3年（最大300 000 km）
① 更换所有规格的软连线。
② 更换升弓用钢丝绳。

（5）每5年架修（最大600 000 km）。
① 将受电弓解体。
② 更换所有的软连线。
③ 更换升弓钢丝绳。
④ 检查或更换各转动部位的轴承并使用 Shell Alvania RL3 润滑新轴承。
⑤ 检查或更换液压阻尼器。
⑥ 更换受电弓上所有的橡胶零部件。
⑦ 更换绝缘气管。
⑧ 更换气囊连接板组装。
⑨ 给拉杆、平衡杆部位的关节轴承加通用锂基润滑脂。
⑩ 将受电弓解体进行全面检查，检查完后进行组装，并依据试验大纲进行调试。

（6）每10年应检查（最大1 000 000 km）。
应对受电弓进行大修，大修时请更换如下零件：
① 各转动部位的轴承并润滑新轴承。
② 液压阻尼器。
③ 受电弓升弓钢丝绳。
④ 拉杆和平衡杆组装中的杆端关节轴承。
⑤ 受电弓支持绝缘子。
⑥ 平衡杆中调整用弹簧。
⑦ 弓头横托架组装中的弹簧。
⑧ 上臂杆组装中的调整钢丝组合。
⑨ 受电弓上所有标准件。

2. 弓头碳滑条

每次目测检查弓头碳滑条时，应观察碳滑条是否损坏或者磨耗到限。目测检查时应考虑以下内容：预计碳滑条的使用寿命。弓头各个碳条之间的是否存在磨耗不均匀现象，如果存在应对碳滑条做平行调整，使各个碳滑条与网线接触的平面基本水平，保证每根碳滑条都能与网线很好的接触。

当碳滑条磨损到5 mm，请及时更换碳滑条（见图9.8）。

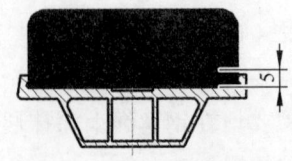

图 9.8 碳滑条磨损极限

应同时将弓头所有的碳滑条全部予以更换。新碳滑条更换后应检查受电弓的静态压力,如果需要请进行调整。

3. 轴承

(1)每次检查和更换滚动轴承时,应使用 Shell Alvania RL3 润滑脂进行润滑。

(2)如果轴承转动不灵活,出现卡滞现象,检查出现卡滞现象的原因,损坏的轴承应予以更换,出现油污的轴承应用清洗剂清洗后安装。

(3)所有的滚动轴承和拉杆的关节轴承每 60 个月润滑一次。

4. 液压阻尼器

将液压阻尼器拆下,进行压缩和拉升试验,检查有无卡滞现象和漏油现象,如有需要请更换。

5. 绝缘子、绝缘气管

对车顶和受电弓连接的绝缘子和绝缘气管进行清洁处理,使绝缘子和绝缘气管保持干净。

6. 受电弓气源控制箱

(1)在每次全面检查时,应对气源控制里的安全阀进行调整。

(2)检查精密减压阀的压力是否在额定值,如果需要应进行调整。

(3)如果升弓和降弓时间有所变化,应对控制箱中的各节流阀进行调整。

(4)每年应对安全阀进行试验,确保安全阀的可靠性。

7. 弓网故障后的维修和检测

当发生弓网故障,造成受电弓碳滑条、弓头、上框架等零部件变形或损坏,应将受电弓从车顶拆下,进行全面检修或更换零部件,检修完成后在专用试验台上对受电弓进行例行试验(包括动作试验、弓头自由度测量、气密性试验、静态压力特性试验),试验合格后方可装车交付使用。

8. 关于维护

(1)受电弓的调整和维护工作必须由专业操作者进行。在调整和维护工作进行时,必须采取必要的安全和防护措施。

(2)受电弓升弓时,应保证压缩空气的压力在规定的最小气压至额定工作气压之间。

(3)受电弓维护时,必须切断气源,同时应将气囊进气口位置的球阀关闭,使受电弓不能升起,然后使用约 0.9 m 长的木棒在底架和上臂杆交叉管间支撑起受电弓的弓头,确认稳定时才可进行维修或维护工作。

9.3.2 应急通风逆变器

当列车两台 SIV 均故障，列车三相 380 V/50 Hz 交流电源失效的情况下，为保证乘客安全，每台车配置了一台应急通风逆变器，由车辆 DC 110 V 蓄电池组经应急通风逆变器为空调机组通风机供电，保证 45 min 紧急通风。

1. 技术参数

（1）输入电压：DC 110 V（DC 77～137 V）。
（2）输出三相交流电压：三相 380×（1±5%）V（50 Hz 时）。
（3）输出频率：35 Hz（50～25 Hz 连续可调）。
（4）启动方式：调频调压软启动，U/F=恒量。
（5）输出电压波形：近似正弦波。
（6）输出电压谐波畸变≤5%。
（7）三相输出电压不平衡度<2%。
（8）效率≥85%（在 DC 110 V 输入，满载时）。
（9）额定功率：5 kV·A。
（10）电气隔离：在设备不工作时，设备与输入和输出端电气隔离。
（11）其他：
① 具有输入欠压保护，负载短路保护。
② 具有自我检测及给列车发出故障和结点信号。
③ 逆变器接到允许工作信号后，自检，等待启动信号。
④ 逆变器接到启动信号后，10 s 内输出三相电压。
⑤ 采用自然通风的散热方式。

2. 注意事项

3NB-1 型变频逆变电源是中压设备，必须由专业人员进行检修，尤其在设备运行时，不能使用测试仪表对逆变电源内部电路进行测试，否则可能会发生电击人员伤亡事故和设备损坏事故。

3. 维护检查

为了使逆变电源能长期可靠连续运行，防患于未然，应进行日常检查和定期检查。

4. 日常检查

不去除外盖通电运行，从外部目视、耳检逆变电源的启动、运行情况，确认没有异常情况。通常检查以下各点。
（1）运行情况符合标准规范。
（2）周围环境符合标准规范。
（3）风机平稳启动运行。
（4）没有异常的噪声、振动和气味。
（5）没有过热或变色灯异常情况。

5. 定期检查

定期检查时，必须停止运行，切断电源和去除外盖。在检查之前，支撑电容（C_3 和 C_4）应放电完毕，用电压表测试，确认电容上电压低于安全值（≤DC 25 V），才能开始检查作业。定期检查项目如下：

1）主电路部分

（1）IGBT、IPM 是否有爆裂等明显烧毁的迹象。
（2）接触器 KM3 是否发生黏合。
（3）螺栓等是否松动或脱落。
（4）导线是否变形、裂纹、破损或由于过热和老化变色。
（5）端子排上是否损伤或控制线脱落。
（6）滤波电容 C_1、C_2 是否漏液、变色、裂纹和外壳膨胀。
（7）充电电阻 R_1 是否变色等。
（8）直流滤波器 FIL2 是否松动、变色等。
（9）滤波电抗 LM 和电容板是否烧毁、变色、松动的现象。

2）控制电路部分

（1）电源板是否有烧毁、变色的现象。
（2）控制板是否有烧毁、变色等现象。
（3）电源板和控制板与母板的连接是否松动。
（4）检测板是否有烧毁、变色等现象。
（5）各处固定螺丝是否有松动。

6. 故障维修

1）主要故障列举

3NB-1 型变频逆变电源正常运行时，控制板上的频率显示正常（正确的频率显示范围 30~40 Hz），同时，控制板上只有正常显示灯亮（绿灯亮），若逆变电源处于非正常运行状态，其主要故障状态有以下几种，其代码见表 9.1 所示。

表 9.1 急通风逆变器故障代码表

代码	说明	代码	说明
STT	系统启动	STP	正常停止
IOU	输入 DC 110 V 过压	IUU	输入 DC 110 V 欠压
OOU	中间直流过压	OI	过流保护
OT	过温保护	ALM	IPM 报警
PdP	外部硬件保护	Err	未知故障

（1）不能正常启动，合启动信号，逆变电源没有任何动作。
（2）电源板故障。
（3）IPM 故障。

（4）过压保护。
（5）超温保护。
（6）过流保护。
（7）控制接触器 KM3 故障。
（8）母板故障。
（9）IGBT 故障。
（10）控制板故障。

2）故障状态分析及解决方案

（1）不能正常启动，合启动信号，逆变电源没有任何动作。

这种故障状态主要因为接线不对造成的，首先检查 710 是否接到 DC+，810 是否接到 DC−，若正负电源线连接没有错误，再检查控制电源线是否接好。正常运行时，母板接线端子 10、1 之间应是电源电压，若无误，则不是该项故障。

（2）电源板故障。

电源板故障有两种现象，一种是电源指示灯闪烁，另一种是没有任何显示。首先检查母板上的 10、1 端子之间的电压是否正常，若正常，且电源指示灯闪烁，这种原因是环境温度太低引起的（−40 ℃ 或以下），再重新启动即可；对于没有任何显示，拔下电源板查看是否有明显烧毁的迹象，若有更换电源板。

（3）IPM 故障。

IPM 故障的现象就是控制板上的告警灯（红灯）亮，正常情况时，IPM 的告警灯在电源开始上电的时候闪烁一下，此后即灭。如果 IPM 告警灯一直亮，查看 IPM 是否有烧毁的迹象，再使用万用表测 IPM 的三相输出端，看是否有短路的情况，若有明显烧毁的迹象或短路，更换 IPM，否则重新进行上电（测试 IPM 是否烧毁时，必须下电情况下进行）。

（4）过压保护。

过压保护是指中间直流电压高于设定值，现象就是控制板上的过压显示灯亮（红灯）。当出现过压保护时，可以重新上电试验，再出现过压保护，更换控制板，若仍然出现更换 LEM 检测板。

（5）超温保护。

超温保护是指散热器的温度超过设定值，出现这种情况只能等待逆变电源冷却后，再进行上电试验，若还是不能运行 45 min，更换控制板。

（6）过流保护。

过流保护时，控制板上的过流显示灯亮（红灯），此时检查负载是否过载，若负载接线正确，且没有过载，重新进行上电试验，仍然过流保护，即更换控制板和 LEM 检测板。

（7）控制接触器 KM3 故障。

控制接触器 KM3 故障一般是 KM3 发生黏合，现象是逆变电源不能人为停止运行。下电查看 KM3 的触头是否黏合，若黏合更换接触器。

（8）母板故障。

母板出现故障时，可能是电容短路把控制电源回路烧断，应有明显烧毁的迹象，更换母板再进行上电测试。

(9) IGBT 故障。

若控制板上的显示都正常,接触器也正常吸合,但风机不工作,即 IPM 没有输出电压,可能是 IGBT 故障。首先应该查看 IGBT 是否有明显烧毁的迹象,若没有烧毁的迹象,再用万用表测试 IGBT 是否有短路或断路的情况(下电的情况下测试)。

(10) 控制板故障。

控制板故障极少发生,在上述故障中没有发现原因的情况下,可以更换控制板进行上电实验。

【能力拓展】

安装受电弓控制电路

◆ 任务背景

受电弓系统除了机械部分、空气管路部分以外,还有一套完善的控制电路系统来支撑。受电弓升弓、升弓保持、降弓、紧急降弓、隔离等功能全部通过该控制电路来实现。为了保障列车的运营安全,受电弓控制电路逻辑是非常严谨的,需要考虑列车激活、司机室占有以及其他升弓条件等。列车在运行过程中会出现震动、颠簸等不同的状况,控制电路元器件和线路避免不了出现损坏、松脱、接触不良等异常情况,因此控制电路的检修是必不可少的。

在列车控制回路出现严重损坏、在列车进行架大修或者列车功能改造时,就需要对列车的控制回路重新进行安装布线,因此为了能够展开更高级别的车辆检修工作,控制电路的安装布线,是高级城轨车辆检修工必须掌握的技能。

◆ 任务要求

1. 务必做好个人和工作场地安全防护
2. 小组通过分工合作的方式来完成实训任务

◆ 任务内容

小节 1:安装受电弓控制电路

小节 2:检测受电弓控制电路

◆ 知识储备

根据任务目标,在实训开始前做好充分准备,学习参考资源:

1. 实训设备使用说明书及维护手册
2. 受电弓的检修与控制技术规程
3. 受电弓控制安装布线电气布局
4. 受电弓控制电路原理图或接线表

任务小节 1:安装受电弓控制电路 推荐用时:30~90 min/组				
工具挑选				
根据作业需要,在作业前挑选合适的工具、物料,并做好记录。				
序号	工具/物料名称、参数	数量	挑选确认	备注
1			已挑选 ☐	

续表

序号	工具/物料名称、参数	数量	挑选确认	备注
2			已挑选 □	
3			已挑选 □	
4			已挑选 □	
5			已挑选 □	
6			已挑选 □	
7			已挑选 □	
8			已挑选 □	
9			已挑选 □	
10			已挑选 □	

作业过程			

填写说明：根据作业要求填写作业结果。

序号	作业项	作业点	作业结果
1	安装控制电路	电路图、接线表	详见设备配套的电路原理图和接线表
		按照电路原理图或接线表，完成受电弓控制电路缺失部分的安装布线（根据实训导师的要求）	所用导线规格：_____ mm^2 完成回路所用导线：_____根 累计使用导线约：_____m 材料损耗情况：_____

任务小节 2：检测受电弓控制电路 推荐用时：10~20 min/组
工具挑选
根据作业需要，在作业前挑选合适的工具、物料，并做好记录。

序号	工具/物料名称、参数	数量	挑选确认	备注
1			已挑选 □	
2			已挑选 □	
3			已挑选 □	

作业过程

填写说明：
1、检测结果根据表格内的要求来填写，涉及状态选择的，直接在被选择项后方做标记。
2、试验结果描述根据实际数据或现象填写，记录电压值时需明确标记电源属性（AC 或 DC）及具体数值

序号	作业项	作业点	作业结果
1	一端检测试验	电路图、接线表	详见设备配套的电路原理图和接线表
		（1）测量端子排+111 X2-13 与 B1 X1-02 的导通情况。 （2）测量端子排+111 X2-12 与 B1 X1-03 的导通情况。	（是□\否□）正常导通

续表

序号	作业项	作业点	作业结果
1	一端检测试验	（3）测量端子排 A1 X1-11 与 +111 X2-11 的导通情况	（是□\否□）正常导通
		（4）将 A1 车"列车激活"旋钮 32-S01 打至"合"位，听到继电器动作后，释放旋钮至"0"位。 （5）闭合 A1 车"司机钥匙"24-A01	—
		（6）测量 A1 车"受电弓控制"断路器 22-F01。 （7）测量 A2 车"受电弓控制"断路器 22-F01。 （8）测量无误后，闭合 A1、A2 车断路器 22-F01	A1 车：22-F01 闭合前输入侧电压_____V，输出侧对地（柜体）（是□\否□）导通。 A2 车：22-F01 闭合前输入侧电压_____V，输出侧对地（柜体）（是□\否□）导通。
		（9）测量 B1 车"受电弓控制"断路器 22-F01。 （10）测量 B2 车"受电弓控制"断路器 22-F01。 （11）测量无误后，闭合 B1、B2 车断路器 22-F01	B1 车：22-F01 闭合前输入侧电压_____V，输出侧对地（柜体）（是□\否□）导通。 B2 车：22-F01 闭合前输入侧电压_____V，输出侧对地（柜体）（是□\否□）导通。
2	二端检测试验	（12）按下 A1 车"紧急按钮"26-S02。 （13）弹起 A1 车"紧急按钮"26-S02	1）按钮按下时，B1、B2 车继电器_____得电吸合。 2）按钮弹起时，B1、B2 车继电器_____失电断开
		（14）按下 A1 车"降弓按钮"22-S01。 （15）弹起 A1 车"降弓按钮"22-S01	1）按钮按下时，B1、B2 车继电器_____得电吸合。 2）按钮弹起时，B1、B2 车继电器_____失电断开
		（16）将 A1 车"升弓选择"开关 22-S05 打至"升1弓"位。 （17）按下 A1 车"升弓按钮"22-S02	B1 车继电器、_____得电吸合；B1 U05 升弓电磁阀（得电吸合□\失电断开□）
		（18）按下 A1 车"降弓按钮"22-S01	B1 车继电器、_____失电断开；B1 U05 升弓电磁阀（得电吸合□\失电断开□）
		（19）将 A1 车"升弓选择"开关 22-S05 打至"升2弓"位。 （20）按下 A1 车"升弓按钮"22-S02。 （21）测量端子排 B2 X1-04 位电压	B2 车继电器、_____得电吸合。端子对电源负极电压为_____V
		（22）按下 A1 车"降弓按钮"22-S01。 （23）测量端子排 B2 X1-04 位电压	B2 车继电器、_____失电断开。端子对电源负极电压为_____V
		（24）将 A1 车"升弓选择"开关 22-S05 打至"升双弓"位。 （25）按下 A1 车"升弓按钮"22-S02。 （26）测量端子排 B2 X1-04 位电压	B1、B2 车继电器、_____得电吸合；B1 U05 升弓电磁阀（得电吸合□\失电断开□）。 端子对电源负极电压为_____V
		（27）按下 A1 车"降弓按钮"22-S01。 （28）测量端子排 B2 X1-04 位电压	B1、B2 车继电器、_____失电断开；B1 U05 升弓电磁阀（得电吸合□\失电断开□）。 端子对电源负极电压为_____V

续表

序号	作业项	作业点	作业结果
2	二端检测试验	（29）将 A1 车"列车激活"旋钮 32-S01 打至"分"位，听到继电器动作后，释放旋钮至"0"位。 （30）断开 A1 车"司机钥匙"24-A01	—
		（1）测量端子排+112 X3-07 与 B2 X1-02 的导通情况。 （2）测量端子排+112 X3-08 与 B2 X1-03 的导通情况	（是□\否□）正常导通
		（3）测量端子排 A2 X1-11 与+112 X3-09 的导通情况	（是□\否□）正常导通
		（4）将 A2 车"列车激活"旋钮 32-S01 打至"合"位，听到继电器动作后，释放旋钮至"0"位。 （5）闭合 A2 车"司机钥匙"24-A01	—
		（6）按下 A2 车"紧急按钮"26-S02。 （7）弹起 A2 车"紧急按钮"26-S02	按钮按下时，B1、B2 车继电器得电吸合。 按钮弹起时，B1、B2 车继电器失电断开
		（8）按下 A2 车"降弓按钮"22-S01。 （9）弹起 A2 车"降弓按钮"22-S01	按钮按下时，B1、B2 车继电器得电吸合。 按钮弹起时，B1、B2 车继电器失电断开
		（10）将 A2 车"升弓选择"开关 22-S05 打至"升1号"位。 （11）按下 A2 车"升弓按钮"22-S02。 （12）测量端子排 B2 X1-04 位电压	B2 车继电器_____、得电吸合。 端子对电源负极电压为____V
		（13）按下 A2 车"降弓按钮"22-S01。 （14）测量端子排 B2 X1-04 位电压	B2 车继电器_____、失电断开。 端子对电源负极电压为____V
		（15）将 A2 车"升弓选择"开关 22-S05 打至"升2号"位。 （16）按下 A2 车"升弓按钮"22-S02	B1 车继电器_____、得电吸合； B1 U05 升弓电磁阀（得电吸合□\失电断开□）
		（17）按下 A2 车"降弓按钮"22-S01	B1 车继电器_____、失电断开； B1 U05 升弓电磁阀（得电吸合□\失电断开□）
		（18）将 A2 车"升弓选择"开关 22-S05 打至"升双弓"位。 （19）按下 A2 车"升弓按钮"22-S02。 （20）测量端子排 B2 X1-04 位电压	B1、B2 车继电器、_____得电吸合；B1 U05 升弓电磁阀（得电吸合□\失电断开□）。 端子对电源负极电压为____V
		（21）按下 A2 车"降弓按钮"22-S01。 （22）测量端子排 B2 X1-04 位电压	B1、B2 车继电器、_____失电断开；B1 U05 升弓电磁阀（得电吸合□\失电断开□）。 端子对电源负极电压为____V
		（23）将 A2 车"列车激活"旋钮 32-S01 打至"分"位，听到继电器动作后，释放旋钮至"0"位。 （24）断开 A2 车"司机钥匙"24-A01	—

续表

作业后整理				
作业完成后，设备应复位，工具、物料应归还，卫生应打扫，并做好记录。				
序号	事项	执行确认	执行人	确认人
1	实训设备复位到初始状态，各柜门关闭并锁闭良好	已完成 □		
2	所有工具、物料归还到位并逐一确认	已完成 □		
3	实训场地防护标识撤除、卫生打扫干净	已完成 □		
4	关闭电源	已完成 □		

【思政课堂】

中国梦·劳动美——全国劳动模范张健：让高铁"飞"起来

如今，乘坐高铁"陆地飞行"已成为中国人最常见的旅行方式，可高铁在正式载客前都要经历一次次"试飞"，却并不为大多数人所知，这就是张健负责的高速动车组"调试试验""型式试验"和"运用考核"。

立志要做"专家型"技术工人

从"中国制造"到"中国创造"，飞驰在神州大地的"复兴号"动车组迈出了从"追赶者"到"领跑者"的关键一步。而在这个过程中，作为技术工人的张健是当仁不让的创新主角之一。

现在的张健已是国内为数不多的高速动车组调试试验专家，而当初他参加工作时，却连"动车组"这个词都没有听说过。

1990年7月，19岁的张健从大连机车厂技校毕业后，由于成绩突出，以四级工起步，成为中车唐山公司一名设备安装维修电工。

上班第一天，当踌躇满志的张健看到一台台拆开后的机床里复杂的电路走线时，却理不出一点头绪；当师傅们翻开图纸，分析电路故障原因时，他只能站在一旁似懂非懂地听着。他为自己感到惭愧，学校的知识与现实工作相比，差距明显，从那时起他就给自己定下了目标——一定要学有所长，做一名知识型的高素质工人。

学习是进步之源。张健从一名新手成长为专家型高铁工人，走过了一条不同寻常的道路，也克服了重重的困难。

为了提高自己的理论水平，张健放弃了业余休闲娱乐的时间。下班后，他一头扎进业务学习中，《高级电工工艺学》《电力拖动》《电子技术》《触摸屏应用》《变频器原理及应用》等书籍，都是他利用业余时间自己"啃"下来的。针对工厂电力控制设备增加较多，而电力控制方面的知识掌握较少的情况，张健从基础学起，自己购买了《PLC 编程与控制》《数控机床编程与操作》等书籍完善充实自己。

为锤炼自己的实践技能，他多次报名参加青工技术比武，取得了不错的成绩。1992年，他第一次参加唐山市青工技术比武，取得了维修电工第二名；2002年，唐山市职工技能大赛，他拿下电工技术"状元"；2005年河北省职工技能大赛，张健位列电工第五名……

机会垂青有准备的人。2005年，中车唐山公司与德国西门子公司合作，研制60列CRH₃型高速动车组。2007年，张健通过考试被选拔到高速动车组出厂前的最后一道工序——调试中心，负责动车组的调试试验和交付工作。

编写6万字"高铁调试技术百科全书"

"调试就是给动车赋予生命——车进到我们调试车间以后，接通了网络控制系统，就像一个人，大脑开始运转了，心脏开始跳动了，血液也流通了，整个人有了灵魂。"张健这样解释他的工作。

在高速动车组生产中，调试是最复杂、最耗费时间，很难明显看出生产进度的一道工序。动车组的技术安全性、乘坐舒适性、系统可靠性等状态指标，以及各项功能、性能，都要在这里通过各项试验、调试进行检查验证，确保高铁列车"零缺陷"出厂。

作为"门外汉"，为尽快熟悉业务，张健如饥似渴地投入到调试技术学习中。在德国培训期间，他夜以继日、如饥似渴地学习，恨不得把所有的知识一股脑吞进肚里。回国后，他注重理论联系实际，白天组织调试试验，晚上埋头恶补理论知识，校验学习效果。图纸、调试日志成了他的随身物品，从动车组电路符号、标识、代码开始，一步步理顺线路图的定义、标注和走向，验证单车和列车网络系统的逻辑关系，边学习边操作，很快掌握了单车调试技能。

坚信"只有不断创新，才能持续领跑"

调试作业水平的高低直接影响动车组的生产效率和运行品质。

张健能在博士、硕士众多的高速动车组调试团队中脱颖而出，源于他超强的学习力和永不服输的冲劲儿。他善于用创新思维解决难题，提出的合理化建议方案，先后收获了20多项创新成果，累计节约成本2 000余万元。

2011年，国产新一代CRH380BL高速动车组在出厂前，发现头车的牵引变流器内两个进口电子元器件损坏，如果不能及时解决，将影响这列动车组的按时交付。公司紧急从德国空运来两个IGBT模块，但西门子支持人员发现，新模块与原有模块的参数不一样。

西门子专家想要放弃，准备更换整个牵引变流器，这样一来至少要白白等待一个多月。张健仔细研究了牵引变流器的内部原理和装配规律，大胆提出，把牵引变流器的八个模块的参数全部重新定义，相同参数模块分别组合。他将想法与技术人员进行了沟通，并向西门子工程部门咨询后征得了同意，最终实践成功，保证了高速动车组按时交出，为处理类似问题积攒了宝贵经验。

国家863项目、我国首列速度400 km/h高速综合检测列车，在编组阶段发现一项进口物料存在影响安装的缺陷。项目经理联系供应商，更换该物料需要2个月，将严重影响生产进度。张健经过认真观察分析，修复了物料缺陷，为检测列车顺利出厂赢得了宝贵时间。

2017年，张健领衔首列速度350 km/h长编组"复兴号"动车组等重要调试试验，解决了动车组电磁兼容性、动车组VCB、制动系统、网络控制系统等60多项关键技术难题。截至2020年10月，张健先后数十次主持动车组列车的"调试试验""型式试验"和"运用考核"，多次参加高铁"联调联试"，经手验证了700多列动车组的技术安全性、乘坐舒适性、系统可靠性等指标。

创新路上，张健不是一个人在战斗。通过组建国家级"张健技能大师工作室"，他毫无保留地把技术传授给新员工。几年来，张健为培养了大批高铁调试技能人才，其中有全国技术能手1人、河北省技术能手4人、河北省突出贡献技师1人、中车资深专家1人、中车技能专家5人、高级技师和技师106人。他的徒弟高栋梁荣获"全国技术能手"称号，16人成长为中层管理人员和售后服务站站长，张健也因此成为中国中车高速动车组调试技术的奠基人。

"不能总跟着跑，我们还要学会领跑，现在已经少有可以借鉴的国外技术了，我们只有自己靠创新去开路！"张健和他的团队，正在以精湛的技术打造最安全可靠的高速列车，不断为中国高铁事业的中国梦提速！

11月24日，全国劳动模范和先进工作者表彰大会上，习近平总书记发表重要讲话并指出："社会主义是干出来的，新时代是奋斗出来的。劳动模范是民族的精英、人民的楷模，是共和国的功臣。立足新发展阶段，贯彻新发展理念，构建新发展格局，推动高质量发展，必须紧紧依靠工人阶级和广大劳动群众。"总书记铿锵有力的话语，让台下聆听讲话的张健深受触动。

返程的高铁上，张健给徒弟发了这样一条微信："全国劳动模范是大家共同的荣誉，打造受人尊敬世界一流中车、实现中华民族伟大复兴的中国梦，不仅仅需要劳动模范，更需要每一个唐车人都参与其中，人人争做知识型、技能型和创新型'高铁工匠'，只有不断创新，才能持续领跑。"

转自：河北共产党员网

【思考与练习】

（1）国内外城轨车辆牵引系统的种类有哪些？各有什么优缺点？

（2）辅助供电系统辅助逆变电路结构及供电模式各有几种？分别是什么？

项目 10　全自动驾驶车辆

【项目导入】

全自动驾驶车辆是指完全没有司机和乘务人员参与，车辆在控制中心的统一控制下实现全自动运营，自动实现列车休眠、唤醒、准备、自检、自动运行、停车和开关车门，以及在故障情况下实现自动恢复，在无人操作的情况下洗车等功能。

【学习目标】

（1）掌握全自动驾驶车辆的基本概念。
（2）掌握全自动驾驶列车车辆主要配置。
（3）掌握全自动驾驶车辆检修工艺流程。

城市轨道交通在运行模式上经历了人工驾驶、半自动驾驶时期，现如今已经进入一个崭新的时期，即"全自动驾驶模式"。列车全自动驾驶系统（Fully Automatic Operation，FAO）是目前自动化程度最高的列车运行系统，是城市轨道交通领域发展的重要趋势。

任务 10.1　全自动驾驶车辆概述

10.1.1　全自动驾驶概述

全自动驾驶是指将列车驾驶员执行的工作完全交由自动化的、高度集中控制的列车运行系统完成。全自动驾驶系统通常具备列车自动唤醒、启动和休眠、自动出入停车场、自动清洗、自动行驶、自动启停车、自动开关车门等功能，并具有常规运行、降级运行和灾害工况等多种运行模式。

国际公共交通协会（Union International des Transports Publics，UITP）规定列车运行的自动化等级（Grades of Automation，GoA）共有五级：GoA0～GoA4，各等级的列车运行方式和驾驶模式见表 10.1。

表 10.1 列车运行的自动化等级

自动化等级	列车运行方式	驾驶模式
GoA0	目视下列车运行	无列车自动防护（Automatic Train Protection，ATP）
GoA1	非自动列车运行	有 ATP 防护
GoA2	半自动列车运行	列车自动运行（Automatic Train Operation，ATO）
GoA3	有人值守下列车运行	全自动驾驶
GoA4	无人值守下列车运行	全自动驾驶

GoA3 等级已经可以实现轨道交通车辆在正线上有人值守下自动运行，不需要配备传统司机，但仍需要配备具有综合能力的乘务员，实现车辆上下线和应急事件处理等工作。GoA4 等级是轨道交通车辆的最高自动化等级，可以实现无人值守下的自动运行，达到全自动无人驾驶的要求。

城轨交通全自动驾驶技术是一门综合性技术，除车辆专业外，还需要通信、信号、供电、轨道、站台门、综合监控、运营、维保等其他专业通力合作，共同完成场景功能讨论、架构接口定义、研究设计、综合联调联试等工作。

城轨交通全自动驾驶系统利用现代通信、自动控制、计算机技术，全面提升轨道交通的可靠性、安全性、可用性、可维护性，提高运行效率及整体自动化水平，实现城市轨道交通的最佳化运行，代表未来轨道交通技术的发展方向。

10.1.2 全自动驾驶发展历程

1. 探索阶段（1962—1990 年）

1962 年，世界上第一条全自动驾驶城市轨道交通线路在纽约时代广场和大中央火车站之间运行；1965 年，美国西屋电气公司提出了建设"无人驾驶的、高频率的、经济的公共交通系统"，在匹兹堡附近的南区公园（South Park）建成了全自动化运输系统 SkyBus；1975 年，美国西弗吉尼亚大学开通了全自动驾驶线路 Morgantown PRT，目前该线仍正常运营。这个阶段全自动驾驶系统的车地之间通信通常应用感应环线非连续通信方式，采用固定闭塞方式控车，运行的控制依靠冗余计算机实现，但系统集成度不高，主要应用于公园观光线、机场摆渡线等客流较小的专线当中。

2. 推广阶段（1990—2010 年）

全自动驾驶开始应用于大客流轨道交通中，典型代表是巴黎地铁 14 号线。14 号线是巴黎地铁中第一条全自动化的线路，列车运行自动驾驶系统由西门子公司负责设计，运行控制由多处理器摩托罗拉 68020 计算机完成，系统能够根据运营、调度的需要调整列车的运行速度和行车密度。新加坡东北线为全世界第一条实现正线、车辆段全自动运行的重载地铁线路，线路采用钢轮钢轨制式，信号为阿尔斯通公司的 Urbalis 系统（CBTC），最高运行速度 90 km/h，高峰时间最小行车间隔 2 min，车辆为 6 辆编组，2003 年 6 月开通运营。这个阶段车地通信开始采用连续的无线通信方式,控车方式由固定闭塞向移动闭塞发展,出入段由人工驾驶向自动驾驶发展。移动闭塞由于轨旁设备较少,更进一步保证了系统的可靠性,系统的集成度更高,已经逐渐成为城市轨道交通自动化系统的标准配置。

3. 成熟阶段(2010 年至今)

欧盟为建立统一、创新的欧洲轨道交通市场,提升轨道交通的竞争力,2004—2012 年期间组织相关行业协会、设备制造商和运营商启动了一系列包括政策、技术在内的研究项目,其中技术研究项目 MODURBAN 的目标是设计研发具有开放系统结构和接口的下一代城市轨道交通系统,包含车载、轨旁、通信、乘客服务、节能和系统 6 个方面。课题于 2009 年完成整个城市轨道交通系统的各种应用测试(以 2008 年 12 月的马德里地铁测试为标志),达成适合于所有运营商、覆盖从手动驾驶到完全无人驾驶的一系列规范(功能性要求规范、技术性规范)。研究成果为国际电工委员会(IEC)和欧洲电工标准化委员会(CENELEC)所采纳,该课题的完成标志着城市轨道交通自动化进入成熟应用阶段。在这个阶段,全自动驾驶从低密度低客流线路逐步发展应用到大客流高密度线路,能够实现全线的自动化运行(含停车场/车辆段),典型代表是法国巴黎地铁 1 号线,该线 2013 年 4 月投入自动化运营,为穿越巴黎最繁忙市区的全自动运行重载地铁线路。这个阶段移动闭塞成为主流技术,更加强调系统的安全可靠性。

10.1.3 我国发展全自动驾驶车辆的必要性

我国城市轨道交通发展迅速,截至 2023 年年末,全国城市轨道交通运营里程超过 10 000 km;全国有 55 个城市开通运营城市轨道交通线路 306 条,运营里程 10 165.7 km。随着线网的加密,客流负荷增大,对轨道交通的建设、运营提出了更高的要求,跟踪、发展全自动驾驶技术具有现实的必要性和迫切性。

(1)提高运能。地铁实际最小运营间隔在现有技术条件下较难达到 2 min 以下,要解决特大城市地铁客流,特别是早、晚高峰时期客流需求,必须切实研究新技术,特别是全自动驾驶技术,提高运营能力,挖掘地铁运输潜能。

(2)提高整体自动化水平,减少人为误操作。由于人为误操作导致的地铁事故时有发生,采用先进的全自动驾驶,通过切实有效的控制策略,可以防止人为误操作引起的地铁事故,大大减少事故的发生。

(3)降低运营人员劳动强度,提升乘客服务质量。目前轨道交通人员,特别是司机的劳动强度已接近极限状态,全自动驾驶将使司机从重复作业中解放出来,可以承担列车巡视人员的职能,在为乘客服务的同时监视列车运行状态。

(4)提高运营组织的灵活性。全自动驾驶能够实现 7 天×24 小时不间断的运输服务,可以根据运输需求灵活地调整发车间隔,不受司乘人员的限制。通过在车站增加存车线,灵活加减车,适时调整运能,可以提高系统对突发大客流的响应能力。

(5)节能减排。节能减排是城市轨道交通可持续发展的需求,全自动驾驶系统可以在单车节能驾驶的基础上进一步实现列车的协同控制,利用再生制动能量,降低系统整体能耗。

10.1.4　全自动驾驶车辆的优势

目前，国内各大城市轨道交通的运营主要采用 GoA2 或 GoA3 等级。GoA2 等级为司机监督下车辆自动运行等级，GoA3 等级为有人值守车辆自动运行等级。这两种等级在正线运营中已实现车辆自动化运行的要求。由于 GoA4 等级车辆具备自动化运行的多种功能，与前两个等级相比，不需要司机或乘务员值守车辆，可以完全实现无人全自动运行。相比 GoA2 和 GoA3 等级，GoA4 等级全自动无人驾驶技术主要有四方面优势。

第一，全面提升运营管理水平，提高整体运营效率。全自动无人驾驶技术可以实现全程车辆自动化操作，缩短车辆准备时间、发车时间、折返时间、发车间隔时间。运营中心可以根据乘客数量在线自动调节发车间隔和在线车辆数，以达到最优的乘客和在线车辆比。对于车辆正线运行故障，可以通过远程隔离、复位、旁路，提高处理操作的准确性和及时性，提高车辆故障排除效率。

第二，综合提升系统的安全性、可靠性、可用性。全自动无人驾驶车辆通过提高系统自动化程度，减少人为操作，降低误操作的可能性，提升系统的安全性。同时，通过在车内外增设车辆轮廓、轮轨、轴温、振动、弓网、烟火报警等全方位车辆综合检测，进一步提高车辆的安全性。通过提升车辆软硬件能力，增强车辆自检功能，采用冗余互备，实现提升系统的可靠性和可用性。

第三，降低运营人员劳动强度，优化人力资源配置，提升服务质量。全自动无人驾驶技术不单纯为了减少司机或乘务员，而是为了实现优化人力资源配置，提升服务质量。原本通过司乘操控车辆的机械式动作可由系统代替，车辆运行状态和客室场景可由运营中心远程监控。运营中心和站台可以通过无线通信系统直接面向乘客提供服务。全自动无人驾驶运营是连贯而系统化的，在单车上发现的服务需求，可及时利用整条线路资源去调配服务。

第四，综合降低运营维保成本，提升乘客的舒适性。全自动无人驾驶车辆能够充分利用区间线路工况，通过车辆牵引、惰行、制动模式的组合，按照优化后的速度曲线运行，从而达到节省能耗、降低成本、提升乘客舒适性的目的。同时，提升各种运营和维保场景的自动化等级，配置智能化设备，根据条件降低人车比，降低人力资源成本。

10.1.5　全自动驾驶车辆功能简介

与目前轨道交通主流采用的 GoA2 或 GoA3 等级车辆相比，全自动无人驾驶轨道交通车辆的运营场景更加复杂和多样。在初期设计过程中，设计者需要综合其他专业，对每个运营场景进行分析和设计。首先，对线路运营过程中的所有运营场景进行预规划，包括正常、应急、故障三大类场景。其次，针对每个场景充分考虑乘客的行为、车辆及外界环境可能出现的状况。最后，对各专业系统的功能提出合理需求，对职责承担进行清晰分配，对接口功能进行明确定义。上海轨道交通 15 号线全自动无人驾驶车辆定义的基本场景如图 10.1 所示，共分为 41 个基本场景，细圈序号代表正常场景，粗圈序号代表应急或故障场景。

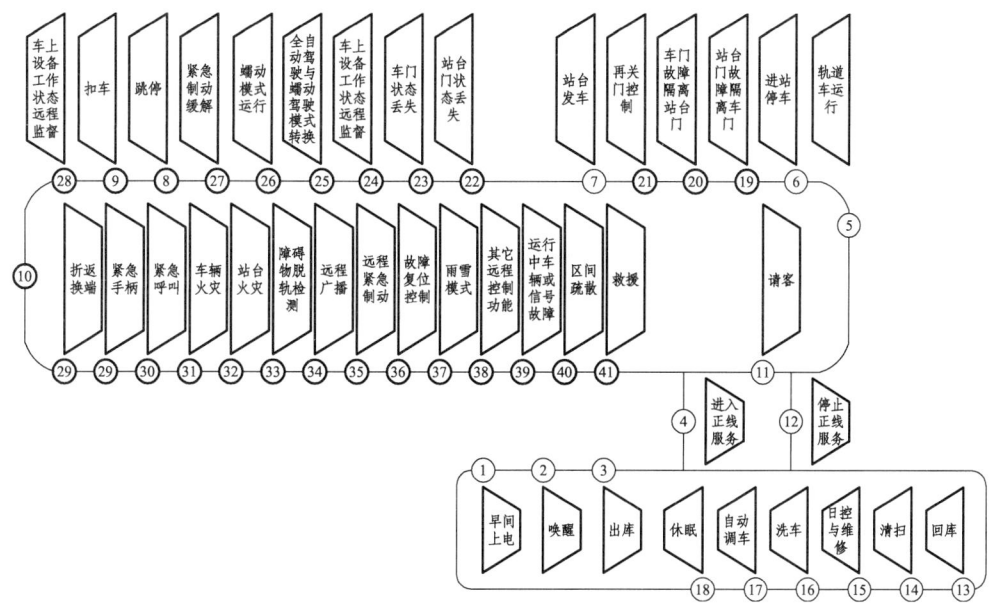

图 10.1 全自动驾驶车辆基本场景

由于采用无人驾驶方式，因此车辆的功能设计都需要充分考虑安全性、可靠性、运营和维保效率。以上海轨道交通 15 号线全自动无人驾驶车辆的功能为参考，典型功能设计包括 13 个方面。

1. 自动唤醒和休眠

相比非全自动驾驶车辆，全自动无人驾驶车辆具备自动唤醒和休眠功能，如图 10.2 所示。由排班系统或人工对车辆基地或正线休眠的车辆实施唤醒作业，可通过排班系统根据出入库计划自动唤醒和休眠，也可由调度员通过信号系统执行远程唤醒和休眠，还可通过人工登车唤醒和休眠。前两种方式受信号系统控制，唤醒和休眠控制功能由车载蓄电池供电。

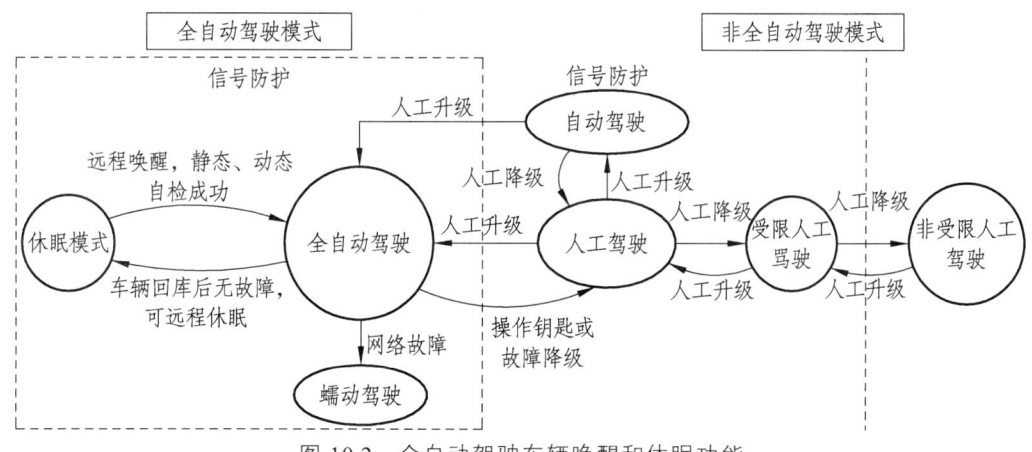

图 10.2 全自动驾驶车辆唤醒和休眠功能

2. 系统自检

车载信号唤醒后，对全自动运行必需的车辆功能执行综合自检，包括车载信号设备自检，以及开关车门、施放制动等联合自检，同时车辆完成子系统车辆网络系统及网络通信、牵引、辅助供电、车门、空调、制动、乘客信息、广播、监控、烟火报警、轴端振动/温度等的在线自检。车辆自检及静、动态测试完成后，完成自检报告，并自动上传报告至运营中心，由运营中心判断车辆是否可以参与正线运营。全自动驾驶车辆自检界面如图 10.3 所示。

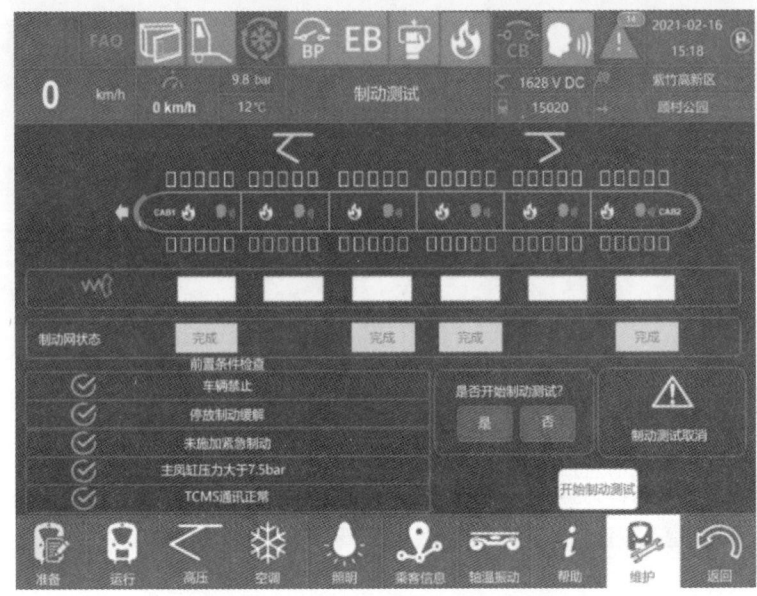

图 10.3　全自动驾驶车辆自检界面

3. 精准停车

车辆进站后，自动对位停车。若发生欠停或过停小于 5 m，车辆将自动采取跳跃调整，直至对准停车点。若发生过停超过 5 m，则车辆经运营中心人工确认后跳过本站直接运行至下一站，同时通过车载乘客信息系统向乘客广播越站通知。

4. 蠕　动

车辆在全自动无人驾驶运行模式下，监测到车辆网络与信号网络通信出现故障、车辆网络故障，或出现牵引制动反馈异常工况，则车辆在区间停车，经运营中心授权后进入蠕动模式，以不高于 25 km/h 的速度自动运行到下一站，并自动扣车，由运营中心派工作人员登车处置。在运行期间，自动车辆防护系统监督蠕动模式运行速度，若超速，车辆将进行紧急制动。

5. 车门与站台门对位隔离

当车辆在运营过程中发生车门开关故障时，车辆可关闭并锁定故障车门，向信号系统报告故障车门位置，由站台门系统电气隔离对应站台门，在车辆停站时不操作开关门动作。反之，当个别站台门故障时，系统可关闭并锁定故障站台门，向信号系统报告故障站台门位置，由信号系统将故障站台门的位置发送给车辆，电气隔离对应的车门，使车门在停站时不动作。车门与站台门故障隔离时，车辆应触发车门故障信息广播，向乘客播报相关信息。

6. 车门紧急解锁

车辆客室内设置有车门紧急解锁手柄，乘客拉下紧急手柄后，解锁信号上报运营中心，自动联动车载监控视频。乘客可通过紧急对讲装置与运营中心工作人员对话。车门紧急解锁功能激活时，车辆一般处于运行区间，则车辆以无人驾驶模式继续保持运行。若车辆处于站台区间，则车辆切除牵引并施加紧急制动，在车辆静止后，经运营中心开门授权，乘客方可进行车门解锁和打开操作。

7. 自动洗车

车辆根据作业计划，自动运行至洗车库前。自动或人工启动洗车机，车辆以 3～5 km/h 的洗车模式速度通过洗车机，完成洗车。洗车结束后，自动或人工关闭洗车机，车辆自动运行驶离洗车库。

8. 无线数据传输

车辆将检测到的车辆状态及故障信息通过 4G 或 5G 无线通信模块传送至运营中心，用于数据分析处理、故障诊断处理、各种场景判断。同时，运营中心也可以通过无线通信实施对车辆的监控，综合提高车辆的运营和维保效率。全自动驾驶车辆无线数据传输如图 10.4 所示。

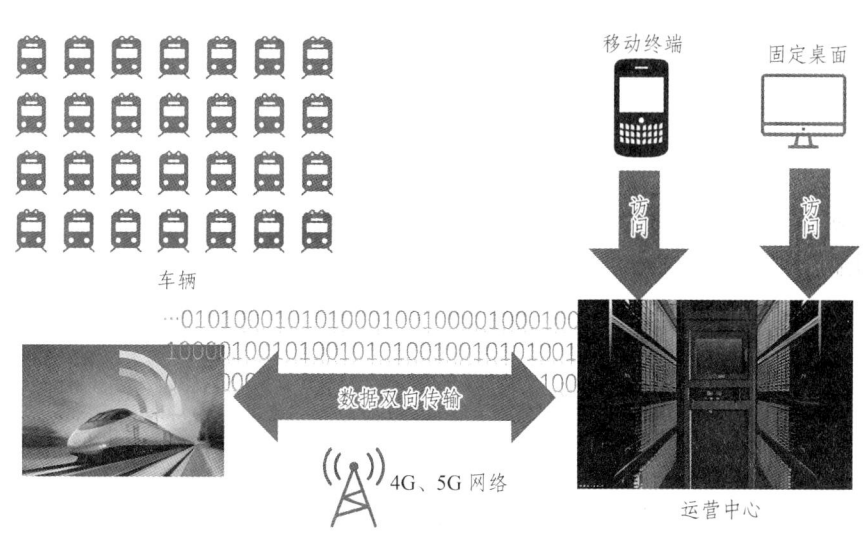

图 10.4 全自动驾驶车辆无线数据传输

9. 故障远程处理

传统有司机监督或乘务员值守的车辆发生故障时，可由司机或乘务员经运营中心指挥后进行故障处理。全自动无人驾驶车辆原则上均可通过运营中心进行远程处理。全自动无人驾驶车辆在关键系统中采用冗余和旁路设计，在影响正常运行功能的关键电路中采用远程可复位断路器，其操作如图 10.5 所示。当车辆发生故障时，车辆网络控制系统可以自动执行复位和旁路操作。如操作失败，则由运营中心通过远程复位、隔离、旁路等操作手段处理车辆故障。

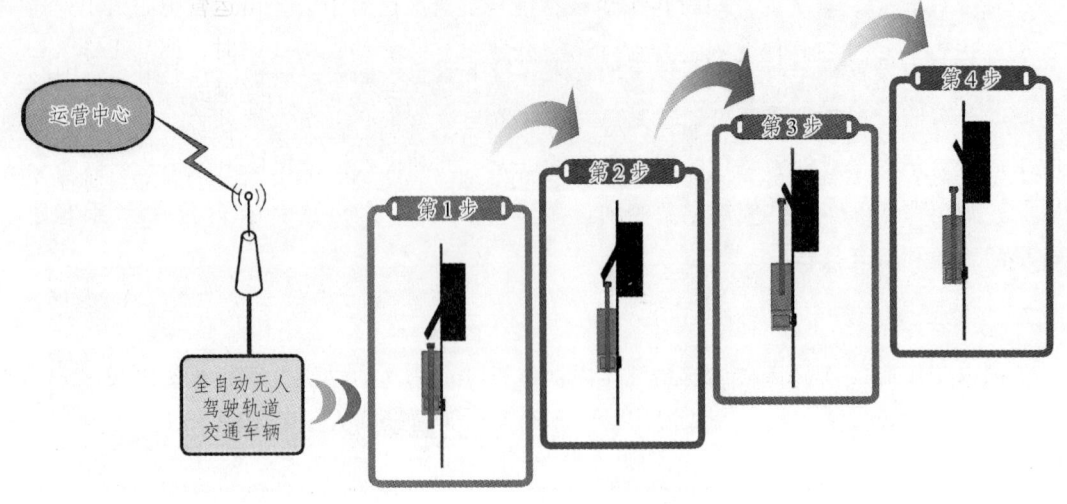

图 10.5　远程可复位断路器操作

10. 远程调控

相比有司机监督或乘务员值守的车辆,全自动无人驾驶车辆在各子系统功能应用上可以实现远程调控,既可以对单车进行远程调控,也可以对车队进行远程集控。例如,运营中心可以远程发送命令至车辆网络系统,对空调进行模式转换、温度调节、新回风门调节。车辆温度远程集控界面如图 10.6 所示。运营中心还可以远程调取车辆弓网监控视频、前置摄像视频、客室内监控视频等。

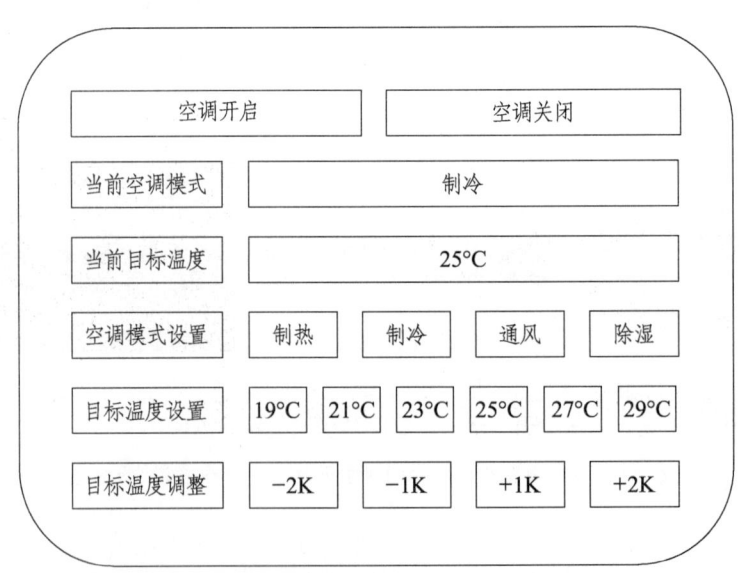

图 10.6　全自动驾驶车辆空调温度远程集控界面

11. 障碍物探测与脱轨检测

全自动无人驾驶车辆在转向架上装有障碍物探测及脱轨检测设备,保证车辆的安全可靠,如图 10.7、图 10.8 所示。一旦探测到影响车辆运行安全的轨面障碍物或脱轨风险,车辆立即切除牵引,并触发紧急制动,同时将车辆状态信号发送至运营中心,由运营中心人工设置相应的防护区,防护区内其他车辆立即切除牵引并触发紧急制动。与此同时,调动工作人员至事发车辆地点处理。障碍物探测时,通过在转向架构架前端安装主动接触式探测梁来进行分析判断。当探测到轨道上有障碍物时,探测梁会通过触发行程开关进行报警,执行车辆紧急制动。脱轨检测时,通过安装在轴端的三向振动检测设备进行检测分析,同时通过轴温检测设备对车轴温度进行监控。

 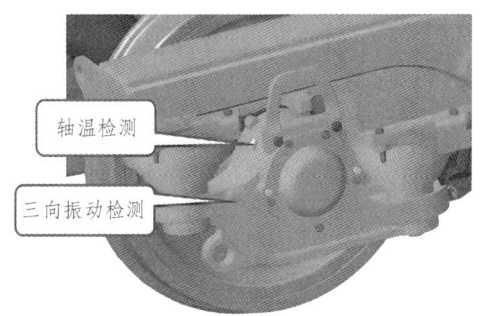

图 10.7　全自动驾驶车辆障碍物探测设备　　图 10.8　全自动驾驶车辆脱轨检测设备

12. 开放式司机室

为了使乘客有更好的乘车体验,全自动无人驾驶车辆采用开放式司机室设计,不设司机室侧门,如图 10.9 所示。车辆将设备和系统集成化,兼顾合理布局,采用封闭但可展开的司机台、可展开的司机室座椅,宽敞的客室与司机室完美过渡融合。前端司机室设置逃生通道,确保在紧急状况下迅速安全疏散乘客。逃生通道打开需经运营中心授权。

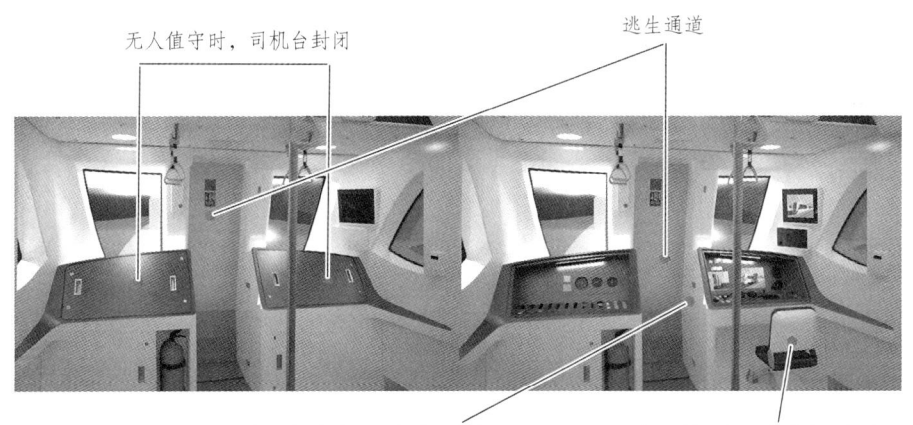

图 10.9　全自动驾驶车辆开放式司机室

13. 救　　援

当车辆在运营过程中发生故障无法动车时,由运营中心调度员指挥实施救援。首先,调度员调用车载监控视频查看客室内情况,远程触发预设的紧急广播或进行人工广播,安抚乘客,同时可编辑文字发送至车载乘客信息系统进行显示。其次,选择相邻车辆作为施救车,对施救车扣车清客。再次，调度员派出工作人员和司机登乘施救车，以人工模式驾驶车辆至故障车所在区段的相邻区段，转为限速模式接近故障车，连挂故障车，并缓解故障车制动。最后，司机以限速模式驾驶施救车以推进或牵引的方式将故障车推进或牵引至站台清客，驾驶连挂车辆至就近停车线或车辆段退出运营，同时运营中心调整运营计划。

任务 10.2　全自动驾驶车辆检修设施与作业流程

全自动驾驶车辆作为轨道交通中最关键的系统之一，承担输送客流、服务大众的重要功能，其正常运行对整个地铁的安全运营有着极其重要的作用。车辆在运营过程中需要定期进行维护、检修作业，以保障车辆日常运营的稳定性和安全性。

10.2.1　车辆检修设施概述

车辆检修设施主要设置在车辆基地，车辆基地范围包括车辆段(停车场)、综合维修中心、物资总库、培训中心及相应的生产、生活及办公设施等。车辆基地根据规模可分为大架修车辆段、定修车辆段、停车场和辅助停车场。大架修车辆段主要包括大架修库、定修库、临修库、吹扫库、静调库、停车列检库、周月检库、洗车库、不落轮镟库、试车线等。定修车辆段主要包括定修库、临修库、吹扫库、静调库、停车列检库、周月检库、洗车库、不落轮镟库、试车线等。停车场主要包括停车列检库、周月检库、洗车库等组成。另外，考虑线路较长或场段距离较远等因素，停车场还可设置临修库，用于场内车辆临时故障的处理。辅助停车场主要包括停车列检库，如有必要可设置洗车库。

1. 停车列检库

停车列检库主要用于地铁车辆的停放和列检。列检修程主要为目视状态检查，检修时间为 0.5 个工作日。通过人工巡视，对车辆两侧、底部等部位进行状态检查，对发现问题的部位进行相应处理，保证其基本功能和要求，确保车辆的安全运行。列检检修范围主要包括车体、车下装置、司机室、客室及各主要系统的功能性试验，列检检修流程如图 10.10 所示。

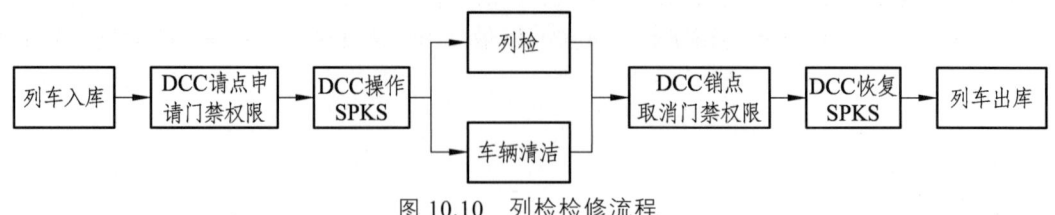

图 10.10　列检检修流程

停车列检库内通常设有检查坑，便于地铁车辆车底和两侧的日常检查。停车列检库为全自动运行区，按 1~2 股道划分独立防护单元，各防护单位之间用高护网分隔。同时为便于各防护分区联通,通常于库中设置地下检修通道或于库后设置地面检修通道,各防护单元间设门,并考虑门禁。

2. 周月检库

周月检库主要用于地铁车辆的双周检和三月检作业。

(1)双周检修程主要为目视状态检查,检修时间为1个工作日。通过对车辆两侧、底部、车顶等部位进行状态检查,对部分设备进行周期性清洁,测试部分参数、指标是否正常。对非正常部件进行维修,使其恢复正常指标及性能,保证列车的正常运行。双周检检修范围主要包括车顶装置、车体、车下装置、司机室、客室及各主要系统的功能性试验。

(2)三月检修程主要为安全检查,检查和检修同时实施,检修时间为3个工作日。通过对车辆两侧、底部、车顶等各部位进行全面检查,部分设备进行周期性、彻底性清洁,测试部分参数、指标是否正常。对非正常部件进行全面维修,使其恢复正常指标及性能,保证列车的正常运行。三月检检修范围主要包括车顶装置、车体、车下装置、司机室、客室及各主要系统的功能性试验,周月检检修流程如图10.11所示。

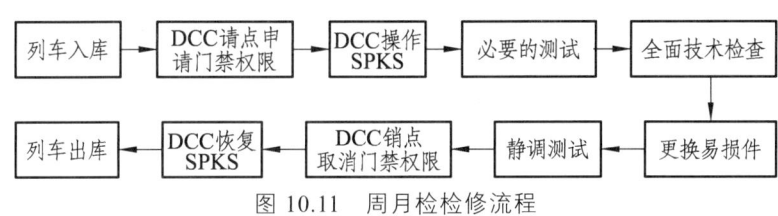

图 10.11 周月检检修流程

3. 洗车库

洗车库主要用于车辆外表面的清洗作业。通过全自动列车清洗机,对运营结束的车辆进行车体外部清洁工作,洗车频率通常为 3~5 d 一次,洗车时间约 0.5 h。洗车库为全自动运行区,作业流程如图10.12所示。

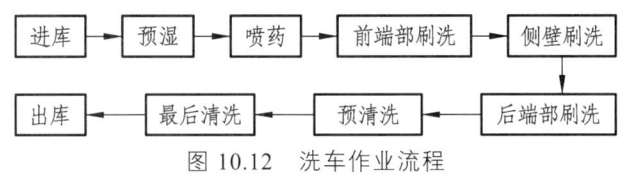

图 10.12 洗车作业流程

4. 试车线

试车线主要用于地铁车辆的动态调试作业。试车作业主要涉及新车和检修车,试车时间为 1 个工作日。试车线长度与试车速度有关,以最高运行速度 80 km/h 的线路为例,满足高速试车的试车线长度应不小于 1 200 m。试车线一般纳入非全自动区,但需具备全自动车辆试车的条件设施。

5. 不落轮镟库

不落轮镟库主要用于车辆在不解编的情况下轮对踏面的镟修作业。镟轮作业主要涉及轮对踏面的临时故障镟修工作。为避免杂散电流对不落轮镟床设备产生损害,不落轮镟库通常不按电化设计,不设接触网。不落轮镟库为非全自动运行区。

6. 静调库

静调库主要用于车辆在检修后的静态调试工作。静调作业通常包括牵引调试和辅助系统调试，即通过库内设置的静调电源柜，对车辆的辅助电源装置，如空调系统、蓄电池、空压机、照明等各系统实施带电测试作业，待调试完成后，再升弓对牵引系统、主回路进行检测调试，全部合格后再至试车线进行动调作业。静调库内通常设有检查坑和中高检修平台，便于地铁在调试过程中对车底、车侧及车顶设备进行检查、检修。同时为满足列车的静调调试需求，还需在周月检库设置静调电源柜。静调库为非全自动运行区。

7. 吹扫库

吹扫库主要用于车辆检修前车底部分的吹扫和清洗工作。吹扫库一般采用压缩空气吹扫和人工清洗相结合的作业方式。吹扫库内通常设有检查坑和中高检修平台，便于地铁车辆车底、车侧及车顶的车辆清洁作业。吹扫库为非全自动运行区。

8. 定修库

定修库主要用于地铁车辆的定修，即年检作业。定修修程主要为定期检修，检查和检修同时实施，检修时间为7个工作日。通过对车辆两侧、底部、车顶等各部位进行全面检查，部分设备进行周期性、彻底性清洁，测试部分参数、指标是否正常。对非正常部件进行全面维修，使其恢复正常指标及性能，保证列车的正常运行。定修检修范围主要包括车顶装置、车体、车下装置、司机室、客室、转向架、蓄电池等各主要系统的功能性试验。定修作业流程如图10.13所示。

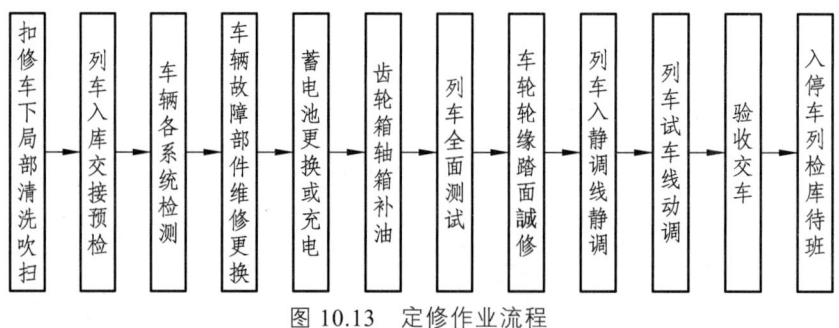

图10.13 定修作业流程

定修库内通常设有检查坑和中高检修平台，便于地铁车辆车底、车侧及车顶的检查、检修。为便于车顶受电弓和空调的检修更换作业，可在定修库设置起重机，便于吊装车顶设备。同时，为满足列车的静调调试需求，还可在定修库设置静调电源柜。定修库应纳入非全自动区。

9. 临修库

临修库主要用于地铁车辆的临时性故障维修。临修检修范围比较广，原则上所有临时故障皆可以在临修库进行。临修库内根据配置设备的不同，设施配置也不同。因临修作业涉及架车作业，可选择配置移动式架车机或固定式架车机，前者需设置柱式检查坑和起重机,后者则仅考虑设置起重机,库内同时应考虑备用转向架存放场地。临修库应纳入非全自动区。

10. 大架修库

大架修库主要用于地铁车辆的大修、架修作业,包括架车、分解、检修、组装、落车及交验等工作。大修、架修车辆采用整列入库,定位检修作业方式,通常采用固定式架车机进行。相关部件的检修工作在对应的检修间完成,检修作业一般采用部件互换和现车修相结合的方式进行。大、架修检修时间分别为 35、20 个工作日,其分解和组装流程如图 10.14 所示。

大架修库通常结合建筑布局合并布置,库内需考虑用于车体架升作业的固定式架车机、设备吊装运输的起重机及用于转向架转向的转盘等设备。大架修库应纳入非全自动区。

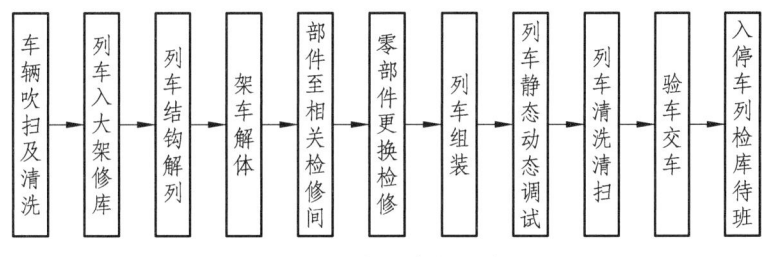

图 10.14 大架修作业流程

11. 转向架检修间

转向架检修间主要用于大架修车辆转向架及部分临修车转向架的检修作业。转向架检修采用流水作业方式。转向架的基础制动单元、悬挂系统等送至各相应的部件检修区进行检修,轴承在检修间完成检修后送至恒温组装间进行恒温装配。配件采用互换修。轮对检修主要考虑轮对探伤、拆装及镟修等作业。转向架检修流程如图 10.15 所示。

12. 部件检修间

部件检修间主要包括受电弓检修区、制动检修区、空调检修区、钩缓检修区、电器检修区、车门窗座椅贯通道检修区、机加工区。

(1)受电弓检修区:负责受电弓的检查、检修和试验。

(2)制动检修区:负责制动/空压机系统的检查、检修和试验。

(3)空调装置检修区:负责车辆空调的检查、维护和试验。

(4)钩缓检修区:负责缓冲器、车钩的检查、检修、探伤和试验。

(5)电器检修区:负责车辆电器设备的检查、检修和试验。

(6)车门窗座椅贯通道检修区:负责车辆门、窗、座椅、贯通道、吊杆、扶手等的检查、维修任务。

(7)机加工区:负责车辆段内各种设备、工具、维修件、车辆零部件及部分备件的机械加工。

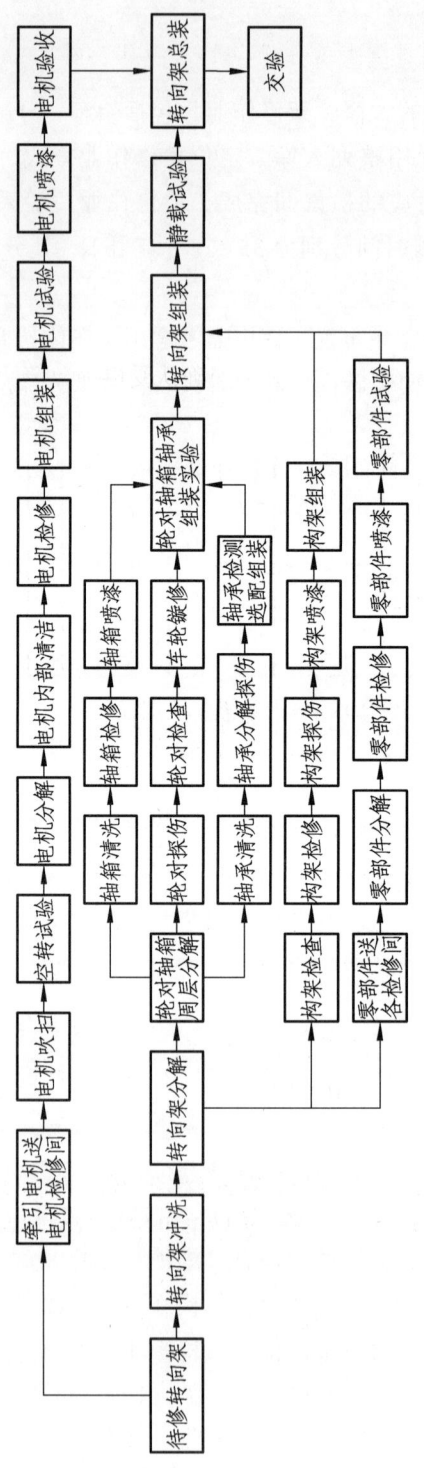

图 10.15 转向架检修流程

10.2.2　全自动车辆日检作业流程

以西安地铁 16 号线为例,介绍全自动驾驶车辆日检作业流程。

1. 作业周期

运行里程 1 200～1 600 km 或 4 天。

2. 作业时间

(30+5) min/列 (2 人)。

3. 作业条件

无电作业:作业小组 2 人(①号和②号)共同确认受电弓已降下,蓄电池未激活,制动已施加。

有电作业:(1)①号负责最终确认车底人员作业完成并出清。

(2)升弓后确认 TCMS 显示屏运行界面 HB 为断开位,需要两人共同确认。

4. 作业防护

(1)电客车入库端挂好防护灯,防护灯挂在二位侧防爬器下方且防护灯(白天:红面;夜间:开启并闪烁)。

(2)①号在作业同时负责对②号作业安全质量进行监督。

(3)列车所在股道 SPKS 已激活。

5. 作业工装工具

轻质安全帽、工作服、防砸鞋、手套、对讲机、手电筒、车辆检修工作手册、方孔钥匙、司控钥匙。

6. 作业分工

(1)日检作业小组设人员 2 名,按①、②号编排。

(2)①号为作业组长负责领取方孔钥匙 2 把、同机室操作台钥匙 2 把,防护灯 1 个、全面负责本组工作。

(3)①号负责列车车体两侧、车底两侧、客室内部一侧(沿头车一位侧向尾车 2 位侧)的功能检查、头车司机室设备模关性能试验,②号负责车底下部、尾车司机室设备、相关性能试验。客室内部一侧(沿头车 2 位侧向尾车 1 位侧)的功能检查(为规范作业标准,头车指进库方向的 Tc 车,尾车指出库方向的 Tc 车)。

7. 作业步骤

(1)工长根据作业命令单,使用智能巡检一体机分配各小组检修列车。

(2)工长在检修调度室领取钥匙,并负责分发给作业小组。作业小组携带工具出发。作业人员进入无人区股道前与 DCC 进行联控,DCC 确认同一 SPKS 防护区内 2 列车均休眠后,将该防护区 SPKS 激活，作业人员通过股道门禁进入该区。作业人员作业前应与 DCC 核对时间，准确到分钟。

（3）①号到达列车头车车端挂防护灯，②号到达尾车后，①号与②号手电筒打闪示意，确认受电弓降下、制动已施加、电客车为无电状态并开始作业。

（4）无电作业：①号负责车体两侧、车底两侧检修；①号沿头车 2 位侧开始检修，绕电客车一周后返回头车 1 位侧。②号进入地沟进行车底下部检修；②号从尾车下部检查至头车下部，与①号在头车 1 位侧汇合。

（5）有电作业：①号待②号作业完毕后，共同确认车底下部及车底两侧无人，①号先从头车登车并激活蓄电池，②号在车外观察防护灯状态、近光、远光灯状态以及终点站显示器状态；②号检查完头车外部状态后从头车登车，①号负责升复受电，并打开客室车门，②号在登车梯确认升弓状态正常后进入客室；①、②号共同确认 TCMS 显示屏运行界面 HB 为断开位，并进行口头及手势确认；①号在头车司机室进行功能检查，②号开始沿头车 2 位侧向尾车 1 位侧进行客室内部一侧的功能检查，并配合①号进行客室相关功能检查；②号到达尾车司机室后，确认①号关闭负载、降下受电弓、关闭司机台、关闭蓄电池；②号负责升弓受电，并打开客室车门，在登车梯确认升弓状态正常后进入客室；①、②号通过司机室对讲共同确认 TCMS 显示屏运行界面 HB 为断开位；②号在尾车进行司机室功能检查；①号沿头车 1 位侧向尾车 2 位侧进行客室内部一侧的功能检查，并配合②号进行客室相关功能检查；①号从头车到达尾车司机室后，下车配合②号检查尾车防护灯状态、近光、远光灯状态以及终点站显示器状态；①号检查完毕后上车，确认②号司机室功能检查完毕，由②号关闭车辆负载，降下受电弓，关闭蓄电池，取下钥匙，①号互控。①、②号下车后确认受电弓已降下。

（6）①号与②号从头车司机室下车，①号撤除头车的车端防护灯，结束作业；通过股道门禁离开列车所在防护区，并报 DCC；DCC 确认作业人员离开列车所在防护区后，恢复该防护区 SPKS 为非激活状态。

（7）①、②号一起回到工班将防护灯及钥匙交还工长并报告检修情况，填写检修台账，等待下次作业。

（8）待当日作业完毕后，工长将钥匙交还检修调度。

【能力拓展】

请根据本任务内容，利用智慧职教、中国大学 MOOC 等在线课程数字化资源及公共网站等途径，完成下面任务。

任务 1：请收集全自动驾驶车辆内部结构、开放式司机室等相关图片，制作 PPT，课堂分享。

PPT 要求：不少于 5 页，图片清晰，配备必要的文字说明。

其他要求：可分组进行 PPT 展示，表达流畅。

任务 2：收集全自动驾驶车辆检修流程以及检修设施等相关视频。

要求：每组收集 1~2 个视频，了解城轨车辆制动系统检修项目、检修标准及常用工器具，可穿插至 PPT 中讲解。

【思政课堂】

西安地铁 16 号线实现全自动无人驾驶

西安地铁 16 号线一期作为西北首条全自动无人驾驶的地铁线路，采用国际最高等级 GoA4 全自动运行系统，具有设备集成度高、系统联动程度高、智能化程度高等特点。全线沿用一键开关站、语音购票、人脸识别等多项智慧车站新技术，有效提高了运营管理水平及效率，极大便捷市民出行。

线路两次下穿运营地铁线路、两次下穿高速公路、两次下穿既有铁路，采用全自动监测、冷冻法等施工工艺，利用 BIM、VR 等新管理技术，可视化、多维度规避施工风险隐患，顺利攻克了施工难点。此外，西安地铁 16 号线一期工程沙河滩车辆基地采用绿色建筑、海绵城市、干热岩供热等节能环保措施，实现了供热过程二氧化碳"零排放"。

西安地铁 16 号线一期工程设 9 座地下车站，全线装修主题为"科创都市，智启新城"，以"现代、简约"为基调，结合周围城市建筑风貌进行差异化设计。

其中，诗经里站装修主题为"生态之城"，设计提取花瓣、水波纹的元素，营造自然舒适的空间氛围，寓意环境优美、生态宜居；欢乐谷站装修主题为"欢乐之城"，设计提取摩天轮的外部轮廓特征，营造出活力动感的空间氛围，寓意舒适惬意、悠然自得；沣东城市广场站装修主题为"未来之城"，提取城市地标建筑的线性特点，营造城市快速发展的繁华盛景，寓意敢为人先、开拓奋进；西安国际足球中心站装修主题为"动感之城"，设计结合西安国际足球中心的建筑形态，打造现代、恢宏的设计风格，寓意奋勇争先、激情飞扬；秦创原中心站装修主题为"创新之城"，装修设计通过提取站点周边地标建筑的设计元素，使用"科技折线"的设计手法，营造出开放、活力的城市空间，寓意蓄势赋能、引领未来。

西安地铁 16 号线一期列车最高运行速度 100 km/h，采用不锈钢 6 节编组 B 型车。车体造型以"展翅高飞"为灵感，主打"科技、现代"的风格，内饰采用沣水蓝装饰风格，展现西咸新区"绿色低碳、生态环保"的城市建设理念。

本文来源：西部文明播报

【思考与练习】

（1）简述全自动驾驶车辆的定义。
（2）列车运行自动化等级有哪几种？各等级列车运行方式和驾驶模式有哪些？
（3）全自动驾驶车辆有哪些优势？
（4）全自动驾驶车辆有哪些功能？
（5）全自动驾驶车辆检修设施有哪些？
（6）简述全自动驾驶车辆日检作业流程。

附 录

其他资源

本书题库

参考文献

[1] 杜彩霞. 城市轨道交通车辆构造与检修[M]. 重庆：重庆大学出版社，2015.

[2] 李明，戴朝华，韩国鹏，等. 轨道车辆新能源供电技术[M]. 北京：机械工业出版社，2019.

[3] 曾青中，韩增盛. 城市轨道交通车辆[M]. 成都：西南交通大学出版社，2016.

[4] 杨明明，何安琪. 城市轨道交通车辆检修[M]. 成都：西南交通大学出版社，2020.

[5] 卢桂云，班希翼. 城市轨道交通车辆检修[M]. 成都：高等教育出版社，2020.

[6] 史富强. 城市轨道交通车辆构造[M]. 哈尔滨：哈尔滨大学出版社，2020.

[7] 史富强，祁国俊. 城市轨道交通车辆构造[M]. 2版. 重庆：重庆大学出版社，2020.

[8] 史富强，穆玉民，樊永超等. 城市轨道交通车辆制动技术[M]. 成都：西南交通大学出版社，2020.

[9] 史富强.城市轨道交通车辆构造[M]. 青岛：中国石油大学出版社，2013.